New Edition

통번역대학원/임용고시/고등 HSK학습자를 위한

Master
통역대학원
중국어 한중번역편

장석민 편저

머리말

중국어를 처음 접할 때는 매일 실력이 느는 것을 느낄 수 있지만 일정한 기간이 지나면 정체됨을 느끼게 된다. 우리말을 중국어로 자유롭게 옮기지 못하는 불편함에서 시작되는 이러한 슬럼프는 많은 중국어 문장을 보면서 극복하는 방법도 있겠지만 우리말의 가장 적합한 표현을 찾아가는 것도 좋은 방법이 된다. 문제는 중한번역관련 자료는 많지만 한중번역관련 자료는 많지 않다는 것이다.

필자는 강의의 필요에 의해 5만 페이지 분량의 중한구역과 천여 편의 한국어 사설 번역 과정에서 모을 수 있었던 사용빈도가 높은 구문, 어휘, 성어, 속담, 헐후어 등을 따로 정리하고 최근 감각에 맞는 예문을 첨가해 본서의 개정판을 내게 되었다.

중국어를 모국어로 하지 않는 한국인으로서 가장 어려운 문제는 역시 한중번역이다. 우리가 중국어를 한국어로 번역할 때 대부분 우리가 보고 들어 알고 있는 지식으로 번역하지만 반대의 경우는 우리말 언어 습관에 맞추어 번역을 하거나 확신이 서지 않는 창작을 하기도 한다. 한중번역을 잘 하려면 자신이 확신할 수 있는 구문, 어법, 어휘를 알아야 한다. 이 역시 혼자할 경우 상당한 시일이 걸린다. 필자는 독자들께서 최단시간 내에 고급중국어를 습득할 수 있도록 이 책을 구성했다.

본서는 총 2권으로 한중번역편에는 구문으로 익히는 번역테크닉, 문장으로 익히는 번역테크닉과 부록인 사자성어, 필수어휘편에는 필수어휘와 속담으로 구성되어 있다.

나름대로 장시간 준비하고 만전을 기했으나 지식이 일천하여 오류가 있으리라 생각된다. 선배제현의 아낌없는 질타와 훈계를 부탁 드린다. 끝으로 개정판을 출간할 수 있는 기회를 주신 시사중국어사의 엄호열 회장님과 이희영 차장님 그리고 자료정리와 교정에 애써 주신 진현 선생, 자오쉬 선생, 김성협 선생, 이창재 선생, 권용중 선생, 이지은, 최선미, 김주아, 조순인, 하병준, 김지혜, 임선애, 최한나, 성나영, 야오캉, 양혜금, 박혜미, 최미령, 정금옥, 장서희, 이진현, 이한별 외 통역대학원 준비반 학생들에게 감사의 뜻을 표한다.

번역 학습의 완전 정복 길라잡이

● 정형화된 문장의 치환연습

1. 관련 어휘와 구문을 암기한다(무의식 중에도 생각이 날 때까지).
2. 관련 어휘를 바꾸어가며 치환연습을 한다.
3. 비슷한 한글 예문을 찾아서 번역해본다.
4. 자신이 쓴 문장을 수정할 수 있는지 검토해본다.
5. 자신만의 노트를 만들어 지속적으로 좋은 표현을 모은다.

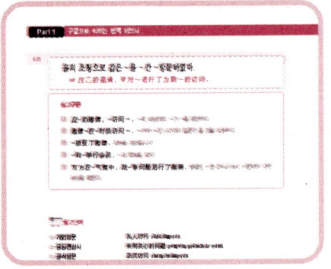

● 문장(구문)으로 익히는 번역 테크닉

1. 목차에 나오는 표현을 중국어로 암기한다.
2. 관련어휘와 구문을 암기한다.
3. 직접 한중 번역을 해본다.
4. 모범답안과 비교하며 잘못된 점을 확인한다.
5. 녹음된 파일을 매일 들으면서 암기한다.

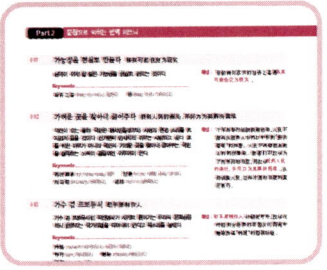

● 사자성어 1000

1. 처음부터 끝까지 1000개를 한국어 설명과 함께 읽어본다.
2. 설명부분을 가리고 성어만 보면서 뜻을 연상해 본다.
3. 암기법에 따라 1000개를 암기한다.
4. 비슷한 성어와 반대성어를 학습한다.
5. 예문을 암기한다.

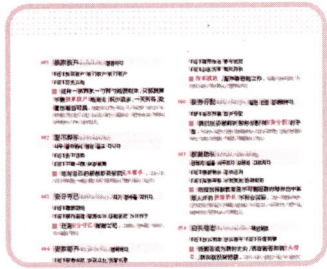

▶▶ 편의상 성어 5개를 예로 들었지만 실제 암기 때에는 20개 30개 50개 100개 순으로 연습해야 한다.

1. 연습장을 6등분한 다음 성어와 해석을 암기하고 싶은 분량만큼 적는다.
2. 성어를 가리고 한글 설명만 보고 성어를 써내려 간다. 생각이 나지 않는 성어는 한참 고민 후 다시 본다.
3. 다시 한글을 가리고 성어만 보면서 한글 설명을 써내려 간다. 생각이 나지 않는 설명은 한참 고민 후 다시 본다.
4. 상술한 예대로 3번 반복한다.
5. 20개 30개 50개 100개 순으로 늘려가며 연습한다. 반드시 감동이 온다.

*성어 (예)

挨家挨户 집집마다	挨家挨户 집집마다	挨家挨户 집집마다
安家落户 정착하다	安家落户 정착하다	安家落户 정착하다
安然无恙 무사하다	安然无恙 무사하다	安然无恙 무사하다
白头偕老 백년해로	白头偕老 백년해로	白头偕老 백년해로
百年大计 백년대계	百年大计 백년대계	百年大计 백년대계

한중번역비법

1. 어휘는 항상 한중으로 정리한다.

    예) 감촉이 좋아요 手感真好　　　님비신드롬 邻避效应
    　　동질감 认同感　　　　　　　모델하우스 样板间
    　　밸리댄스 肚皮舞　　　　　　세대차 代沟
    　　승차거부 拒载　　　　　　　시너지효과 协同效应
    　　시작이 반이다 好的开始就是成功的一半
    　　일찍 일어나는 새가 먹이를 찾는다 早起的鸟儿有虫吃
    　　재기하다 东山再起　　　　　컬러링 彩铃
    　　캐릭터 漫画像

2. 확실한 한중번역된 단문을 수집한다.(책과 인터넷 등에서)

    예) 담배가 몸에 해롭다는 이야기를 듣고 이틀 동안 담배를 안 피웠지만, 작심삼일을 넘기지 못하고 더 심하게 피게 되었다.
    听说抽烟对人体有害, 戒了两天烟, 可第三天就没有信心了, 便又变本加厉地抽起烟来。

    예) 나는 오늘 TV에서 범죄용의자의 눈 부위를 모자이크 처리하는 것을 보았다.
    今天我看电视的时候就发现用马赛克遮盖犯罪嫌疑人的眼睛。

3. 관용어 사자성어, 속담 등을 넣어서 작문하는 연습을 한다.

    예) 뒷북을 치기 보다는 미리미리 준비하는 게 낫다.
    放"马后炮"不如打"预防针"。

    예) 현 상황에서 블로그 실명제를 실시하는 것은 쉽지 않다.
    在目前情况下, 实施博客实名制谈何容易。

    예) 너는 평상시에 우리 집에 잘 안 오잖아, 오늘 무슨 일이 있는 게 분명해.
    你平时难得到我家来做客, 今天是无事不登三宝殿吧。"

4. 중국어 문장 독해 시 좋은 표현이 나오면 반드시 사용하겠다는 자세로 수집해둔다. 중한번역을 잘못하면 결코 한중번역을 잘할 수 없다.

    예) 韩国以往的官商结合体制让某集团成也萧何败也萧何。
    　　과거 한국의 정경유착 체제는 모 그룹을 성장시키기도 했지만 실패하게도 만들었다.

    成也萧何, 败也萧何 chéng yě Xiāo Hé, bài yě Xiāo Hé
    성공도 실패도 모두 그 샤오허(인명) 때문이다.

5. 고정 어휘 조합을 항상 정리한다.

    예) 爱惜粮食 식량을 아끼다　　扮演角色 역할을 맡다　　布置兵力 병력을 배치하다
    　　耽误青春 젊음을 낭비하다　发挥作用 작용을 하다　　辜负信任 신임을 저버리다
    　　接受采访 인터뷰를 받다　　缩小差距 차이를 줄이다　　做出贡献 공헌을 하다

본인이 번역을 한 후 인터넷 중국 사이트에서 반드시 검색을 해야 한다. 혼자 공부할 때 점검할 수 있는 가장 좋은 방법이다.

이 책의 차례

머리말 | 3

번역 학습의 완전 정복 길라잡이 | 4

한중번역비법 | 5

Part 1 **구문**으로 익히는 **번역** 테크닉 | 7

Part 2 **문장**으로 익히는 **번역** 테크닉 | 47

부록　　 빈출 **사자성어 1000** | 147

PART 1

구문으로 익히는
번역테크닉

Part 1 구문으로 익히는 번역 테크닉

001

을의 초청으로 갑은 ~을 ~간 ~방문하였다.
➡ 应乙的邀请，甲对~进行了为期~的访问。

참고구문

① 应~的邀请，~访问~。 ~의 초청으로 ~가 ~를 방문하다.
② 邀请~在~时候访问~。 ~에게 ~(한 시기에) 방문해 줄 것을 요청하다.
③ ~接受了邀请。 초청을 받아들이다.
④ ~和~举行会谈。 ~와 회담을 갖다.
⑤ 双方在~气氛中，就~等问题进行了磋商。 쌍방은 ~한 분위기에서 ~문제에 대해 협상을 벌였다.

참고단어

개인방문	私人访问 sīrén fǎngwèn
공동관심사	共同关心的问题 gòngtóng guānxīn de wèntí
공식방문	正式访问 zhèngshì fǎngwèn
교착국면에서 벗어나다	摆脱僵局 bǎituō jiāngjú
교착국면을 타파	打破僵局 dǎpò jiāngjú
교착되다	陷入僵局 xiànrù jiāngjú
국무장관	国务卿 guówùqīng
국무차관	助理国务卿 zhùlǐ guówùqīng
국무차관보	助理国务卿帮办 zhùlǐ guówùqīng bāngbàn
국빈방문	国事访问 guóshì fǎngwèn
기자회견	记者招待会 jìzhě zhāodàihuì
뉴스브리핑	新闻发布会 xīnwén fābùhuì
대변인	发言人 fāyánrén
도착하다	抵达 dǐdá
사무총장	秘书长 mìshūzhǎng
실무방문	工作访问 gōngzuò fǎngwèn
쌍무관계	双边关系 shuāngbiān guānxi
~에 도움이 되다.	有助于 yǒuzhùyú
~에 이롭다	有利于 yǒulìyú
예방하다	拜访 bàifǎng

☐ 왕세자	王储	wángchǔ
☐ 오찬을 함께하다	共进午餐	gòngjìn wǔcān
☐ 오찬회동	午餐会	wǔcānhuì
☐ 이견	分歧	fēnqí
☐ 이견을 조정하다	缩小分歧	suōxiǎo fēnqí
☐ ~일행	~一行	yīxíng
☐ 전세기	包机	bāojī
☐ 전용기 편으로	乘专机	chéng zhuānjī
☐ 전하	殿下	diànxià
☐ 정례	例行	lìxíng
☐ 정례회의	例行会议	lìxínghuìyì
☐ 중재하다	斡旋/调解	wòxuán/tiáojiě
☐ 폐하	陛下	bìxià
☐ 환담하다	交谈	jiāotán
☐ 회합을 갖다	举行会晤	jǔxíng huìwù

다음 문장을 중국어로 번역해 보세요.

1 이명박대통령은 중국정부의 초청을 받아 오늘 오후 전용기 편으로 베이징에 도착해 3박 4일의 공식방문 일정에 들어갔다.

2 한중양국 외무부장관은 오늘 오후 우호적인 분위기 속에 진행된 실무회담에서 대북문제와 국제정세 등 관심사에 대해 의견을 교환했다.

3 한국의 대통령 대변인에 따르면 김대중대통령은 김정일 국방위원장에게 최대한 빠른 시일 내에 한국을 답방해서 2차 영수회담을 갖자고 촉구했다고 한다.

Part 1 구문으로 익히는 번역 테크닉

002 갑을 살인미수죄로 징역 3년에 집행유예 2년에 처하다.
➡ 以杀人未遂罪判处甲3年徒刑缓期2年执行。

참고구문

① (法院)以~罪判处~年徒刑缓期~年执行。 (법원)이 ~죄로 ~를 ~년 징역에 ~년 집행유예에 처하다.
② 处以50万美元罚款。 50만 달러의 벌금형에 처하다.
③ 被法院判处死刑。 법원에 의해 사형을 언도받다.
④ 处以不起诉处分。 불기소 처분을 내리다.
⑤ 驳回上诉，维持原判。 상소를 기각하고 원심을 확정하다.

📒 참고단어

☐ 가석방	假释 jiǎshì
☐ 가택연금	软禁在家 ruǎnjìn zài jiā
☐ 강간미수	强奸未遂 qiángjiān wèisuì
☐ 강도사건	抢劫案 qiǎngjié'àn
☐ 공범	同谋犯 tóngmóufàn
☐ 과실치사	过失杀人 guòshī shārén
☐ 과잉방어	防卫过当 fángwèi guòdàng
☐ 교사	教唆 jiàosuō
☐ 금품수수	收受金钱 shōushòu jīnqián
☐ 납치	绑架 bǎngjià
☐ 내란수괴	叛乱主谋 pànluàn zhǔmóu
☐ 뇌물공여	行贿 xíng huì
☐ 뇌물수수	受贿 shòu huì
☐ 독직	渎职 dúzhí
☐ 떡값	好处费 hǎochùfèi
☐ 마약밀매	贩毒 fàn dú
☐ 면허취소	吊销 diàoxiāo
☐ 무기징역	无期徒刑 wúqī túxíng
☐ 밀수	走私 zǒusī
☐ 보석	保释 bǎoshì

☐ 불법영업	违规营业	wéiguī yíngyè
☐ 불법자금조성	非法集资	fēifǎ jízī
☐ 살인기수범(살인범)	杀人既遂犯	shārén jìsuìfàn
☐ 상습범	积犯/累犯/惯犯	jīfàn/lěifàn/guànfàn
☐ 성착취	性剥削	xìngbōxuē
☐ 성폭행	性暴力	xìngbàolì
☐ 성희롱	性骚扰	xìngsāorǎo
☐ 업무상 과실	失职罪	shīzhízuì
☐ 유기징역	有期徒刑	yǒuqī túxíng
☐ 유용	挪用	nuóyòng
☐ 인신매매범	人贩子	rénfànzi
☐ 전과	前科	qiánkē
☐ 절도	盗窃	dàoqiè
☐ 정당방위	正当防卫	zhèngdàng fángwèi
☐ 직권남용	滥用职权	lànyòng zhíquán
☐ 직무이탈	玩忽职守	wánhū zhíshǒu
☐ 특사	特赦	tèshè
☐ 횡령	贪污	tānwū
☐ 가석방되다	获得假释	huòdé jiǎshì
☐ 보석금을 내고 석방되다	交保获释	jiāobǎo huòshì

다음 문장을 중국어로 번역해 보세요.

1 미성년자 고용죄로 일년징역에 처하다.

2 음주운전으로 100만원 벌금에 3개월 면허정지를 당했다.

3 영국의 한 맹인이 차량을 운전한 혐의로 3개월 징역에 3년 집행유예 처분을 받았다.

Part 1 구문으로 익히는 번역 테크닉

003

갑팀이 3대1로 을팀을 이기다.

➡ 甲队以三比一赢得了乙队。

참고구문

① 甲队以一比三输给了乙队。 갑팀은 1대3으로 을팀에 패했다.
② 连续三年蝉联冠军。 3년 연속 우승하다.
③ 荣获/夺得/获得/~枚~牌/摘取桂冠。 ~메달을 ~개 획득하다, 월계관을 차지하다.
④ 为~队加油。 ~팀을 응원하다.
⑤ 以~的成绩，荣获/夺得/取得~军。 ~기록으로 ~위를 차지하다.

📝 참고단어

□ 감독	教练 jiàoliàn	□ 결승	决赛 juésài
□ 경기일정	赛程 sàichéng	□ 경보	竞走 jìngzǒu
□ 경주거리	赛程 sàichéng	□ 계주	接力赛跑 jiēlì sàipǎo
□ 골프	高尔夫球 gāo'ěrfūqiú	□ 권투	拳击 quánjī
□ 규정동작	规定动作 guīdìng dòngzuò	□ 근대5종	现代五项 xiàndài wǔxiàng
□ 기록자	记分员 jìfēnyuán	□ 농구	篮球 lánqiú
□ 다이빙	跳水 tiào shuǐ	□ 당구	台球 táiqiú
□ 도전경기	擂台赛 lèitáisài	□ 득점판	记分板 jìfēnbǎn
□ 럭비	橄榄球 gǎnlǎnqiú	□ 리듬체조	艺术体操 yìshù tǐcāo
□ 마라톤 경주	马拉松 mǎlāsōng	□ 마술	马术 mǎshù
□ 만회하다	扳回 bānhuí	□ 방어전	卫冕战 wèimiǎnzhàn
□ 배구	排球 páiqiú	□ 배드민턴	羽毛球 yǔmáoqiú
□ 배영	仰泳 yǎngyǒng	□ 보디빌딩 콘테스트	健美比赛 jiànměi bǐsài
□ 볼링	保龄球 bǎolíngqiú	□ 봅슬레이	连橇 liánqiāo
□ 비치발리볼	沙滩排球 shātān páiqiú	□ 사격	射击 shèjī
□ 400m계주	四乘100米接力赛 sì chéng yī bǎi mǐ jiēlìsài		
□ 사이클	自行车 zìxíngchē	□ 사이클(도로)	公路自行车 gōnglù zìxíngchē
□ 사이클(벨로드롬)	场地自行车 chǎngdì zìxíngchē	□ 선심	司线员 sīxiànyuán
□ 소프트볼	垒球 lěiqiú	□ 수구	水球 shuǐqiú
□ 수상스키	滑水 huá shuǐ	□ 수영	游泳 yóu yǒng
□ 수중발레	花样游泳 huāyàng yóuyǒng	□ 스키	滑雪 huá xuě

☐ 승마	骑马 qí mǎ	☐ 심판	裁判员 cáipànyuán
☐ (터보건)썰매	短雪橇 duǎnxuěqiāo	☐ 아이스댄싱	冰上舞蹈 bīngshàng wǔdǎo
☐ 야구	棒球 bàngqiú	☐ 에어로빅	健美体操 jiànměi tǐcāo
☐ 역도	举重 jǔzhòng	☐ 예선	预赛 yùsài
☐ 오버라인	出线 chūxiàn	☐ 요트	帆船 fānchuán
☐ 유도	柔道 róudào	☐ 육상경기	田径赛 tiánjìngsài
☐ 응원단	拉拉队 lālāduì	☐ 자유동작	自选动作 zìxuǎn dòngzuò
☐ 자유영	自由泳 zìyóuyǒng	☐ 장애물 경주	障碍赛跑 zhàng'ài sàipǎo
☐ 접영	蝶泳 diéyǒng	☐ 조별예선	分组预赛 fēnzǔ yùsài
☐ 조정	赛艇 sàitǐng	☐ 주심	主裁判员 zhǔ cáipànyuán
☐ 준결승	半决赛 bànjuésài	☐ 준준결승	四分之一决赛 sìfēnzhīyī juésài
☐ 1600m 계주	四乘400米接力赛 sì chéng sì bǎi mǐ jiēlìsài		
☐ 체조	体操 tǐcāo	☐ 축구	足球 zúqiú
☐ 카누	皮划艇 píhuátǐng	☐ 컬링	溜石饼 liūshíbǐng
☐ 크로스 컨트리	山地自行车 shāndì zìxíngchē	☐ 크로켓	板球 bǎnqiú
☐ 탁구	乒乓球 pīngpāngqiú	☐ 테니스	网球 wǎngqiú
☐ 펜싱	击剑 jījiàn	☐ 평영	蛙泳 wāyǒng
☐ 폴로	马球 mǎqiú	☐ 하키	曲棍球 qūgùnqiú
☐ 핸드볼	手球 shǒuqiú	☐ 허들 경주	跨栏赛跑 kuàlán sàipǎo
☐ 행글라이더	滑翔机 huáxiángjī	☐ 혼영	混合泳 hùnhéyǒng

✏️ 다음 문장을 중국어로 번역해 보세요.

1 한국 선수들은 이번 대회 스피드스케이팅 쇼트트랙 종목에서 아시아 기록 세 개와 세계 기록 한 개를 경신했다.

2 한국팀은 서든네스(골든볼)방식으로 진행된 연장전에서 먼저 한 골을 넣고 3대2로 경기를 마무리지었다.

3 10강 중 삼성이 연속 우승을 했고 2위와 3위는 지난달과 변화가 없어 순위가 상당히 안정적이다.

Part 1 구문으로 익히는 번역 테크닉

004

지금부터 제8차 아시아 전력 노동조합 연합회 정기회의를 시작하겠습니다.

➡ 第18届亚洲电力工会联合会定期会议现在开始。

참고구문

① **现在~会议就要开始了。** 이제 곧 회의가 시작됩니다.
② **由~主办的~会议现在就要开始了。** ~가 주최한 ~회의가 곧 시작됩니다.
③ **现在宣布召开~会议。** 개회를 선언합니다.
④ **会议时间已到，请大家做好准备。** 회의가 곧 시작될 예정이오니 주목해주시기 바랍니다.
⑤ **在座的所有会员** 참석해주신 회원 여러분

참고단어

간담회	座谈会 zuòtánhuì
개막되다	拉开帷幕 lākāi wéimù
개막식	开幕典礼, 开幕式 kāimù diǎnlǐ, kāimùshì
계약을 체결하다	签署合同 qiānshǔ hétong
계약을 파기하다	撕毁合同 sīhuǐ hétong
공동개최하다	联合举办 liánhé jǔbàn
동시통역	同声传译 tóngshēng chuányì
디베이트	辩论会 biànlùnhuì
리셉션	欢迎会 huānyínghuì
마이크	麦克风 màikèfēng
배석하다	在座 zàizuò
세미나	研讨会 yántǎohuì
심포지엄	讨论会 tǎolùnhuì
연례회의	年会 niánhuì
옵서버	观察员 guāncháyuán
원탁회의	圆桌会议 yuánzhuō huìyì
정례회의	例会 lìhuì
주최국	东道国 dōngdàoguó
주최자	东道主 dōngdàozhǔ

□ 폐막하다　　　**降下帷幕，落下帷幕** jiàngxià wéimù, luòxià wéimù
□ 포럼　　　　　**论坛** lùntán
□ 합동회의　　　**联席会议** liánxí huìyì
□ 협상하다　　　**磋商** cuōshāng

✎ 다음 문장을 중국어로 번역해 보세요.

1 지금부터 주식회사 한국과 중국 문화 교류협회가 공동 주최하는 〈중국 문화 예술 종합전〉 개막식을 거행하겠습니다.

2 지금부터 제5회 한·중·일 펄프 회의를 시작하겠사오니 준비해 주시기 바랍니다.

3 여러분께 가르침을 받을 문제들이 있사오니 바쁘시겠지만 시간을 내셔서 알려주시기 바랍니다.

Part 1 구문으로 익히는 번역 테크닉

005

이 기회를 빌려 나는 갑을 대표하여 을에 감사드립니다.
➡ 借此机会，我代表甲向乙表示感谢！

참고구문

① 我向(长期以来为推动两国经贸合作、增进中韩人民友谊作出贡献的两国经济界人士)，表示敬意和感谢！ 오랫동안 양국 경제 협력과 한중 양국 국민의 우의 증진을 위해 공헌한 양국 경제계 인사들에게 감사와 경의를 표합니다.

② 法美两国人民(借此机会)在纽约自由女神像下同庆长久友谊。 프랑스와 미국 양국민은 이번 기회를 통해 뉴욕의 자유여신상 아래에서 오랜 우정을 함께 축하했다.

③ 感谢(各位给我们的支持)。 저희에게 대한 여러분의 지지를 감사드립니다.

④ 我谨代表(全体工作人员以及首尔市民)对你们的访问表示感谢。 저는 삼가 전체 직원과 서울 시민을 대표하여 여러분의 방문에 감사드립니다.

⑤ 为增进(韩中两国人民的)友谊干杯！ 한중 양국 국민의 우의를 위하여 건배합시다.

참고단어

개방의 확대	扩大开放 kuòdà kāifàng
경제를 발전시키다	发展经济 fāzhǎn jīngjì
나날이 밀접해지다	日益密切 rìyì mìqiè
무역 역조	贸易逆差 màoyì nìchā
무역 파트너	贸易伙伴 màoyì huǒbàn
문화가 서로 통하다	文化相通 wénhuà xiāngtōng
물류	物流 wùliú
수교 15주년	建交15周年 jiànjiāo shíwǔ zhōunián
수입 장벽	进口壁垒 jìnkǒu bìlěi
쌍방	双方 shuāngfāng
에너지 절약	节能 jiénéng
연원이 깊다	源远流长 yuányuǎn liú cháng
온 힘을 모아	集中精力 jízhōng jīnglì
우호 관계	友好关系 yǒuhǎo guānxi
인적 교류	人员交往 rényuán jiāowǎng
전면적 발전	全面发展 quánmiàn fāzhǎn
존경하는 신사 숙녀 여러분	尊敬的女士们，先生们 zūnjìng de nǚshìmen, xiānshengmen

☐ 지적 소유권 보호   知识产权保护 zhīshìchǎnquán bǎohù
☐ 첨단 과학   高科技 gāokējì
☐ 통신   通信 tōngxìn
☐ 투자 촉진   促进投资 cùjìn tóuzī
☐ 한국에서 오다   来自韩国 láizì Hánguó
☐ 한중 경제계 오찬회동   中韩经济界午餐会 Zhōng Hán jīngjìjiè wǔcānhuì
☐ 한중 FTA   中韩自贸区 Zhōng Hán zìmàoqū
☐ 협력을 강화하다   加强合作 jiāqiáng hézuò
☐ 환경 보호   环保 huánbǎo

다음 문장을 중국어로 번역해 보세요.

1 오늘 모두들 한자리에 모인 소중한 기회를 이용하여 저는 삼가 본사를 대표하여 귀사 사장과 전직원에게 깊은 경의와 마음으로부터의 감사를 드립니다.

2 우리는 이번 회의가 개최된 것을 환영하며 이번 회의가 원만하게 진행되기를 기원합니다.

3 전세계 두 번째 부자인 버핏과 제임스의 오찬 시 근검 절약이 주제가 되었다.

Part 1 구문으로 익히는 번역 테크닉

006

갑은 을의 발전에 큰 공헌을 했다.

➡ 甲对乙的发展起到了举足轻重的作用。

참고구문

① ~对~起到了很大的作用。 ~는 ~에 공헌이 아주 크다.
② ~对~的发展作出了重大的贡献。 ~는 ~에 발전에 공헌이 아주 크다.
③ ~为~的发展作出了很大的贡献。 ~는 ~의 발전에 공헌이 아주 크다.
④ ~在~发展中的作用举足轻重。 ~는 ~의 발전에 공헌이 아주 크다.
⑤ ~为~的发展献计献策, 起到了举足轻重的作用。 ~는 ~의 발전에 계책을 제공했고 공헌이 아주 크다.

참고단어

가맹점	特约商店 tèyuē shāngdiàn
경영실적	经营业绩 jīngyíng yèjì
고의폐업	恶性关厂 èxìng guānchǎng
기하급수로 증가하다	按几何级数增加 àn jǐhé jíshù zēngjiā
끼워팔기	搭售 dāshòu
낙찰	中标 zhòngbiāo
노동조방형산업	劳动粗放型产业 láodòng cūfàngxíng chǎnyè
노동집약형산업	劳动密集型产业 láodòng mìjíxíng chǎnyè
눈덩이 같이 불어나다	像滚雪球一样增加 xiàng gǔn xuěqiú yīyàng zēngjiā
도미노현상	骨牌效应 gǔpái xiàoyìng
마이너스성장	负增长 fùzēngzhǎng
맞벌이부부	双职工 shuāngzhígōng
물류	物流 wùliú
미봉책	权宜之计 quányí zhījì
불매운동을 벌이다	抵制 dǐzhì
사양산업	夕阳产业 xīyáng chǎnyè
산술급수로 증가하다	按算术级数增加 àn suànshù jíshù zēngjiā
산업스파이	工业间谍 gōngyè jiàndié
손익분기점	盈亏分界点 yíngkuī fēnjièdiǎn
수출주도형	出口导向型 chūkǒu dǎoxiàng xíng

□ 악화가 양화를 구축하다　劣币驱逐良币 lièbì qūzhú liángbì
□ 여신한도　授信额度 shòuxìn édù
□ 유망산업　朝阳产业 zhāoyáng chǎnyè
□ 유찰　流标 liúbiāo
□ 유통단계를 줄이다　缩小流通环节 suōxiǎo liútōng huánjié
□ 응찰　投标 tóubiāo
□ 이자와 원금을 상환하다　还本清息 huánběn qīngxī
□ 입찰　招标 zhāobiāo
□ 재테크　理财 lǐcái
□ 창고정리바겐세일　清仓大甩卖 qīngcāng dàshuǎimài
□ 청약하다　认购 rèngòu
□ 파생금융상품　衍生工具 yǎnshēng gōngjù
□ 환차손　汇兑损失 huìduì sǔnshī

다음 문장을 중국어로 번역해 보세요.

1 선진국의 경험을 살펴보면 보험사업이 국민경제와 사회발전 과정에 큰 공헌을 했다.

2 물류단지는 도시경제의 추진형 산업으로 미래의 경제발전에 큰 공헌을 할 것이다.

3 이 소프트웨어는 우리상품이 웹에서 보급되는데 큰 역할을 했다.

Part 1 구문으로 익히는 번역 테크닉

007

한국 대다수 포털 사이트가 인터넷 실명제를 실시하기 시작했다.
➡ 韩国主要门户网站开始实行网络实名制。

참고구문

❶ 为了保护信息发布者的隐私，发布者(在)通过各网站的身份验证(后)，可以用代号等替代自己的真实姓名发布信息。 정보 공개자의 프라이버시를 보호하기 위해 정보 공개자는 신분 인증을 마친 뒤 자신의 실명을 대체할 ID등을 사용하여 정보를 공개한다.

❷ 韩国网民(通过)博客记录生活，共享信息。 한국의 네티즌은 블로그를 통해 생활을 기록하고 정보를 공유한다.

❸ 据说，一些网站担心这种恶性跟帖会(损害)已故人士的(名誉)，因此从22日开始已经停止了这项业务。 일부 사이트는 이런 악성 댓글이 고인의 명예를 훼손시킬 것을 걱정하여 22일부터 이런 서비스를 정지하였다.

❹ 一些网民甚至向仍允许上传这种恶意诽谤文章的网站(提出)了强烈的(抗议)，要求这些网站停止跟帖服务。 일부 네티즌은 이런 악성 비방 글의 업로드를 허락하는 사이트에 댓글 정지를 강력하게 요구하였다.

❺ (越来越多的)博客只是倾向于承担狗仔队的角色那就有些过分了。 파파라치의 역할을 담당하는 경향을 보이는 블로그들이 점점 많아지는 것은 심각한 일이다.

📝 참고단어

☐ 가상 현실　　　　　虚拟实境 xūnǐ shíjìng
☐ 검색　　　　　　　搜索 sōusuǒ
☐ 게시판에 글 쓰다　　打帖 dǎ tiě
☐ 공식 홈페이지　　　官方网站 guānfāng wǎngzhàn
☐ 공유　　　　　　　共享 gòngxiǎng
☐ 네티즌　　　　　　网民 wǎngmín
☐ 노트북 컴퓨터　　　笔记本电脑 bǐjìběn diànnǎo
☐ 댓글　　　　　　　跟帖、回帖 gēn tiě, huí tiě
☐ 데스크탑 컴퓨터　　台式电脑 táishì diànnǎo
☐ 링크　　　　　　　链接 liànjiē
☐ 마우스　　　　　　滑鼠 huáshǔ
☐ 메일 함　　　　　　邮箱 yóuxiāng

☐ 명예훼손	损害他人名誉	sǔnhài tārén míngyù
☐ 바이러스	病毒	bìngdú
☐ 블로그 주소	博客地址	bókè dìzhǐ
☐ 비밀번호	密码	mìmǎ
☐ 신분 인증	身份认证	shēnfèn rènzhèng
☐ 악성 댓글	恶性打帖	èxìng dǎ tiě
☐ 왜곡하다	篡改	cuàngǎi
☐ 웹캠	摄像头	shèxiàngtóu
☐ 음란정보	淫秽信息	yínhuì xìnxī
☐ 이메일	伊妹儿	yīmèir
☐ 인터넷 게임	网络游戏	wǎngluò yóuxì
☐ 인터넷 뱅킹	网上银行	wǎngshàng yínháng
☐ 인터넷 채팅	网上聊天	wǎngshàng liáotiān
☐ 정보 공개	发布信息	fābù xìnxī
☐ 채팅실	聊天室	liáotiānshì
☐ 초고속통신망	宽带	kuāndài
☐ 커서	鼠标	shǔbiāo
☐ 클릭(더블 클릭)	点击(双击)	diǎnjī (shuāngjī)
☐ 키보드	键盘	jiànpán
☐ 해커	黑客	hēikè
☐ 해킹을 당하다	遭到袭击	zāodào xíjī
☐ 화상 채팅	视频聊天	shìpín liáotiān
☐ ID	用户名	yònghùmíng
☐ LCD 모니터	液晶显示器	yèjīng xiǎnshìqì
☐ PC방	网吧	wǎngbā

✎ 다음 문장을 중국어로 번역해 보세요.

1 전국 인터넷 일일 접속자 수가 연인원 3000만 명, 초고속통신망 가입자가 2000만 명을 돌파하였다.

2 한국 모 컴퓨터 보안 업체는 일부 한국 국가 기관의 컴퓨터 시스템이 해킹을 당했다고 19일 발표하였다.

3 마이크로 소프트 사의 빌 게이츠도 딸의 인터넷 접속 시간을 제한했다고 한다.

Part 1 구문으로 익히는 번역 테크닉

008

이 작품은 여러 인물의 각기 다른 성격을 생동감 있고 섬세하게 그렸다.
➡ 这部作品生动细致地刻划了几个人物不同的性格。

참고구문

① 他的心情比较~(急躁)。 그의 기분은 비교적 ~하다.
② 他那稚气的眼神中闪烁着~(智慧的光芒)。 그의 치기어린 눈빛 가운데 ~이 빛났다.
③ 他在校操行~(很好)，但学习成绩一般。 그는 학교에서의 품행은 ~했지만 학업 성적은 보통이었다.
④ 他是一个(又)聪明(又)善良的人。 그는 똑똑하고 착한 사람이다.
⑤ 我一见面就看出你这个人很~(直爽)。 척 보니 당신은 성격이 매우 ~한 사람이라는 것을 알겠습니다.

참고단어

□ 간악하다   奸诈 jiānzhà
□ 강직하다   刚强 gāngqiáng
□ 거만하다   骄傲 jiāo'ào
□ 고상하다   高尚 gāoshàng
□ 고집스럽다   倔强 juéjiàng
□ 내성적이다   内向 nèixiàng
□ 박정하다   刻薄 kèbó
□ 비열하다   卑劣 bēiliè
□ 선량하다   善良 shànliáng
□ 선의   善意 shànyì
□ 성격   性格 xìnggé
□ 성실하다   诚实 chéngshí
□ 솔직 시원스럽다   直爽 zhíshuǎng
□ 수절하다   守节 shǒujié
□ 순결하다   纯洁 chúnjié
□ 악랄하다   狠毒 hěndú
□ 연약하다   软弱 ruǎnruò
□ 온화하다   温和 wēnhé
□ 올바르다   正派 zhèngpài

- 완고하다   顽固 wángù
- 외향적이다 外向 wàixiàng
- 용감하다   勇敢 yǒnggǎn
- 음험하다   阴险 yīnxiǎn
- 이치   道理 dàoli
- 인내심   耐心 nàixīn
- 인자하다   仁慈 réncí
- 정조   节操 jiécāo
- 정직   正直 zhèngzhí
- 천성   天性 tiānxìng
- 충성스럽다 忠诚 zhōngchéng
- 품행   品行 pǐnxíng
- 호방하다   豪放 háofàng
- 흉악하다   凶恶 xiōng'è

다음 문장을 중국어로 번역해 보세요.

1 나는 고집스러울 때가 많으며, 내가 틀리지 않을 거라고 고집스레 생각한다.

2 심리학자는 사람의 성격을 내성적인 것과 외향적인 것으로 분류하는데, 이것은 단지 성격의 두 가지 심리적인 취향을 내포하는 것이고 그 자체로는 결코 우열의 구분이 없다.

3 인재를 선발하여 기용할 때는 반드시 공정하고 올바른 원칙을 고수해야 한다.

Part 1　　구문으로 익히는 **번역** 테크닉

009　　2007년 쌍방의 교역액은 역사 최고치인 148억 1700만 달러를 기록했다.
➡ 2007年，双边贸易额达148.17亿美元，创历史新高。

참고구문

① 今年1至6月，双边贸易额亿达92.2亿美元，(同比增长)51.2%。 올해 1월에서 6월까지 양국간 교역액은 지난해 같은 기간보다 51.2% 증가한 92억 2천만 달러에 달했다.

② 截至2005年底，在巴投资的中资企业有89家，总投资额(为)1.99亿美元。 2005년까지 브라질에 투자한 중국 기업은 89개 업체이고 투자총액은 1억 9900만 달러다.

③ 中巴经济互补性强，合作基础良好，(发展潜力)很大。 중국과 브라질은 양국의 경제 상호 보완성이 강하고 협력 여지가 풍부하고 발전 잠재력이 매우 크다.

④ 展览(吸引)了70多万巴西观众。 전시회는 70여만 명의 브라질 관객을 유치했다.

⑤ 巴西的高附加值产品在中国市场(受到欢迎)。 브라질의 고부가가치 제품은 중국 시장에서 인기가 좋다.

📝 참고단어

7배 성장	增长7倍 zēngzhǎng qī bèi
거래가 이루어지다	成交 chéngjiāo
고용 기회	就业机会 jiùyè jīhuì
공급 부족	供不应求 gōng bù yìng qiú
대형 프로젝트	大型项目 dàxíng xiàngmù
물동량	吞吐量 tūntǔliàng
물품 공급원	货源 huòyuán
물품을 인도하다	交货 jiāo huò
상호 보완성	互补性 hùbǔxìng
세계 4위	位居世界第四 wèijū shìjiè dì sì
세일즈 하다	推销 tuīxiāo
수출입 총액	进出口总额 jìnchūkǒu zǒng'é
양자 교역액	双边贸易额 shuāngbiān màoyì'é
연인원	人次 réncì
연평균	年均 niánjūn
외환 보유고	外汇储备 wàihuì chǔbèi
중산층의 수준	小康水平 xiǎokāng shuǐpíng

- □ 최대 무역 파트너　　　　最大贸易伙伴 zuì dà màoyì huǒbàn
- □ 컨테이너　　　　　　　　集装箱 jízhuāngxiāng
- □ 판촉　　　　　　　　　　促销 cùxiāo
- □ 품질도 좋고 가격도 저렴하다　货真价实 huòzhēn jiàshí
- □ 할인하다　　　　　　　　打折扣 dǎ zhékòu
- □ 협력 파트너　　　　　　　合作伙伴 hézuò huǒbàn
- □ 흥정하다　　　　　　　　讨价还价 tǎojià huánjià
- □ GDP　　　　　　　　　　国内生产总值 guónèi shēngchǎn zǒngzhí
- □ GNP　　　　　　　　　　国民生产总值 guómín shēngchǎn zǒngzhí

다음 문장을 중국어로 번역해 보세요.

1. 2007년 우리나라의 비철금속 생산량은 지난해 같은 기간보다 18.14% 증가했다.

2. 8월 18일 18시 현재 부산항의 금년 화물 물동량 누계는 2억 30만 톤으로 작년보다 50일 앞당겨 2억 톤을 넘어섰다.

3. 국가가 다단계판매에 대해 강도 높은 단속을 하고 있지만 일부 지역에서는 지속적으로 행해지며 근절되지 않고 있다.

Part 1 구문으로 익히는 번역 테크닉

010

이를 위해 저는 국제적 협력에 대해 아래와 같은 제안을 합니다.
➡ 为此，我愿就(加强国际发展领域合作)提出以下建议。

참고구문

① 当前，经济全球化深入发展，(既)为世界经济增长带来更多机遇，(也)带来诸多挑战。 현재 경제 글로벌화의 가속화는 전 세계 경제성장의 기회도 되었지만 도전도 된다.

② (只有)各方在自身发展过程中不断提高技术水平，积极建立适应可持续发展要求的生产和消费模式，(才)能从根本上应对气候变化的挑战。 각국은 자국의 발전 속에서 기술 수준을 향상시키고, 지속가능한 발전의 수요에 부응하는 생산 및 소비 모델을 구축하여야만 기후 변화의 도전에 근본적으로 맞설 수 있다.

③ 要实现这一目标，国际社会应该立足现在、着眼未来，树立新的利益观和合作模式。 이 목표를 실현하기 위해서 국제 사회는 현실에 입각하고 미래 지향적인 자세로 새로운 이익관과 협력 모델을 구축해야 한다.

④ 近年来，中国经济(保持)了平稳快速增长(势头)。 최근 들어 중국 경제는 안정적이고 가파른 성장세를 유지했다.

⑤ 作为最大的发展中国家，中国区域、经济、社会发展很不平衡，发展面临诸多困难和挑战。 최대 개도국인 중국의 지역간 경제 사회 발전의 불균형 때문에 발전이 많은 어려움과 도전에 직면해 있다.

참고단어

☐ 개도국　　　　　　　　　　发展中国家 fāzhǎnzhōng guójiā
☐ 공감대를 형성하다　　　　达成共识 dáchéng gòngshí
☐ 교류와 협력　　　　　　　交流合作 jiāoliú hézuò
☐ 국제 기구　　　　　　　　国际组织 guójì zǔzhī
☐ 국제통화기금(IMF)　　　　国际货币基金组织 guójì huòbì jījīn zǔzhī
☐ 금융 위기　　　　　　　　金融风暴 jīnróng fēngbào
☐ 다자간협력　　　　　　　　多边合作 duōbiān hézuò
☐ 동남아시아 국가 연합(ASEAN)　东盟 Dōngméng
☐ 동일 목적은 추구하고 이견은 남겨두다　求同存异 qiútóng cúnyì
☐ 선진국　　　　　　　　　　发达国家 fādá guójiā

- ☐ 아시아 태평양 경제협력체(APEC)　亚太经合组织 Yà Tài jīnghé zǔzhī
- ☐ 역내 경제 협력　区域经济合作 qūyù jīngjì hézuò
- ☐ 유엔 본부　联合国总部 liánhéguó zǒngbù
- ☐ 장점은 취하고 단점은 보완하다　取长补短 qǔcháng bǔduǎn
- ☐ 정상회담　首脑会议 shǒunǎo huìyì
- ☐ 주제 발언　主旨发言 zhǔzhǐ fāyán
- ☐ 주중국 국제 기구　国际组织驻华机构 guójì zǔzhī zhù Huá jīgòu
- ☐ 중국 측　中方 Zhōngfāng
- ☐ 추세의 변화　趋势的发展 qūshì de fāzhǎn
- ☐ 회원국　成员国 chéngyuánguó
- ☐ UN 안전보장이사회　安理会 Ānlǐhuì

다음 문장을 중국어로 번역해 보세요.

1　북측은 개성공단사업이 핵문제처럼 한국을 가급적 배제하고 국제사회를 상대했던 경우와는 근본적으로 다르다는 사실을 알아차려야 한다.

2　정부는 유례 없는 이번 참사에 대해 나름대로 조치를 취하고 있지만 보다 더 적극적으로 대처할 수 없는가 하는 아쉬움이 남는다.

3　황해오염을 막기 위해 중국이 우선 나서야겠지만 이를 중국에게만 맡겨 둘 수 없다. 한국과 일본 등 주변국이 도와야 하고 UNEP같은 국제기구가 문제해결에 적극 나서야 한다.

Part 1 구문으로 익히는 번역 테크닉

011

전 세계적인 온난화로 인해 인도네시아 약 1만8천 개 섬 가운데 2천 개의 작은 섬이 2030년 내에 침몰 될 것이다.

➡ 由于全球变暖，印尼约1.8万个岛屿中可能将有2000个小岛在2030年前被海水淹没。

참고구문

❶ 近百年来，全球和中国的气候正经历一次(以)变暖(为主要特征)的显著变化。 근 백 년 동안 전 세계와 중국의 기후는 온난화를 주요 특징으로 하는 뚜렷한 변화를 맞이하였다.

❷ 欧洲汽车生产商已自愿发表声明，到2008年使小轿车的温室气体尾气排放量(在)1995年的(基础上再减少)25%。 유럽의 자동차 생산업체들은 2008년까지 자동차 온실 가스 배출량을 1995년의 수준에서 25% 더 줄일 것이라는 성명을 자발적으로 발표했다.

❸ 大气中由于存在二氧化碳等温室气体，才(使得)地球的平均气温维持在15℃左右。 대기 중에 이산화탄소 등 온실가스가 존재하기 때문에 지구의 평균 온도가 15℃로 유지된다.

❹ 预计，全球平均地表温度在未来100年将上升1.4~5.8℃，其负面影响要(远大于)它带来的益处。 전 세계 평균 지표 온도는 앞으로 100년 동안 1.4~5.8℃ 상승할 것이며 그에 따른 긍정적 면보다 부정적 영향이 훨씬 클 것이다.

❺ 数据显示，由于气候变化，全球更多的人口将(面临)疟疾和登革热这两种传染病的(威胁)。 데이터에 따르면 기후 변화로 인해 전 세계적으로 더욱 더 많은 사람들이 말라리아와 뎅기열과 같은 전염병의 위협에 시달리게 될 것이다.

참고단어

- □ (소문, 바이러스) 퍼뜨리다   传播 chuánbō
- □ 강타하다   袭击 xíjī
- □ 기후변화에 관한 정부간 패널(IPCC)   政府间气候变化小组 zhèngfǔjiān qìhòu biànhuà xiǎozǔ
- □ 대체 에너지   替代能源 tìdài néngyuán
- □ 라니냐   拉尼娜 Lānínà
- □ 멸종 위기에 처하다   濒临绝种 bīnlín juézhǒng
- □ 물 부족   缺水 quēshuǐ
- □ 물사태   泥石流 níshíliú

☐ 바이오 에너지	生物燃料	shēngwù ránliào
☐ 배출	排放	páifàng
☐ 복사	辐射	fúshè
☐ 빙하 용해	冰川融化	bīngchuān rónghuà
☐ 사막화	沙漠化	shāmòhuà
☐ 생물 사슬	生物链	shēngwùliàn
☐ 생태계	生态系统	shēngtài xìtǒng
☐ 서기	热浪	rèlàng
☐ 쓰나미	海啸	hǎixiào
☐ 엘니뇨	厄尔尼诺	È'ěrnínuò
☐ 열섬현상	热岛效应	rèdǎo xiàoyìng
☐ 오존층	臭氧层	chòuyǎngcéng
☐ (기후) 온난화	气候变暖	qìhòu biànnuǎn
☐ 온도 상승	升温	shēngwēn
☐ 온실 효과	温室效应	wēnshì xiàoyìng
☐ 이산화 탄소	二氧化碳	èryǎnghuàtàn
☐ 재생 가능 에너지	可再生能源	kězàishēng néngyuán
☐ 토네이도	龙卷风	lóngjuǎnfēng
☐ 토사 유실	水土流失	shuǐtǔliúshī
☐ 프레온 가스	氟利昂	fúlì'áng
☐ 해수면 상승	海平面上升	hǎipíngmiàn shàngshēng
☐ 허리케인	飓风	jùfēng
☐ 홍수 발생 기간	汛期	xùnqī
☐ 홍수 침수 재해	洪涝灾害	hónglào zāihài
☐ 황사	沙尘暴	shāchénbào

다음 문장을 중국어로 번역해 보세요.

1 며칠 전 일본열도는 기상이변으로 인한 홍역을 치렀다.

2 지구 온난화로 인한 이상 기후는 이미 현실로 나타나고 있으며 지금까지 나타난 기상이변들은 앞으로 닥쳐올 엄청난 대재앙의 서곡에 불과할지 모른다.

3 늦은 감이 있지만 이제라도 대책을 세워야 한다. 우선 근본적으로 전 세계적인 온실가스 방출량 감소가 시급하며 지구촌 전 국가가 함께 노력해야 할 것이다.

Part 1 구문으로 익히는 번역 테크닉

012

올해 한국에서 가장 기대되는 것으로 평가 받는 영화 '괴물'이 27일 개봉을 앞두고 계속해서 영화 예매율 기록을 경신하고 있다.

➡ 被评为韩国今夏最受期待的名为《怪物》的电影面临本月27日的首映，连日来正在持续刷新历史最高电影票预售纪录。

참고구문

① 第54届戛纳电影节已经开幕，韩国电影在法国戛纳海边正在掀起飓风。
제54회 칸 영화제가 이미 시작되었고 현재 한국 영화가 프랑스 칸 해변에서 붐을 일으키고 있다.

② 第59届戛纳电影节于北京时间5月29日凌晨正式落下帷幕。 제59회 칸 영화제가 베이징 시간으로 5월 29일 공식 폐막했다.

③ 韩国演员全度妍凭《密阳》获得影后桂冠。 한국 배우 전도연은 '밀양'으로 여우주연상을 수상했다.

④ 奥斯卡开幕在即。 아카데미 시상식이 임박했다.

⑤ 到5日为止，影片观看人数已达295万人次。 5일 현재 영화 관람객은 이미 연인원 295만 명에 달했다.

📝 참고단어

개봉	首映 shǒuyìng
관객	观众 guānzhòng
놀라운 수치	惊人数据 jīngrén shùjù
다운로드	下载 xiàzài
다큐멘터리	纪录片 jìlùpiàn
단역배우	跑龙套的 pǎolóngtào de
대역	替身 tìshēn
동영상	视频 shìpín
박스오피스 수입	票房收入 piàofáng shōurù
불법복제물	盗版 dàobǎn
사극	古装片 gǔzhuāngpiàn
수상식	颁奖典礼 bānjiǎng diǎnlǐ
스턴트맨	特技替身演员 tèjì tìshēn yǎnyuán
시사회	首映式 shǒuyìngshì

☐ 압도적인	压倒性	yādǎoxìng
☐ 애니메이션	动画片	dònghuàpiàn
☐ 액션물	武打片	wǔdǎpiàn
☐ 앵글	镜头	jìngtóu
☐ 영화배우	影星	yǐngxīng
☐ 영화제 개막	电影节开幕	diànyǐngjié kāimù
☐ 예매율	预售率	yùshòulǜ
☐ 육박하다	逼近	bījìn
☐ 촬영	拍摄	pāishè
☐ 최우수 감독상	最佳导演奖	zuìjiā dǎoyǎnjiǎng
☐ 최우수 여우주연	最佳女主角	zuìjiā nǚzhǔjué
☐ 카툰	卡通	kǎtōng
☐ 코미디	喜剧	xǐjù
☐ 크랭크인	开拍	kāipāi
☐ 특수 효과	特技	tèjì
☐ 패러디	恶搞	ègǎo
☐ 편집	剪辑	jiǎnjí
☐ 헐리우드 블록버스터	好莱坞大片	Hǎoláiwū dàpiàn
☐ 호러물	恐怖片	kǒngbùpiàn
☐ AOD	音频	yīnpín
☐ SF	科幻片	kēhuànpiàn

다음 문장을 중국어로 번역해 보세요.

1 임권택·이창동·김기덕 감독이 세계 3대 영화제에서 감독상을 수상했다. 국내 영화계에서도 한국영화 붐이 확산되고 있다.

2 이런 점에서 스크린쿼터는 결코 가볍게 다뤄질 수 없다.

3 장관 교체설이 나도는 가운데 스크린쿼터 문제를 언급하는 것도 개운치 않다. 국민에게 솔직하게 호소하는 것이 설득력을 지닌다.

Part 1 구문으로 익히는 번역 테크닉

013

미국에서는 유명한 정치가가 대학에서 문전박대 당하는 예가 적지 않다.
➡ 在美国，大学让著名政客吃闭门羹的例子也不少。

참고구문

① 我对中国传统文化的理解，也只能算"半瓶醋"。 나는 중국전통문화에 대한 이해가 아주 부족하다.
② 雨果是用笔杆子谋生的，所以，雨果是笔杆子。 빅토르 위고는 글을 써서 생계를 이었기 때문에 문인이다.
③ 珍惜时间，别吃后悔药！ 시간을 아껴라 후회하지 말고!
④ 他常常给我出难题、穿小鞋。 그는 항상 나를 괴롭힌다.
⑤ 健身房不能给健身"打保票"。 휘트니스클럽이 건강을 보장해주는 것은 아니다.

참고단어

- 爱面子 ài miànzi 체면을 중시하다
- 半边天 bànbiāntiān 여성
- 绊脚石 bànjiǎoshí 걸림돌
- 帮倒忙 bāngdàománg 오히려 방해가되다
- 爆冷门 bàolěngmén 이변이 발생하다
- 背黑锅 bēi hēiguō 누명쓰다
- 驳面子 bó miànzi 체면을 봐주지 않다
- 唱主角 chàng zhǔjué 주인공 역할을 하다
- 炒鱿鱼 chǎoyóuyú 해고하다
- 撑门面 chēngménmiàn 겉치레하다
- 吃闭门羹 chī bìméngēng 문전박대 당하다
- 吃得开 chī de kāi 인기가 있다
- 吃老本 chī lǎoběn 밑천을 까먹다
- 吃闲饭 chī xiánfàn 놀고먹다
- 出洋相 chū yángxiàng 추태를 보이다
- 吹牛皮 chuī niúpí 허풍떨다
- 打退堂鼓 dǎ tuìtánggǔ 발뺌하다
- 当耳旁风 dāng ěrpángfēng 주의깊게 듣지않고 흘려버리다
- 倒胃口 dǎowèikǒu 비위 거슬리다

- 定心丸　dìngxīnwán 안정제 (주로 추상적인 의미로 쓰임)
- 丢面子　diū miànzi 체면이 깎이다
- 放在眼里　fàng zài yǎnlǐ 관심을 갖다
- 赶时髦　gǎn shímáo 유행을 따르다
- 给颜色看　gěi yánsè kàn 본때를 보이다
- 红眼病　hóngyǎnbìng 시샘하다
- 夹生饭　jiāshēngfàn 설익은 밥 (해결하기 어려운 문제)
- 见上帝　jiàn shàngdì 죽다
- 见世面　jiàn shìmian 세상 물정을 알다
- 讲价钱　jiǎng jiàqián 흥정하다
- 揭老底儿　jiē lǎodǐr 남의 약점을 파헤치다
- 开场白　kāichǎngbái 프롤로그 (서막을 열다)
- 开绿灯　kāi lǜdēng 찬성하다
- 开夜车　kāi yèchē 밤샘하다
- 侃大山(砍大山)　kǎn dàshān 잡담하다
- 老大难　lǎodànán 해결하기 어려운 문제
- 老掉牙　lǎodiàoyá 늙어빠진
- 老皇历　lǎohuánglì 낡아서 쓸모 없게 된 것
- 两下子　liǎngxiàzi 솜씨
- 露一手　lòu yī shǒu 솜씨를 자랑하다
- 马拉松　mǎlāsōng 마라톤 (주로 추상적인 의미로 긴 시간을 나타냄)
- 卖关子　mài guānzi 드라마 등에서 내용을 길게 늘이는 것

✏️ 다음 문장을 중국어로 번역해 보세요.

1 일부는 30살인데도 결혼을 아직 안 했다(홀아비로 지낸다).

2 뒷북을 치기보다는 미리미리 준비하는 게 낫다.

3 한 자리에서 그가 한 말이 모두의 비위를 거스르게 했다.

Part 1 구문으로 익히는 번역 테크닉

014

최근 미국의 모 대학의 연구에 따르면 굶는 것이 효과적인 다이어트법이라고 한다.

➡ 近日美国有大学研究指出，"喝西北风"原来真是有效的减肥妙法！

참고구문

① 直说好了，别兜圈子。 변죽만 울리지 말고 단도직입적으로 말해라.
② 他去美国这几年，喝了不少洋墨水。 그는 미국에 가 있는 몇년 동안 많은 공부를 했다.
③ 你对我的建议开红灯，还是开绿灯。 당신은 제 의견에 찬성하십니까? 아니면 반대하십니까?
④ 老外不懂中国那种"餐桌拉关系"的文化！ 외국인들은 식탁에서 인맥을 형성하는 중국문화를 모른다.
⑤ 我们当爸爸妈妈的被蒙在鼓里，毫不知情。 우리 부모들은 오리무중이고 내막을 전혀 모른다.

📖 참고단어

- 磨嘴皮子 mó zuǐpízi 쓸데없는 말을 지껄이다
- 拿手戏 náshǒuxì 가장 잘하는 것
- 拍马屁 pāi mǎpì 아부하다
- 跑龙套 pǎolóngtào 하찮은 배역
- 碰钉子 pèng dīngzi 거절당하다. 난관에 봉착하다
- 碰一鼻子灰 pèng yī bízi huī 코를 떼우다. 거절당하다
- 泼冷水 pō lěngshuǐ 찬물을 끼얹다
- 妻管严 qīguǎnyán 공처가
- 敲边鼓 qiāo biāngǔ 부추기다. 선동하다
- 敲警钟 qiāo jǐngzhōng 경종을 울리다
- 敲竹杠 qiāo zhúgàng 약점을 잡아 재물을 뜯어내다
- 翘尾巴 qiào wěiba 자랑하다 (공작새가 꼬리를 치켜세우다)
- 绕弯子 rào wānzi 변죽을 울리다 (말을 빙빙 돌려서 하다)
- 杀风景 shāfēngjǐng 살풍경
- 伤脑筋 shāngnǎojīn 골치 아프다
- 书呆子 shūdāizi 책벌레
- 耍嘴皮子 shuǎ zuǐpízi 말을 장황하게 늘어놓다

- 算老几 suànlǎojǐ 축에들지 못하다
- 随大溜 suídàliù 대세를 따르다
- 铁饭碗 tiěfànwǎn 안정된 직장
- 捅娄子 tǒnglóuzi 문제를 일으키다
- 拖后腿 tuō hòutuǐ 발목을 잡다
- 挖墙脚 wā qiángjiǎo 다른 사람의 근간을 무너뜨리다. 스카우트 하다
- 往上爬 wǎng shàng pá 발전을 도모하다
- 下台阶 xià táijiē 어려운 상황에서 벗어나다
- 向钱看 xiàng qián kàn 돈만 생각하다
- 小动作 xiǎodòngzuò 배후에서 몰래하는 방해언동
- 笑掉牙 xiàodiàoyá 이빨이 빠질 정도로 우습다
- 一刀切 yīdāoqiē 단칼에 해결하다
- 一风吹 yīfēngchuī 한번에 날려버리다
- 一锅粥 yīguōzhōu 엉망진창
- 砸饭碗 zá fànwǎn 밥그릇을 깨다
- 找窍门 zhǎo qiàomén 비결을 찾다
- 找小脚 zhǎo xiǎojiǎo 약점을 잡다
- 抓把柄 zhuā bǎbǐng 꼬투리를 잡다
- 走过场 zǒu guòchǎng 일을 대충대충 처리하다
- 走后门 zǒu hòumén 뒷거래 하다
- 走弯路 zǒu wānlù 일을 빙빙 돌려서 처리하다
- 钻空子 zuān kòngzi 빈틈을 노리다
- 钻牛角尖儿 zuān niújiǎojiānr 쓸데없는 것을 집중적으로 연구하다
- 做文章 zuò wénzhāng 트집을 잡다

다음 문장을 중국어로 번역해 보세요.

1 아버지는 자발적으로 공처가가 되었다.

2 우리나라의 식품안전은 여전히 경종을 울릴 필요가 있다.

3 아이들은 학교에서 늘 말썽을 일으킨다.

Part 1 구문으로 익히는 번역 테크닉

015

현대인의 생활 속에 인터넷 접속은 필수불가결한 것이며 아주 중요한 역할을 하고 있다.

➡ 在现代人的生活中，上网已经成为不可或缺的一部分，网络扮演着极其重要的角色。

참고구문

① 美国次贷危机再掀风浪使英美对冲基金首当其冲。 미국의 서브프라임모기지론 위기가 다시 발생하여 영미 헤지펀드가 가장 먼저 충격을 받았다.

② 由于当时他们的注意力全部放在患者身上，没有注意到这一突如其来的变化。 당시 그들은 환자에 집중하느라고 이러한 갑작스런 변화에 신경 쓰지 못했다.

③ 宝儿说："现在仍对初次登台记忆犹新，当时十分紧张。" 보아는 지금도 데뷔당시에 몹시 긴장했던 기억이 생생하다고 말했다.

④ 韩国迁都筹备正一步步往前走，反对迁都的声浪随之此起彼伏。 한국의 수도 이전 준비작업이 하나하나 진전되고 있고, 이전을 반대하는 목소리도 끊이지 않고 있다.

⑤ 在目前情况下，实施博客实名制谈何容易。 현 상황에서 블로그 실명제를 실시하는 것은 쉽지 않다.

참고단어

- 安分守己 ān fèn shǒu jǐ 자기 분수를 지키다
- 按劳分配 àn láo fēn pèi 일한만큼 분배하다
- 班门弄斧 bān mén nòng fǔ 공자 앞에서 문자 쓰다
- 半斤八两 bàn jīn bā liǎng 그거나 그거나. (참고 : 반근은 300g 한냥은 37.5g)
- 避重就轻 bì zhòng jiù qīng 어려운 것은 피하고 쉬운 일만 하려고 하다
- 宾至如归 bīn zhì rú guī 내집에 온 것 같은 환대를 받다
- 不了了之 bù liǎo liǎo zhī 일을 대충대충 끝내다
- 不翼而飞 bù yì ér fēi 소리없이 사라지다
- 不约而同 bù yuē ér tóng 마치 약속이나 한듯이
- 出尔反尔 chū ěr fǎn ěr 이랬다 저랬다 하다
- 当机立断 dāng jī lì duàn 기회가 왔을 때 결단을 내리다
- 改邪归正 gǎi xié guī zhèng 사악함을 버리고 올바른 사람이 되다
- 隔岸观火 gé àn guān huǒ 강 건너 불 구경하기

- 顾名思义　gù míng sī yì　글자 그대로 (주로 문장의 맨 앞에 옴)
- 瓜熟蒂落　guā shú dì luò　참외가 익으면 꼭지가 떨어지다. 분위기가 무르익으면 일이 이루어지다
- 家徒四壁　jiā tú sì bì　집안에 벽 밖에 없고, 아무 살림살이가 없다. 몹시 가난하다
- 见利忘义　jiàn lì wàng yì　이권 때문에 의를 저버리다
- 江山易改, 本性难移　jiāng shān yì gǎi, běn xìng nán yí　제 버릇 개 못 준다
- 精益求精　jīng yì qiú jīng　이미 훌륭한 상태에서 더욱 노력하다
- 举不胜举　jǔ bù shèng jǔ　너무나 많아서 하나하나 열거할 수 없다
- 举一反三　jǔ yī fǎn sān　하나를 보고 열을 알다
- 开天辟地　kāi tiān pì dì　새로운 것을 개척하다
- 口是心非　kǒu shì xīn fēi　말로는 긍정하지만 속으론 부정하다
- 扣人心弦　kòu rén xīn xián　심금을 울리다
- 力不从心　lì bù cóng xīn　생각은 있지만 힘이 부친다
- 立竿见影　lì gān jiàn yǐng　즉각적인 효과를 거두다
- 名副其实　míng fù qí shí　명실상부하다
- 木已成舟　mù yǐ chéng zhōu　이미 엎질러진 물이다
- 平易近人　píng yì jìn rén　붙임성이 있어 다가가기 쉽다
- 萍水相逢, 一见如故　píng shuǐ xiāng féng, yī jiàn rú gù　우연히 만났지만 옛 친구를 만난 것 같다
- 前功尽弃　qián gōng jìn qì　모든 공이 수포로 돌아가다
- 热泪盈眶　rè lèi yíng kuàng　뜨거운 눈물이 눈시울을 적시다
- 软硬兼施　ruǎn yìng jiān shī　강경책과 유화책을 동시에 쓰다
- 深入浅出　shēn rù qiǎn chū　어려운 것을 쉽게 설명하다
- 十全十美　shí quán shí měi　완벽하다
- 拾金不昧　shí jīn bù mèi　금품에 현혹되지 않다
- 水到渠成　shuǐ dào qú chéng　물이 흘러가면 도랑이 생긴다. 분위기가 형성되면 일이 자연스레 이루어진다
- 水落石出　shuǐ luò shí chū　진상이 드러나다
- 谈虎色变　tán hǔ sè biàn　호랑이 말만 들어도 안색이 바뀐다. 그 이야기만 들어도 크게 놀란다
- 玩物丧志　wán wù sàng zhì　신선놀음에 도끼자루 썩는 줄 모른다
- 望子成龙, 望女成凤　wàng zǐ chéng lóng, wàng nǚ chéng fèng　아들과 딸이 훌륭한 인물이 되길 바라다
- 未雨绸缪　wèi yǔ chóu mou　미연에 방지하다
- 无可奉告　wú kě fèng gào　노코멘트
- 小题大做　xiǎo tí dà zuò　작은 문제를 크게 부풀려 이야기하다
- 胸有成竹　xiōng yǒu chéng zhú　대나무 그림을 그리기 전에 마음 속에 완성된 대나무의 모습을 그리다. 사전에 계획이 되어있다
- 鸦雀无声　yā què wú shēng　쥐 죽은 듯이 조용하다
- 掩耳盗铃　yǎn ěr dào líng　눈 가리고 아웅하다
- 一视同仁　yī shì tóng rén　모든 사람을 똑같이 대우하다
- 一叶知秋　yī yè zhī qiū　낙엽 하나가 떨어지는 것을 보고 가을이 왔음을 알다. 사물의 작은 변화를 보고 큰 변화를 파악하다

Part 1 구문으로 익히는 번역 테크닉

- □ 以身作则 yǐ shēn zuò zé 솔선수범하다
- □ 以牙还牙 yǐ yá huán yá 이에는 이, 눈에는 눈
- □ 游刃有余 yóu rèn yǒu yú 도살업자가 칼로 뼈와 살을 분리하는데 칼날이 무뎌지지 않는다. 식은죽 먹기이다
- □ 针锋相对 zhēn fēng xiāng duì 첨예하게 대립하다
- □ 置之不理 zhì zhī bù lǐ 도외시하다
- □ 自负盈亏 zì fù yíng kuī 스스로 흑자와 적자를 감당하다
- □ 座无虚席 zuò wú xū xí 빈 좌석이 없다
- □ 做贼心虚 zuò zéi xīn xū 도둑이 제발 저린다

✎ 다음 문장을 중국어로 번역해 보세요.

1 북한은 비밀 핵 계획을 모두 밝히기로 했다.

2 문제는 왕선생이 위약하면 개발업자가 청약대금 5000만원을 몰수하고 주택을 타인에게 양도할 수 있지만, 개발업자의 위약책임에 대해서는 아무런 언급도 없다는 데 있다.

3 네티즌과 비네티즌 사이에 인터넷이 도대체 이로운가 아니면 해로운가에 대한 견해 차이가 크다.

016

얼음이 세 자 두께로 언 것이 하루의 추위 때문이 아니듯이 상황이 이렇게 나빠진 것은 한두 사람의 잘못이 아니다.

➡ 冰冻三尺，非一日之寒，大局坏到如此，也不是一个人，两个人的错。

참고구문

① **学如逆水行舟不进则退。** 배움이란 물을 거슬러 배를 젓는 것과 같아서 앞으로 나아가지 않으면 후퇴한다.

② **早起的鸟儿有虫吃。** 일찍 일어나는 새가 먹이를 찾는다

③ **巧妇难为无米之炊。** 소도 언덕이 있어야 비빈다.

④ **老天不负苦心人。** 하늘은 스스로 돕는 자를 돕는다.

⑤ **饱汉不知饿汉饥。** 배부른 사람은 배고픈 사람의 고통을 모른다.

참고단어

□ 矮子里选将军 ǎizili xuǎn jiāngjūn 비슷한 것 중에 좀 나은 것을 고르다

□ 八字没一撇 bāzì méi yī piě 윤곽이 잡히지 않다

□ 报喜不报忧 bào xǐ bù bào yōu 좋은 일만 보고하고 나쁜 일은 보고하지 않는다

□ 比上不足，比下有余 bǐ shàng bùzú bǐ xià yǒuyú 잘하는 사람보단 못하고, 못하는 사람보다는 좀 낫다

□ 病从口入，祸从口出 bìng cóng kǒu rù, huò cóng kǒu chū 말조심하라

□ 不打不成交 bù dǎ bù chéngjiāo 싸워야 정든다

□ 不当家不知柴米贵 bù dāng jiā bù zhī chái mǐ guì 직접 경험해보지 않으면 모른다

□ 不为五斗米折腰 bù wèi wǔ dǒu mǐ zhé yāo 돈 때문에 굽신거리지 않겠다

□ 撑死胆大的，饿死胆小的 chēng sǐ dǎndàde, è sǐ dǎnxiǎode 담력이 커야 큰일을 한다

□ 吃饱了撑的 chībǎo le chēng de 주제넘은 참견은

□ 初生牛犊不怕虎 chūshēng niúdú bù pà hǔ 하룻강아지 범 무서운 줄 모른다. 젊은 사람이 물불 안 가리고 열심히 일한다

□ 聪明一世，糊涂一时 cōngming yī shì, hútu yī shí 사람은 누구나 멍해질 때가 있다

□ 打肿脸充胖子 dǎ zhǒng liǎn chōng pàngzi 얼굴을 때려서 붉게 만든 다음 살찐 척한다. 억지로 허세를 부리다

39

Part 1 구문으로 익히는 번역 테크닉

- 刀子嘴，豆腐心 dāozizuǐ, dòufuxīn 입은 거칠지만 마음은 착하다
- 端谁的碗，服谁的管 duān shéi de wǎn, fú shéi de guǎn 월급 주는 사람의 말을 듣게 마련이다
- 多个朋友多条路 duō ge péngyou duō tiáo lù 친구가 많으면 일 처리 하기 좋다
- 多一事不如少一事 duō yī shì bùrú shǎo yī shì 번거로운 일은 적을수록 좋다
- 饭来张口，衣来伸手 fàn lái zhāng kǒu, yī lái shēn shǒu 응석받이로 자라다
- 防君子不防小人 fáng jūnzǐ bù fáng xiǎorén 정정당당한 사람이 무서운 것이 아니라 암수를 쓰는 사람이 무섭다
- 擀面杖吹火 — 一窍不通 gǎnmiànzhàng chuī huǒ – yī qiào bù tōng 면을 미는 막대에 바람을 불다(구멍이 없다) 사람이 앞뒤가 꽉 막혔다
- 高不成，低不就 gāo bù chéng, dī bù jiù 어려운 일은 못하고, 너무 쉬운 일은 하기 싫고
- 公说公有理，婆说婆有理 gōng shuō gōng yǒu lǐ, pó shuō pó yǒu lǐ 핑계없는 무덤 없다
- 好钢用在刀刃上 hǎo gāng yòng zài dāorènshang 좋은 재료를(또는 돈) 적절한 곳에 쓰다
- 好借好还，再借不难 hǎo jiè hǎo huán, zài jiè bù nán 빌리고 돌려주면 또 빌리기가 쉽다
- 好酒不怕巷子深 hǎo jiǔ bù pà xiàngzi shēn 좋은 가게는 위치가 어디에 있든 손님이 찾아가게 마련이다
- 皇帝女儿不愁嫁 huángdì nǚ'ér bù chóu jià 황제의 딸은 결혼 걱정을 할 필요가 없다. 좋은 물건은 잘 팔린다
- 机不可失，时不再来 jī bù kě shī, shí bù zài lái 시간은 되돌릴 수 없으니, 기회를 놓치지 마라
- 鸡毛炒韭菜 — 乱七八糟 jīmáo chǎo jiǔcài – luàn qī bā zāo 닭털과 부추를 함께 볶다. 엉망진창이다
- 家有千口，主事一人 jiā yǒu qiān kǒu, zhǔshì yī rén 집안식구가 많아도 사업을 해서 집안을 일으키는 사람은 한 사람이다
- 姜是老的辣 jiāng shì lǎode là 생강은 오래된 것이 맵다. 역시 경험이 많은 사람이 무섭다
- 姜太公钓鱼 — 愿者上钩 Jiāng Tàigōng diào yú – yuànzhě shàng gōu 강태공의 밋밋한 낚시 바늘에도 고기는 물린다. 걸릴 놈은 걸린다
- 近水楼台先得月 jìnshuǐ lóutái xiān dé yuè 물가에 있는 누각은 달 구경하기 좋다. 강한 사람 근처에 있으면 혜택을 얻기가 쉽다
- 旧的不去，新的不来 jiùde bù qù, xīnde bù lái 옛것이 사라져야 새것이 온다
- 君子动口不动手 jūnzǐ dòng kǒu bù dòng shǒu 군자는 말로 하지 손을 쓰지 않는다
- 孔夫子搬家 — 净是书 Kǒng Fūzǐ bān jiā – jìng shì shū 공자가 이사 간다(모두 책 뿐이다). 항상 진다
- 来得早不如来得巧 lái de zǎo bùrú lái de qiǎo 일찍보다는 제때가 좋다. 가는 날이 장날이다
- 临上轿现扎耳朵眼儿 lín shàngjiào xiàn zhā ěrduoyǎnr 가마를 타려고 할 때 멋 내기 위해 귀를 뚫는다. 닥쳐서야 한다
- 萝卜快了不洗泥 luóbo kuàile bù xǐ ní 장사가 잘되면 불량상품도 마구 섞어 판다
- 卖瓜的不说瓜苦 màiguāde bù shuō guā kǔ 자기 물건 나쁘다고 하는 장사꾼은 없다

- 门缝里看人 － 把人看扁了 ménfèngli kàn rén – bǎ rén kàn biǎn le 문틈으로 사람을 보다(사람이 납작하게 보인다) 깔보다
- 名师出高徒 míngshī chū gāotú 훌륭한 스승 밑에서 좋은 제자가 나온다
- 谋事在人，成事在天 móushì zài rén, chéngshì zài tiān 하늘이 도와야 일을 이룰 수 있다
- 木头眼镜 － 看不透 mùtou yǎnjìng – kàn bu tòu 나무로 만든 안경. 제대로 보이지 않는다
- 拿鸭子上架 ná yāzi shàng jià 오리 보고 (닭의 오르는)홰에 오르라고 한다. 할 수 없는 일을 시키다
- 能人背后有能人 néngrén bèihòu yǒu néngrén 뛰는 놈 위에 나는 놈이 있다
- 女大十八变 nǚ dà shíbā biàn 여성은 자라면서 여러번 바뀐다
- 起个大早，赶个晚集 qǐ ge dàzǎo, gǎn ge wǎnjí 시작은 일렀지만, 일 처리가 뒤졌다
- 钱是英雄胆 qián shì yīngxióngdǎn 돈이 있으면 담력이 세어진다
- 清官难断家务事 qīngguān nán duàn jiāwùshì 아무리 깨끗한 관리라도 집안 일이 관련되면 어쩔 수 없다
- 人逢喜事精神爽 rén féng xǐshì jīngshén shuǎng 사람은 기쁜 일이 생기면 정신이 맑아진다
- 人怕出名猪怕壮 rén pà chūmíng zhū pà zhuàng 사람은 유명해지면 공격을 당할 수 있다
- 人生不如意事常八九 rénshēng bù rúyì shì cháng bā jiǔ 인생에서 대부분은 뜻대로 이루어지지 않는다
- 人是铁，饭是钢 rén shì tiě, fàn shì gāng 밥이 보약이다
- 人是衣裳，马是鞍 rén shì yīshang, mǎ shì ān 옷이 날개다
- 人熟好办事 rén shú hǎo bàn shì 서로 친해지면 일 처리가 쉽다
- 人往高处走，水往低处流 rén wǎng gāochù zǒu, shuǐ wǎng dīchù liú 물은 낮은 쪽으로 흐르고, 사람은 높은 쪽으로 발전을 도모한다
- 人一走，茶就凉 rén yī zǒu, chá jiù liáng 사람이 떠나면(죽으면) 차가 바로 식는다. 세태염량. 몰인정
- 入乡先问俗 rù xiāng xiān wèn sú 로마에 가면 로마의 법에 따라야 한다
- 三百六十行，行行出状元 sān bǎi liùshí háng, hángháng chū zhuàngyuan 모든 업종에는 가장 잘하는 사람이 있다
- 三句话不离本行 sān jù huà bù lí běnháng 직업은 못 속인다
- 三天打鱼，两天晒网 sān tiān dǎ yú, liǎng tiān shài wǎng 일을 꾸준하게 하지 못하고 하다 말다 한다
- 舍不得孩子打不着狼 shěbudé háizi dǎ bu zháo láng 애를 아끼면 이리를 못 잡는다. 한 가지를 너무 아끼면 큰 일을 못 이룬다
- 身教重于言教 shēnjiào zhòngyú yánjiào 아이를 말로 교육시키는 것보다는 몸으로 보여주는 교육이 중요하다
- 生米做成了熟饭 shēngmǐ zuòchéng le shúfàn 이미 엎질러진 물이다
- 十年寒窗无人问，一举成名天下知 shí nián hánchuāng wú rén wèn, yī jǔ chéngmíng tiānxià zhī 혼자 어렵게 공부할 때는 아무도 몰라주지만, 한번 이름을 알리면 천하가 다 안다

Part 1 구문으로 익히는 번역 테크닉

- 十年河东，十年河西 shí nián hédōng, shí nián héxī 10년은 동쪽이 흥하고, 10년은 서쪽이 흥한다. 풍수의 운세는 바뀌게 마련이다

- 瘦死的骆驼比马大 shòu sǐ de luòtuo bǐ mǎ dà 말라죽은 낙타가 말보다 크다. 부자는 망해도 삼 년은 간다

- 水浅养不住大鱼 shuǐ qiǎn yǎng bu zhù dàyú 물이 얕으면 큰 물고기가 살 수 없다

- 说曹操，曹操就到 shuō Cáo Cāo, Cáo Cāo jiù dào 호랑이도 제 말하면 온다

- 死猪不怕开水烫 sǐzhū bù pà kāishuǐ tàng 죽은 돼지는 뜨거운 물을 두려워하지 않는다. 이미 이렇게 된 이상 두려울 게 없다

- 天无绝人之路 tiān wú juérénzhīlù 하늘이 무너져도 솟아날 구멍이 있다

- 天下没有白吃的午餐 tiānxià méiyǒu bái chī de wǔcān 세상에 공짜는 없다

- 铁公鸡 — 一毛不拔 tiě gōngjī – yī máo bù bá 쇠로 된 수탉(털하나도 뽑을 수가 없다). 몹시 인색하다

- 头三脚难踢 tóu sān jiǎo nán tī 모든 일은 처음이 어렵다

- 头痛医头，脚痛医脚 tóu tòng yī tóu, jiǎo tòng yī jiǎo 머리 아프면 머리 치료하고, 다리 아프면 다리 치료한다. 임시방편

- 秃头上的虱子 — 明摆着 tūtóushàng de shīzi – míng bǎi zhe 대머리 위의 이(잘 보인다). 분명하다

- 兔子不吃窝边草 tùzi bù chī wōbiāncǎo 토끼는 우리 주변의 풀을 먹지 않는다. 주변 사람을 건드리지 않는다

- 万事俱备，只欠东风 wàn shì jùbèi, zhǐ qiàn dōngfēng 모든 것이 다 갖추어졌고, 이제 동풍만 불어오면 된다. 대부분이 다 갖추어졌고 한 가지 부족할 때 쓴다

- 瞎子点灯 — 白费蜡 xiāzi diǎn dēng – bái fèi là 맹인이 등불을 켜다. 쓸데없이 초만 낭비한다. 쓸데없이 낭비하다

- 先小人，后君子 xiān xiǎorén, hòu jūnzǐ 먼저 철저하게 따지고 나중에 인정을 베푼다

- 小葱拌豆腐 — 一清二白 xiǎocōng bàn dòufu – yī qīng èr bái 파와 두부를 함께 볶았다. 색이 분명하다

- 一朝被蛇咬，十年怕井绳 yī zhāo bèi shé yǎo, shí nián pà jǐngshéng 어느 날 아침 뱀에게 물리고 10년 동안 두레박 끈 두려워 한다. 자라 보고 놀란 가슴 솥뚜껑 보고 놀란다

- 一个萝卜顶一个坑 yī ge luóbo dǐng yī ge kēng 무구덩이에 무가 하나씩 박혀있다. 노는 사람없이 각기 자기 자리에서 맡은 일을 하다

- 一条鱼腥了一锅汤 yī tiáo yú xīngle yī guō tāng 미꾸라지 한 마리가 온 연못을 흐린다

- 有钱能使鬼推磨 yǒuqián néng shǐ guǐ tuī mò 돈 있으면 귀신에게 맷돌 돌리게 한다. 황금만능

- 远亲不如近邻 yuǎnqīn bùrú jìnlín 먼 친척은 가까운 이웃만 못하다

- 宰相肚里能撑船 zǎixiàng dùli néng chēng chuán 재상의 뱃속에서는 배를 저을 수도 있다. 큰 인물은 도량이 넓다

- 在家千日好，出门一时难 zài jiā qiān rì hǎo, chū mén yī shí nán 집 떠나면 고생이다

- 站着说话不腰疼 zhànzhe shuō huà bù yāoténg 서서 말하니 허리가 아프지 않다. 몸소 행하지 않고 말로만 떠들다

- 这山望着那山高 zhè shān wàngzhe nà shān gāo 남의 떡이 커보인다
- 猪八戒照镜子 — 里外不是人 Zhū Bājiè zhào jìngzi – lǐ wài bù shì rén 저팔계가 거울을 비춘다. 대내외적으로 망신을 당하다(안팎으로 사람이 대접을 못 받는다)

다음 문장을 중국어로 번역해 보세요.

1 너는 평상시에 우리 집에 잘 안 오잖아. 오늘 무슨 일이 있는 게 분명해.

2 나는 이번 바둑이 중요하다는 것을 잘 알아. 절대로 마지막에 실수해서 후회하는 일이 없도록 해야 돼.

3 취업 지도교사에 따르면 김군 같은 대학생은 취업에 대한 마음 가짐이 좀 경박해서 항상 남의 떡만 크게 생각한다고 한다.

해 답　Part 1 | 구문으로 익히는 번역 테크닉

001
1. 李明博总统应中国政府的邀请今天下午乘专机抵达北京开始为期4天的正式访问。
2. 韩中两国外长今天下午在友好诚挚的气氛中举行了工作会谈，双方就北韩和国际局势等问题交换了意见。
3. 韩国总统发言人说，金大中总统敦促北韩领导人金正日尽可能早日对首尔进行回访，早日实现第二次首脑会谈。

002
1. 以雇用童工罪判处甲有期徒刑一年。
2. 以酒后驾车罪被处以100万元罚款吊销执照3个月。
3. 英国一盲人因涉嫌驾车而被判入狱3个月缓期3年执行。

003
1. 在本届杯赛中，韩国短道速滑健儿共打破了3项亚洲纪录，1项世界纪录。
2. 韩国队在以突然死亡方式进行的加时赛中先攻入了1球，以3比2结束了比赛。
3. 10强排名中，三星蝉联冠军，亚军和季军也没有变化，名次相当稳定。

004
1. 由韩国股份有限公司和中国文化交流协会联合举办的"中国文化艺术综合展览会"开幕典礼现在开始。
2. 第5届韩·中·日纸浆大会现在开始，请各位准备一下。
3. 有些问题需向你请教，希望您能在百忙当中抽空指点一下。

005
1. 今天大家齐济一堂，借此难得机会，我谨代表本公司向贵公司的总经理以及全体职员表示我们深深的敬意和由衷的感谢！
2. 我们对于此次会议的召开表示欢迎，并且预祝这次会议取得圆满成功。
3. 全球第二富豪巴菲特与詹姆斯共进午餐节俭成为席间主题。

006
1. 综观发达国家的经验，保险业在国民经济和社会发展中的作用举足轻重。
2. 物流园区作为城市经济的推进型产业，无疑将对未来的经济发展起到举足轻重的作用。
3. 该软件对我公司产品在网上推广起到了很大的作用。

007
1. 全国日均上网人数突破3000万人次，宽带用户突破2000万。
2. 韩国一家电脑安全公司19日宣布，部分韩国国家级机关的电脑系统近日遭到黑客袭击。
3. 据称，连微软公司的首席执行官比尔·盖茨也限制了女儿的上网时间。

008
1. 很多时候我很倔强，倔强地认为自己不会错。
2. 心理学家把性格分成内向和外向，这仅仅代表性格的两种心理取向，本身并没有优劣之分。
3. 选人用人必须坚持公道正派的原则。

009

1 2007年我国有色金属产量同比增长了18.14％。

2 截至8月18日18时,釜山港今年货物吞吐量累计完成2.003亿吨,与去年相比,提前50天突破2亿吨大关。

3 国家打击传销从不手软,可是,在一些地方传销活动却屡打不止,屡禁不绝。

010

1 北韩应尽早觉悟开城工业园区项目是完全有别于它在尽量将南韩排除在外的情况下,与国际社会讨论有关核事宜的。

2 政府虽然对这一史无前例的惨案采取了各种补救措施,但仍稍嫌未尽周到。

3 中国固然应带头采取防范污染黄海的措施,但也不能全靠它。包括韩国、日本在内的周边国家和联合国环境规划署等国际机构应对此予以大力支持。

011

1 日前日本列岛饱受气候反常之苦。

2 由气候变暖造成的气候反常已成为现实,这也许只是即将降临的大灾难的前奏。

3 虽为时较晚,但应尽力寻求对策。首先,全球应携手合作,共谋良策,致力于在全球范围内减少温室气体的排放量。

012

1 林权泽、李昌东、金基德导演相继在全球3大电影节上荣获导演奖。在韩国电影界也掀起了国片的热潮。

2 从这点来看,我们决不能消极看待电影配额制。

3 在频传部长更迭之说之际,突然声称缩小配额制,也让人感到疑惑。在国民面前,只有开诚布公,才能具有说服力。

013

1 有些小伙子30岁了还打光棍。

2 放"马后炮"不如打"预防针"。

3 他的一席话倒了大家的胃口。

014

1 我的爸爸心甘情愿地成了"妻管严"。

2 我国食物安全仍需敲警钟。

3 孩子在学校经常捅娄子。

015

1 北韩同意和盘托出秘密核武计划。

2 问题的关键在于如王先生违约,开发商有权没收认购金5000万元,并将该房转让他人,但对开发商违约责任只字未提。

3 网民和非网民对互联网究竟利大于弊还是弊大于利的看法很不相同。

016

1 你平时难得到我家来做客,你今天是无事不登三宝殿吧?

2 我深知这局棋关系重大,绝不能到最后一失足成千古恨啊!

3 职业指导老师说,像小金这样的大学生,就业心态比较浮躁,总是这山望着那山高。

PART 2

문장으로 익히는
번역테크닉

Part 2 문장으로 익히는 번역 테크닉

001 가능성을 현실로 만들다　将其可能性变为现实

남북이 이제 할 일은 가능성을 현실로 만드는 것이다.

Key words
当务之急 dāng wù zhī jí 급선무　　将 jiāng 把의 의미

해답 目前南北双方的当务之急是将其可能性变为现实。

002 가려운 곳을 찾아내 긁어주다　找到人民的痛处, 并努力为其解决困难

대선이 있는 올해, 국민은 정치인들로부터 사랑과 존경 소리를 또 지겹게 들을 것이다. 선거판의 인사치레 아부는 사양하고 싶다. 표를 위한 아부가 아니라 국민의 가려운 곳을 찾아내 긁어주는, 국민을 설득하는 노력이 곁들여진 아부여야 한다.

Key words
阿谀奉承 ēyú fèngcheng 아첨　　拉票 lā piào 표를 긁어 모으다
拍马屁 pāi mǎpì 아부하다　　说服 shuō fú 설득하다

해답 今年将举行总统换届选举, 人民不愿再从政界人士的口中听到"爱和尊敬"的声音, 人民不再想要表面上的阿谀奉承。政客们不应该为了拉票而拍马屁, 而应该找到人民的痛处, 并努力为其解决困难, 从而说服人民, 这才是拍马屁的真正技巧。

003 가수 겸 프로듀서　歌手兼制作人

가수 겸 프로듀서인 박진영씨가 세계로 뻗어가는 우리의 문화상품에서 한류라는 국가라벨을 떼어내야 한다고 목소리를 높였다.

Key words
传播 chuánbō (바이러스나 소문이) 퍼지다
呼吁 hūyù 호소하다　　删除 shānchú 빼버리다
标签 biāoqiān 라벨

해답 歌手兼制作人朴镇英呼吁, 应该在传播到全世界的我国文化商品中删除所谓"韩流"的国家标签。

004 가슴은 또 얼마나 벅찼던가　让很多国民的心里充满了希望

1988년 서울 올림픽 때 올림픽을 잘 치러 보자며 우리 사회가 똘똘 뭉쳤던 기억을 아직도 간직하고 있는 국민이 많다. 2002년 월드컵 4강으로 하나가 된 우리의 가슴은 또 얼마나 벅찼던가.

Key words
举国上下 jǔguó shàngxià 전국민 모두
融为一体 róngwéi yītǐ 하나로 뭉치다

해답 很多国民至今还记得1988年首尔奥运会当时, 举国上下齐呼"成功举办奥运"的情景。2002年"世界杯四强"的成绩让举国上下融为一体, 让很多国民的心里充满了希望。

005 가장 높은 것　~之最

우리나라의 연평균 자살증가율이 경제협력개발기구(OECD) 국가 중 가장 높은 것으로 나타나 크게 우려된다.

Key words
经合组织 Jīnghé Zǔzhī OECD　　年均 niánjūn 연평균

해답 据调查, 我国的年均自杀增加率为经合组织成员国之最, 令人担忧。

006 각별한 대비가 요구되다 需提高警惕

특히 교역 투자 등 중국과의 경제 교류가 급신장하고 있는 한국으로서는 그 어느 나라보다도 큰 영향을 받을 수 밖에 없다는 점에서 각별한 대비가 요구된다.

Key words

首当其冲 shǒu dāng qí chōng 제일처음으로 영향을 받다

해답 就韩国而言,最近与中国的经贸往来空前活跃,因此难免首当其冲受到影响,国民需提高警惕。

007 간과하거나 방치해서는 안 된다 不应对~视而不见, 置之不理。

사이버 범죄의 40%가 청소년에 의해 저질러지고 있다는 사실을 간과하거나 방치해서는 안 된다.

Key words

视而不见 shì ér bù jiàn 보고도 못 본 척하다
置之不理 zhì zhī bù lǐ 본체 만 체 하다

해답 我们不应对青少年犯罪占了所有网络犯罪数量的40%这一事实视而不见, 置之不理。

008 갑작스럽게 突然

지금 갑작스럽게 자동차 10부제나 국제 유전 확보, 대체에너지 개발을 주문하고 싶은 생각은 없다.

Key words

车辆限号行驶制 chēliàng xiànhào xíngshǐzhì 자동차 10부제

해답 我根本不想突然要求政府采取车辆限号行驶制、确保境外油田、发展替代能源等措施。

009 강 건너 불 隔岸观火

양안문제로 미·중관계가 꼬이면 북핵문제 해결에도 악영향을 미칠 것이란 점에서 그것은 한국에도 강 건너 불이 아니다.

Key words

牵一发动全身 qiān yī fā dòng quán shēn 작은 부분을 끌면 온몸이 움직인다
如果~那么 rúguǒ ~ nàme 만약~라면
陷入僵局 xiàn rù jiāngjú 교착상태에 빠져들다
负面 fùmiàn 부정적인 면
隔岸观火 gé àn guān huǒ 강 건너 불구경하듯 하다

해답 两岸问题牵一发动全身, 如果中美关系为它陷入僵局, 那么将给朝核问题造成负面影响, 因此我国不应对此持隔岸观火的态度。

010 개봉 예정이다 定于~上映

내달에 개봉될 예정인 영화 '다빈치 코드'를 둘러싸고 논란이 일고 있다고 한다.

Key words

围绕 wéirào 에워싸다   上映 shàngyìng 개봉되다

해답 据悉,最近围绕定于下个月上映的《达·芬奇密码》争论不休。

Part 2 문장으로 익히는 번역 테크닉

011 개봉 ~일 만에 上映~天以来

영화 '괴물'이 최다관객 신기록을 수립했다고 한다. '괴물'이 개봉 38일 만에 '왕의 남자'가 세운 1천2백30만 명 기록을 넘어선 것이다.

Key words
刷新 shuāxīn 경신하다 票房 piàofáng 박스오피스
大破~记录 dà pò ~ jìlù ~기록을 대피하다

해답 据悉, 电影《怪物》刷新了票房纪录。它上映38天以来, 大破了《大王的男人》的1230万观看人次的纪录。

012 개선 기미를 보이지 않고 있다 尚未出现逆转的迹象

우리 사회의 큰 문제 중의 하나가 청년 실업이다. 갈수록 심각해지고 있는 데다 좀처럼 개선 기미를 보이지 않고 있다.

Key words
面临 miànlín 직면하다 尚未 shàngwèi 아직 ~하지않다
逆转 nìzhuǎn 역전하다 迹象 jìxiàng 기미, 조짐

해답 青年失业是我国所面临的难题之一。目前它日趋严重且尚未出现逆转的迹象。

013 개선을 미룰 수 없다 亟待改变

미리 자신의 생명연장에 관한 의사를 밝혀두는 사전유언제도를 도입하자는 주장도 제기되고 있다. 더 이상 소극적 안락사를 둘러싼 제도 및 사회적 인식 개선을 미룰 수 없음을 말해주는 예들이다.

Key words
遗嘱 yízhǔ 유언 消极 xiāojí 부정적인
安乐死 ānlèsǐ 안락사 亟待 jídài 시급히~(을) 요하다

해답 部分人士还提出采取"事先遗嘱制", 即事先立下遗嘱对自己的生命延长问题表明态度。这些都表明人们在制度及社会上对消极安乐死的认识亟待改变。

014 갹출 分摊的捐款

아시아판 국제통화기금(IMF)으로 불리는 '아시아통화기금(AMF)'의 출범이 가시화되고 있다. 한.중.일 3국과 동남아국가연합(아세안) 등 총 13개국은 역내에서 외환위기가 발생하면 자금을 지원하는 공동기금을 설치하기로 합의했다. 각국 외환보유액에서 갹출한 800억 달러로 기금을 조성한다.

Key words
在即 zàijí 임박하다 达成 dá chéng (어떤 결과에) 이르다
援助 yuánzhù 지원하다 捐款 juān kuǎn 기부하다

해답 被称为亚洲版国际货币基金组织的亚洲货币基金组织成立在即。韩中日和东盟已达成协议, 成立共同基金, 在区内向发生金融危机的国家提供资金援助。该基金共800亿美元, 来源于各国分摊的捐款。

015 거명하다 指名道姓

직접적으로 북한을 거명하지는 않았다. 하지만 그가 언급한 '폭정으로 국민을 억압하는 정권'에 김정일 정권이 포함돼 있음은 확실하다.

Key words
虽然~但 suīrán ~ dàn 비록~하지만 그러나 指名 zhǐ míng 지명하다

해답 虽然他并没有指名道姓, 但可以确认北韩已被列入"以暴政压迫人民的政权"名单之中。

确认 quèrèn 확실히 인정하다　　**暴政** bàozhèng 폭정
压迫 yāpò 억압하다

016　거슬러 올라가다　**追溯**

중국에서 농민들에 대한 징세의 역사는 청동기 시대인 4,000년 이전으로 거슬러 올라간다.

해답　中国向农民的征税历史可 追溯到 4000年前的青铜器时代。

Key words

征税 zhēng shuì 징세　　**追溯** zhuīsù 거슬러 올라가다

017　거시적 관점에서 봤을 때　**从宏观角度来看**

거시적 관점에서 봤을 때 정품을 사용함으로써 관련 산업의 매출 증가와 함께 전체 IT 분야의 높은 성장을 가져오게 되는 것이다.

해답　从宏观角度来看, 只有使用正版软件, 才能增加有关产业的销售额, 并促使IT产业的大幅增长。

Key words

从~角度来看 cóng ~ jiǎodù lái kàn ~관점으로 볼 때
宏观 hóngguān 거시적　　**软件** ruǎnjiàn 소프트웨어

018　거식증에서부터 골밀도 저하에 이르기까지 ~을 앓고 있다　**饱受 ~ 的折磨, 如厌食、骨质疏松**

그 결과 거식증에서부터 골밀도 저하에 이르기까지 많은 젊은 여성들이 다이어트 후유증을 앓고 있다.

해답　其后果是让众多年轻女性 饱受减肥后遗症 的折磨, 如厌食、骨质疏松 等等。

Key words

饱受 bǎoshòu 겪을 대로 겪다　　**后遗症** hòuyízhèng 후유증
厌食 yànshí 식욕이 부진하다　　**骨质疏松** gǔzhì shūsōng 골다공증

019　건강하지 못하다(사회가)　**(社会)不是健全的**

자살은 사회적 살인이란 말이 있다. 자살이 많은 사회는 건강하지 못하다는 의미다. 경제협력개발기구(OECD) 회원국 중 2년째 자살률 1위를 기록한 우리나라에 던지는 말 같다.

해답　有一种说法称"自杀是社会性杀人"。意思是, 自杀频繁的 社会不是健全的。这好像是专门针对我国而言的。因为, 我国的自杀率已经连续两年在经合组织(OECD)成员国中位居首位。

Key words

频繁 pínfán 빈번하다　　**位居** wèijū ~에 위치하다

020　건강한 부모 밑에 건강한 자식이 나오다　**龙生龙, 凤生凤, 老鼠生子会打洞**

대학을 졸업하고도 부모에게 기대는 것은 부끄러운 일이라는 인식을 심어 주자. 건강한 부모 밑에 건강한 자식이 나오고, 이런 가정이 건강한 사회를 만드는 것이다.

해답　让年轻人认识到"啃老族"是羞耻的。龙生龙, 凤生凤, 老鼠生子会打洞。只有懂得这个道理, 才能建设健全的社会。

Key words

啃老族 kěnlǎozú 캥거루 족　　**羞耻** xiūchǐ 수치스럽다

Part 2 문장으로 익히는 번역 테크닉

021 건조사업　建造工程

두 대양을 지배하게 된 미국의 위치는 언제까지나 변하지 않을 것처럼 요지부동이다. 도전이 없는 것은 아니다. 중국 인민해방군의 고위인사가 6일 항공모함 건조사업이 순항중이며 2010년 전에 완성될 것이라고 말했다.

Key words

控制 kòngzhì 제어하다　　挑战 tiǎozhàn 도전하다
航空母舰 hángkōng mǔjiàn 항공모함

해답 | 控制两大洋的美国的霸主地位似乎永远都不会动摇。但也不是没有挑战。中国人民解放军的高层人士6日表示："航空母舰建造工程正在顺利进行,将于2010年之前建造完成。"

022 걸림돌1　绊脚石

협의 체결의 최대 걸림돌은 '경제는 뛰고, 정치·외교는 제자리'인 3국의 미묘한 관계다.

Key words

微妙 wēimiào 미묘한
原地踏步 yuándì tà bù 제자리 걸음을 걷다

해답 | 达成协议的最大绊脚石莫过于三国之间的微妙关系,即"经济合作虽日趋密切,但政治外交仍原地踏步"。

023 걸림돌2　扯后腿

그동안 우리 경제의 걸림돌로 작용했던 물류의 흐름도 개선될 것이다.

Key words

扯后腿 chě hòutuǐ 발목을 잡다　　结构 jiégòu 구조

해답 | 一直扯我国经济后腿的物流结构也将得到改善。

024 겉으로 뜨겁고 떠들썩하다　表面看来热闹之极

한국의 영어교육은 겉으로 뜨겁고 떠들썩하지만, 언어교육의 본질에 제대로 접근하지 못하고 있다.

Key words

表面看来 biǎomiàn kànlai 표면적으로 볼 때
与 ~ 相差甚远 yǔ ~ xiāngchà shènyuǎn ~와 차이가 크다

해답 | 韩国的英语教育虽表面看来热闹之极,但与语言教育的本质相差甚远。

025 겨냥하다　目标指向~

그의 공약은 사회주의적 복지 모델의 재탕으로 저소득층과 만성 실업에 시달리는 20대 젊은 층을 겨냥한 것이다.

Key words

诺言 nuòyán 언약　　翻版 fānbǎn 복사판
指向 zhǐxiàng 지향하다　　困扰 kùnrǎo 곤혹스럽게 하다

해답 | 他的竞选诺言是社会主义福利模式的翻版,目标指向了低收入阶层和饱受慢性失业困扰的20多岁的年轻一代。

026 결코 과장이 아니다　这决不是危言耸听

이대로 가다가는 아이들의 건강이 심각한 지경에 이를 것이란 경고가 결코 과장이 아니다.

Key words

对~造成严重的负面影响 duì ~ zàochéng yánzhòng de fùmiàn yǐngxiǎng ~에 악영향을 끼치다
长此以往 cháng cǐ yǐ wǎng 이대로 간다면
危言耸听 wēi yán sǒng tīng 깜짝 놀랄 만한 이야기를 하여 사람을 놀라게 하다.

해답　有关人士警告：长此以往,将对孩子们的健康造成严重的负面影响, 这决不是危言耸听。

027 경각심을 키우다　保持警惕

정부·공공기관과 기업은 보안에 대한 투자와 경각심을 키워야 한다.

Key words

警惕 jǐngtì 경계하다, 경각심을 가지다
安全 ānquán 안전, 안보, 보안

해답　政府、公共单位和企业必须增加对安全的投入并经常保持警惕。

028 경쟁이 격화되면서　随着~竞争日趋激烈

바다는 지구상에 남아 있는 마지막 자원의 보고다. 바다를 둘러싼 국가 간 경쟁이 격화되면서 세계 주요 해양국들은 통합 해양행정체계 구축을 서두르고 있다.

Key words

宝库 bǎokù 보고
竞相 jìngxiāng 서로 다투어
体系 tǐxì 체계

해답　海洋是地球上的最后一个资源宝库。随着海洋资源的国际竞争日趋激烈,世界主要海洋国家竞相着手建立统一的海洋行政体系。

029 경쟁이 치열하다　展开激烈的竞争

지구온난화로 세계가 온실가스 감축 압력에 직면하면서 에탄올은 대체에너지로 주목받고 있다. 자동차 연료로 에탄올을 사용하면 이산화탄소 배출량을 줄일 수 있다. 에탄올을 확보하려는 각국의 경쟁이 치열하다.

Key words

加剧 jiājù 심해지다
乙醇 yǐchún 에탄올
燃料 ránliào 연료
二氧化碳 èryǎnghuàtàn 이산화탄소

해답　随着全球变暖现象日益加剧,减少温室气体排放量的压力越来越大。此外,乙醇作为替代能源正引起人们的关注。若将乙醇作为汽车燃料来使用, 二氧化碳排放量将会减少。因此各国在制造乙醇上展开激烈的竞争。

030 경제적인 잣대로만 생각하다　用经济方式解决

인류 전체의 지속 가능성과 관련된 중요한 문제를, 경제적인 잣대로만 생각하는 관료들에게 맡길 수만은 없다.

Key words

事关 shìguān 일이~관계되다
持续 chíxù 지속하다
办理 bànlǐ 처리하다

해답　我们不应将事关全人类可持续发展的重大问题全交由那些用经济方式解决所有问题的官员办理。

Part 2 문장으로 익히는 번역 테크닉

031　경청할 말이다　应认真听取

우리 정부가 경청할 말이다.

Key words
认真听取 rènzhēn tīngqǔ 귀담아 듣다

해답 | 我国政府应认真听取。

032　경협 및 인적 교류를 활성화하다　激活经济合作及人员往来

남북한의 철도 연결은 직접적으로는 남북간의 경협 및 인적 교류를 활성화하는 데 크게 이바지할 수 있다.

Key words
间接 jiànjiē 간접적인　　有助于 yǒu zhùyú ~에 도움이 되다
激活 jīhuó 활성화하다

해답 | 南北韩铁路的连接直接或间接地有助于双方激活经济合作及人员往来。

033　계속 늘어나다　有增无减

왜 감염자와 환자가 계속 늘어나는지 따져볼 필요가 있다.

Key words
发病 fābìng 병이 나다
有增无减 yǒuzēng wújiǎn 늘어나다(줄어들지 않고)

해답 | 我们应追查被感染者和发病患者有增无减的原因。

034　고급호텔 잡기가 힘들다　高级酒店人满为患

베트남 수도 하노이에선 지난 연말 송년모임 예약이 몰려 고급호텔 잡기가 힘들었다고 한다. 베트남은 작년 외국인투자와 수출 호조로 8.2% 성장을 기록했다.

Key words
河内 Hénèi 하노이
人满为患 rén mǎn wéi huàn 사람이 너무 많아 탈이다

해답 | 去年年底, 很多游客到越南首都河内过年, 导致高级酒店人满为患。越南去年得益于外国人加大投资和出口好转, 取得了8.2%的增长率。

035　고스란히 노출돼 있다　随处都可能受到影响

사실 우리 어린이들은 각종 유해 환경에 고스란히 노출돼 있다.

Key words
受到~影响 shòudào~yǐngxiǎng ~한 영향을 받다
有害 yǒuhài 유해하다

해답 | 其实, 我国儿童随处都可能受到各种有害环境的影响。

036　고용을 창출하다　创造~就业岗位

한 국책연구소는 미국과의 자유무역이 장기적으로 국민소득을 18조원(2.46%) 증가시키고 고용을 26만 명 창출할 것으로 추정했다.

해답 | 据某国策研究所估计, 从中长期来看, 我国与美国的自由贸易会让国

54

民所得增加18万亿韩元(2.46%),并创造26万个就业岗位。

Key words
所得 suǒdé 소득　就业岗位 jiùyè gǎngwèi 일자리

037 고통스런 과거를 떠올리게 하다   让痛苦的过去重新浮现在我们眼前

일본은 그간 자위대 해외파병의 법적 근거를 마련해놓고, 이제는 재군비 논의를 활발하게 진행하고 있다. 이 모두가 우리에게는 고통스런 과거를 떠올리게 하고 미래를 불안하게 하는 일들이다.

해답 ┃ 日本政府前不久为其自卫队的海外派兵行为提供了法律依据,现在又在积极地扩充军备,这一切又让痛苦的过去重新浮现在我们眼前,并让我们对未来深感不安。

Key words
为~提供依据 wèi~tígōng yījù ~에 근거가 되다
扩充军备 kuòchōng jūnbèi 군비를 확장하다　浮现 fúxiàn 떠오르다

038 곤욕을 치르다   吃尽苦头

미국에는 거짓말 때문에 탄핵위기로 몰리거나 곤욕을 치른 역대 대통령이 많다. 워터게이트 사건으로 탄핵 당하기 직전에 스스로 사임한 리처드 닉슨 대통령이 대표적이다.

해답 ┃ 在美国历任总统中,很多因说谎话而遭到弹劾并吃尽了苦头。因水门事件还未遭到弹劾就主动辞职的尼克松是一个很好的例子。

Key words
说谎话 shuō huǎnghuà 거짓말하다
遭到弹劾 zāodào tánhé 탄핵을 당하다

039 곤혹스럽게 만들다   让~尴尬

조지 W 부시 미국 대통령을 곤혹스럽게 만든 것은 이라크전쟁만이 아니다. 빙하 녹은 물의 습격으로 고향을 떠나는 동물들의 이야기로 웃음과 감동을 자아낸 애니메이션 아이스에이지2도 부시 대통령에게 큰 타격을 주었다.

해답 ┃ 让美国总统布什尴尬的不只是伊拉克战争。动画片《冰河世纪2》也给布什带来了很大冲击。该动画片中,冰河融化成水,受到"袭击"而离开家乡的动物们的故事令人捧腹的同时也让人深感同受。

Key words
冲击 chōngjī 부딪치다　袭击 xíjī 습격　捧腹 pěngfù 포복절도하다

040 공공연하게 학력 차별을 받고 있다   遭到过公然的文凭歧视

극소수 상위권 출신 대학생을 제외하면 대부분의 취업준비생들은 채용 현장에서 공공연하게 학력 차별을 받았다.

해답 ┃ 除了为数极少的名牌大学毕业生以外,大部分大学生在求职时都遭到过公然的文凭歧视。

Key words
歧视 qíshì 차별 대우하다　文凭 wénpíng 졸업장. 학력

041 공공연히 행해지다   公然猖獗

이 문제는 지적재산권을 침해하는 범법행위들이 인터넷 상에서 공공연히 행해진다는 점에 기인한다.

해답 ┃ 这应归咎于网上公然侵犯知识产权的犯罪行为的猖獗。

Part 2 문장으로 익히는 번역 테크닉

Key words
归咎于 guījiùyú ~탓으로 돌리다   猖獗 chāngjué 제멋대로 굴다

042 공급과잉 供过于求

지난해 우리나라의 대졸 취업률은 67%에 그쳤다. 현 정부의 각종 기업 규제와 이로 인한 불황 탓이 크지만 대졸자 공급과잉 탓도 있다.

해답 去年,我国应届大学毕业生的就业率仅为67%。除现政府推行的各种企业限制规定和由此引发的经济不景气现象外,大学毕业生**供过于求**也是原因之一。

Key words
推行 tuīxíng 널리 시행하다   由此 yóucǐ 이로써
引发 yǐnfā 불러일으키다

043 공식 연구 결과가 나왔다 最近研究结果表明

우리나라에 산성비를 내리게 하는 아황산가스의 20%가 중국에서 날아온 것이라는 공식 연구 결과가 나왔다.

해답 **最近研究结果表明**,韩国酸雨中的二氧化硫20%来源于中国。

Key words
二氧化硫 èryǎnghuàliú 아황산가스
来源于 láiyuányú ~에서 유래하다

044 과감한 변화를 모색할 필요가 있다 有必要~进行大刀阔斧的改革

우리나라도 철강·석유화학 등의 비중이 큰 에너지 다소비 산업 구조와 대형차 위주의 자동차 소비 패턴에 대한 과감한 변화를 모색할 필요가 있다.

해답 我国也**有必要**对钢铁,石化等高能耗的产业结构和以大型轿车为主的消费模式**进行大刀阔斧的改革**。

Key words
以~为主 yǐ ~ wéizhǔ ~로 여기다
大刀阔斧 dàdāo kuòfǔ 일을 과감하게 처리하다

045 과거엔 상표를 옷 안에 감춰 달았지만 以前都把商标藏在衣服里面,但

과거엔 상표를 옷 안에 감춰 달았지만 요즘은 디자이너 이름이 셔츠, 넥타이, 블라우스, 바지의 바깥쪽에 보란 듯이 강조돼 있다.

해답 **以前都把商标藏在衣服里面,但**现在则将设计师的名字醒目地印在衬衫、领带、上衣和裤子上。

Key words
商标 shāngbiāo 상표   醒目 xǐngmù 주의를 끌다

046 관측사상 有观测历史记载以来

인도양 연안국을 강타한 지진 해일이 관측사상 최악의 대재앙으로 기록될 것 같다.

해답 估计日前袭击印度洋沿岸国家的海啸将成为**有观测历史记载以来**最大的灾难之一。

Key words

袭击 xíjī 기습하다   海啸 hǎixiào 지진해일, 쓰나미
记载 jìzǎi 기록하다

---

047   교훈을 되새길 필요가 있다   应从~成功原因中汲取教训

이런 때일수록 박 교수팀의 성공 원인과 거기서 얻은 교훈을 되새길 필요가 있다.

해답 │ 现在我们应从朴教授研究小组的成功原因中汲取教训。

Key words

小组 xiǎo zǔ 팀
从~中汲取~ cóng ~ zhōng jíqǔ ~ ~로부터 ~을 얻다

---

048   구호로 끝날 수밖에 없다   只不过是口号而已

한해 7,000명에 달하는 버려진 아이들을 제대로 기르고 보호하지 못하는 한 선진복지사회 구현은 구호로 끝날 수밖에 없다.

해답 │ 除非政府采取适当措施安置年均高达7000名的弃婴, 否则建立发达福利社会只不过是口号而已。

Key words

弃婴 qìyīng 버린 아이   措施 cuòshī 대책
只不过 zhǐ búguò 다만 ~불과하다

---

049   국내에 들여오다   引入国内

서양인들이 국내에 들여온 근대 스포츠는 주로 학교를 통해 보급됐다. 체육 수업이나 학교 운동회 때 규칙을 배우고 실기를 익혔던 것이다.

해답 │ 由西方人引入国内的近代体育项目一般通过学校普及。换言之在体育课和学校运动会上, 学习其规则并掌握其要领。

Key words

引入 yǐnrù 도입하다   普及 pǔjí 보급되다   要领 yàolǐng 요령

---

050   국제정세에 어둡다   不了解国际局势

꼭 10년 뒤인 1592년 임진왜란이 터졌다. 반대론자들은 국제정세에 어두운데다가 정쟁에만 몰두한 탓에 위기를 간파하지 못했던 것이다.

해답 │ 结果, 10年后的1592年发生了壬辰倭乱。因为反对论者不了解国际局势且沉迷于政治斗争, 而没能认识到危机。

Key words

壬辰倭乱 Rénchén Wōluàn 임진왜란   沉迷 chénmí 심취하다

---

051   궁합도 잘 맞는 편이다   可谓是各得其所

한미 FTA가 우리의 협상력을 키워준 것이다. EU는 자동차, 화학, 와인, 치즈 및 금융 통신 등 서비스에, 우리는 자동차, 전기 전자, 섬유 의류에 각각 관심이 많으니 궁합도 잘 맞는 편이다.

해답 │ 韩美FTA的签署提高了我国的协商地位。欧盟关心的是汽车、化学、红酒、奶酪及金融、通讯等服务领域,

Part 2 문장으로 익히는 번역 테크닉

Key words
签署 qiānshǔ 서명하다　　奶酪 nǎilào 치즈　　纤维 xiānwéi 섬유
各得其所 gè dé qí suǒ 각자 자기가 있을 자리에 있다

而我们感兴趣的是汽车、电气电子、纤维服装, 可谓是各得其所。

052 규제를 강화하다　加大~管制力度

특히 향후 환경규제가 더욱 강화되면 사후처리에 더 높은 비용이 들거나 기술적으로 도저히 규제치를 맞출 수가 없는 단계에 이를 수도 있다.

해답 尤其是一旦政府加大对环境污染的管制力度, 到那时, 事后处理成本就会大大提高, 技术上也有可能无法满足限制标准的要求。

Key words
尤其是 yóuqí shì 특히　　到那时 dào nà shí 그 때가 되서

053 규제정책을 바꾸는 노력이 반드시 선행되어야 한다　应事先改变限制措施

통신 서비스 부문의 발전을 위해서는 정부가 구체적인 지원책을 내놓기 전에 규제정책을 바꾸는 노력이 반드시 선행되어야 한다.

해답 政府在出台具体的支持方案之前, 应事先改变限制措施, 以便促进通讯服务领域的发展。

Key words
出台 chūtái 내놓다　　以便 yǐbiàn ~하기 쉽게

054 그냥 두지 않다　对~严惩不贷

핀란드는 영어권 밖에서 영어 구사력이 세계 최고라지만, 제 나라 말을 죽이는 일을 그냥 두지 않는다.

해답 虽然芬兰在非英语国家中英语水平最高, 但也对抹杀本国语言的行径严惩不贷。

Key words
抹杀 mǒshā 완전히 없애다　　行径 xíngjìng 행위, 행실
严惩不贷 yán chéng bù dài 가차없다

055 그동안 과소 평가된　一直被低估的

따라서 환율제도를 시장원리에 따르도록 변경할 경우 그동안 과소 평가된 위안화의 평가절상이 불가피하다.

해답 如果中国过渡到市场经济地位的浮动汇率制, 一直被低估的人民币升值就会在所难免。

Key words
低估 dīgū 과소 평가하다　　在所难免 zài suǒ nán miǎn 불가피하다

056 그동안 논란이 되어왔던　一直争论不休的

그동안 논란이 되어왔던 인터넷 실명제가 지난 한 달 동안의 준비 기간을 거쳐 오늘부터 시행된다.

해답 一直争论不休的网络实名制经过一个月的筹备之后, 今天终于开始实施。

Key words
筹备 chóubèi 사전에 준비하다

057 그 뒤를 따르고 있다 紧跟其后

미국은 세계 1위의 온실가스 배출국이면서도 호주와 함께 교토의 정서에 불참했고, 중국은 이미 세계 2위의 배출국이고 급속히 배출량이 늘고 있고, 인도도 그 뒤를 따르고 있다.

해답 美国虽然是全球最大的温室气体排放国，但却与澳洲一起拒签协议。中国已成为全球第二大排放国，且其排放量呈上升趋势，而印度正紧跟其后。

Key words
呈 chéng 나타내다   紧跟 jǐngēn 바싹 뒤따르다

058 그런 점에서 从这点来看

그런 점에서 '영화산업을 위해 검토할 시점'이라는 이 장관의 설명은 부정직하거나 독선적으로 비친다.

해답 从这点来看, 李部长的所谓"为了电影产业的未来，我们应考虑缩小配额"的说法给人的感觉不是不坦率，就是自以为是。

Key words
缩小 suōxiǎo 축소하다   坦率 tǎnshuài 정직하다
自以为是 zì yǐ wéi shì 독선적이다

059 그럼에도 불구하고 虽然如此, 但

그럼에도 불구하고 성매매 여성의 저항이 예상보다 크고 거세다.

해답 虽然如此, 但妓女们的抵抗出乎预料地激烈。

Key words
抵抗 dǐkàng 저항하다

060 그렇지 않아도 早已

그렇지 않아도 방송 등 대중매체들은 식상한 쇼나 드라마 등으로 문화의 편식을 강요한다는 비판을 받아왔다.

해답 包括电视等媒体早已遭到了只播出过时的秀和连续剧，从而造成观众偏食的谴责。

Key words
谴责 qiǎnzé 비난하다

061 그 심각성을 알 만하다 可见问题的严重程度

지난해 사이버 범죄로 벌금 이상의 형을 받아 전과자가 된 청소년이 1만 명을 넘어섰다는 수사기관의 통계 자료만 봐도 그 심각성을 알 만하다.

해답 检察机关的统计资料显示，去年过万名青少年因涉嫌网络犯罪而被处以罚款或被判刑，可见问题的严重程度。

Key words
涉嫌 shèxián 혐의를 받다

062 극복한 경험이 있다 曾有~克服~的经历

우리는 불과 10년 전 금 모으기 운동으로 외환위기를 극복한 경험이 있다.

해답 就在10年前，我们曾有过通过"募金运动"克服金融危机的经历。

Part 2 문장으로 익히는 번역 테크닉

Key words
募金运动 mùjīn yùndòng 금 모으기 운동
金融危机 jīnróng wēijī 외환위기

063 극심한 취업난 속에서 이미 찬밥이 되다 因~就业难而被拒之千里之外

계획이 늦어지긴 했지만 대학생들의 극심한 취업난 속에서 이미 찬밥이 되어 버린 인문학을 되살리는 계기를 마련해 줄 것으로 기대한다.

해답 虽有为时稍晚之嫌, 但该计划将会为搞活**因就业难而被拒之千里之外**的人文学提供契机。

Key words
有~之嫌 yǒu~zhīxián ~한 우려가 있다   契机 qìjī 계기

064 근거없는 선입견 아니면 고루한 편견에 불과하다 只不过是毫无根据的成见或陈旧的偏见而已

머리카락을 길게 하고, 염색을 하면 청소년들이 나쁜 길로 빠져들기 십상이라고 우려하는 목소리도 있으나, 근거 없는 선입견 아니면 고루한 편견에 불과하다.

해답 目前有人还在担忧学生留长发、染头发, 会很容易误入歧途, 但这**只不过是毫无根据的成见或陈旧的偏见而已**。

Key words
担忧 dānyōu 우려하다   歧途 qítú 갈림길   成见 chéngjiàn 선입견

065 근본 대책이 나와야 한다 采取标本兼治的措施

이번만은 이런 악순환의 고리를 끊는 근본 대책이 나와야 한다.

해답 借此机会, 我提醒政府应**采取标本兼治的措施**, 以杜绝恶性循环。

Key words
借此机会 jiècǐ jīhuì 이 기회를 빌려   杜绝 dùjué 근절하다

066 근현대사는 ~가 대립하고 갈등해 온 역사이다 对立和纠葛点缀着~近现代史

동아시아 근현대사는 한국, 중국, 일본의 세 나라가 서로 대립하고 갈등해온 역사이다.

해답 韩中日三国之间的**对立和纠葛点缀着**东亚的**近现代史**。

Key words
纠葛 jiūgé 분쟁   点缀 diǎnzhuì 단장하다

067 급선무다 是当务之急

기름 한 방울 안 나는 한국으로서는 우선 낭비를 줄이는 게 급선무다.

해답 我国作为非产油国, 减少浪费**是当务之急**。

Key words
当务之急 dāng wù zhī jí 급선무

068 급전직하 猛降

반면에 15~64세 생산가능인구의 비중은 2005년 71.7%에서 2050년에는 53%로 급전직하할 것으로 보인다. 당연히 경제의 활력이 떨어지고 성장률이 감퇴될 수밖에 없는 구조다.

해답 与此相反, 15-64岁的劳动人口的比重将从2005年的71.7%猛降到2050年的53%。这种经济结构将导致活力下降,增长率下挫。

Key words

与此相反 yǔcǐ xiāngfǎn 이와 반대로

---

069 긍정적 전망을 갖게 하다 让人们乐观地估计

물론 정상회담 한번으로 모든 갈등이 해소됐다고 할 수는 없다. 하지만 양국 정상이 합창한 한 목소리는 한미동맹의 미래 지향적 발전과 이를 토대로 한 북핵 해결에 긍정적 전망을 갖게 한다.

해답 一轮首脑会谈固然无法消除所有的矛盾,但由两国首脑合唱的那首曲子让人们乐观地估计韩美同盟关系将得以向前发展并可促使朝核问题早日得到解决。

Key words

轮 lún 회담에 대한 양사
固然~, 但 gùrán~, dàn 비록 ~하지만, 그러나
首脑 shǒunǎo 수뇌
促使~得到解决 cùshǐ ~ dédào jiějué ~가 해결되도록 하다

---

070 기가 막히다 令人咋舌的是

문제의 만두소 제조업체는 국내 물량의 70%를 공급했고 대기업까지 이를 사용했다니 기가 막힌다.

해답 令人咋舌的是,那家不法食品原料公司的境内市场份额竟占70%,其中不乏大型企业。

Key words

咋舌 zé shé 말문이 막히다
市场份额 shìchǎng fèn'é 시장점유율

---

071 기록을 깨다 打破~纪录

작년 몬트리올 수영정규코스(롱코스 · 50m)월드컵에서 박태환은 한국기록을 깨고 한국수영계에서 가장 유명한 기대주가 되었다.

해답 去年蒙特利尔长池世锦赛,朴泰焕打破了韩国国家纪录,成为韩国游泳界最有希望的未来之星。

Key words

长池 cháng chí 정규코스   未来之星 wèi lái zhī xīng 기대주

---

072 기쁨을 나누면 두 배가 되고, 슬픔을 나누면 반이 된다
痛苦与别人分担,痛苦减半; 快乐与别人分享,快乐加倍

기쁨을 나누면 두 배가 되고,슬픔을 나누면 반이 된다.

해답 痛苦与别人分担,痛苦减半; 快乐与别人分享,快乐加倍。

Key words

分担 fēndān 분담하다   分享 fēnxiǎng 함께 나누다

Part 2 문장으로 익히는 번역 테크닉

073　기회의 끈을 놓치지 않기를　千万勿错过~良机

북한이 이번에는 철도 연결이라는 기회의 끈을 놓치지 않기를 간절히 희망한다.

Key words

恳切 kěnqiè 간절하다　　勿 wù ~해서는 안 된다
良机 liángjī 좋은 기회

해답 我恳切希望北韩千万勿错过"铁路连接"这个良机。

074　길게 늘어서다　排起长蛇阵

주말 TV 뉴스는 인천 송도신도시의 더 프라우 오피스텔 현장에서 청약접수를 이틀 앞둔 10일 새벽부터 만들어진 긴 줄을 보여줬다.

Key words

认购 rèngòu 청약하다　　申请 shēnqǐng 신청하다
排长蛇阵 pái chángshézhèn 장사진을 치다

해답 周末电视新闻报道了10日购房者在仁川松岛新城市"the PRAU"商住楼认购现场, 距离受理预订申请日还有两天就排起长蛇阵的场面。

075　길게 보면　从长远来看

부분적으로는 지나친 현상도 없지 않겠지만 비즈니스 출장이든 견문 넓히는 여행이든 유학이든 모두 나름의 필요성과 합리적인 목적을 갖고 있고 길게 보면 투자일 수도 있다.

Key words

固然~, 但 gùrán~, dàn 비록 ~하지만, 그러나
不论 ~ 都 bùlùn ~ dōu ~을 막론하고, ~든지

해답 部分过度现象固然有之, 但不论因工出差或旅游、留学等都有合理的目的, 从长远来看, 这也许是一种投资。

076　깊이 새겨야 할 것이다　应牢记在心

영문으로 번역할 고전 및 번역자의 선정과 장학금 지원 대학생을 배분하는 과정에서도 확실한 기준과 원칙이 마련돼야 뒤탈을 줄일 수 있다. 이미 이번 계획에 대해 졸속이라는 지적이 제기되고 있는 사실을 깊이 새겨야 할 것이다.

Key words

拟定 nǐdìng 초안을 잡다　　甄选 zhēnxuǎn 선발하다
译成~ yì chéng ~로 번역하다　　指责 zhǐzé 책망하다

해답 只有拟定确切的标准和原则, 公平甄选要译成英文的古典作品, 选拔优秀的译者, 并合理分配奖学金获得者名额, 才能避免问题的发生。目前还有人指责它操之过急, 但有关人士应将此牢记在心。

077　껄끄러웠던 관계　疙疙瘩瘩的关系

중국과 일본이 과거사 문제 때문에 껄끄러웠던 관계를 극복하고 현재 새로운 협력 시대를 외치고 있지만 물밑에서는 군비경쟁을 벌이고 있다.

Key words

疙疙瘩瘩 gēgedādā 울퉁불퉁하다　　展开 zhǎnkāi 펴다

해답 虽然中国和日本均高喊要克服由历史问题引起的疙疙瘩瘩的关系从而展开新的合作, 但暗地里却在进行军备竞赛。

078 나른한 문화적 우월의식에 젖어있다　沉浸在自我陶醉式的文化优越的幻觉之中

이 같은 것들은 한류에 대한 나른한 문화적 우월의식에 젖어있을 상황이 아님을 말해준다.

Key words

沉浸 chénjìn 물속에 잠기다
陶醉 táozuì 도취하다　　幻觉 huànjué 환각

해답　这些都说明我们不应<u>沉浸在自我陶醉式的文化优越的幻觉之中</u>。

---

079 나무만 보고 숲을 보지 못하다　见树不见林

주류의 입장에서도 돌출 사건을 빌미로 비주류문화 전체를 매도하는 것은 나무만 보고 숲을 보지 못하는 것과 같다.

Key words

以~为借口 yǐ~wéi jièkǒu ~를 빌미로　　妖魔 yāomó 잡귀
见树不见林 jiàn shù bù jiàn lín 나무를 보면서 숲은 보지 못한다

해답　就主流而言，他们不应以该案件为借口将整个非主流文化妖魔化，这简直等于<u>见树不见林</u>。

---

080 나무에 올라가 물고기를 구하다　缘木求鱼

매일 밤늦게까지 공부에 매달려야 하는 아이들이 인성을 함양하고, 민주시민의 소양 쌓기를 기대하는 것은 나무에 올라가 물고기를 구하려는 격이다.

Key words

素质 sùzhì 소양, 자질
缘木求鱼 yuán mù qiú yú 나무에 올라가 물고기를 구하다

해답　我国学生每日学业繁重，对所处社会无暇顾及，如想培养其人性涵养和民主市民的素质，无疑是<u>缘木求鱼</u>。

---

081 나쁜 짓을 일삼다　成天做坏事的

2002년 한일 월드컵 때 프랑스 국가대표로 출전해 우리에게도 잘 알려진 세계적 선수 티에리 앙리는 파리 빈민가에서 나쁜 짓을 일삼던 불량 소년이었다. 아버지의 권유로 시작한 축구는 그를 바꿔 놓았다.

Key words

广为 guǎngwéi 폭넓게　　劝导 quàndǎo 타일러 이끌다
接触 jiēchù 접하다

해답　2002年韩日世界杯期间，作为法国国家队队员出战，被我们广为熟知的国际球星亨利小时候生活在巴黎贫民区，曾经是一个<u>成天做坏事的</u>不良少年。在父亲的劝导下，他开始接触足球运动，没想到竟改变了他的一生。

---

082 낙관적으로 봐도　再乐观地估计

우리에겐 중국의 추격이 더 위협적이다. 낙관적으로 봐도 앞뒤로 힘겨운 경쟁상대에 끼인 샌드위치 신세를 면키 어렵다.

Key words

追赶 zhuīgǎn 뒤쫓다　　威胁 wēixié 위협하다　　夹攻 jiāgōng 협공

해답　对我国来说，中国的追赶更构成威胁。<u>再乐观地估计</u>也是难免处于竞争对手的夹攻之中。

Part 2 문장으로 익히는 번역 테크닉

083 남녀평등 원칙에 어긋난다　有违于男女平等原则

국방부가 군필자 인센티브 방안을 검토 중이라고 밝혀 논쟁의 불을 붙였다. 공무원시험의 군필자 가산점(3~5%) 제도가 남녀평등 원칙에 어긋난다는 1999년 헌법재판소의 위헌 결정 취지도 가산점이 너무 많다는 것이었다.

Key words
奖励 jiǎnglì 장려하다　　退伍 tuìwǔ 제대하다
宪法 xiànfǎ 헌법　　违 wéi 어긋나다

해답　国防部最近表示，正在讨论奖励退伍者的方案，从而引发了争论。1999年，宪法法院判决，在公务员考试中对退伍者加分（3~5%）的制度<u>有违于男女平等原则</u>。宪法法院做出这样的判决，也是因为加分过多。

084 남자와 여자의 성비는 ~ 대 ~이다　男女性别比例会保持在~比~左右

자연 상태에서 남자와 여자의 성비는 105 대 100으로 생물학적 균형을 유지한다. 예외도 있다. 다윈은 인류의 유래와 성 선택이란 저서에서 19세기 리보니아 지역의 유대인 사회에서는 성비가 120 대 100이었다고 기록했다.

Key words
均衡 jūnhéng 평형　　利沃尼亚 Lìwòníyà 리보니아

해답　在自然状态下，<u>男女性别比例会保持在105比100左右</u>，维持着一种生物学性均衡。但也有例外。达尔文在其著作《人类的由来与性选择》中记录，19世纪利沃尼亚地区的犹太人社会中，男女性别比例竟达到了120比100。

085 납을 다량으로 함유하고 있다　含铅量极高

중국산 유해식품 보도로 가슴을 졸였던 게 바로 엊그제다. 그런데 이번엔 납을 다량으로 함유하고 있는 중국산 김치가 우리의 식탁을 급속히 점령해가고 있다는 지적이 가슴을 내려앉게 만든다.

Key words
胆战心寒 dǎn zhàn xīn hán 간담이 서늘하다
含铅量 hánqiānliàng 납 함유량
胆战心惊 dǎn zhàn xīn jīng 간담이 서늘하다

해답　日前关于中国产有害食品的报道令人胆战心寒。余惊未了，<u>含铅量极高</u>的中国产泡菜快速占据我国餐桌的消息又令人感到胆战心惊。

086 내 힘으론 어쩔 수 없는 환경　个人无法改变的环境

심하면 자살, 더 심하면 대량살상까지 저지를 수 있는 우울증이 내 의지와 상관없는 유전자, 그리고 내 힘으론 어쩔 수 없는 환경 때문이라면. 우울증에 걸렸나 싶어도 고혈압이나 당뇨병처럼 남한테 털어놓기 힘들다.

Key words
血案 xuè'àn 살인사건　　果真 guǒzhēn 만약 정말~이라면
抑郁症 yìyùzhèng 우울증

해답　严重时会导致自杀甚至制造恶劣血案的抑郁症果真是因为与本人意志无关的基因及<u>个人无法改变的环境</u>所致的话，那么即便怀疑自己患上了抑郁症，也不太可能像患了高血压、糖尿病等疾病一样告诉别人。

087 널리 알려지다　公诸于世

정부는 일본의 도발적인 현상 파괴 움직임을 단호히 대처해야 한

해답　政府应对日本的企图破坏现状的

다. 중국 등 주변국과의 협력도 강화해 국가간 평화를 해치는 일본의 행위를 널리 알려야 한다.

挑衅行为采取坚决的对应措施。与此同时，还要加强与包括中国在内的邻国合作，从而将日本破坏国际和平的行径 公诸于世。

Key words

企图 qǐtú 도모하다　挑衅 tiǎoxìn 도발하다
公诸于世 gōng zhū yú shì 세상에 공개하다

088 널리 알려진 사실이다　人人皆知

사실 남성들이 군대에서 겪어야 하는 고통 쯤은 널리 알려진 사실이다. 특히나 남북 대치 상황인 한반도의 현실에서 타국과 비교했을 때 우리나라 군대의 복리적 열악함은 두말할 필요도 없다고 생각한다.

해답　男人在服兵役时所经历的痛苦是 人人皆知 的事实。尤其是，由于韩半岛处于南北对峙状态，因此比起他国部队，其福利之恶劣是不言而喻的。

Key words

兵役 bīngyì 병역　　皆 jiē 전부
对峙 duìzhì 대치하다
不言而喻 bù yán ér yù 말하지 않아도 안다

089 네거티브 효과　负面效果

UCC의 네거티브 효과가 무서운 것은 1인 미디어에다 주된 이용자가 젊은 층이라는 것 때문만은 아니다. 보다 근본적인 문제는 한편의 CF같은 이런 동영상 물들이 영상과 감각에 익숙한 세대들에게 현실과 이미지의 경계를 무너뜨려 판단력을 마비시킨다는 데 있다.

해답　UCC的 负面效果 之所以如此可怕，不仅仅是因为它是面向个人的媒体，其受众主要为年轻阶层，更为根本的问题是，对于已经熟悉此类视频和感觉的年轻人来说，这种类似广告的视频会破坏人们脑海中现实与虚像的分界线，麻痹人们的判断力。

Key words

视频 shìpín 영상　　虚像 xūxiàng 허상
麻痹 mábì 마비되다

090 논란이 거세지고 있다　围绕~问题议论纷纷

정부가 스크린쿼터(국산영화 의무상영일수) 축소 의지를 밝혀 다시 논란이 거세지고 있다.

해답　最近，人们 围绕 文化观光部宣称将缩小电影配额的 问题议论纷纷。

Key words

电影配额 diànyǐng pèi'é 스크린쿼터
议论纷纷 yìlùn fēnfēn 의론이 분분하다

091 눈길을 끌다　引人注目

이런 상황에서 최근 SK텔레콤의 미국 통신시장 진출이 눈길을 끈다.

해답　在此情况下，SK电讯进军美国市场，非常 引人注目。

Key words

进军 jìnjūn 진출하다

Part 2 문장으로 익히는 번역 테크닉

092 눈덩이처럼 불어나다　像滚雪球般增加

건강보험의 진료비와 국민연금 지급액이 눈덩이처럼 불어나고, 현재의 수급구조를 고치지 않는 한 이를 감당할 재원은 고갈될 수밖에 없다.

Key words

就诊 jiù zhěn 의사에게 진료를 받다
雪球 xuěqiú 눈덩이
告罄 gàoqìng (재물을) 다 쓰다

해답 健康保险中的就诊费和国民年金的给付数额将*像滚雪球般增加*，不改善目前的供求结构，财源就会一天天濒于告罄。

093 눈앞에 두고 있다　近在咫尺

정부는 민간기업의 활력 증진을 통해 고용을 늘림으로써 주민 1인당 소득 3만 달러 시대를 눈앞에 두고 있는 경남 거제도를 보고 배울 일이다.

Key words

近在咫尺 jìn zài zhǐ chǐ 매우 가까운 곳에 있다
正视 zhèngshì 직시하다

해답 庆尚南道巨济岛通过提高民间企业的活力增加了工作岗位，从而使人均收入3万美元的时代*近在咫尺*。政府应该正视这种成果并努力学习。

094 눈앞의 이익에 연연하지 않다　抛弃急功近利的短视行为

지자체들은 눈앞의 이익에 연연하지 말고 카지노가 주민의 삶에 어떤 영향을 미칠 것인지 심사 숙고해야 한다.

Key words

急功近利 jí gōng jìn lì 눈앞의 성과나 이익을 급하게 구하다
赌场 dǔchǎng 도박장　　抛弃 pāoqì 포기하다

해답 我希望各民代机构*抛弃急功近利的短视行为*，应深思开放赌场将给居民的生活带来何种影响。

095 눈치를 본다　看~脸色

일본은 일 처리시 항상 미국의 눈치를 본다.

Key words

东京 Dōngjīng 도쿄
华盛顿 Huáshèngdùn 워싱턴

해답 东京总是*看华盛顿的脸色*行事。

096 느리다 싶게 말하고 행동해야 한다　谨于言而慎于行

멀리 내다보고 전략적으로 대응해 나가야 한다. 신중하게 판단하고 느리다 싶게 말하고 행동해야 한다.

Key words

慎重 shènzhòng 신중하다
谨慎 jǐnshèn 매우 조심성이 있다

해답 我们应把目光放远，做出应对，慎重做出判断，*谨于言而慎于行*。

097 능력을 약화시키다　削弱~能力

환경독성물질이 유독 남아 출산율을 떨어뜨리는 것은 Y염색체를 가진 정자와 남성 태아의 생존 능력을 약화시키기 때문이다.

Key words
之所以~是因为 zhīsuǒyǐ ~ shìyīnwèi　~한 까닭은 ~이다
削弱 xuēruò 약화되다　染色体 rǎnsètǐ 염색체

해답 | 环境有毒物质之所以只降低男婴出生率，是因为这些物质削弱男性胎儿的存活能力并降低带有Y染色体的精子的存活率。

098 다른 질환에 비해　比起其他疾病来

에이즈를 일으키는 바이러스는 다른 질환에 비해 전파 경로가 아주 분명하다.

Key words
艾滋病 àizībìng 에이즈　传染 chuánrǎn 감염되다
途径 tújìng 루트, 경로

해답 | 比起其他疾病来艾滋病的传染途径更为明显。

099 다시 살아나다　死灰复燃

그런데 이제 그 왜곡된 교과서가 다시 살아나려 하고 있다. 이 또한 침략의 역사를 정당화하는 행위이다.

Key words
歪曲 wāiqǔ 왜곡하다
死灰复燃 sǐ huī fù rán 불기가 없는 재가 다시 타오르다

해답 | 但是现在歪曲历史的教科书似乎要死灰复燃，这同样是企图将侵略历史正当化的行为。

100 다시 한번 상기시켜 주다　再次提醒

후진타오 주석의 발언은 일본의 과거사 인식에 대한 왜곡과 그로 인한 피해자들의 감정적 앙금이 동북아시아 지역의 현안임을 다시 한번 상기시켜 준다.

Key words
仇恨 chóuhèn 극도로 중요하다
悬而未决 xuán ér wèi jué 해결되지 않고 남아있다

해답 | 胡锦涛的讲话再次提醒东北亚地区的人民，日本歪曲历史及由此引起的各国受害人的仇恨是悬而未决的问题。

101 다시 한번 생각해 볼 때다　时至今日，我们应反省

진정한 웰빙이란 스스로 즐기되 더불어 생각할 줄 아는 것이 되어야 한다. 오염된 환경에서 정수기와 공기청정기로 무장된 인공적인 웰빙을 얼마나 더 즐길 수 있을지 다시 한번 생각해 볼 때다.

Key words
健全幸福 jiànquán xìngfú 웰빙　维持 wéichí 지켜나가다
享受 xiǎngshòu 누리다

해답 | "健全幸福"的真正含义是与人共享。时至今日，我们应反省在仅靠净水器和空气清新器维持的人造环境中到底能享受多长时间的"健全幸福"。

Part 2 문장으로 익히는 번역 테크닉

102 다음달 개정 국적법 시행을 앞두고   在下个月即将实施新国籍法之际

다음달 개정 국적법 시행을 앞두고 이중국적자들의 국적포기 신청이 크게 늘고 있다.

Key words

实施 shíshī 실시하다　　双重 shuāngchóng 이중
抛弃 pāoqì 내버리다, 포기하다

해답 在下个月即将实施新国籍法之际, 众多拥有双重国籍的人纷纷宣布抛弃韩国国籍。

103 단박에 해결할 수 있는 문제는 아니다   不是一下子就能得到解决的问题

물론 단박에 해결할 수 있는 문제는 아니다. 하지만 어른들은 이런 환경을 바꾸려 노력하기는커녕, 점점 더 아이들을 '공부하는 기계'로 내몰고 있는 것이 현실이다.

Key words

固然~, 但 gùrán~, dàn 비록 ~하지만, 그러나
一下子 yīxiàzi 단번, 일시

해답 这固然不是一下子就能得到解决的问题, 但目前的情况是大人们并没有去努力改善环境, 反而让更多的学生成了"读书机器"。

104 대단히 매력적인 마케팅 도구다   最吸引企业的推销工具

특히 기업으로선 대단히 매력적인 마케팅 도구다. 블로그가 개인에겐 공개된 일기장에 불과하지만 전체로선 거대한 입소문의 진원지이기 때문이다.

Key words

博客 bókè 블로그　　推销 tuīxiāo 널리 팔다
传播 chuánbō 널리 알리다

해답 特别是, 博客成了最吸引企业的推销工具。因为, 博客虽然是个人的公开日记, 但从整体来看, 却是传播信息的发源地。

105 대비도 각별해야 한다   应全力做到防患于未然

무역흑자와 외환보유액이 누적되고 있는 우리가 미·중 환율 분쟁의 후폭풍을 가장 크게 입을 수 있으므로 대비도 각별해야 한다는 얘기다.

Key words

顺差 shùnchā 흑자
储备 chǔbèi 비축하다
防患于未然 fáng huàn yú wèirán 미연에 방지하다

해답 目前我国的贸易顺差和外汇储备有增无减, 将难免在美中汇率纠纷中遭到最大的冲击, 因此应全力做到, 防患于未然。

106 대표적 예다   荦荦大者

한·미 자유무역협정을 추진할 경우 우리에게 부담되는 대목도 많다. 여기에는 개방에 따른 피해를 보는 산업에 대한 보완책을 마련하고 사전에 국민의 동의를 구하는 과정이 필요하다. 농산물 분야의 개방 확대와 스크린쿼터 축소가 대표적 예다.

해답 我国推行韩美自由贸易还有许多问题有待解决。政府应采取措施对开放后受损的行业予以补贴, 并事先征得国民的同意。其中荦荦大者

Key words

推行 tuīxíng 널리 시행하다　　补贴 bǔtiē (주로 재정적으로)보조하다
征得 zhēngdé (의견, 동의 등을)구하다　　扩大 kuòdà 넓히다

为扩大农产品领域的开放和缩小电影配额。

107　더욱 심화시키고 있다　助长

지구촌은 국가간의 빈부격차로 신음하고 있다. 세계화는 이같은 격차를 더욱 심화시키고 있다.

해답　地球村正饱受国家之间的贫富悬殊之苦。全球化助长了贫富差距的拉大。

Key words

悬殊 xuánshū 큰 차가 있다　　助长 zhùzhǎng 조장하다

108　더 이상 방치할 수 없는 수준에 이르렀다　已严重到政府不能再袖手旁观的地步

연안과 내륙간, 계층간의 격차도 날로 벌어지고 있고 환경파괴와 자원고갈도 더 이상 방치할 수 없는 수준에 이르렀다.

해답　沿海和内陆地区的差距也日趋增大, 环境破坏和资源枯竭已严重到政府不能再袖手旁观的地步。

Key words

枯竭 kūjié 고갈되다
袖手旁观 xiù shǒu páng guān 팔짱끼고 바라만 보다

109　더할 나위 없이 기쁘고 가상한 일이다　令人振奋, 使人无比激动

곳곳에서 자발적인 모금운동이 벌어지는 것은 더할 나위 없이 기쁘고 가상한 일이다.

해답　最近, 到处都在展开自发性的募捐活动, 令人振奋, 使人无比激动。

Key words

募捐 mùjuān 기부금을 모아들이다　　振奋 zhènfèn 고무적이다

110　덕분에　得益于

미국 항공기 제작회사 보잉은 1993년 종업원 3만여 명 중 1만 6000여 명 해고 계획을 발표하면서 보잉 재취업 프로그램을 함께 내놓았다. 딕분에 해고자늘은 대부분 새 일자리를 찾을 수 있었다.

해답　美国飞机制造商—波音在1993年公布从3万多名员工中解雇1.6万多人的计划时, 推出了"波音再就业计划"。得益于该计划, 大部分被解雇的职员找到了新工作。

Key words

制造商 zhìzàoshāng 제조업체　　解雇 jiěgù 해고하다

111　독버섯처럼　像毒瘤那样

허술한 사회안전망 속에서 '자살 신드롬'이 마치 독버섯처럼 번져 나가고 있는 것이 아닌가 하는 불안감을 떨칠 수 없다.

해답　令人感到不安的是, "自杀效应"是否正在我国目前不健全的社会安全网下像毒瘤那样到处蔓延。

Key words

毒瘤 dúliú 악성종양　　蔓延 mànyán 만연되다

69

Part 2 문장으로 익히는 번역 테크닉

112 돌이킬 수 없는 상태에 빠질 수 있다　有可能走上不归路

역사왜곡이 정치문제화되면 양국관계는 돌이킬 수 없는 상태에 빠질 수 있다.

해답　如果历史歪曲问题被升级为政治问题，那么两国关系有可能走上不归路。

Key words
歪曲 wāiqū 왜곡하다　升级 shēngjí 높아지다

113 돌파구를 마련하다　获得~突破口

6자회담이 교착 상태에 빠졌을 때 우리 정부는 이른바 '중대제안'을 통해 북한에 2백만kW 전력 지원을 약속함으로써 회담 재개의 돌파구를 마련했다.

해답　6方会谈陷入僵局时，我国政府通过提出"重大提案"，即向北韩提供200万千瓦的电力，获得了重开谈判的突破口。

Key words
陷入僵局 xiàn rù jiāngjú 교착상태에 빠져들다
突破口 tūpòkǒu 돌파구

114 동맹으로 삼다　建立同盟关系

남미 국가 정상이 미국 대통령 별장인 캠프데이비드에 초대받은 것은 처음이다. 미국은 반미 기류가 만만찮은 중남미에서 브라질을 동맹으로 삼아 에너지 협력과 함께 반미 도미노까지 차단하는 이중효과를 거두겠다는 계산이다.

해답　南美国家领导人应邀到美国总统的别墅戴维营做客尚属首次。美国的目的是，在"反美情绪"高涨的中南美，与巴西建立同盟关系，扩大能源合作，并打击其他中南美国家的反美骨牌效应，其结果可谓一举两得。

Key words
别墅 biéshù 별장　戴维营 Dàiwéi Yíng 캠프 데이비드
高涨 gāozhǎng 오르다　骨牌效应 gǔpái xiàoyìng 도미노현상
一举两得 yī jǔ liǎng dé 한가지 일로써 두가지 이익을 얻다

115 동의 없이　未经~同意

소프트웨어 불법복제란 '저작권자의 명백한 동의 없이 불법적으로 소프트웨어의 내용을 복사하는 것'을 말한다.

해답　所谓炮制软件是指"未经版权所有者的同意非法拷贝软件内容的行为"。

Key words
炮制 páozhì 본뜨다　未经 wèijīng 아직~하지 못하다
拷贝 kǎobèi (CD 등을)복사하다

116 동전의 양면과 같다　仿佛一把双刃剑(硬币的两面)

유비쿼터스 세상의 편리함과 감시, 통제 가능성은 동전의 양면과 같다.

해답　"无处不在(泛在)"世界仿佛一把双刃剑(硬币的两面)，虽极其便利，但也无法排除遭到监视和控制的可能性。

Key words
无处不在(泛在) wú chù bù zài(fànzài) 유비쿼터스　极其 jíqí 매우
排除 páichú 제외하다　监视 jiānshì 감시하다

117 되풀이될 가능성은 낮다　重演的可能性极低

물론 현재 아시아 중앙은행들의 막대한 외환보유고를 감안할 때 90년대식 위기가 되풀이될 가능성은 낮다.

Key words

重演 chóngyǎn 재연하다
金融风暴 jīnróng fēngbào 외환위기

해답 考虑到亚洲各国银行的高额外汇储备，类似90年代的金融风暴**重演的可能性极低**。

118 뒷북치다　放马后炮

정부가 공기업의 구조적 문제를 개선하겠다고 뒷북치는 공언(公言)은 언제나 빈말로 돌아올 뿐이다.

Key words

屡次 lǚcì 자주
马后炮 mǎhòupào 뒷북치다
履行 lǚxíng 이행하다

해답 虽然政府曾屡次**放马后炮**要改善公共企业的结构性问题，但至今未曾履行过。

119 딜레마에 빠지다　陷入两难境地

이에 따라 연방준비제도이사회(FRB)는 딜레마에 빠졌다. 경기 둔화를 감안하자니 금리를 내려야 하지만 인플레이션 압력을 걱정하면 오히려 금리를 올려야 하기 때문이다.

Key words

利率 lìlǜ 이율
通胀 tōngzhàng 통화 팽창

해답 因此，美联储**陷入了两难境地**。因为如果出于缓解不景气，应下调利率，但出于减缓通胀压力，却应提高利率。

120 또 다른 문제를 파생하다　衍生出另外的问题

물론, 인기 있는 연기파 여배우의 갑작스런 자살은 대중적 관심사가 되기에 충분하고, 그러기에 언론의 보도 대상이 된다. 하지만 그것이 언론의 상업주의에 맞물리게 될 때, 또 다른 문제를 파생한다.

Key words

固然~, 但 gùrán~, dàn 비록 ~하지만, 그러나
足以 zúyǐ ~하기에 족하다
焦点 jiāodiǎn 포커스
衍生 yǎnshēng 파생하다

해답 演技派红星的突然死亡固然足以引起人们的关注，并成为媒体的焦点，但它如果与媒体的商业主义结合，那么将会**衍生出另外的问题**。

121 르네상스를 맞고 있다　进入了复兴时期

2000년대 들어 한국영화는 가히 르네상스를 맞고 있다.

Key words

复兴 fùxīng 부흥하다

해답 2000年后，韩国电影**进入了复兴时期**。

Part 2 문장으로 익히는 번역 테크닉

122　리콜제를 전면적으로 실시하다　全面实行食品强制召回制度

정부는 식품위생법을 개정해 처벌을 대폭 강화하고, 식품 강제 리콜제를 전면적으로 실시하는 승부수를 던져야 한다.

해답　政府还应大幅修改食品卫生法，加强处罚力度，并全面实行食品强制召回制度。

Key words

处罚 chǔfá 처벌하다　　召回 zhàohuí 리콜

123　마냥 중국 탓만 하고 있을 수는 없는 노릇이다　不能一味地谴责中国

중국산 불량식품이 범람하는 일차적 이유는 중국의 생산·유통 체제 자체가 방만하고 낙후되어 있기 때문이지만 그렇다고 마냥 중국 탓만 하고 있을 수는 없는 노릇이다.

해답　虽然中国产不良食品泛滥成灾的直接原因是中国的生产和流通系统不健全、落后，但不能一味地谴责中国。

Key words

泛滥成灾 fàn làn chéng zāi 강물이 범람하여 재해가 되다
健全 jiànquán 완전하다　　谴责 qiǎnzé 비난하다

124　마음의 문제　精神的自由和内心的问题

고이즈미 준이치로 일본 총리는 최근 신년 기자회견에서 야스쿠니(靖國) 신사 참배는 '마음의 문제'이며 외국 정부가 일개 정치가의 마음의 문제에 개입하는 것을 '이해할 수 없다'고 했다.

해답　日本首相小泉纯一郎在最近举行的新年记者招待会上说，参拜靖国神社是他"精神的自由和内心的问题"。他表示，"自己无法理解外国政府将其内心问题当作外交问题来处理"。

Key words

小泉纯一郎 Xiǎoquán Chúnyīláng 고이즈미 준이치로
参拜 cānbài 참배하다　　靖国神社 Jìngguó Shénshè 야스쿠니 신사

125　마지막일 수도 있는 이번 기회　说不定是最后一次的机会

북한은 이 같은 점을 인식하고 마지막일 수도 있는 이번 기회를 놓쳐서는 안 될 것이다.

해답　北韩应认清此事实，尽力抓住这一说不定是最后一次的机会。

Key words

认清 rènqīng 정확히 인식하다
说不定 shuōbuding ~일지도 모른다

126　만시지탄의 감이 없지 않지만　虽然有为时稍晚之嫌

디자이너 앙드레 김이 지나치게 마른 모델은 무대에 세우지 않겠다는 뜻을 보였다고 한다. 만시지탄의 감이 없지 않지만 모델들은 물론 일반 여성들의 건강을 위해서도 바람직한 방향이다.

해답　时装设计师 Andre Kim(安德烈金)日前宣布不再让那些骨瘦如柴的模特儿踏上T型台了。虽然有为时稍晚之嫌，但为了包括模特儿在内的所有妇女的健康，这无疑是一个值得欢迎的行动。

Key words

有~之嫌 yǒu~zhī xián ~의 우려가 있다
骨瘦如柴 gǔ shòu rú chái 몸이 나무처럼 야위다　　踏 tà 밟다

127 만장일치로 통과시켰으나　虽然~一致通过, 但

미국 하원 국제관계위는 지난해 9월 비슷한 결의안을 만장일치로 통과시켰으나 일본 쪽의 치열한 로비에 밀려 본회의엔 상정도 되지 못하고 폐기된 바 있다.

Key words

游说 yóushuì 로비하다　撕毁 sīhuǐ 찢어버리다

해답 | 虽然美国众议院国际关系委员会已于去年9月一致通过了类似的决议案,但因日本的积极游说而未被提上议事日程就遭到撕毁。

---

128 많아야 ~여 명　多则~多人

지금까지 개별적으로 들어오거나, 많아야 20여 명 정도씩 입국하던 탈북자들이 이처럼 수백명 단위로 집단 입국한 적이 없어 국민의 당혹감이 크다.

Key words

少则~ 多则~ shǎozé~ duōzé~ 많게는 ~ 적게는 ~
规模空前 guīmó kōngqián 전례 없는 규모의
惶惑 huánghuò 두렵고 당혹해하다

해답 | 到目前为止, 逃北者入境人数少则1个人, 多则20多人, 这次规模空前的入境人数让人感到惶惑。

---

129 말 그대로 해석하면　顾名思义

웰빙을 말 그대로 해석하면, 건강하고 만족스러운(well) 인생(being)을 살자는 의미로 삶의 질을 강조하는 용어다.

Key words

顾名思义 gù míng sī yì 글자 그대로
生活质量 shēnghuó zhìliàng 삶의 질

해답 | well being顾名思义, 是指健全幸福, 重视生活质量。

---

130 말들이 심심찮게 나오고 있다　频出~词汇

이런 가운데 중국·일본 등지에서 반한류(反韩流), 혐한류(嫌韩流)라는 말들이 심심찮게 나오고 있다. 한류에 대한 반작용이며 역풍인 것이다. 한류를 재점검, 반추하고 향후 발전방향을 진지하게 모색해 볼 때이다.

Key words

频出 pínchū 잇달아 나오다　排斥 páichì 배척하다
逆风 nìfēng 역풍　不妨 bùfáng ~해도 무방하다
检讨 jiǎntǎo 검토하다, 반성하다

해답 | 在此情况下, 日本和中国频出"反韩流、嫌韩流"之类的词汇。这既是对韩流产生的排斥情绪, 也是刮起的一阵逆风。在此我们不妨对韩流进行自我检讨、反省, 并认真探索未来的发展方向。

---

131 매달 ~명씩　月均~人

전문가들에 따르면 현재 10여만 명에 달하는 탈북자들이 중국 등지를 떠돌고 있고, 매달 150여 명씩 한국으로 들어오고 있다.

Key words

逾 yú 초과하다　流浪 liúlàng 떠돌다

해답 | 有关专家估算, 目前逾10万名的逃北者在中国等地到处流浪, 月均150人进入我国境内。

Part 2 문장으로 익히는 번역 테크닉

132 머리를 맞대고 숙의할 필요가 있다 亟需开动脑筋, 集思广益

따라서 어떻게 지원하는 것이 가장 합리적이면서 효율적인 방안인지 관계자들이 머리를 맞대고 숙의할 필요가 있다.

해답 | 因此亟需有关人员开动脑筋, 集思广益, 以拟定出一项既合理又有效的援助方案。

Key words

动脑筋 dòng nǎojīn 머리를 쓰다
集思广益 jí sī guǎng yì 많은 사람의 지혜를 모으다
援助 yuánzhù 돕다

133 머지않아 역사의 뒤편으로 사라질 것이다 将在不久的将来成为历史

중국 역사와 떼어놓고 생각할 수 없는 농민 징세가 머지않아 역사의 뒤편으로 사라질 모양이다.

해답 | 与中国历史息息相关的向农民征税将在不久的将来成为历史。

Key words

息息相关 xīxī xiāngguān 양쪽의 관계가 밀접하다
征税 zhēng shuì 징세

134 먹구름을 드리우고 있다 蒙上了阴影

한국 경제에 대한 전망이 개선되고 있지만 외부 요인들이 경제전망에 먹구름을 드리우고 있다.

해답 | 虽然韩国经济形势前景略见好转, 但一些外部因素又给它蒙上了阴影。

Key words

好转 hǎozhuǎn 호전되다   蒙上 méngshàng 가리우다

135 명품 핸드백 名牌皮包

외지 최근호는 여성이 명품 핸드백을 들려는 것은 남자가 메르세데스벤츠 자동차를 타는 것과 같은 심리라며 특히 핸드백은 자동차에 비해 매우 싼 비용으로, 쉽게 성공을 과시할 수 있는 품목이라는 기사를 실었다.

해답 | 最近一期的某境外杂志在一篇文章中称 "女性买名牌皮包与男性坐奔驰轿车是同样的心理。特别是皮包, 与汽车相比价格低廉, 而且随时随地都可以向人炫耀。"

Key words

奔驰轿车 Bēnchí jiàochē 벤츠승용차
低廉 dīlián 저렴하다   炫耀 xuànyào 뽐내다

136 모럴 해저드(도덕적 해이) 道德松懈

민생에 도움을 못 주면서 예산을 낭비하는 큰 정부의 모럴 해저드(도덕적 해이)가 여전한데도 대통령은 갑자기 공무원을 칭찬하기에 바쁘다.

해답 | 对民生没有任何帮助, 只会浪费预算的 "大政府" 里仍然存在 "道德松懈" 问题, 但总统却突然为称赞公务员而忙得不可开交。

Key words

松懈 sōngxiè 해이하다
不可开交 bù kě kāi jiāo 어찌 할 수 없다. 주로 정도보어 得에 쓰임

137   모바일 컨버전스   手机整合

휴대기기에 카메라, 게임, 멀티미디어 기능이 부가되고, DMB, 휴대 인터넷 등 새로운 개념의 서비스가 등장하는 등 모바일 컨버전스가 심화되고 있다.

Key words

游戏 yóuxì 게임
多媒体 duō méitǐ 멀티미디어
数字多媒体广播 shùzì duōméitǐ guǎngbō DMB

해답 最近**手机整合**的速度日趋加快, 如在手机上增加相机、游戏和多媒体功能, 并提供包括数字多媒体广播和无线上网等新概念的服务。

---

138   모처럼 다가오다   来之不易的

두 나라는 모처럼 다가온 관계 개선의 기회를 살려야 한다.

Key words

珍惜 zhēnxī 아끼다
来之不易 lái zhī bù yì 성공을 거두거나 손에 넣기가 쉽지 않다

해답 两国应珍惜这一**来之不易**的改善关系的良好机会。

---

139   목을 매 스스로 목숨을 끊다   上吊自杀

가수 유니(본명 허윤)가 엊그제 인천의 자택에서 목을 매 스스로 목숨을 끊었다고 한다.

Key words

据悉 jùxī 아는 바로는
上吊自杀 shàngdiào zìshā 목매달아 죽다

해답 据悉, 韩国当红女歌星UNEE前天在位于仁川的家中**上吊自杀**。

---

140   못지않다   不亚于

레비는 디지털 정보가 오·폐수 방류나 남벌, 무분별한 간척 등 기존의 환경파괴 못지않은 새로운 환경오염원으로 등장했다고 강조한다.

Key words

不亚于 bùyàyú ~에 못지않다
排放 páifàng 배출하다
乱砍滥伐 luànkǎn lànfá 함부로 남벌하다

해답 雷比强调说, 数字信息作为环境污染源的严重性决**不亚于**包括污废水排放、乱砍滥伐、过度填海等环境破坏行为。

---

141   묘안을 찾는 데 머리를 맞대다   携手合作, 共谋对策

휴일의 품질과 국가경쟁력을 높이는 묘안을 찾는 데 노사와 정부가 머리를 맞대야 한다.

Key words

敦促 dūncù 정중히 독촉하다
携手 xiéshǒu 서로 손을 잡다
共谋 gòngmóu 공모하다

해답 我在此敦促劳资政三方应**携手合作, 共谋对策**, 以便提高休息日的质量和国家竞争力。

Part 2 문장으로 익히는 번역 테크닉

142 무게를 실어주다   更多地支持

주미대사란 자리가 정책결정자라기보다 메신저의 성격이 강하다곤 하지만, 워싱턴 업무수행이 남북 모두의 '윈-윈' 상황으로 이어지기 위해 평양도 남측의 신임 주미대사에게 무게를 실어줘야 한다.

Key words
任职 rèn zhí 직무를 맡다

해답 | 驻美大使一职与其说是政策决定者，倒不如说是信息传达者。虽然如此，我还是敦促平壤更多地支持我国的新任驻美大使，以便他在华盛顿任职期间对南北双方起到双赢作用。

143 무관치 않다   不无关系

신자유주의가 극성을 부리고, 한·미 자유무역협정(FTA)을 당연시하는 분위기도 미국 유학파의 동종 번식과 무관치 않다.

Key words
理所当然 lǐ suǒ dāng rán 마땅히 이러해야 한다
繁殖 fánzhí 번식하다

해답 | 目前新自由主义大行其道，而且人们视韩美自贸协定为理所当然，这与留美学派的同种繁殖不无关系。

144 무분별한 사이버 테러   乱轰乱炸的网络恐怖活动

무분별한 사이버 테러는 인터넷 문화의 성숙한 발전을 막고 많은 사람들에게 아픔과 상처를 주고 있다.

Key words
有碍 yǒuài 걸림돌이 되다   愈合 yùhé 상처가 아물다

해답 | 乱轰乱炸的网络恐怖活动有碍于网络文化的健康发展，并给很多人带来难以愈合的创伤。

145 무수히 많고 또한 복합적이다   错综复杂

출산·양육의 장애요인은 무수히 많고 또한 복합적이지만, 직접적인 요인은 일과 양육을 병행하는 데 따르는 여성의 부담이다.

Key words
阻碍~ zǔˈài~ ~을 가로막다
错综复杂 cuòzōng fùzá 여러 가지가 뒤엉키어 복잡하다
兼顾 jiāngù 동시에 돌보다

해답 | 虽然阻碍生育的因素错综复杂，但直接的原因是妇女的负担太大，得兼顾工作和养育子女。

146 무엇보다 시급한 것은   尤为迫切的是

무엇보다 시급한 것은 온 국민이 고령화 문제의 심각성을 깨닫고 국가적인 대비에 나서는 일이다.

Key words
迫切 pòqiè 시급하다   拟定 nǐdìng 초안을 잡다

해답 | 尤为迫切的是让全国民众体会老龄化问题的严重性，并拟定国家性的应对方案。

147 문제는   问题在于

문제는 자살이 앞으로도 확산될 것이라는 우울한 전망이 나오고 있다는 점이다.

해답 | 问题在于有人悲观地预测自杀人数还将增加。

Key words

预测 yùcè 예측하다

---

148 문제를 제기할 사람은 없다　没有人会对~提出异议

영어회화 강의를 영어로 하는 것에 문제를 제기할 사람은 없다.

해답　没有人会对用英语讲授英语口语课提出异议。

Key words

异议 yìyì 다른의견

---

149 문제지만　固然成问题, 但

특히 정보 환경론자들은 정보의 과잉도 문제지만 속도에 짓눌려 정보의 의미를 새기지 못하는 행태야말로 더 심각한 것이라고 지적했다.

해답　尤其是环保主义者指出, 信息过剩固然成问题, 但更为严重的是, 因流通过快而无法了解其真实含义。

Key words

过剩 guòshèng 과잉되다
固然~, 但 gùrán, ~dàn 비록 ~하지만, 그러나

---

150 문제 해결에 적극 나서야 한다　采取措施解决

정부는 국내 입양 활성화와 함께 입양 대상 아동 양산의 근본 원인인 미혼모 문제 해결에 적극 나서야 한다.

해답　政府应在鼓励民众积极收养弃婴的同时, 采取措施解决产生弃婴现象的最大成因—未婚妈妈问题。

Key words

弃婴 qìyīng 버린 아이　　成因 chéngyīn 사물이 이루어진 원인

---

151 묻지 않을 수 없다　我们不禁要问

스쿨폴리스 제도 도입에 앞서 과연 교육당국과 경찰은 제 역할을 해왔는지 묻지 않을 수 없다.

해답　在引进校警制度之际, 我们不禁要问教育当局和警方是否扮演过应有的角色？

Key words

扮演角色 bànyǎn juésè ~역을 연기하다

---

152 물불 안 가리다　砸锅卖铁

우리나라 학부모들은 자식 교육이라면 물불을 안 가리고, 지구촌 이산가족도 마다하지 않으면서 정작 지역사회가 어떤 교육시스템을 구축할 것인가에는 별로 관심을 갖지 않고 있다.

해답　韩国家长为了让子女接受良好的教育, 砸锅卖铁也要供孩子留学, 不惜成为大雁爸爸, 但却对"社区内建立什么样的教育体系"漠不关心。

Key words

砸锅卖铁 záguō màitiě 자기의 모든 것을 다 내어 놓다
供 gōng 제공하다　　大雁爸爸 dàyàn bàba 기러기아빠
漠不关心 mò bù guānxīn 냉담하게 관심을 주지 않다

Part 2 문장으로 익히는 번역 테크닉

153 물의를 빚다   引起很大争议

정보통신부가 법적 근거도 없이 2002년부터 지난해까지 수천명의 생체정보를 수집, 데이터베이스를 구축한 사실이 드러나 물의를 빚고 있다.

해답 韩国情报通信部从2002年到去年, 在无任何法律依据的情况下, 收集数千人的人体信息, 并建立数据库的事情日前被曝光, 引起很大争议。

Key words
数据库 shùjùkù 데이터베이스
曝光 bàoguāng 노출하다

154 물적, 인적 지원이 획기적으로 개선되어야 한다   应大幅增加对其在物力和人力方面的投入

우리는 문학번역원의 의미있는 작업의 첫 출발을 보면서 정부의 물적, 인적 지원이 획기적으로 개선돼야 한다고 생각한다.

해답 看到文学翻译院迈出了有意义的一步, 我认为政府应大幅增加对其在物力和人力方面的投入。

Key words
迈步 mài bù 발걸음을 내딛다
大幅 dàfú 대폭

155 뭐든지 지나치면 반감을 사는 법이다   凡事都会过犹不及

뭐든지 지나치면 반감을 사는 법. 한류가 한류로 전락하지 않도록 하려면 무엇보다 배타성을 경계해야 할 것이다.

해답 凡事都会过犹不及。如果不想使韩流沦为寒流, 应该对其排他性保持警惕。

Key words
过犹不及 guò yóu bù jí 과유불급
沦为 lúnwéi (~으로) 전락하다
警惕 jǐngtì 경계심을 가지다

156 미덥지 못하다   不能令人相信

어제 정부는 새해 경제운용방향에서 올해 4.5% 성장에 30만 개 안팎의 일자리 창출을 목표로 내세웠지만 미덥지 못하다.

해답 昨天, 政府在《新年经济运行方向》中把今年的经济增长目标定为4.5%, 并创造约30万个工作岗位, 但这并不能令人相信。

Key words
增长 zēngzhǎng 성장하다
工作岗位 gōngzuò gǎngwèi 일 자리

157 미래사회는 유비쿼터스로 간다   未来社会将走向无处不在(Ubiquitous)

인터넷, 모바일 컴퓨팅 등 정보혁명을 가져왔던 정보통신 기술이 가공할 만한 세상을 준비하고 있다. 새로운 패러다임이란 수식어와 함께 '미래사회는 유비쿼터스로 간다'는 발언이 쏟아진다.

해답 信息通讯给人类带来了因特网、移动计算等信息革命, 它还要给全世界带来新的变化。目前人们纷纷用所谓"新的范式"的修辞说;"未来社会将走向无处不在(泛在)"。

Key words
范式 fànshì 패러다임   修辞 xiūcí 수식어
所谓~ suǒwèi ~란

158   미래세대에 감당하지 못할 짐을 지우다   寅吃卯粮, 让后代重负难释

지금 대비책을 마련하지 않으면 미래세대에 감당하지 못할 짐을 지우고, 자칫하면 나라 전체가 돌이킬 수 없는 쇠망의 길로 들어설 수도 있다.

해답 如果我们不尽早出台应对政策, 那么等于寅吃卯粮, 让后代重负难释, 最终导致国家走向衰败。

Key words

寅吃卯粮 yín chī mǎo liáng 인년(寅年)에 묘년(卯年)의 식량을 먹다
重负 zhòngfù 무거운 부담
衰败 shuāibài 쇠패해지다, 쇠망

159   미래지향적이다   是着眼于未来的

청정기술은 오염물질의 발생을 근원적으로 방지하는 사전예방 기술로, 이미 발생한 오염물질을 사후 처리하는 기술보다는 훨씬 어렵지만 미래지향적이다.

해답 净化技术能从源头防范污染物的产生, 虽然比事后净化技术难度更大, 但却是着眼于未来的。

Key words

源头 yuántóu 원천   防范 fángfàn 예방하다
着眼 zhuóyǎn 착안하다

160   미봉책   权宜之计

우리는 언제까지 이런 근시안적인 정책과 미봉책에 안주할 것인가.

해답 短见的政策和权宜之计绝对无济于事。

Key words

权宜之计 quán yí zhī jì 미봉책
无济于事 wú jì yú shì 일을 해결하는 데 아무런 도움이 되지 않는다

161   미온적으로 대처하다   消极地对待

제대로 된 민주국가 중에 불법 폭력적 의사 표현 방법에 우리처럼 미온적으로 대처하는 나라는 없다.

해답 在正常的民主国家中没有一个国家像我国这样如此消极地对待暴力示威。

Key words

消极 xiāojí 소극적인   示威 shìwēi 시위

162   미지수다   尚是未知数

경제성장 속도조절과 균형발전 전략이라는 중국의 거대한 실험이 의도대로 성공할지는 미지수다.

해답 放缓经济增长速度、促进均衡发展的双管齐下策略是否能如愿以偿尚是未知数。

Key words

双管齐下 shuāng guǎn qí xià 손에 붓 두 개를 쥐고 그림을 그리다, 두 가지를 한번에 처리하다
如愿以偿 rú yuàn yǐ cháng 마음속에 바라던 대로 이루어지다

Part 2 문장으로 익히는 번역 테크닉

163 미흡하다 不足以

학벌주의라는 견고한 구조적 문제를 해결하는 데 학력란 폐지만으로는 미흡하다.

Key words

文凭栏 wénpínglán 학력란
根深蒂固 gēn shēn dì gù 뿌리가 깊다

해답 只靠去除文凭栏仍**不足以**打破已根深蒂固的文凭主义这一观念性的问题。

164 바닷물에 잠기다 被海水淹没

이른바 '가이아(Gaia) 이론'을 통해 세상에 널리 알려진 영국의 생태학자 제임스 러브록 교수는 기후변화로 인해 2050년이면 자국의 수도인 런던이 바닷물에 잠길 것이라는 무서운 예측을 내놓았다.

Key words

以~著称于世 yǐ~zhùchēng yú shì ~로 유명하다
气候反常 qìhòu fǎncháng 기상이변   淹没 yānmò 물에 잠기다

해답 以盖娅(Gaia)理论著称于世的英国生态学家詹姆斯洛夫教授作出了一个英国首都伦敦将在2050年因气候反常而**被海水淹没**的惊人预测。

165 바람직하지 않다 是不可取的

물론 우리의 역사 교육만을 고집하는 맹목적인 국수주의적 입장은 바람직하지 않다.

Key words

盲目 mángmù 맹목적인
民粹主义 míncuìzhǔyì 나로드니키
(1860~1890년 러시아 지식인들이 제창한 농본주의적 급진사상)

해답 我们不可否认盲目追求国史教育的民粹主义**是不可取的**。

166 바짝 추격하고 있다 在后紧逼直追

우리나라는 이미 초고속 인터넷 보급률은 아이슬란드에 1위 자리를 내주었고, 네덜란드·덴마크 등이 바짝 추격하고 있다.

Key words

宽带网 kuāndài wǎng 초고속 인터넷   丹麦 Dānmài 덴마크

해답 我国已将宽带普及率之冠让位给冰岛,荷兰、丹麦等国又**在后紧逼直追**。

167 반감을 자초하다 招来~反感

한류 속에 스며든 민족 개념의 과잉이 주변국들의 반감을 자초하고, 오히려 문화수출을 방해한다는 것이다.

Key words

渗透 shèntòu 침투하다   过剩 guòshèng 과잉되다
妨碍 fáng'ài 방해하다

해답 他还表示, 渗透到韩流中的民族概念过剩现象只会**招来**邻近国家的**反感**, 以致妨碍文化出口。

168 반갑고 자랑스런 소식이 아닐 수 없다   这是一个值得庆祝的大好消息

박찬욱 감독의 '올드보이'가 칸 영화제에서 '심사위원 대상'을 수상한 것은 반갑고 자랑스런 소식이 아닐 수 없다.

해답 韩国导演朴赞旭的影片《老男孩》在戛纳电影节上获评审团大奖，这是一个值得庆祝的大好消息。

Key words

戛纳电影节 Jiánà Diànyǐngjié 칸 영화제

169 반대하는 입장을 고수하다   一直坚持拒绝

이 회의가 열리기 전까지만 해도 세계 온실가스의 4분의 1 이상을 배출하는 미국은 이산화탄소에 대한 국가별 의무감축량을 설정하는 데 대해 반대하는 입장을 고수해 왔다.

해답 会议前温室气体排放量占全球1/4的美国一直坚持拒绝设定国别化的二氧化碳义务减排量。

Key words

拒绝 jùjué 거절하다   二氧化碳 èryǎnghuàtàn 이산화탄소

170 반면교사   反面教材

사건의 뒷맛은 씁쓸하지만, 흥분을 가라앉히고 돌이켜보면 반면교사로 받아들일 대목도 없지 않을 듯하다.

해답 综观事件的来龙去脉不免余味苦涩，但冷静反思，将会从中发现反面教材。

Key words

综观 zōngguān 종합하여 살펴보다
来龙去脉 lái lóng qù mài 사건의 경위
余味 yúwèi 뒷맛   苦涩 kǔsè (맛이) 씁쓸하고 떫다

171 '반복되는 역사'에서 교훈을 찾다   从"重复的历史"中汲取教训

우리가 지금 생각해야 할 것은 이처럼 '반복되는 역사'에서 교훈을 찾아 똑같은 일이 발생하지 않도록 대비하고, 이를 국가발전의 긍정적 에너지로 승화시켜 나가야 한다는 점이다.

해답 现在我们应做的是从"重复的历史"中汲取教训，防患于未然，并将其升华为国家的发展动力。

Key words

汲取 jíqǔ 얻다
防患于未然 fánghuàn yú wèirán 일이 발생하기 전에 예방하다

172 반응이 시큰둥하다   反应冷淡

그러다 보니 앞으로 10년 동안 119조원을 들여 농촌 살리기에 나서겠다는 연초 정부의 발표에 대해서도 농촌 반응이 시큰둥한 것이다.

해답 正因为如此，虽然政府在年初公布将在10年内投入119万亿韩元来搞活农村经济，但农民却对此反应冷淡。

Key words

搞活 gǎohuó 활기를 띠게하다
冷淡 lěngdàn 냉담하다. 무관심하다

Part 2 문장으로 익히는 번역 테크닉

173　발걸음이 빨라지다　加快~步伐

지난해 미국 뉴욕시가 모든 음식점에서 트랜스지방 사용을 하지 못하도록 하는 계획을 발표한 이후 이를 줄이기 위한 각국 정부와 업계의 발걸음이 빨라지고 있다.

Key words

宣布 xuānbù 선포하다, 발표하다
转脂肪 zhuǎnzhīfáng 트랜스지방

해답　尤其是去年美国纽约市宣布将禁止在餐厅使用转脂肪以来, 各国政府和业内人士都加快了应对的步伐。

174　발등의 불　焦眉之急

'먼 산의 불' 만은 아니다. 개인의 총기소지가 금지된 우리에게 '발등의 불'은 아닐지 모른다.

Key words

隔岸观火 gé àn guān huǒ 강 건너 불구경 하듯 하다
枪支 qiāngzhī 총기

해답　我们不得不对此持隔岸观火的态度。尽管对实行严格的"零容忍"枪支管制的我国来说, 还没有成为焦眉之急。

175　발표했다　公布了

UNEP는 회의기간 중 '지구환경전망 2003년 연례보고서'를 통해 전 세계 146곳에 이르는 죽음의 바다 실태를 발표했다.

Key words

例行 lìxíng 규정대로 행하다　　展望 zhǎnwàng 전망하다

해답　联合国环境规划署在会议期间还公布了题为"2003年地球环境展望"的例行报告, 共介绍了146个死亡之海的情况。

176　발효　生效

교토의정서 발효에 따라 선진국과 개발도상국 간에 이산화탄소를 거래할 수 있는 체계가 도입됨으로써 일본, 영국 등 선진국은 중국, 인도를 포함한 개도국에 대한 에너지 관련 투자와 배출권 구매를 서두르고 있는 상황이다.

Key words

争先恐后 zhēngxiān kǒnghòu 뒤질세라 앞을 다투다
能源 néngyuán 에너지

해답　京都议定书的生效, 为发达国家和发展中国家之间进行二氧化碳交易提供了一个平台, 因此日本、英国等发达国家争先恐后地要在包括中国、印度等发展中国家进行能源投资并购买排放权。

177　밝히다　宣布

선진7개국(G7) 재무장관 회담에서 중국이 위안화 고정환율제를 점차 변동환율제로 전환해 나갈 것임을 밝혔다.

Key words

现有 xiànyǒu 기존의
浮动汇率 fúdòng huìlǜ 변동환율

해답　中国在这次G7财长会议上宣布, 今后将分阶段把现有的固定汇率制改变为浮动汇率制。

178 밤새 직접 쓴 육필원고 熬夜亲手撰写的手稿

이 실장은 이 연설문을 밤새 직접 쓴 육필원고라고 소개했다. 심야에 작성한 문장은 격정에 흐르거나 자기중심 논리에 빠지기 쉽다.

Key words

熬夜 áo yè 밤을 새다
撰写 zhuànxiě (문장을) 쓰다
感情用事 gǎn qíng yòng shì 감정대로 일을 처리하다

해답 李室长介绍说，这篇演讲稿是"熬夜亲手撰写的手稿"。深夜写文章很容易感情用事或陷入以自我为中心的理论中。

179 배출량을 줄이기 위한 旨在减排

교토의정서는 이산화탄소, 프레온가스, 메탄 등 6종의 지구 온난화(온실)가스 배출량을 줄이기 위한 국제협약이다.

Key words

甲烷 jiǎwán 메탄
氟氯昂 fúlǜáng 프레온 가스

해답 京都议定书是旨在减排包括二氧化碳、氟氯昂和甲烷在内的温室气体的全球性公约。

180 백지화하다 抹灭

이것은 또한 일본이 지금까지 한 반성과 사과를 모두 백지화하는 행위이다.

Key words

迄今 qìjīn 지금에 이르기까지
道歉 dào qiàn 사과하다

해답 该行为也抹灭了迄今为止日本政府所作的所有反省和道歉。

181 벗어던지지 못한 채 无法摆脱

피해자의 고통은 말할 것도 없고, 가해자도 무거운 책임을 벗어던지지 못한 채 '역사의 죄인'으로 살아야 했다.

Key words

摆脱 bǎituō 벗어나다

해답 不说被害者的痛苦有多大，加害者也无法摆脱"历史罪人"所带来的重压。

182 벤치마킹 效仿

1992년 대선 3수 도전에 실패한 김대중(DJ) 후보는 두 진로를 놓고 고심했다. 샤를 드골의 퇴장의 미학을 벤치마킹하는 것과 지미 카터를 본받는 것이었다.

Key words

抉择 juézé 채택(하다)
效仿 xiàofǎng 모방하다
潇洒 xiāosǎ 말쑥하고 멋스럽다

해답 1992年"三度挑战"大选失败的候选人金大中(DJ)面对两条道路难以抉择，是要效仿戴高乐"潇洒隐退"，还是要向卡特学习。

Part 2 문장으로 익히는 번역 테크닉

183 변덕스럽고 교묘하게 움직이다　出尔反尔、去留难卜

국제금융시장에서 계속 늘고 있는 단기 투기자본은 변덕스럽고 교묘하게 움직이며 통화를 교란한다.

Key words

出尔反尔 chū ěr fǎn ěr 변덕이 죽 끓듯 하다
扰乱 rǎoluàn 교란하다　极尽~能事 jíjìn ~ néngshì ~를 잘하다

해답 ｜ 在国际金融市场上有增无减的热钱总是出尔反尔、去留难卜，极尽扰乱通货之能事。

184 변화는 괄목할 만하다　发生了刮目相看的变化

이번 실험에서 'TV 끄기'에 성공한 가정의 변화는 괄목할 만하다. 가족간 대화가 복원됐고 가정의 분위기도 크게 바뀌었다고 한다. '리모컨 아빠'는 아이를 돌보고 청소를 했으며, TV 앞에서 살았던 아이는 숙제를 하고 부모와의 대화도 늘었다는 것이다.

Key words

刮目相看 guā mù xiāng kàn 괄목상대하다
遥控器 yáokòngqì 리모콘　吸尘机 xīchénjī 청소기

해답 ｜ 在这次"关上电视"活动中成功的家庭发生了刮目相看的变化，如家人之间恢复交谈；家庭氛围大有改善；爸爸手里的遥控器代之以吸尘机；双眼始终不离电视屏幕的孩子开始做作业，与父母的谈心的时间明显增加。

185 보면 어리둥절하기 일쑤다　一看~就感到不解

요즘 서민들은 신문에 나오는 경제뉴스를 보면 어리둥절하기 일쑤다. 경제는 꾸준히 성장한다는데 가계부는 늘 적자행진을 면치 못한다.

Key words

不解 bùjiě 이해하지 못하다　账簿 zhàngbù 장부
赤字 chìzì 적자　累累 léiléi 쌓이고 쌓인 모양

해답 ｜ 最近老百姓一看报纸上的经济新闻就感到不解。虽说经济继续增长，但家庭收支账簿上却赤字累累。

186 복마전　魔窟

연간 수천억 원에 이르는 발굴자금이 고고학계에 유입되면서 고고학계가 복마전이라는 소문이 나돈 지도 오래다.

Key words

挖掘 wājué 발굴하다　魔窟 mókū 복마전

해답 ｜ 随着每年有数千亿韩元的挖掘资金流入考古界，很久以前就出现了所谓"考古学界魔窟"的传闻。

187 본질적으로 달라진 것이 없다　本质并没有改变

사면초가의 궁지에 빠진 KBS지만 누구를 탓할 것인가. 현 정권이 들어서자 KBS는 과거를 참회한다느니, 정치로부터 독립하겠다느니 다짐을 쏟아냈지만 본질적으로 달라진 것이 없다.

Key words

四面楚歌 sì miàn chǔ gē 사면초가
信誓旦旦 xīn shì dàn dàn 맹세가 진실하여 믿을 만 하다

해답 ｜ 陷入四面楚歌的KBS只能怪自己。现政府成立之初，KBS信誓旦旦地表示，将反省过去，保持政治中立，但本质并没有改变。

188 부상했다 跃居

중국은 이 같은 발전전략으로 눈부신 성장을 거듭, 세계 4대 무역 대국으로 부상했다.

해답 | 中国通过该发展战略，屡创佳绩，**跃居**全球第四大贸易大国。

Key words

佳绩 jiājì 훌륭한 성적
跃居 yuèjū 단번에 ~위치에 서다

189 부쩍 늘다 大有增加

우리나라에서도 최근 몇년 사이 첨단 정보기술(IT)을 선두로 대학 내 창업이 부쩍 늘고 있는 것은 바람직한 현상이다.

해답 | 最近几年以来，令人鼓舞的是国内大学中以信息通信为首的创业数量**大有增加**。

Key words

鼓舞 gǔwǔ 북돋우다   创业 chuàng yè 창업

190 부추기다 使 ~ 更为严重

학력 인플레가 청년 실업을 부추긴다는 지적이 나왔다. 현대경제연구원은 "산업 수요에 비해 청년 고학력자가 과도하게 늘었고 이들의 직업에 대한 기대 수준이 너무 높아 청년 실업을 고착화하고 있다"고 지적했다.

해답 | 现代经济研究院指出，文凭"通胀"**使**青年失业**更为严重**。据分析，"由于高学历低职位的现象日益严重，就业期望值过高，导致青年失业问题积重难返。"

Key words

通胀 tōngzhàng 인플레
积重难返 jīzhòng nánfǎn 오랫동안 쌓여서 고치기 어렵다

191 불가피하게 不可避免地

위안화 절상은 중국의 경제적 위상을 더욱 높여주는 효과가 있지만 다른 한편에서는 중국의 수출 둔화와 경제성장세 약화를 불가피하게 초래할 것이다.

해답 | 人民币升值虽然有助于提高中国在经济方面的形象，但**不可避免地**将使出口放缓，经济增长受挫。

Key words

不可避免 bù kě bìmiǎn 불가피하다
受挫 shòucuò 좌절당하다

192 불과 몇 년 뒤면 仅在几年后

불과 몇 년 뒤면 50년대에 태어난 '베이비 붐' 세대가 저 출산 시대에 태어난 자식들에게 부양 받아야 하는 처지로 진입한다.

해답 | **仅在几年后**，于50年代"婴儿潮"中出生的一代将接受在低生育率时代出生的子女的赡养。

Key words

婴儿潮 yīng'ércháo 베이비 붐
赡养 shànyǎng 부양하다

Part 2 문장으로 익히는 번역 테크닉

193   불문가지의 사실이다 ~的事实不言而喻

포털이 유사언론으로 기존 언론사 못지않은 영향력을 행사한 것은 불문가지의 사실이다.

해답 门户网站作为类似媒体其影响力毫不逊于其他媒体的事实不言而喻。

Key words
不逊于 bùxùnyú ~에 뒤지지 않다
不言而喻 bù yán ér yù 말 안 해도 안다

194   불사하다 不惜

'미국과 우방을 지키기 위해 필요하면 무력행사도 불사하겠다'는 부시 행정부의 이같은 '자유의 힘' 정책이 당장 한반도엔 어떤 영향을 미칠 것인가.

해답 美国政府日前在声称"美国将不惜动用武力捍卫它和盟国的自由"时所提及的"自由的力量"会在可见的未来给韩半岛带来哪些影响？

Key words
提及 tíjí 언급하다   捍卫 hànwèi 지키다

195   불안에 떨다 惶惶不可终日

잇따른 유괴사건으로 부모들은 불안에 떨고 있다. 범죄로부터 국민을 보호하지 못하는 경찰이 수사권 독립만 외친다면 얼마나 지지를 받겠는가.

해답 接连发生的诱拐案让所有的父母惶惶不可终日。如果警方不能保护国民免受犯罪分子的伤害，只高呼调查权的独立，那么，就会将不得人心。

Key words
诱拐 yòuguǎi 유괴(하다)   惶惶 huánghuáng 불안해서 떠는 모양
警方 jǐngfāng 경찰 측

196   비교되다 形成鲜明的对比

정부는 유례 없는 이번 참사에 대해 나름대로 조치를 취하고 있지만 보다 더 적극적으로 대처할 수 없는가 하는 아쉬움이 남는다. 다른 나라들은 우리보다 훨씬 적극적으로 움직이고 있어 비교되기도 한다.

해답 政府虽然对这一史无前例的惨案采取了各种补救措施，但仍未尽如人意。这与其他国家正在采取更为积极的措施形成鲜明的对比。

Key words
史无前例 shǐ wú qián lì 역사상 전례가 없는   惨案 cǎn'àn 참사
措施 cuòshī 조치   尽如人意 jìn rú rén yì 뜻대로 되다

197   비만과의 전쟁 向肥胖症宣战

요즘 우리 사회에서 비만과의 전쟁이 한창이다. 비만은 각종 성인병의 원인이 되는 '건강의 적'으로 몰리고 있다.

해답 目前，我国社会正向肥胖症宣战。肥胖被视为引起各种疾病的"人类健康的主要敌人"。

Key words
肥胖 féipàng 비만
向~宣战 xiàng ~ xuānzhàn ~와 전쟁을 선포하다

视为 shìwéi ~로 보다   疾病 jíbìng 질병

198 비유하다 比喻为

30대에 하지 않으면 안 될 50가지의 저자인 일본의 나카타니 아키히로는 30대를 고등학교 2학년생에 비유한다.

Key words

中谷彰宏 Zhōnggǔ Zhānghóng 나카타니 아키히로
比喻 bǐyù 비유하다

해답: 《30岁后要做的50件事》的作者——日本人中谷彰宏将30多岁比喻为高中二年级。

199 비자를 발급받다 申领~签证

미 이민세관국(ICE)에 따르면 지난해 말 현재 유학·연수비자(F1)와 직업훈련비자(M1)를 발급받은 한국인 유학생은 9만2728명에 달한다.

Key words

执法 zhífǎ 법을 집행하다   截至去年底 jiézhì qùniándǐ 작년 말 현재
申领 shēnlǐng 신청하여 수령하다

해답: 据美国移民和海关执法局(ICE)统计，截至去年底共有9.2728万学生申领留学、进修签证(F1)和职业训练签证(M1)。

200 비정규직 临时工(散工)

비정규직에서 정규직으로, 저임금직에서 고임금직으로, 중소기업에서 대기업으로 이직이 쉽지 않은 게 현실이다.

Key words

低薪 dīxīn 저임금
升级 shēngjí 올라가다 (전쟁 등이)확산되다, 만연하다

해답: 现实条件确实不太允许员工从临时工(散工)、低薪阶层和中小企业分别升级为正式工、高薪阶层和大企业。

201 비판한 적이 없다 未曾~予以谴责

우리 정부는 일본 일반 시민의 야스쿠니 참배에 대해서 비판한 적이 없다.

Key words

予以 yǔyǐ ~을 주다   谴责 qiǎnzé 비난하다

해답: 我国政府未曾对日本的一般市民参拜靖国神社一事予以谴责。

202 빈익빈 부익부 심화 贫富差距拉大

자살은 생활고와 카드빚, 빈익빈 부익부 심화, 청년실업, 흔들리는 생명의 가치와 가정해체 등이 이면에 깔려 있다.

Key words

负债 fùzhài 남에게 빚을 지다   贬低 biǎndī 낮게 평가하다
破裂 pòliè 파열되다

해답: 自杀的原因为"生活困苦"和信用卡负债、贫富差距拉大、青年失业、生命价值的贬低和家庭破裂。

Part 2 문장으로 익히는 번역 테크닉

203 뼈저리게 경험하다　深刻体会

우리는 10년 전에 외환위기를 겪으며 국제기금의 중요성을 뼈저리게 경험했다.

Key words

金融危机 jīnróng wēijī 외환위기
国际货币基金组织 Guójì Huòbì Jījīn Zǔzhī IMF(국제통화기금)

해답 我国已在10年前爆发金融危机时, 深刻体会到了国际货币基金的重要性。

---

204 사랑과 존경을 받다　深受~尊敬和爱戴

세종대왕이 국민의 사랑과 존경을 받다 보니 세종이란 호칭도 가장 인기 있는 브랜드 중 하나다. 대학교, 법무법인, 호텔, 해군함정, 기업체, 사설학원 등 어디에나 세종이 이름으로 쓰인다.

Key words

品牌 pǐnpái 브랜드
海军舰艇 hǎijūn jiàntǐng 해군함정

해답 由于世宗大王深受国民的尊敬和爱戴, "世宗"已成为了最受欢迎的"品牌"之一。大学、法务法人、酒店、海军舰艇、企业、私立补习班纷纷用世宗来命名。

---

205 사상최고치를 경신할 전망이다　估计将刷新历史最高纪录

대일 무역적자가 8월말 현재 이미 1백50억달러를 돌파해 올해도 사상최고치를 경신할 전망이라고 한다.

Key words

逆差 nìchā 적자
刷新 shuāxīn 경신하다

해답 截至8月底, 我国的对日贸易逆差已超过150亿美元, 估计将刷新历史最高纪录。

---

206 사안의 선후도 모르다　连事情的先后顺序都不知道

노동부는 7월부터 이 사업에 참여하는 사회적 기업에 세제 혜택과 함께 1인당 월 77만 원의 인건비까지 대주겠다고 한다. 도무지 세금 아까운 줄도 모르고 사안의 선후도 모르는 무책임한 정부다.

Key words

优惠待遇 yōuhuì dàiyù 특혜 대우
补贴 bǔtiē 보조금
不仅~而且~ bùjǐn~érqiě ~뿐만 아니라 ~도

해답 劳动部表示, 从7月开始, 凡是参加该项目的"社会性企业"都将得到在税制方面的优惠待遇, 同时还将向其员工每人每月提供77万韩元的工资补贴。由此可见政府不仅不懂节约血汗税, 而且连事情的先后顺序都不知道, 简直是不负责任。

---

207 사칭　冒充

민주화 이후의 정권에서도 청와대 사칭은 통했다. 2001년부터 5년간 적발된 청와대 사칭 사건이 59건이나 된다.

Key words

频繁 pínfán 빈번하다
冒充 màochōng 사칭하다

해답 我国实现民主化后政坛上频繁发生冒充青瓦台亲属的事件。自2001年以来, 5年间共发生59起冒充案。

208 사흘간　为期3天

6월 6일부터 사흘간 독일 북부 휴양지 하일리겐담에서 열린 제33차 서방선진 8개국(G8) 정상회의가 8일 폐막됐다.

Key words

落下帷幕 luòxià wéimù 막을 내리다
海利根坦姆 Hǎilìgēntǎnmǔ 하일리겐담

해답 | 6月6日在德国北部度假城市海利根坦姆开幕的*为期3天*的第33届G8首脑会谈8日落下了帷幕。

209 상당히 높아지다　大幅上升

최근 대한상공회의소가 남녀 2000명을 대상으로 실시한 설문조사에서 기업호감지수가 100점 만점에 50.2점으로 3년 전 38.2점보다 상당히 높아졌다.

Key words

问卷 wènjuàn 설문지　　大幅 dàfú 대폭

해답 | 最近,大韩商会对2000名男女进行的问卷调查结果显示,企业好感指数为50.2分(满分100分),比3年前的38.2分*大幅上升*。

210 새로 공개된　最近公之于众的

새로 공개된 범인 조승희씨의 동영상과 사진 등은 개인의 정신질환과 이런 사회 문제들이 결합해 얼마나 가공스러운 결과를 초래할 수 있는지 보여준다.

Key words

公之于众 gōng zhī yú zhòng 대중 앞에 공개하다
案犯 ànfàn 범인

해답 | *最近公之于众的*枪击案犯赵承熙的录像和照片等让人明白了个人的精神疾病与上述问题结合后会带来多么严重的后果。

211 새해 들어　新年伊始

새해 들어서도 배럴당 60달러가 넘는 고유가 행진이 계속되고 있는 가운데 4일 국제원자력기구(IAEA)가 이란 핵 문제를 유엔 안보리에 회부하는 결의안을 통과시켰다.

Key words

伊始 yǐshǐ ～의 처음, 시작　　伊朗 Yīlǎng 이란
安理会 Ānlǐhuì 안보리

해답 | *新年伊始*,油价仍居高不下,高于每桶60美元。在此情况下,国际原子能机构4日一致通过决议将伊朗核问题提交给安理会。

212 생활고　生计难谋

이들의 자살 원인으로는 실업과 빈곤, 생활고와 양극화 심화 등 경제적인 측면도 큰 것으로 분석되고 있다. 새삼 젊은이들에게 일자리의 중요성이 얼마나 큰지를 일깨워주고 있다.

Key words

贫困 pínkùn 빈곤하다　　两极分化 liǎngjí fēnhuà 양극화
加剧 jiājù 심해지다

해답 | 据分析,自杀原因中失业、贫困、*生计难谋*和两极分化加剧等经济因素所占的比例颇大。这又一次提醒了人们工作岗位对青年人的重要性有多大。

Part 2 문장으로 익히는 **번역** 테크닉

213 생활패턴을 바꾸어 놓았다　改变了~生活模式

1999년 싸이월드(www.cyworld.com) 가 서비스를 도입한 국내 블로그 문화는 우리 젊은이들의 의식과 생활패턴도 바꾸어 놓았다. 블로거들은 일기를 쓰듯 자신의 블로그를 가꾸고, 의식을 치르듯 남의 블로그를 방문한다.

해답 | 1999年，赛我网(www.cyworld.com) 引入博客服务后，博客文化就此开始。博客文化 改变了 我国年轻人的意识和 生活模式。博客们就像写日记一样管理自己的博客，像举行仪式一样访问别人的博客。

Key words

博客 bókè 블로그　　模式 móshì 패턴

214 선거공약을 내놓다　许下~竞选诺言

이미지만 있고 콘텐츠가 없다는 평가를 받는 루아알이 최근 100개의 선거공약을 내놓았다.

해답 | 素有"只有形象没有内容"之称的罗雅尔最近 许下 了100项 竞选诺言。

Key words

素有~之称 sùyǒu ~ zhīchēng 평소에 ~라 불리는
内容 nèiróng 콘텐츠

215 선순환이 일어나다　步入良性循环

개인소득이 늘면 소비가 늘어 경제회복에 가속도가 붙는 선순환이 일어난다.

해답 | 只要个人收入提高，消费就会增加，从而经济复苏步伐加快，使经济 步入良性循环。

Key words

步伐 bùfá 발걸음, 스텝　　良性 liángxìng 양성의
从而 cóng'ér 그래서. 그리하여(윗 글이 원인, 방법을 나타내고, 아래에 이어지는 글이 결과, 목적을 나타냄)

216 선점하다　抢占

모바일 컨버전스의 기회를 선점하기 위해서는 기업경영과 정부정책의 혁신이 요구된다. 휴대기기 제조업체, 서비스 사업자, 컨텐츠 업체 등이 서로 조정하고 협력할 필요가 있다.

해답 | 为了 抢占 手机整合的商机，企业经营模式和政府政策应尽早实现革新。手机制造商、移动运营商和内容公司之间必须加强沟通和合作。

Key words

抢占 qiǎngzhàn 서둘러 점령하다　　实现 shíxiàn 실현하다
沟通 gōutōng 소통하다

217 선정한　评选的

일본 도쿄대는 지난해 뉴스위크가 선정한 세계 100대 대학 가운데 16위에 올랐다. 아시아 대학으론 가장 높은 순위다.

해답 | 日本东京大学在《新闻周刊》去年 评选 的世界前100所大学中名列第16位。这是亚洲大学获得的最高名次。

Key words

评选 píngxuǎn 평가하여 뽑다　　名次 míngcì 순위

218 선제공격　先发制人

선제공격을 안보전략으로 채택한 미국 부시 행정부가 행여 유엔 보고서의 '선제공격' 부분을 입맛대로 해석해 못마땅한 나라를 상대로 또 다른 전쟁을 벌일 조짐은 없는지 예의주시해야 한다.

Key words

布什 Bùshí 부시　　迹象 jìxiàng 조짐
不顺眼 bù shùnyǎn 눈에 거슬리다　　发动 fādòng 일으키다

해답　布什政府已将"先发制人"作为安全战略，因此我们应密切关注有无迹象显示它将联合国报告中的"先发制人"向自己有利的方向加以解释，以作为它对看不顺眼的国家发动新战争的根据。

219 설비가 노후화되다　设备陈旧

흥남비료공장은 요즘 설비가 노후화되면서 제대로 가동되지 못하고 있다. 북한이 자체 생산할 수 있는 화학비료는 5만여 톤에 불과해 적정 수요인 60만 톤의 10분의 1에도 미치지 못한다는 분석이다.

Key words

陈旧 chénjiù 낡다　　化肥 huàféi 비료

해답　最近，由于设备陈旧，兴南化肥厂运作效率大幅下降。有分析说，北韩化肥自产力只有5万多吨，不到实际需求(60万吨)的1/10。

220 설치되어 있다　安装了

서울의 한 구청 상황실 옆에는 출퇴근 시간 기록용 지문 인식기가 설치되어 있다.

Key words

安装 ānzhuāng 설치하다　　指纹 zhǐwén 지문

해답　首尔某区政府的监控室旁边安装了记录上下班时间的指纹识别器。

221 성과를 거두다　取得~成就

우리 영화는 근래 괄목할 만한 성과를 거두었다.

Key words

影坛 yǐngtán 영화계
举世瞩目 jǔ shì zhǔ mù 전 세계가 다 주목하고 있다

해답　韩国影坛近年来取得了举世瞩目的成就。

222 성급하게 서두를 일이 아니다　不应操之过急

인터넷 실명제 추진은 신중해야 한다. 성급하게 서두를 일이 아니다. 폭넓고 심도있는 사회적 논의와 의견수렴이 선행되어야 한다.

Key words

慎重 shènzhòng 신중하다
操之过急 cāo zhī guò jí 너무 성급하다
集思广益 jí sī guǎng yì 많은 사람들의 지혜를 모으다
前提 qiántí 전제

해답　网络实名制应慎重施行。不应操之过急，而应以集思广益、广泛讨论作为其前提。

Part 2 문장으로 익히는 **번역** 테크닉

223   손가락이 모자랄 터이다   十个手指头都数不过来

어떤 환경에서든 잘하는 조직이 있고, 못하는 조직이 있다. 안 되는 이유를 꼽자면 과거사부터 남의 탓까지 손가락이 모자랄 터이다.

Key words

突出 tūchū 돋보이다
平淡 píngdàn 무미건조하다
数不过来 shǔ bu guòlai 다 셀 수 없다

해답 | 无论在什么环境下都有业绩突出的组织，也有业绩平淡的组织。导致业绩平淡的原由，有历史原因有个人原因十个手指头都数不过来。

224   수를 헤아리기 어렵다   举不胜举

최근에 문제가 된 것만 해도 '발암 장어'에다 '농약 인삼', 이산화황이 기준치의 최고 7배까지 검출된 중국산 찐쌀 등 수를 헤아리기 어렵다.

Key words

鳗鱼 mányú 장어   **残留** cánliú 잔류하다
举不胜举 jǔ bù shèng jǔ 너무 많아서 열거할 수 없다

해답 | 最近成为问题的例子就有"致癌鳗鱼"、"农药人参"和二氧化硫残留量达正常标准的7倍的进口蒸米等事件，可谓举不胜举。

225   수백 년 만에   数百年不遇

환경 전문가들이 가장 심각한 지구 환경 문제로 지목하고 있는 것은 온난화다. 지금 북반구에서는 수백년 만에 가장 따뜻한 겨울이 이어지고 있다.

Key words

地球变暖 dìqiú biànnuǎn 지구 온난화

해답 | 环境专家认为最为严重的地球环境问题是地球变暖。目前，北半球出现了数百年不遇的暖冬。

226   수상 소감을 밝히다   发表获奖感言

박감독은 "서양에서 잘 다뤄온 장르로 새로운 영역을 개척했다는 뜻에서 상을 받은 것 같다"고 소감을 밝혔다.

Key words

之所以~是因为~ zhīsuǒyǐ ~ shìyīnwèi ~한 까닭은 ~다
体裁 tǐcái 장르   **拍摄** pāishè 촬영하다
开拓 kāituò 개척하다

해답 | 朴赞旭在发表获奖感言时说 "我之所以能够获奖，也许是因为我在西方人善于拍摄的体裁中开拓了新的领域"。

227   수상하다   荣获~奖

지구 온난화의 위험을 재치있게 경고한 이 영화로 고어는 올해 아카데미상을 수상했다. 영화 말미에서 그는 탄소 중립적 생활 방식을 제안한다. 백열등보다는 형광등을 쓰고, 빨래는 건조기 대신 햇볕에 말리며, 자동차는 하이브리드카를 타자는 것이다.

해답 | 凭借巧妙地指出全球变暖的危害的电影，戈尔荣获了今年的奥斯卡奖。在影片结尾，戈尔提出了"远离碳"的生活方式。他呼吁人们不要

Key words

凭借 píngjiè 구실로 삼다
白炽灯 báichìdēng 백열등
混合动力电动车 hùnhé dònglì diàndòngchē 하이브리드카

使用白炽灯，而使用日光灯; 衣服不要洗衣机甩干，最好放在外面晾晒，要开混合动力电动车。

228 순탄치만은 않을 것이다 不会那么轻而易举

이쯤 되면 북·미는 관계 개선을 위한 나름의 의지와 성의를 표시한 셈이며 분위기도 무르익은 것 같다. 그러나 반세기 이상 적대적이었던 양국 관계의 해빙이 결코 순탄치만은 않을 것이다.

Key words

仇视 chóushì 원수처럼 대하다
轻而易举 qīng ér yì jǔ 가벼워 들기 쉽다

해답 这就证明朝美双方都尽其诚意表示愿意改善关系，而且时机也成熟了。但互相仇视大半世纪的两国的和解 不会那么轻而易举。

229 숨은 의도를 보지 않으려 하다 对~隐藏企图视而不见

정부는 대중 외교를 의식한 탓인지 '억지로' 중국의 숨은 의도를 보지 않으려 하는 듯하다.

Key words

刻意 kèyì 고심하다
隐藏 yǐncáng 숨기다
视而不见 shì ér bù jiàn 보아도 보이지 않다

해답 政府好像出于两国外交关系的考虑，刻意 对 中国的 隐藏企图视而不见。

230 쉬운 것부터 손을 대다 先易后难

바람직한 접근 방법이다. 협상전략 교과서에도 나와 있지만 문제가 어려울 경우 쉬운 것부터 손을 대는 것이 현명한 방법이다.

Key words

举措 jǔcuò 행동
发扬 fāyáng 떨쳐 일으키다
循序渐进 xún xù jiàn jìn 순서에 따라 조금씩 나아가다
不二法门 bù èi fǎ mén 유일한 방법

해답 这是值得欢迎的举措。发扬求大同而存小异的精神，按 先易后难、循序渐进的步骤逐步加强相互间的各项合作是协商战略的不二法门。

231 스크린쿼터 电影配额制

스크린쿼터에 대해 정부는 국산영화 의무상영일수를 현행 146일에서 73일로 축소하기로 미국과 합의했다.

Key words

从~减少到~ cóng ~ jiǎnshǎo dào ~에서 ~로 줄어들다
电影配额制 diànyǐng pèi é zhì 스크린쿼터
放映 fàngyìng 상영하다

해답 就 电影配额制 而言，政府与美方已达成协议将义务放映日数从现在的146天减少到73天。

Part 2 문장으로 익히는 번역 테크닉

232 슬그머니 꼬리를 감추다　打退堂鼓, 草草了事

정부의 학교폭력 대책은 처음 시작할 때는 대대적으로 홍보를 해놓고는 슬그머니 꼬리를 감춰버린다.

Key words

防范 fángfàn 예방하다
打退堂鼓 dǎ tuìtánggǔ 중도에 그만두다
草草了事 cǎo cǎo liǎo shì 적당히 일을 끝내다

해답 | 迄今为止, 政府的有关防范校园暴力的对策, 开始时大力进行宣传, 后来一看情况没有好转, 就**打退堂鼓, 草草了事**。

233 승부를 걸다　决一胜负

국내에서도 400만 원짜리 청바지, 1억5000만 원짜리 TV가 더 잘 팔린다. 브랜드 아파트 값은 더 빨리, 더 높이 뛴다. 유통, 금융, 건설, 외제차 업계는 최상류 부자를 대상으로 한 VVIP(very very important person) 마케팅에 승부를 건다.

Key words

牛仔裤 niúzǎikù 청바지　畅销 chàngxiāo 잘 팔리다
富豪 fùháo 부호　胜负 shèngfù 승부

해답 | 在我国, 400万韩元的牛仔裤、1.5亿韩元的电视机更畅销。"品牌公寓"的价格上涨得更快、更高。流通、金融、建筑、进口车业界通过面向上流社会的富豪制定的VVIP(very very important person)营销战略来**决一胜负**。

234 시가총액　市值总额

서울대 공대 박희재 교수와 제자들이 세운 실험실 벤처 1호기업이 25일 코스닥시장에 상장되면서 2000억원의 시가총액을 기록했다.

Key words

风险企业 fēngxiǎn qǐyè 벤처기업
挂牌上市 guàpái shàngshì 상장하다

해답 | 由首尔大学工学院教授朴喜载和硕士研究生们一起创办的第一家实验室风险企业25日在KOSDAQ市场挂牌上市, **市值总额**为2000亿韩元。

235 시간문제라고 할 수 있다　只不过是个时间问题

2001년 말 세계무역기구(WTO) 가입 후 개방 정책과 시장경제 시스템 도입 확대 정책을 강화하고 있는 중국 모습을 볼 때 위안화의 변동환율제 이행은 이제 시간문제라고 할 수 있다.

Key words

纵观 zòngguān 두루 살펴보다
浮动汇率制 fúdòng huìlǜzhì 변동환율제

해답 | 纵观2001年底中国加入世贸组织以来所作的事情, 如加强改革开放、扩大引进市场经济系统, 我们就不难发现它过渡到浮动汇率制**只不过是个时间问题**。

236 시간을 갖고　从长计议

정부는 시간을 갖고 비공개적인 남북접촉을 모색할 필요가 있다.

Key words

从长计议 cóng cháng jì yì 천천히 의논을 많이 하다

해답 | 政府应**从长计议**, 寻求秘密接触。

237 시급히 해결해야 할 현안 亟待解决的悬案

우리나라 사람들의 자살 비율이 세계 최고 수준인 데다가 해마다 급증하고 있어 심각한 사회병리 현상이자 시급히 해결해야 할 현안이 아닐 수 없다.

Key words

猛增 měngzēng 급증하다
根深蒂固 gēn shēn dì gù 뿌리가 깊고 꼭지가 튼실하다
亟待解决 jídài jiějué 시급히 해결을 요하다   悬案 xuánàn 현안

해답 : 韩国的自杀率居全球之冠, 并逐年猛增。这不但是我国社会根深蒂固的病态现象, 也是亟待解决的悬案。

238 시테크 사업 理时行业

전체 가구 중 독신가구가 2000년 15.5%에서 2005년 20%로 증가했다. 이 또한 대행시장이 커지는 요인이다. 시간의 효율적 활용이란 측면에서 대행사업은 시테크 사업이기도 하다.

Key words

从~增加到~ cóng ~ zēngjiā dào ~에서 ~로 늘어나다
代理 dàilǐ 대리하다

해답 : 全国单身家庭从2000年的15.5%增加到2005年的20%。这也是代理市场迅速发展的一个原因。从有效利用时间的角度看, 代理行业也是理时行业。

239 시험운행 试运行

남북한은 오는 25일 낮 경의선의 문산역~개성역 27.3km 구간과 동해선의 제진역~금강산역 25.5km 구간에서 열차 시험운행을 하기로 합의했다.

Key words

诸镇站 Zhūzhèn Zhàn 제진역   运行 yùnxíng 운행하다

해답 : 南北韩就本月25日在京义线汶山站至开城站的27.3公里路段和东海线诸镇站至金刚山站的25.5公里路段分别进行试运行问题达成了协议。

240 신청을 하다 提出申请

코트라가 19일 개최할 FTA를 활용한 미국시장 진출전략 설명회에는 정원 250명을 훨씬 넘는 800명이 참가 신청을 했다.

Key words

远远大于 yuǎnyuǎn dàyú ~보다 훨씬 크다(많다)
申请 shēnqǐng 신청하다   名额 míng'é 정원

해답 : 大韩贸易投资公社将于19日举行"利用FTA进军美国市场战略说明会"。日前已有800多人提出申请, 远远大于250人的预定名额。

241 심정을 술로 달래다 以酒解愁

이런 심정을 술로 달래보려 해도 이젠 술맛마저 더 써지게 됐다. 소주 값이 3년 만에 올랐다. 진로는 주정가격 등 원자재 가격 상승으로 소주의 출고가를 4.9%(소비자물가지수의 2.5배) 인상했다.

Key words

愁肠 chóucháng 우울하고 근심에 찬 마음

해답 : 人们常以酒解愁, 但酒入愁肠愁更愁。时隔3年烧酒售价又涨。真露公司以包括酒精等原材料价格上涨为由将出厂价提高了4.9%(高于消费者物价指数的2.5倍)。

Part 2 문장으로 익히는 번역 테크닉

售价 shòujià 판매가격　　上涨 shàngzhǎng (수위나 물가가) 오르다

242 심혈을 기울일 때　在~埋头~之际

과학기술자들이 청정기술 개발에 심혈을 기울일 때 일반인들이 가장 손쉽게 할 수 있는 일이 자원 및 에너지 절약이다.

해답 在科学家埋头研发清净技术之际, 一般人能做到的是节省能源。

Key words

在~之际 zài ~ zhījì ~할 즈음에
埋头 máitóu 몰두하여 열심히하다
节省 jiéshěng 아끼다

243 쏠림현상　偏重现象

초강국인 미국으로 유학생이 몰리는 것은 일견 당연해 보인다. 문제는 유학의 편중에 그치지 않고 우리 사회 전반에 쏠림현상을 낳을 가능성이다.

해답 留学生大都流向美国似乎理所当然。问题的关键在于它将有可能导致全国范围的偏重现象, 而不只是在文化领域。

Key words

问题的关键在于 wèntí de guānjiàn zàiyú 문제는
理所当然 lǐ suǒ dāng rán 당연하다

244 '쓰레기 만두' 사건　"垃圾馅"风波

'쓰레기 만두' 사건은 먹거리 위생 수준에 관한 한 한국이 후진국임을 극명하게 보여주고 있다.

해답 "垃圾馅"风波显示出韩国在食品卫生方面还没达到发达国家的水平。

Key words

馅 xiàn 만두소　　风波 fēngbō 분쟁이나 소란

245 아이콘으로 떠오르고 있다　成为~新焦点

하이난섬이 21세기 중국의 새로운 아이콘으로 떠오르고 있다. 보아오 포럼 때문이다.

해답 如今的海南岛正成为21世纪中国的新焦点。这应归功于博鳌亚洲论坛在这里的成功举办。

Key words

归功于 guīgōngyú ~덕이다　　博鳌 Bóáo 보아오

246 아줌마부대　大妈炒股队

퇴직자나 '아줌마부대' 뿐만 아니라 본업을 잊은 넥타이부대 등이 증권사 객장을 달군다.

해답 离退休人员、"大妈炒股队"和不务正业的白领均对证券交易所情有独钟。

Key words

白领 báilǐng 화이트 칼러
证券交易所 zhèngquàn jiāoyìsuǒ 증권거래소

247 아직도 풀어나가야 할 숙제가 많다　还有很多问题有待解决

공권력투입으로 평택 미군기지는 부지를 확보했지만 아직도 풀어 나가야 할 숙제가 많다.

Key words

确保 quèbǎo 확보하다　选址 xuǎn zhǐ 부지 선정

해답 虽然平泽美军基地依靠政府威力确保了选址安全, 但还有很多问题有待解决。

248 아직 때가 이르다　为时尚早

정신적인 면, 내용·질적인 면에서 진정 한국 영화가 성장했는지 고민해야 한다. 우리에게 미칠 헐리우드의 정신적 파급효과를 경계해야 하기 때문이다. 바로 미국 사람이 아니고 한국 사람이기에 우리의 정체성을 지키기 위한 노력도 필요하다. 그래서 스크린쿼터 축소는 아직 때가 이르다.

Key words

警惕 jǐngtì 경계하다
好莱坞 Hǎoláiwū 헐리우드
维持认同 wéichí rèntóng 정체성을 유지하다 *사전에 '认同'이 정체성이란 해석은 없으나 인민일보 등 문장에서 정체성이란 의미로 자주 등장함
예 自我认同, 国家认同
综上所述 zōngshàng suǒshù 상술한 바를 종합하면

해답 我们应反思韩国影片是否在精神、内容、质量等方面取得了真正的增长。因为我们应警惕好莱坞影片将在精神方面所造成的影响。我们是韩国人, 而不是美国人, 因此我们应努力维持认同。综上所述, 我们可以知道缩小电影配额制为时尚早。

249 악순환을 초래하다　导致~恶性循环

이는 생존을 위해 땅과 물을 차지하려는 분쟁으로 이어져 평화와 인권을 유린하는 악순환을 초래하고 있다.

Key words

践踏 jiàntà 짓밟다
恶性循环 èxìng xúnhuán 악순환　*선순환 良性循环 liángxìng xúnhuán

해답 人们为了生存, 与邻国争水争地, 这就导致了践踏和平和人权的恶性循环。

250 악영향을 미치다　给~带来负面影响

결국 중·일, 한·일간 긴장 고조는 아시아 경제에 악영향을 미치게 된다.

Key words

恶化 èhuà 악화되다　负面影响 fùmiàn yǐngxiǎng 악영향

해답 中日和韩日之间日趋恶化的双边关系将给亚洲经济带来负面影响。

251 악재(惡材)들이 쏟아지고 있다　频传利空

어려운 경제에 설상가상으로 해외 쪽에서 악재(惡材)들이 쏟아지고 있다. 고철 등 원자재난에 이어 이번에는 국제 유가가 치솟으면서 가뜩이나 힘든 한국 경제를 더욱 압박하고 있다.

해답 最近, 国际社会频传利空, 继遭遇包括废铁在内的原材料短缺之后, 油价暴涨又使早已饱受困扰的韩

Part 2 문장으로 익히는 번역 테크닉

Key words

频传 pínchuán 잇달아 전하다
废铁 fèitiě 고철　　早已 zǎoyǐ 일찍이, 그러지 않아도
暴涨 bàozhǎng 급격히 상승하다
雪上加霜 xuě shàng jiā shuāng 설상가상

国经济更加雪上加霜。

252　악플 恶性帖子

2집 앨범 출시 이후 지나치게 섹시미를 강조함에 따라 인터넷상에 자신을 비난하는 누리꾼들의 '악플'(악성 댓글)이 잇따르자 마음 고생도 적잖았다고 한다.

해답 她在发行第二张专辑后由于过度走性感路线, 批评她的恶性帖子连续不断, 使她深感痛苦。

Key words

专辑 zhuānjí 앨범　　帖子 tiězi 댓글
深感 shēngǎn 깊이 느끼다

253　안으로 굽는 팔 胳膊肘往里拐

지난 금요일 노무현 대통령은 자신의 사돈 음주운전에 대한 은폐의혹을 산 오민수 행사기획비서관을 민정비서관으로 임명했다. 친인척 비리 및 이를 처리하는 측근에 대한 대통령의 안으로 굽는 팔이 느껴진다.

해답 上周五总统将隐瞒自己的亲家酒后驾车事实的活动企划秘书吴民秀任命为民政秘书。我们可以从中看出总统在处理亲属腐败案及其亲信时"胳膊肘往里拐"。

Key words

隐瞒 yīnmán 숨기다
酒后驾车 jiǔhòu jiàchē 음주운전　　腐败 fǔbài 부패하다
胳膊肘往里拐 gēbózhǒu wǎng lǐ guǎi 팔은 안으로 굽는다

254　압력이 갈수록 거세지다 不断对~施压

미국을 비롯한 서방 선진국들의 위안화 평가절상 압력이 갈수록 거세지는 가운데 중국도 이 압력을 언제까지 외면할 수만은 없을 것이라는 관측이 나돌면서 인접국 통화의 절상을 부추기고 있는 것이다.

해답 美国等西方国家不断对中国施压要求人民币升值, 中国也无法再置之不理, 这迫使周边国家的币值猛升。

Key words

置之不理 zhì zhī bù lǐ 도외시하다
迫使 pòshǐ 무리하게 요구하다

255　앞 다투다 竞相

정부가 한류상품 수출에 금융지원을 할 수 있도록 법 개정에 나섰고, 은행과 기업들이 앞 다퉈 공연 지원과 드라마 제작에 돈을 투자하고 있다.

해답 政府已着手修改相关法律, 以便能够对韩流商品的出口提供补贴, 银行和企业也竞相投资于各种演出和电视剧的制作。

Key words

补贴 bǔtiē 보조금　　竞相 jìngxiāng 서로 경쟁하여

256 앞두고 있다　近在眼前

문제가 더욱 심각한 것은 일본과의 FTA 체결을 앞두고 있다는 점이다.

해답 更让人感到担忧的是韩国与日本签署FTA协议也 近在眼前。

Key words

担忧 dānyōu 우려하다
签署 qiānshǔ 서명하다

257 앞서가다　走在最前面

국내 제2의 도시인 부산에서 스타트를 끊은 일은 많다. 카페, 노래방과 가라오케 같은 것이 그렇다. 공교육에서도 부산은 앞서갔다. 국내 최초의 국제중학교와 유일한 영재학교인 한국과학영재학교가 부산에 있다.

해답 很多新鲜事物都最先出现在韩国第二大城市釜山。如咖啡厅、练歌厅等。在公共教育方面，釜山也 走在最前面。国内第一所国际中学及唯一的英才学校—韩国科学英才学校就座落在釜山。

Key words

座落在(于) zuòluò zài(yú) 건물이 ~에 자리잡다

258 앞지를 것으로　占据领先地位

중국과는 대부분 3~4년의 격차가 있지만 2007년에는 석유화학, 섬유분야가, 2010년에는 가전 통신기기 반도체가 대등한 수준에 이르고 섬유는 우리를 앞지를 것으로 전망됐다.

해답 据估计，虽然韩国在大部分的领域领先中国3~4年，但韩国的石化、纤维和家电、通讯器材、半导体等分别将在2007年和2010年被中国赶上，并且中国还将在纤维领域 占据领先地位。

Key words

纤维 xiānwéi 섬유
半导体 bàndǎotǐ 반도체

259 양국 사이 긴장이 높아지고 있다　两国关系日趋紧张

일본이 우리의 배타적 경제수역(EEZ) 안까지 들어와 수로 조사를 하겠다고 나서 양국 사이 긴장이 높아지고 있다.

해답 日本近日宣布，决定在韩国的专属经济水域进行勘测，这导致 两国关系日趋紧张。

Key words

专属经济水域 zhuānshǔ jīngjì shuǐyù 배타적 경제수역(EEZ)
勘测 kāncè 탐사

260 양다리 걸치기　脚踏两只船

앞으로의 온실가스 감축 협상에서 유리한 결과를 끌어내려면 '양다리 걸치기'가 필요할 수도 있다.

해답 我们或许需要 脚踏两只船，以便在减排温室气体的谈判中增加筹码。

Key words

脚踏两只船 jiǎo tà liǎng zhī chuán 양다리를 걸치다
筹码 chóumǎ 칩, 수단

Part 2 문장으로 익히는 번역 테크닉

261 양산하다　投入批量生产

현대 · 기아자동차가 내년부터 휘발유와 전기모터로 굴러가는 하이브리드카를 양산한다.

Key words

混合动力电动车 hùnhé dònglì diàndòngchē 하이브리드카
批量 pīliàng 주문량, 대량

해답 现代和起亚公司从明年起以汽油发动机和电动机作为动力的混合动力电动车将投入批量生产。

262 어느 누구도 침해할 수 없다　神圣而不可侵犯

언론 · 출판 · 집회 · 결사의 자유는 어느 누구도 침해할 수 없는 기본권이다.

Key words

神圣 shénshèng 성스럽다
侵犯 qīnfàn 침범하다

해답 言论、出版、集会、结社的自由是神圣而不可侵犯的。

263 어느새 순위가 바뀌었다　转眼间, 排位已发生变化

미국에 유학중인 한국학생이 10만 명에 육박하고 있다. 수로 따져 국가별 순위 1위다. 몇 해 전만해도 인도와 중국 유학생이 1, 2위를 다퉜고 한국이 그 뒤를 따랐는데 어느새 순위가 바뀌었다.

Key words

直逼 zhíbī 육박하다
跟随 gēnsuí 따르다

해답 目前在美留学的韩国学生数量直逼10万人。从数字上看占首位。几年前, 印度和中国留学生还在竞争第一和第二的位置, 当时韩国只是跟随其后, 但转眼间, 排位已发生变化。

264 어디를 가나 ~가 넘친다　随时随地都能看到

세계의 공장이라는 말 그대로 세계 어디를 가나 '메이드 인 차이나'가 넘친다.

Key words

名副其实 míng fù qí shí 명실상부하다
中国制造 Zhōngguó zhìzào 메이드 인 차이나

해답 中国是名副其实的全球工厂, 我们随时随地都能看到"中国制造"的商品。

265 어떤 이유로도 정당화될 수 없다　任何美丽的修辞都无法为~提供除罪化的正当理由

인터넷에 무분별한 비방과 욕설을 유통하는 행위는 어떤 이유로도 정당화될 수 없다.

Key words

泛滥成灾 fànlàn chéngzāi 범람하다
诽谤 fěibàng 비방하다
谩骂 mànmà 욕하다, 매도하다

해답 任何美丽的修辞都无法为在网上已泛滥成灾的诽谤和谩骂行为提供除罪化的正当理由。

266 어정쩡한 절충안　不伦不类的折衷方案

연구를 활성화시켜야 한다는 당위성 속에서도 생명윤리적인 논란을 의식한 나머지 어정쩡한 절충안이 되고 말았다.

Key words
搞活 gǎohuó 활성화하다
折衷 zhézhōng 절충하다
不伦不类 bù lún bù lèi 이것도 저것도 아니다

해답 虽然有如此明确的理由要搞活研究, 但为了避免发生有关生命伦理的争论, 只好出台了 不伦不类的折衷方案。

267 언뜻　乍一看

언뜻 중국과는 격차가 꽤 있고 일본과는 많이 좁혀졌다는 생각을 갖기 쉽지만 구체적 내용과 추세를 보면 사정은 다르다.

Key words
乍一看 zhàyīkàn 언뜻
缩小 suōxiǎo 줄이다
截然不同 jié rán bù tóng 전혀 다르다

해답 乍一看, 人们有可能认为与中国的差距仍很大, 与日本的差距已大幅缩小, 但细看具体内容和趋势的发展, 实际情况却截然不同。

268 언젠가　总有一天

이 일을 하지 못하면 언젠가 한반도는 모래밭에 묻히고 황해는 죽음의 바다로 변할지 모른다.

Key words
风沙 fēngshā 풍사
淹没 yānmò 침몰하다

해답 如果做不到, 韩半岛总有一天会被风沙淹没, 黄海将变成死亡之海。

269 없어진 지 오래다　废除~已久

국가공무원 선발 시험에서 학력 제한은 없어진 지 오래지만, 면접에서는 학력이 비중을 지녔다.

Key words
选拔 xuǎnbá 선발하다
面试 miànshì 면접

해답 虽然政府废除公务员选拔考试的文凭限制已久, 但在面试中所占的比重仍然较大。

270 여러 가지 추측이 나돌다　提出各种猜测

그가 자살이라는 극단적 방법을 선택한 동기와 배경을 둘러싸고 여러 가지 추측이 나돌고 있는 모양이다.

Key words
围绕 wéirào 둘러싸다, ~을 중심에 놓다
猜测 cāicè 추측하다

해답 目前人们围绕她的自杀原因和背景提出了各种猜测。

Part 2 문장으로 익히는 번역 테크닉

271 역기능 逆向功能

'익명의 역기능'은 인터넷 강국인 우리의 부끄러운 자화상이기도 하다.

Key words
匿名 nìmíng 이름을 숨기다
威信扫地 wēixìn sǎodì 위신이 땅에 떨어지다
逆向功能 nìxiàng gōngnéng 역기능

해답 "匿名的逆向功能"无疑让作为网络大国的我国威信扫地。

272 역작용 负面作用

특히 TV가 어린이들에게 주는 역작용은 큰 우려를 자아낸다.

Key words
负面作用 fùmiàn zuòyòng 역작용

해답 尤其是电视给儿童带来的负面作用让人担忧。

273 열쇠가 될 수 있다 可成为~钥匙

북한 문화재의 개방은 꽁꽁 닫힌 북한 사회의 빗장을 여는 열쇠가 될 수 있다.

Key words
遗址 yízhǐ 유적   封闭 fēngbì 폐쇄하다   钥匙 yàoshi 열쇠

해답 北韩的遗址开放也许可成为打开北韩封闭型社会之门的钥匙。

274 영업허가 취소 吊销执照

식품위생법상 영업허가 취소나 폐쇄처분을 받더라도 사업장을 옮기면 그뿐이다.

Key words
吊销 diàoxiāo 회수하여 취소하다   搬迁 bānqiān 이전하다

해답 即使因违反食品卫生法被处以吊销执照或停止处分,搬迁工厂后仍能继续生产。

275 예상되다 据预测

협상 결과가 어떻게 나오든 국내 쌀 농가에 미치는 피해는 지금보다 더 커질 것으로 예상된다.

Key words
对~造成不良影响 duì ~ zàochéng bùliáng yǐngxiǎng ~에 악영향을 끼치다

해답 据预测,不管会谈结果如何,都将对米农造成更为不良的影响。

276 예상하기는 이르지만 尚难预料

법안 통과를 예상하기는 이르지만, 사회 전체가 어느 때보다 진지한 토론을 하는 기회가 되기 바란다.

해답 该法案能否获得通过尚难预料,但我希望全社会能够以此为契机对

Key words

预料 yùliào 예상하다
以~为契机 yǐ ~ wéi qìjī ~을 계기로

此问题进行讨论和研究。

277 예상하는 범주 안에 있다　在一般人估计的范围内

문제아동의 유형은 정서 행동문제 및 학습장애, 인터넷 사용문제, 정신신체증상 등 일반적으로 예상하는 범주 안에 있었다.

Key words

类型 lèixíng 유형　　估计 gūjì 짐작하다
古怪 gǔguài 이상하다

해답　问题儿童的类型都在一般人估计的范围内，如情绪不稳、行为古怪及学习障碍、过度上网问题、精神和身体异常等。

278 예술처럼 독창성이 있다　迸发出艺术般的创新的火花

과학은 예술이다. 그가 강조하는 말이다. 과학은 지능과 노력만으로는 한계가 있으며 자유로운 사고에서 나온 예술처럼 독창성이 있어야 한다는 것이다. 가장 깊은 곳으로 들어가면 기존의 것을 따라 하는 건 의미가 없으며 자기만의 새로운 것을 내놓아야 한다.

Key words

换言之 huànyánzhī 바꿔말하면
迸发 bèngfā 터져나오다　　火花 huǒhuā 스파크
按部就班 àn bù jiù bān 조리있고 순서대로 일하다

해답　他经常强调说，科学是一门艺术。换言之，对于科学工作而言，单靠智力和努力是不够的，必须懂得自由思考，并从中迸发出艺术般的创新的火花。他说；"研究到最深处后，你会发现按部就班不再有任何意义，必须拿出只属于自己的独特的东西。"

279 예외가 아니다　不无例外地

환경 문제는 곧 경제 문제다. '환경'이라는 명분을 무기로 '경제'라고 하는 실리를 챙기려 하는 것은 그 어느 나라도 예외가 아니다.

Key words

息息相关 xīxī xiāngguān 양쪽의 관계가 밀접하다

해답　环境问题是与经济息息相关的。无论哪一个国家都不无例外地通过"环保"来争取经济上的利益。

280 예정되었던 날이다　原定~的日子

11년 전 오늘, 94년 7월 25일은 최초의 남북 정상회담이 평양에서 열리기로 예정되었던 날이다.

Key words

平壤 Píngrǎng 평양　　首脑会谈 shǒunǎo huìtán 정상회담

해답　11年前的今天，即1994年7月25日是原定在平壤举行首届南北首脑会谈的日子。

281 예측하기조차 어렵다　仍难预测

옛 소련 체르노빌 원자력발전소에서 대재앙이 발생한 지 스무 돌이 지났다. 강산이 바뀐다는 세월이 두 번이나 지났지만 아직도 얼마나 더 많은 인명 피해가 발생할지 예측하기조차 어렵다.

해답　今年是原苏联切尔诺贝利核发电站事故发生20周年纪念日。江山虽改，但仍难预测今后将造成多少人的伤亡。

Part 2 문장으로 익히는 번역 테크닉

Key words
原苏联 yuán Sūlián 구소련
切尔诺贝利 Qiè'ěrnuòbèilì 체르노빌
伤亡 shāngwáng 죽거나 다치다

282 오르내리고 있다 徘徊在

중국과 인도 등 신흥 공업국의 경제성장과 주요 선진국의 수요증대로 최근 원유가는 배럴당 60달러를 오르내리고 있으며 연말까지 100달러를 넘으리라는 예상마저 나오고 있다.

해답 由于包括中国和印度等在内的新兴工业国的崛起和主要发达国家的能源需求剧增，油价一直徘徊在每桶60美元左右，还有人分析说油价将有可能突破100美元大关。

Key words
崛起 juéqǐ 급부상하다
徘徊 páihuái 이리저리 거닐다(여기서는 '가격이 오르내리다' 라는 뜻)

283 오일쇼크 石油危机

저성장과 사회양극화에 짓눌린 시민들은 오일쇼크 고통까지 겹치지 않을까 걱정이 태산이다. 경제를 조금이라도 고민하는 정부라면 당연히 함께 걱정해야 정상이다.

해답 早已饱受低增长和社会两极分化痛苦的老百姓很担心因石油危机而雪上加霜。作为一个负责任的政府应对此予以高度关注。

Key words
雪上加霜 xuě shàng jiā shuāng 설상가상
负责任 fù zérèn 책임 지다
对~予以关注 duì ~ yǔyǐ guānzhù ~에 관심을 쏟다

284 온 힘을 다 쏟는 竭尽全力的

저마다 살아남기 위해 온 힘을 다 쏟는 세계의 교육 전쟁에서 우리만 너무 태평하다.

해답 在所有人都为了生存而竭尽全力取胜的世界教育战争中，只有我国高枕无忧。

Key words
竭尽全力 jié jìn quán lì 전력을 다하다
高枕无忧 gāo zhěn wú yōu 베개를 높이하고 걱정없이 잘 자다

285 와이브로(WiBro)의 원천기술 手机无线移动宽带(WiBro)核心技术

국내 기업이 세계에서 처음 개발한 휴대인터넷 와이브로(WiBro)의 원천기술을 미국으로 빼돌리려 한 포스데이타 전현직 연구원 4명이 검찰에 붙잡혔다. 이들은 미국에 차린 회사에서 와이브로 기술을 완성한 뒤 미국 업체에 팔아 넘길 계획이었다.

해답 4名浦项数据有限公司(POSDATA)前任、现任职员因涉嫌将国内企业最先开发的手机无线移动宽带(WiBro)核心技术转移到美国而被检方逮捕。他们计划在美国创办公司并完善无线移动宽带技术后，再将其卖给美国企业。

Key words
涉嫌 shèxián 혐의를 받다
逮捕 dàibǔ 체포하다
宽带 kuāndài 광대역(초고속통신망)

286 외면을 받을 이유가 없다 根本没有理由遭到冷落

아이들의 욕구와 흥미를 충족시킬 다양한 운동 모델을 제공한다면 외면을 받을 이유가 없다.

Key words
冷落 lěngluò 냉대하다

해답 | 如果能够设立足以满足学生的要求和兴趣的项目，体育课就**根本没有理由遭到冷落**。

287 외모가 볼품없다 其貌不扬

도요토미 히데요시의 외모가 볼품없다며 침략이 없을 것이라고 했던 통신사의 말에 솔깃했던 선조의 어리석음이 반복돼선 안 된다.

Key words
谗言 chányán 헐뜯는 말
其貌不扬 qí mào bù yáng 얼굴이 진짜 추하다
愚蠢 yúchǔn 어리석다

해답 | 千万不能再重复误信通信使的谗言—"丰臣秀吉长得**其貌不扬**，不会发动侵略战争"的宣祖的愚蠢。

288 우려가 높아지고 있다 人们越来越担心

인플레이션에 대한 우려도 높아지고 있다. 유가 상승에 따라 플라스틱 장난감부터 의약품까지 석유를 원료로 하는 모든 제품의 가격이 오르고 있다.

Key words
塑料 sùliào 플라스틱
涨势 zhǎngshì 물가의 오름세

해답 | 目前，**人们越来越担心**会出现通货膨胀。随着油价上涨，从塑料玩具到药品等以石油作为原材料的商品价格均呈涨势。

289 우려를 금할 수 없다 不禁对~感到担忧

우리는 동북아가 세계적으로도 예외적인 군비경쟁의 장이 되는 현실에 우려를 금할 수 없다. 동시에 정부가 역내 군사 균형의 변화를 예의 주시하며 능동적으로 대처할 것을 주문한다.

Key words
史无前例 shǐ wú qián lì 역사상 전례가 없는
敦促 dūncù 촉구하다

해답 | 我们**不禁对**东北亚在全球范围内史无前例地成为军备竞赛的场所**感到担忧**。与此同时，我敦促政府对该地区内国防均势的变化予以密切关注并积极应对。

290 우리가 취할 수 있는 수단은 극히 제한적이다 我国能采取的措施极其有限

중국이 고구려사 왜곡에 대한 시정을 계속 거부할 경우 우리가 취할 수 있는 수단은 극히 제한적이다.

Key words
匡正 kuāngzhèng 바로잡다
高句丽 Gāogōulí 고구려(발음주의)
措施 cuòshī 조치

해답 | 如果中国继续拒绝匡正高句丽史，**我国能采取的措施极其有限**。

Part 2 문장으로 익히는 번역 테크닉

291 우리 경제를 위협할 가장 큰 위험요소로 부각되고 있다
将成为威胁我国经济稳定的最大因素

원유가격 급등에 따른 에너지 위기와 더불어 원자재 가격 불안정은 향후 우리 경제를 위협할 가장 큰 위험요소로 부각되고 있다.

해답 | 由油价暴涨而引起的能源危机和不稳定的原材料价格，**将成为威胁韩国经济稳定的最大因素**。

Key words
暴涨 bàozhǎng 급격히 상승하다

---

292 우리는 ~를 비난할 생각은 없다 **我们无意对~加以谴责**

우리는 이중 국적자들의 국적포기를 무조건 비난할 생각은 없다.

해답 | **我们无意对**拥有双重国籍的人抛弃韩国国籍一事**加以谴责**。

Key words
抛弃 pāoqì 방치하다   谴责 qiǎnzé 비난하다

---

293 우리에게 시사하는 바 크다 **是尤为重要的启示**

체르노빌 재앙은 20기의 원자력발전소를 돌리는 우리에게 시사하는 바 크다.

해답 | 对拥有20座核电站的我国来说，切尔诺贝利核发电站事故**是尤为重要的启示**。

Key words
切尔诺贝利 Qiè'ěrnuòbèilì 체르노빌
启示 qǐshì 시사하다, 계시하다

---

294 우여곡절 끝에 **历经~风风雨雨后**

2002년 10월 미국이 북한의 고농축 우라늄 핵프로그램 의혹을 제기하면서 시작된 북핵 위기가 35개월 간의 우여곡절 끝에 마침내 해결의 실마리를 찾았다.

해답 | 因2002年10月美国对北韩浓缩铀计划提出疑问而促发的朝核危机**历经**35个月的**风风雨雨后**，目前终于找到了解决方案。

Key words
浓缩铀 nóngsuōyóu 농축 우라늄
风风雨雨 fēngfēng yǔyǔ 우여곡절

---

295 우울하게 남 탓, 환경 탓만 할 건지 **无论是悲观地抱怨别人、抱怨环境，还是**

약물 대신 말을 나누는 토크 치료도 항우울제와 같은 58%의 치유율을 보였다. 우울하게 남 탓, 환경 탓만 할 건지, 그게 마음의 감기라는 걸 깨닫고 나을 길을 찾아볼 건지는 결국 자신에게 달렸다.

해답 | 替代药物治疗的"语言治疗"，其治疗率也达到58%，这和药物治疗的治疗率不相上下。**无论是悲观地抱怨别人、抱怨环境，还是**明白这是"心灵感冒"的道理，并积极寻求解决方法，最终都取决于本人。

Key words
不相上下 bù xiāng shàng xià 차이가 없다   抱怨 bàoyuàn 탓하다

---

296 움직임이 심상치 않다 **呈不同寻常之势**

연초부터 달러의 움직임이 심상치 않다.

Key words

呈 chéng 나타내다   寻常 xúncháng 평범하다

해답 | 从年初起，美元的走势呈不同寻常之势。

297 웃돌고 있다 高过

한국 원유 수입의 80%를 차지하는 중동산 두바이유도 배럴당 30 달러를 웃돌고 있다.

Key words

杜拜油 Dùbài yóu 두바이유

해답 | 占韩国原油进口总量80%的中东产杜拜油每桶售价高过了30美元。

298 원격회의   远程会议

벤처 투자자를 찾으려면 투자자 사무실과 자동차로 20분 거리 안에 회사를 차려라. 미국 실리콘밸리의 금언 20분 법칙이다. 초고속 인터넷과 휴대전화의 발달로 아무리 원격회의가 가능하다고해도 소용없다.

Key words

硅谷 Guīgǔ 실리콘밸리   格言 géyán 격언

해답 | "如果要找风险投资者，就在距离投资者办公室20分钟车程内建公司。"这是美国硅谷的"20分钟规律"格言。随着宽带网和手机技术的发展，虽然随时都可以举行远程会议，但其效果不大。

299 원인은 복합적이다 肇因错综复杂

청년 실업의 원인은 복합적이다. 해결책을 찾기가 쉽지 않다는 얘기다.

Key words

肇 zhào 야기하다
错综复杂 cuòzōng fùzá 마구 뒤엉켜 상황이 복잡하다

해답 | 青年失业的肇因错综复杂，因此难以找到解决方案。

300 원천적으로 차단하다 从源头拦截

그는 수집한 생체정보는 외부 유출을 원천적으로 차단했다고 강조했다.

Key words

拦截 lánjié 가로막다   泄漏 xièlòu 비밀을 누설하다

해답 | 他强调说他已采取措施从源头拦截由他搜集的人体信息的泄漏。

301 웰빙 열풍 "健全幸福"的热潮

지난해 말부터 일기 시작한 웰빙 열풍이 식을 줄을 모른다.

Key words

掀起 xiānqǐ 일어나다   热潮 rècháo 열풍

해답 | 从去年底掀起的"健全幸福"的热潮日趋高涨。

Part 2 문장으로 익히는 번역 테크닉

---

302 위상이 흔들리고 있다　地位正面临着挑战

정보통신 강국, IT Korea의 위상이 흔들리고 있다.

Key words
面临 miànlín 직면하다　挑战 tiǎozhàn 도전하다

해답 | 素有信息通讯强国、"IT Korea"之称的韩国地位正面临着挑战。

---

303 위험수위를 넘고 있다　已达到临界状态

사실 요즘 학교폭력은 이미 위험수위를 넘고 있다.

Key words
暴力 bàolì 폭력　临界状态 línjiè zhuàngtài 임계상태

해답 | 其实,最近校园暴力已达到临界状态。

---

304 유래되다　起源于

관광이란 말은 원래 주역(周易)에 나오는 '관국지광이용빈우왕(观国之光利用宾于王)'이란 구절에서 유래됐다. 여기서 관광은 '다른 나라의 훌륭한 문물을 잘 살펴본다'는 뜻을 담고 있다.

Key words
意味着 yìwèizhe 의미하다　观摩 guānmó 보고 배우다

해답 | "观光"一词起源于周易的"观国之光利用宾于王"一句。此句中观光就意味着观摩他国优秀的文物古迹。

---

305 유럽의 경제성장을 선도하다　引导欧洲的经济发展

얼마 전까지 유럽의 환자였던 독일이 지금은 유럽의 경제성장을 선도하고 있다.

Key words
引导 yǐndǎo 안내하다 이끌어가다

해답 | 直到不久前还是"欧洲病人"的德国现在却在引导欧洲的经济发展。

---

306 유서를 남기다　在遗嘱中写到

얼마 전, 비정규직 노동자 한 사람이 자살했다. 비정규직으로서의 설움과 아픔을 고백하고, 처우 개선을 요구하는 유서를 남겼다.

Key words
遗嘱 yízhǔ 유언　待遇 dàiyù 대우하다

해답 | 一位临时工日前选择了自杀。他在遗嘱中写到作为临时工饱受如何大的痛苦,并要求改善待遇。

---

307 유예기간을 두다　将~定为最后期限

정부는 지난해 9월 트랜스지방 함량 표시 의무화를 법제화하면서 업계의 현실을 고려한다며 올 12월까지 유예기간을 뒀다.

Key words
转脂肪 zhuǎnzhīfáng 트랜스지방　期限 qīxiàn 기한

해답 | 政府在去年9月份立法规定企业有义务标明转脂肪含量时,称鉴于企业的现实情况将2007年12月定为最后期限。

308 유치에 나서다 正在申办

대구가 육상의 메카로 도약을 꿈꾸고 있다. 육상경기의 꽃인 2011년 세계육상선수권대회 유치에 나선 것이다.

Key words

田径 tiánjìng 육상경기 麦加 Màijiā 메카
冲刺 chōngcì 막판 역주하다 스퍼트하다
锦标赛 jǐnbiāosài 선수권 대회

해답 大邱向成为田径麦加发起了最后的冲刺。该市正在申办田径比赛之花 — 2011年世界田径锦标赛。

309 육박하다 直逼

국내 인터넷 사용자가 3천5백만명에 육박했다는 통계 결과는 우리 국민 전체의 70%가 인터넷 사용자임을 말해준다.

Key words

直逼 zhíbī ~에 육박하다

해답 据统计，韩国网民数量直逼3500万名，占全国人口的70%。

310 윤곽을 드러내다 基本成型

지난해 제정된 '저출산·고령사회기본법'에 따라 8개월여 동안 준비해온 정부의 종합대책이 윤곽을 드러냈다.

Key words

根据 gēnjù ~에 따라 拟定 nǐdìng 초안을 잡다

해답 历时8个月，政府根据去年制定的"关于低生育率和老龄化的基本法"拟定的综合性对策已基本成型。

311 의료계 현실을 도외시한 판결 这是有违于医疗界现状的判决

그러나 의사협회는 '의료계 현실을 도외시한 판결'이라고 반발하고 있다.

Key words

抗议 kàngyì 항의하다 现状 xiànzhuàng 현재의 상태

해답 但医务工作者协会抗议说"这是有违于医疗界现状的判决"。

312 의미가 크다 意义非同凡响

북한의 고구려 고분과 유적이 세계문화유산에 오름으로써 갖는 의미는 크다.

Key words

古墓 gǔmù 고분 遗址 yízhǐ 유적

해답 北韩的高句丽古墓和遗址被列入世界文化遗产名录的意义非同凡响。

313 이 가운데 특히 눈에 띄는 현상은 其中尤为令人瞩目的是

이 가운데 특히 눈에 띄는 현상은 소위 '캥거루 족'형 청년 실업자가 많다는 점이다.

해답 其中尤为令人瞩目的是，靠父母为生的所谓"啃老族"的青年中失业者居多。

Part 2 문장으로 익히는 번역 테크닉

Key words

瞩目 zhǔmù 주목하다   啃老族 kěnlǎozú 캥거루 족

314 이대로 가면　长此以往

이대로 가면 20~30년 뒤엔 농촌에 혼혈아밖에 남지 않을 것이라는 '걱정'도 나온다.

해답 有人还担心长此以往, 20~30年后, 农村将只剩下混血儿。

Key words

长此以往 cháng cǐ yǐ wǎng 이대로 간다면
混血儿 hùnxuè'ér 혼혈아

315 이 때문에　鉴于此 (319번 참조)

이 때문에 탈북지원단체 등 일부에서는 '말이 조용한 외교지 사실은 탈북자 문제가 이슈화되기 전에는 아예 눈을 감는 것과 같은 소극적 외교정책'이라며 비난해 왔다.

해답 鉴于此, 包括逃北者援助组织等在内的部分人士谴责说 "以低调处理之名, 行消极外交之实, 以防引起人们的关注。"

Key words

鉴于 jiànyú ~에 비추어보아   援助 yuánzhù 지원하다
低调处理 dīdiào chǔlǐ 조용히 처리하다
以~之名, 行~之实 yǐ ~ zhī míng, xíng ~ zhī shí ~을 명분으로 하고 실제로는 ~을 한다

316 이래라 저래라　指手画脚

다시 강조하지만, 청소년의 머리 모양은 청소년 스스로 선택할 권리가 있다. 부모나 교사, 교육당국이 이래라 저래라 할 하등의 이유가 없다.

해답 我再一次强调青少年的发型应由自己做主。家长、教师和教育当局根本没有理由对学生的发型指手画脚。

Key words

发型 fàxíng 머리 모양
指手画脚 zhǐ shǒu huà jiǎo 손짓 몸짓하면서 말하다, 이래라 저래라 하다

317 이런 맥락에서 볼 때　从这个角度来看

이런 맥락에서 볼 때 기업은 개정된 근로기준법에만 얽매일 일은 아니라고 본다.

해답 从这个角度来看, 企业不应拘泥于新的劳工法。

Key words

拘泥于 jūnì yú ~에 얽매이다

318 이런 미봉책　这些权宜之计

이런 미봉책이 과연 탈북자 문제 해결에 얼마나 효과적일지 알 수 없다.

해답 这些权宜之计在解决逃北者问题上能发挥多少作用尚是未知数。

Key words

权宜之计 quán yí zhī jì 미봉책, 임시방편
未知数 wèizhīshù 미지수

---

319 이런 상황을 감안해 **鉴于此** (315번 참조)

이런 상황을 감안해 재판부는 흡연 피해를 줄이기 위한 담배회사와 정부의 책임을 좀더 적극적으로 인정하는 쪽으로 재판을 진행시켜 나가는 것이 바람직하다.

해답 | 鉴于此, 法院的判决应向更为积极地追究烟草公司和政府的责任的方向发展, 以减少吸烟危害。

Key words

追究~责任 zhuījiū ~ zérèn ~의 책임을 추궁하다
烟草公司 yāncǎo gōngsī 담배회사
吸烟 xī yān 흡연하다

---

320 이런 자질을 갖췄느냐 여부다 **是否具备这种素质**

지도자의 자질은 타고나기보다 후천적으로 길러지는 게 더 많다고 생각된다. 문제는 대통령이 되기 전에 이런 자질을 갖췄느냐 여부다.

해답 | 笔者认为, 领导人的素质中, 后天培养的比与生俱来的要多。问题的关键在于成为总统之前是否具备这种素质。

Key words

素质 sùzhì 자질
与生俱来 yǔ shēng jù lái 갖추고 태어나다
具备 jùbèi 갖추다

---

321 이런 정황들을 종합하면 **综合这些情况来看**

이런 정황들을 종합하면 6월 평양에서 열릴 6·15 남북공동성명 채택 7주년 기념행사를 전후한 특사 교환과 8·15 광복절을 전후한 남북정상회담 가능성을 언급한 통일연구원의 전망이 그럴듯해 보인다.

해답 | 综合这些情况来看, 统一研究院的预测似乎没有出入。它曾提到过 "在平壤于6月举行6·15联合声明7周年纪念活动前后有可能互派特使, 并在8·15光复节前后有可能举行南北首脑会谈。"

Key words

没有出入 méiyǒu chūrù 오차가 없다. 일치하다
互派 hù pài 서로 파견하다

---

322 이런 흐름에 걸맞지 않다 **开历史的倒车**

그런데 이런 흐름에 걸맞지 않게 한국인의 흡연율, 특히 청소년의 흡연률은 세계 최고 수준이다. 여성 흡연율도 높아지고 있다.

해답 | 虽然如此, 韩国却开历史的倒车, 妇女的吸烟率有增无减, 青少年的吸烟率为全球之冠。

Key words

开历史的倒车 kāi lìshǐ dedàochē 역사의 흐름에 역행하다
全球之冠 quánqiúzhīguàn 세계 최고이다

Part 2 문장으로 익히는 번역 테크닉

323 이론에 입각한 立足于~理论

아인슈타인은 특수상대성 이론에 입각한 수소원자 핵융합을 통해 엄청난 양의 에너지를 얻을 수 있음을 밝혀냈다.

Key words

氢原子 qīngyuánzǐ 수소원자   核聚变 héjùbiàn 핵융합
*核裂变 hélièbiàn 핵분열

해답 爱因斯坦发现, 通过立足于特殊相对性理论的氢原子核聚变作用, 能够得到相当大的能量。

324 이미 이런 조짐들이 나타나고 있다 已出现了如下迹象

부산의 해수면이 매년 2~2.5mm 상승하고, 지난 100년 사이에 기온이 1.6도 정도 올랐으며, 주변 해역에서 어획되는 어종들도 아열대 어종으로 바뀌는 등 한반도에는 이미 이런 조짐들이 나타나고 있다.

Key words

迹象 jìxiàng 조짐, 기미, 징조   毫米 háomǐ 밀리미터

해답 韩半岛已出现了如下迹象: 如釜山的海平面每年以2~2.5毫米的速度升高, 100年来, 气温上升1.6摄氏度, 并且在周边海域捕获的鱼类中已出现亚热带鱼种。

325 이번 발표를 계기로 以此次公布为契机

이번 발표를 계기로 생명윤리에 대한 다양한 논의를 통해 사회적 공감대를 이루어 나갔으면 한다.

Key words

引起~的关注 yǐnqǐ ~ de guānzhù ~의 관심을 끌다
共识 gòngshí 공감대

해답 我希望能以此次公布为契机, 引起各方对生命伦理的关注, 从而形成社会共识。

326 이제 논란거리가 아니다 不再是争论的焦点

담배의 유해성은 이제 논란거리가 아니다.

Key words

焦点 jiāodiǎn 초점   不再是 búzài shì 더이상 ~아니다

해답 香烟是否有害不再是争论的焦点。

327 이제라도 대책을 세워야 한다 虽为时较晚, 但应尽力寻求对策

저출산 문제를 근본적으로 해결하기 위해 늦은 감이 있지만 이제라도 대책을 세워야 한다.

Key words

寻求 xúnqiú 찾다, 구하다

해답 虽为时较晚, 但应尽力寻求对策, 以解决低生育率的根本问题。

328 인력 수급의 불일치 劳工供需失衡

그런 한편에서 중소기업들은 인력난을 겪고 있다. 장기적인 인력 수급의 불일치가 초래한 실업이다.

해답 与此相反, 中小企业却正饱受劳工紧张之苦, 这应归罪于长期性的劳工供需失衡。

Key words

饱受~之苦 bǎoshòu ~ zhī kǔ ~한 고통을 겪을 대로 겪다
归罪于 guīzuìyú ~탓이다　　失衡 shīhéng 평형을 잃다

329　인위적인 생명 연장　人为地维持生命

인위적인 생명 연장이 자연의 질서에 과연 합당한 것인가도 논란의 여지가 적지 않다.

해답　目前人们还围绕人为地维持生命是否符合自然秩序的问题争论不休。

Key words

围绕~问题争论不休 wéirào ~ wèntí zhēnglùn bùxiū ~문제를 둘러싸고 논쟁이 끊이지 않다　符合 fúhé 부합하다

330　인재유출　人才外流

유학은 교육기회의 확대인 동시에 인재유출의 위험을 지닌다. 어렵게 벌어들인 외화를 써서 키운 인재가 한국에 돌아오지 않고 외국을 위해 일하면 이중의 손실이다.

해답　留学在扩大教育机会的同时，也带有人才外流的风险。用来之不易的外汇培养出来的人才，如不回韩就业，而在国外供职就是国家的双重损失。

Key words

风险 fēngxiǎn 위험
来之不易 lái zhī bù yì 성공을 거두거나 손에 넣기가 쉽지 않다

331　인터넷 실명제　网络实名制

인터넷 실명제는 '표현의 자유'와 '사이버 폭력'이 뚜렷이 대비되는 민감하고 주요한 사안이다.

해답　网络实名制牵涉到"言论自由"与"网络暴力"这两项敏感对立的问题。

Key words

牵涉 qiānshè 관련되다

332　일시적으로 짜릿한 흥분을 줄지 모르지만　会给人以短暂的刺激, 但

역사 왜곡은 마야처럼 일시적으로 짜릿한 흥분을 줄지 모르지만 상기적으론 동북아 공동번영의 기운을 갉아먹는 일이다. 아시아의 지도자들이 책임 있는 행동을 취해주길 기대한다.

해답　歪曲历史虽然像毒品一样，会给人以短暂的刺激，但从长远来看，有损于东北亚的共同繁荣。在此敦促亚洲各国领导人要采取负责任的态度。

Key words

歪曲 wāiqū 왜곡하다　刺激 cìjī 자극하다　繁荣 fánróng 번영하다

333　일시 폐쇄되다　暂时被戒严

올해 들어 도쿄도를 중심으로 발생한 홍역은 사이타마현 등 인근 지역으로 급속히 번지고 있다. 도쿄도에서는 초중고생 감염자만 250명이 넘어 5개 학교가 일시 폐쇄되기도 했다.

해답　今年，以东京都为中心发生的麻疹疫情正迅速向埼玉县等附近地区扩散。东京都感染麻疹的中小学生

Part 2 문장으로 익히는 번역 테크닉

Key words

麻疹 mázhěn 홍역　　疫情 yìqíng 전염병 발생 상황
埼玉县 Qíyù Xiàn 사이타마 현　　扩散 kuòsàn 확산되다

超过了250人, 还有5所学校暂时被戒严。

334 1주일에 하루, 하루에 1시간　一周选一日，一天选一小时

그는 1주일에 하루, 하루에 1시간씩 접속을 끊는다. 그 시간은 일종의 '영혼의 안식처'이자 '정신적 녹지'라는 것이다.

Key words

休憩处 xiūqìchù 휴식처　　绿茵 lǜyīn 녹지

해답 他一周选一日，一天选一小时不上网, 称此为"灵魂的休憩处"和"精神上的绿茵"。

335 일컫다　是指

베르테르효과라는 말은 유명인사가 자살할 경우 동조자살이 늘어나는 현상을 일컫는다. 재작년 2월 영화배우 이은주 씨가 자살한 뒤 국내에서도 그런 현상이 있었다고 한다.

Key words

维特效应 Wéitè xiàoyìng 베르테르효과　　名人 míngrén 유명인사

해답 所谓"维特效应"是指, 如果名人自杀, 仿效自杀就会增加的现象。据说, 前年2月, 影星李恩珠自杀以后, 国内也出现了这种现象。

336 자리매김하다　占有一席之地

하지만 한국영화의 중흥을 이루고 '세계 속의 한국영화'로 굳게 자리매김되기 위해서는 할 일이 적지 않다.

Key words

影坛 yǐngtán 영화계

해답 但为了实现国产片的繁荣并在国际影坛上占有一席之地, 还有许多问题有待解决。

337 자리에 모이는 것이 어렵다　难以齐聚

3국 외교장관들은 그동안 '아세안+3' 회담 등을 계기로 자리를 함께 한 적은 있지만 별도로 회담을 가진 적은 없다. 지리적, 경제적으로 밀접하면서도 안보와 역사 등에 대한 입장 차이로 3국 장관이 한 자리에 모이는 것이 어려웠기 때문이다.

Key words

密切 mìqiè 밀접하다　　难以 nányǐ ~하기 어렵다

해답 其间, 3国曾在"东盟+3"等会议上碰面, 但未曾单独会谈。虽然在地理、经济方面的关系极其密切, 但由于安全、历史等领域的分歧, 因此3国外长难以齐聚。

338 자명하다　不言而喻

번역가 없이는 자국의 문화를 다른 곳에 이식시킬 수 없음은 자명하다. 그럼에도 대한민국은 번역과 번역가를 홀대하는 나라이다.

Key words

翻译 fānyì 번역가　　不言而喻 bù yán ér yù 말할 필요가 없다
待遇 dàiyù 대우하다

해답 如果没有翻译, 就无法将本国的文化介绍到他国是不言而喻的。虽然如此, 我国仍未对翻译界和翻译人员给予应有的待遇。

339 자연스러운 현상이다　是理所当然的现象

경제규모의 확대나 해외여행 증가세, 지불수단으로서의 신용카드 사용이 확대되는 추세를 고려하면 신용카드 해외 사용액이 증가하는 것 자체는 자연스러운 현상이다.

해답 | 考虑到经济的快速增长、出国人数的增多、以及信用卡日益成为人们广泛使用的支付手段, 境外刷卡消费呈增势是理所当然的现象。

Key words

理所当然 lǐ suǒ dāng rán 당연하다

---

340 자제해야 할 것이다　要自我克制

지나치게 감정을 자극하거나 모욕을 주는 행위는 특히 자제해야 할 것이다.

해답 | 我们特别要自我克制, 不要过分地刺激和侮辱对方的感情。

Key words

克制 kèzhì 자제하다　　侮辱 wǔrǔ 모욕하다

---

341 작은 문제라도 ~에 치명적 타격을 줄 수 있다　任何小事都会给~带来致命打击

작은 문제라도 남북관계에 치명적 타격을 줄 수 있다.

해답 | 牵一发而动全身, 任何小事都会给南北关系带来致命打击。

Key words

牵一发而动全身 qiān yī fà ér dòng quánshēn 작은 부분을 끌면 온몸이 움직인다　　致命打击 zhìmìng dǎjī 치명타

---

342 잘못된 길로 들어서고 있다　正误入那条歧途

중국은 최근 그런 잘못된 길로 들어서고 있다. 경제 거인으로 부상한 중국이 '잃어버린 근대사'에 대한 보상심리로 역사까지 왜곡하며 패권을 향해 내달리는 '위험한 거인'의 모습을 띠고 있는 것이다.

해답 | 最近中国正误入那条歧途。中国成为经济巨人后, 在补偿心理的驱使之下不惜歪曲近代史, 正在成为步上霸权之路的"危险的巨人"。

Key words

歧途 qítú 갈림길　　补偿 bǔcháng 보상하다　　霸权 bàquán 패권

---

343 장기적인 숙제　长期性的课题

이번 국가생명윤리위 결정에도 여전히 남아 있는 체세포 연구와 관련한 생명윤리적 논란은 우리 사회 전체가 해결해야 할 장기적인 숙제다.

해답 | 这次国家生命伦理审议委员会的决定中仍未删改的有关生命伦理的争论是一个有待我国社会解决的长期性的课题。

Key words

审议 shěnyì 심의하다　　删改 shāngǎi 삭제하여 바꾸다

---

344 장래가 촉망되는 교수의 길을 접다　辞退前景光明的"教授"一职

유누스는 '빈자(貧者)의 아버지'라 불릴만 하다. 그는 장래가 촉망되는 교수의 길을 접고 빈민들의 삶 속으로 들어갔다.

해답 | 尤纳斯不愧是穷人之父。他曾辞退前景光明的"教授"一职, 而与穷人同甘共苦。

115

Part 2 문장으로 익히는 번역 테크닉

Key words
不愧是 bùkuì shì ~답다
同甘共苦 tóng gān gòng kǔ 서로 즐거움과 괴로움을 함께하다

345 재원을 마련하다 筹集~资金

최소한 1조 원 이상이 들 대북 프로젝트를 추진하면서 재원 마련 방안은 있는지도 의문이다. 러시아에선 우리 정부가 기업을 동원해 돈을 대기를 기대한다는데, 우리는 1991년 러시아와 수교하면서 제공한 경협차관도 다 상환받지 못했다.

Key words
筹集 chóují 마련하여 모으다
俄罗斯 Éluósī 러시아
贷款 dài kuǎn 대부하다

해답 推进对北项目至少需要1万多亿韩元的资金，能否筹集到这些资金也是个未知数。俄罗斯希望韩国政府动员企业提供资金，但俄方尚未还清我国曾于1991年与其建交后提供的经济合作贷款。

346 재정 파탄에 직면하다 面临~财政崩溃的危机

인구의 고령화에 대한 대비책을 시급히 마련하지 않으면 우리나라가 조만간 극단적인 저성장과 재정 파탄에 직면할 것이란 분석이 나왔다.

Key words
除非~否则 chúfēi ~ fǒuzé ~하지 않으면 ~한다
崩溃 bēngkuì 붕괴하다

해답 据分析，除非我国尽早出台政策应对老龄化，否则将面临严重的经济低增长和财政崩溃的危机。

347 재조명하다 重新调整

지금 중국은 리처드 닉슨 미국 대통령의 역사적인 중국 방문(1972년 2월 21일) 35주년을 계기로 양국 관계를 집중 재조명하고 있다.

Key words
尼克松 Níkèsōng 닉슨   重新 chóngxīn 다시

해답 目前, 中国正在以美国总统尼克松的历史性访华（1972年2月21日）35周年为契机，重新调整两国关系。

348 저마다 다르지만 虽然~不尽相同, 但

저마다 경제여건과 성장경로가 다르지만 독일의 노동시장 유연화와 규제완화, 베트남과 인도 카자흐스탄의 적극적 투자 유치 노력은 한국병에도 맞춤 처방전이다. 배울 것은 배우고 실천해야 살아 남는다.

Key words
放宽~限制 fàngkuān ~ xiànzhì ~의 규제를 완화하다
哈萨克斯坦 Hāsàkèsītǎn 카자흐스탄
处方 chǔfāng 처방전
付诸实践 fùzhū shíjiàn 실천에 옮기다

해답 虽然经济条件和发展途径不尽相同，但德国放宽劳动力市场的限制、越南、印度以及哈萨克斯坦积极引进外资的努力都可以成为治疗"韩国病"的良好处方。只有不断向别人学习并付诸实践，才能生存下去。

349 적과 동지가 따로 없다　可以化敌为友

실제 바이오 연료로서 에탄올의 효용가치에 대해선 검증이 더 필요하지만 에너지만 선점할 수 있다면 적과 동지가 따로 없는 게 오늘의 세계다.

Key words

乙醇 yǐchún 에탄올　　功效 gōngxiào 효능
验证 yànzhèng 검증하다

해답 有关生物燃料乙醇的功效，尚有待进一步验证，但只要能抢占能源，可以化敌为友，这就是当今世界的现状。

350 적정성　是否恰当

예를 들어 부지규모의 적정성에 대해서도 논란이 많다.

Key words

恰当 qiàdàng 적합하다
争论不休 zhēng lùn bù xiū 논쟁을 그치지 않다

해답 例如，人们围绕选址是否恰当一事争论不休。

351 전기와 통신이 두절되다　供电和通讯瘫痪

산사태로 도로가 끊기고, 주택이 물에 잠겼으며, 전기와 통신이 두절되는 등 여름철 호우 때마다 나타나는 피해현상이 어김없이 반복되고 있다.

Key words

山体滑坡 shāntǐ huápō 산사태가 나다
冲毁 chōnghuǐ 파괴하다　　瘫痪 tānhuàn 두절되다

해답 山体滑坡，导致道路冲毁、住宅淹没、供电和通讯瘫痪。每年夏季常会暴雨成灾，今年也不例外。

352 전략산업 중 하나다　主力军之一

'한류' 열풍에서도 나타나듯이, 부존자원이 적은 우리에게 영상산업은 21세기를 선도할 주요 전략산업 중 하나다.

Key words

匮乏 kuìfá 부족하다　　主力军 zhǔlìjūn 주력군

해답 正如通过韩流热潮证实的那样，对自然资源匮乏的我国来说，影视产业是将领导21世纪的主力军之一。

353 전례가 없다　史无前例

"일본 정부에 의한 강제적 군사 성매매인 위안부 제도는 그 잔혹함과 규모에서 전례가 없는 것으로 생각된다. 이는 20세기 최대 인신매매의 하나로 윤간, 강제 낙태, 굴욕, 성폭력 등은 신체 불구, 죽음 또는 자살로 귀결됐다."

Key words

慰安妇 wèi'ānfù 위안부　　残忍 cánrěn 잔인하다
轮奸 lúnjiān 윤간　　堕胎 duò tāi 낙태하다
羞辱 xiūrǔ 모욕을 하다　　残废 cánfèi 불구가 되다

해답 我认为日本政府的强制性的军营卖春一慰安妇制度极其残忍、规模极其巨大，堪称史无前例。它作为20世纪最大的贩人行为包括轮奸、强制堕胎、羞辱、性暴力等，导致发生大量残废、自杀和死亡等现象。

Part 2 문장으로 익히는 번역 테크닉

354　전례를 찾아볼 수 없다　无法在~中找到先例

가장 큰 문제는 그로 인한 미래의 기후변화는 그 양상이 어떻게 될 것인지 예측하기 힘들고 고기후학적인 자료에서도 전례를 찾아볼 수 없다는 것이다.

해답 问题的关键在于我们既无法预计气候变暖造成的后果, 也无法在古气候学的资料中找到先例。

Key words

关键 guānjiàn 관건　　预计 yùjì 예상하다

355　전문가들의 통설에 가깝다　几乎成为~专家的公认理论

우리 경제는 새로운 성장 동력을 찾지 못한 채 성장 잠재력이 약화되고 있다는 분석이 국내외 전문가들의 통설에 가깝다.

해답 我国经济在未能寻找到新增长动力的情况下, 潜在增长力正在逐渐减弱的分析几乎成为国内外专家的公认理论。

Key words

潜在 qiánzài 잠재하다　　逐渐 zhújiàn 점점　　减弱 jiǎnruò 약화되다

356　전인교육　素质教育

대학이 우선적으로 가르치고 연구하는 것은 소통수단이 아니라 학문이어야 한다. 또한 대학 교육의 목표가 기능인 양성일 수는 있으나 궁극적으로는 전인교육이다.

해답 大学应将教育和研究的重点放在学问上, 而不应放在沟通手段上。虽然它的目标也许是培养技能工, 但其终极目标是素质教育。

Key words

重点 zhòngdiǎn 중점　　沟通 gōutōng 소통하다

357　전철을 밟지 않으려면　以免~重蹈~覆辙

'포스트 고이즈미' 체제를 상대로 한 우리 외교가 전철을 밟지 않으려면 특단의 대비책을 세워야 한다.

해답 我国应尽早采取强有力的措施, 以免在后小泉时代重蹈外交失误的覆辙。

Key words

以免 yǐmiǎn ~않도록　　覆辙 fùzhé 전철

358　절대적으로 부족하다　严重不足

그만큼 장애인에 대한 국민들의 이해가 부족하고 장애인 복지 예산 또한 절대 부족하기 때문이다.

해답 这是因为国民对残疾人的关怀不够, 国家用于残疾人的预算严重不足。

Key words

残疾人 cánjírén 장애인
严重不足 yánzhòng bùzú 절대 부족하다

359　절박한 것으로 받아들이다　将~列为首要问题之一

우리 정부는 저출산 고령사회문제를 이제 막 절박한 것으로 받아들여 대책마련을 시작하고 있다.

해답 目前我国政府将低生育率问题列为首要问题之一, 并已采取了应对措施。

Key words

低生育率 dī shēngyùlǜ 저출산율
首要问题 shǒuyào wèntí 가장 시급한 문제

360 절반 이상의 치명적인 사망률을 보이다 　致死率竟超过一半

세계보건기구(WHO)에 따르면 조류 대 인간 감염으로 170명이 AI에 걸려 이중 92명이 사망한 것으로 집계됐다. 절반 이상의 치명적인 사망률을 보인 것이다.

해답　世界卫生组织的统计，共有170人因与禽类接触而感染禽流感，其中有92人死亡。致死率竟超过一半。

Key words

禽类 qínlèi 조류　　感染 gǎnrǎn 전염하다

361 접속하다　点击

대학수학능력시험 준비생들이 가장 많이 접속하는 사이트는 교육방송(EBS)이다. 하지만 공부깨나 한다는 학생들 사이에선 하루 10만 명이 접속한다는 서울 강남구청의 인터넷 수능방송 사이트(edu.ingang.go.kr) 가 더 유명하다.

해답　高考考生点击率最高的网站是教育广播电台(EBS)网站。但是，每天有10万人次点击率的首尔江南区厅的高考广播电视网(edu.ingang.go.kr)更有名，点击者大都为成绩较好的学生。

Key words

点击 diǎnjī 클릭하다, 접속하다

362 정보화 시대의 도래로　随着~信息化时代的到来

IT 기술의 발달과 정보화 시대의 도래로 세상은 편해졌지만 그로 인한 위험부담도 커졌다.

해답　虽然随着信息技术水平的提高和信息化时代的到来，人们可享尽网上便利，但潜在风险却日趋扩大。

Key words

信息技术 xìnxī jìshù IT기술　　风险 fēngxiǎn 위험

363 정부는 ~할 책임이 있다　负责任的政府应~

정부는 감염자와 비감염자가 더불어 살 수 있도록 적극적으로 환경을 만들어나가야 할 책임이 있다.

해답　负责任的政府应积极做出努力，营造感染者和非感染者能够共同生活的良好环境。

Key words

营造 yíngzào 조성하다　　感染者 gǎnrǎnzhě 감염자

364 정부만 한가한 모습이다　政府却作壁上观

1분기 삼성전자나 현대차의 영업실적에서 환율, 고유가의 어두운 그림자가 드리워졌다. 중소기업은 물론 대기업까지 비상경영에 돌입했지만 정부만 한가한 모습이다.

해답　就一季度而言，汇率、高油价给三星电子和现代汽车公司的销售业绩蒙上了阴影。虽然大中小企业均开始了非常经营措施，但政府却仍作壁上观。

Key words

给~蒙上了阴影 gěi ~ méngshàng le yīnyǐng ~에 어두운 그림자를 드리우다

Part 2 문장으로 익히는 번역 테크닉

销售业绩 xiāoshòu yèjì 영업실적
作壁上观 zuò bì shàng guān 수수방관하다

365 제도적 장치 制度设计

책임이 뒤따르지 않는 무분별한 자유는 마땅히 규제를 받아야 한다. 그런 점에서 제도적 장치 마련을 이제는 심각하게 고려해야 할 때다.

해답 不负责任的盲目的自由应受到限制。鉴于此，我们应慎重考虑制度设计问题。

Key words
盲目 mángmù 맹목적인   **慎重** shènzhòng 신중하다

366 제쳐두고라도 姑且不谈

탄핵 정국이니 총선 여파니 다른 경제외적 요인은 제쳐두고라도 이처럼 곤란한 문제가 많다.

해답 姑且不谈经济以外的因素，总统遭弹劾、大选后遗症等，诸如此类的许多难题有待解决。

Key words
姑且 gūqiě 잠시   **弹劾** tánhé 탄핵하다
后遗症 hòuyízhèng 후유증

367 제한적으로 허용하다 有限度地允许

대통령 직속 자문기구인 국가생명윤리심의위원회가 체세포 복제배아 연구를 제한적으로나마 허용키로 결정했다고 한다.

해답 据悉，直属于总统的咨询机构—国家生命伦理审议委员会将有限度地允许克隆体细胞胚胎。

Key words
克隆 kèlóng 복제하다   **体细胞** tǐ xìbāo 체세포
胚胎 pēitāi 배아

368 조사됐다 据调查

최근 쓰레기(스팸) 메일이 80%를 넘어선 것으로 조사됐다.

해답 据调查，最近垃圾邮件已超过80%。

Key words
垃圾邮件 lājī yóujiàn 스팸메일

369 조언한다 劝说

당뇨병은 생활습관병이다. 예방도 가능하고, 환자가 됐더라도 적절히 대응하면 천수를 누릴 수 있다. 의사들은 당뇨병을 평생 친구로 여기라고 조언한다.

해답 糖尿病是生活习惯疾病，可以预防，即使患上糖尿病，只要处理得当，也可以颐养天年。医生们劝说将糖尿病当作"一生的朋友"。

Key words
糖尿病 tángniàobìng 당뇨병   **得当** dédàng 아주 알맞다
颐养 yíyǎng 보양하다

370 졸업은 자기 힘으로 해야 한다　毕业要靠自己的努力

하버드대 예일대 프린스턴대와 같은 미국 일류 대학에는 마이너리티(소수자)를 위한 특별전형이 있다. 수혜자는 소수 인종인 흑인, 아시아계, 히스패닉계가 대부분이며 입학에선 혜택을 받지만 졸업은 자기 힘으로 해야 한다.

Key words

录取 lùqǔ 뽑다　　受惠 shòuhuì 혜택을 입다　　亚裔 yàyì 아시아계

해답 哈佛、耶鲁、普林斯顿等美国名牌大学专门制定了针对少数人的特殊录取制度。受惠人群是属于少数种族的黑人、亚裔和中南美裔。虽然在入学时受到照顾,但毕业却要靠自己的努力。

371 좀 더 두고 봐야 하겠지만　虽然尚需时间的考验

좀 더 두고봐야 하겠지만 정말로 대기업들이 환경 문제를 경영상 진지하게 고려해야 할 부분으로 생각하게 됐다면 중요한 진전이라고 평가할 수 있다.

Key words

跨国企业 kuàguó qǐyè 다국적 기업
迈步 mài bù 발걸음을 내딛다

해답 虽然尚需时间的考验,但如果跨国企业真诚地将环境问题列入重要的经营业务范围内的话,那么可以说迈出了极其重要的一步。

372 좌시할 수 없는 사회문제　不能再坐视不管的社会问题

지금 사이버 폭력은 좌시할 수 없는 사회문제가 되고 있다.

Key words

网络暴力 wǎngluò bàolì 사이버 폭력
坐视不管 zuòshì bùguǎn 좌시하며 상관하지 않다

해답 目前,网络暴力已成为不能再坐视不管的社会问题。

373 주도적 역할을 하기 바란다　希望~唱主角

이 과정에서 우리 정부가 주도적 역할을 하기 바란다. 영향력 확대를 노리는 중국과 일본은 상대방에 주도권을 양보하지 않을 것이다.

Key words

唱主角 chàng zhǔjué 주도적 역할을 하다
借机 jièjī 기회를 빌리다
话语权 huàyǔquán 발언권

해답 我希望我国能够在此过程中唱主角。因为企图借机扩大影响力的,中国和日本决不会将话语权让给他国。

374 주도적 역할을 하다　极力倡导

한국은 그동안 이 협약에 여성 장애인 조항을 포함시키는 데 주도적 역할을 해 이 조항이 '한국 조항'이라고 불릴 정도로 활발한 활동을 펼쳤다.

Key words

条款 tiáokuǎn 조항

해답 其间,韩国极力倡导在该协议上增加有关残疾人妇女的条款,使得该条款被称为韩国条款。

Part 2 문장으로 익히는 번역 테크닉

375 주목받다　备受关注

누구든 글과 사진, 동영상을 게시할 수 있고, 즉시 퍼다 나를 수 있다는 점에서 블로그는 의제를 독점해 온 기존 언론의 대안으로서 주목받아 왔다.

Key words
登载 dēngzǎi 게재하다　　垄断 lǒngduàn 독차지하다

해답 任何人都可以在博客上登载转载文章、照片和视频，在这一点上，博客作为一直垄断言论的现有媒体的"替代品"备受关注。

376 주목한다　对~予以关注

우리는 문학번역원의 이런 노력에 주목한다. 외국에 한국을 알리는 일은 그 중요성을 아무리 강조해도 지나치지 않기 때문이다.

Key words
即使再强调, 也并不为过 jíshǐ zài qiángdiào, yě bìng bù wéi guò 아무리 강조해도 지나치지 않다

해답 我们之所以对文学翻译院的上述举措予以关注，是因为向他国介绍韩国的重要性即使再强调，也并不为过。

377 주변만 돌아보아도 알 수 있다　环顾一下周边的人就可以感觉

해외연수·유학이 크게 느는 추세는 굳이 정확한 통계를 찾을 필요도 없이 우리 주변만 돌아봐도 알 수 있다.

Key words
精确 jīngquè 정확하다
环顾 huángù 둘러보다

해답 我们不必去找精确的统计，环顾一下周边的人就可以感觉出国进修或留学人数的增长之猛。

378 주식 투자　投资股票(炒股)

교육인적자원부는 앞으로 사립대가 적립금으로 주식 투자도 할 수 있게 하고 투자할 수 있는 업종 제한도 크게 완화해 백화점이나 영화관, 편의점, 약국, 심지어 옷가게 등 다양한 사업을 할 수 있도록 하겠다고 그제 발표했다.

Key words
股票 gǔpiào 주식　　行业 hángyè 업종

해답 教育人力资源部前天公布，今后将允许私立大学用学校基金投资股票(炒股)，大幅放宽可投资的行业限制，允许经营百货商店、电影院、便利店、药房、服装店等。

379 주5일 근무제가 확산되면서　随着双休日制的日益普及

요즘 주5일 근무제가 확산되면서 '휴(休)테크'라는 신조어까지 등장했다. 휴식에도 품질을 따지기 시작한 것이다.

Key words
普及 pǔjí 보급되다
由此可知~ yóucǐ kězhī 이로부터 ~와 같은 사실을 알 수 있다

해답 最近，随着双休日制的日益普及，新词"理休"也应运而生。由此可知人们已开始讲究休息的质量。

122

380 주지하다시피 众所周知

주지하다시피 유엔 헌장은 유엔 회원국이 공격을 당했을 때, 그리고 안보리 결의로 자위조치가 승인됐을 때만 무력사용을 허용하고 있다.

Key words

众所周知 zhòng suǒ zhōu zhī 모든 사람이 알고 있듯이
袭击 xíjī 습격하다   授权 shòuquán 권한을 부여하다
行使 xíngshǐ 행사하다

해답 | 众所周知，据《联合国宪章》规定"只有联合国成员国受到袭击并获得安理会授权时，才能动用武力行使自卫权"。

381 준비하지도 못한 상태에서 在措手不及的情况下

문제는 이러한 온난화가 예상보다 급속도로 진행될 경우 인류가 미처 준비하지도 못한 상태에서 이상기후로 인한 재앙을 맞아야 한다는 것이다.

Key words

措手不及 cuò shǒu bù jí 미처 손을 쓸 새가 없다
浩劫 hàojié 큰 재난

해답 | 问题的关键在于如果气候变暖过快，人类将会在措手不及的情况下面临由它引起的浩劫。

382 줄줄이 올랐다 接二连三地上涨了

올 들어 공공요금과 교육비 등이 줄줄이 올랐다. 올 1·4분기 소비자물가지수는 지난해 같은 기간에 비해 2.1% 올라 안정세라는데, 서민들에겐 허수에 가깝다.

Key words

接二连三 jiē èr lián sān 끊임없이   虚数 xūshù 허수

해답 | 今年以来，日常支出、教育费等接二连三地上涨了。虽说今年第一季度的消费者物价指数同比增长了2.1%，因此可以说物价呈稳定之势，但就一般老百姓而言，只不过是虚数而已。

383 즉 易言之

18세기 역사학자 조반니 비코(Giovanni B. Vico)에 따르면 '역사란 나선형으로 발전한다'고 한다. 즉 역사는 반복을 하되, 단순한 반복이 아니라 특정한 방향으로 발전하면서 반복한다는 말이다.

Key words

螺旋型 luóxuánxíng 나선형   重复 chóngfù 중복되다

해답 | 18世纪的历史学家维科称："历史都是螺旋型前进的"。易言之，历史是重复的，但并不是单纯的重复，而是朝特定方向发展的。

384 지갑은 얇아지기만 한다 钱包日趋瘪了下去

소비자물가지수도 안정됐다지만 장바구니는 가벼워지고 지갑은 얇아지기만 한다.

Key words

菜篮子 càilánzi 장바구니   瘪 biě 움푹 들어가다

해답 | 虽说消费者物价指数获得了稳定，但菜篮子日趋贫乏，钱包也日趋瘪了下去。

Part 2 문장으로 익히는 번역 테크닉

385 지나치게 마른 모델을 퇴출시키다　不再起用那些骨感美的模特儿

패션업계가 지나치게 마른 모델을 퇴출시켜 미의 기준을 바꾸도록 노력하는 것은 의미있는 일이다.

Key words
时装界 shízhuāngjiè 패션업계　　审美 shěnměi 심미

해답 | 时装界试图 不再起用那些骨感美的模特儿，以改变审美标准的试图是值得欢迎的。

386 지나친 표현이 아니다　并不言过其实

인터넷 인구의 급증으로 컴퓨터는 생활필수품으로 자리잡게 되었다. 특히 청소년은 매일 인터넷과 생활하다시피 한다 해도 지나친 표현이 아니다.

Key words
猛增 měngzēng 급증하다　　几乎 jīhū 거의

해답 | 随着网民数量的猛增，电脑已成为生活必需品。尤其是就青少年而言，即使说几乎天天上网，也 并不言过其实。

387 지난해 같은 기간에 비해　同比

올 상반기에 국내에서 302명의 에이즈(후천성 면역결핍증) 신규 감염자가 보고됐다. 하루평균 1.7명으로 지난해 같은 기간에 비해서는 20%나 많다.

Key words
感染 gǎnrǎn 전염되다, 감염되다
艾滋病 àizībìng 에이즈

해답 | 据报告，今年上半年韩国共有302人感染艾滋病，日均1.7人，同比增长了20%。

388 지난해 했던 설문조사에서　去年进行的问卷调查中

보건사회연구원이 지난해 했던 설문조사에서 "자녀를 반드시 가질 필요가 없다"고 대답한 여성이 전체의 44.9%였다고 한다.

Key words
问卷 wènjuàn 설문지　　妇女 fùnǚ 부녀자

해답 | 据悉，去年在保健社会研究院进行的问卷调查中，回答"夫妻可以不生育"的妇女占44.9%。

389 지방질이 쌓여 딱딱해진 혈관 속　因脂肪累积而变得坚硬的血管中

피 속의 당 성분, 즉 혈당이 지나치게 높은 상태가 당뇨병이다. 지방질이 쌓여 딱딱해진 혈관 속을 설탕물처럼 끈적끈적한 피가 돌아다니는 것이다. 증세는 삼다일소. 물을 많이 마시고, 밥을 많이 먹고, 오줌이 많이 눈다. 반면에 체중이 급격히 줄어든다. 갈증을 많이 느낀다 해서 한방에서는 소갈증이라고 한다.

Key words
血液 xuèyè 혈액　　累积 lěijī 누적하다
坚硬 jiānyìng 단단하다　　粘粘 niánnián 끈적끈적하다

해답 | 糖尿病是指血液中的糖成分，即血糖过高的疾病。在因脂肪累积而变得坚硬的血管中，流着像糖水一样粘粘的血液。其症状为三多一少，即喝水多、吃饭多、上厕所次数多，体重急剧减少。因为容易口渴，韩医将糖尿病称之为"消渴症"。

390 지원대책을 강화하다　加强扶持对策

45세 이상 근로자에 대해서는 전직교육을 의무화한 벨기에만큼은 못해도 우리도 어떤 형태로든 지원대책을 강화해야 할 시점이다.

Key words

比利时　Bǐlìshí　벨기에

해답 | 即使不能像比利时一样义务性地为45岁以上职工进行再就业教育，至少也要以各种方式加强扶持对策。

391 지원 서비스회사　扶持服务商

2001년 설립된 전직 지원 서비스회사 JM커리어는 지금까지 1만 2000명의 전직 희망자가 교육을 받고 그중 67%가 재취업이나 창업에 성공했다고 밝혔다.

Key words

扶持　fúchí　지원하다
再就业教育　zàijiùyè jiàoyù　재취업교육

해답 | 成立于2001年的再就业扶持服务商JM Career称，至今共有1.2万人接受了再就业教育，其中67%的人成功再就业或创业。

392 지위를 개선하기가 어렵다　仍难改变~的形象

그러나 한국에 정작 동물 보호를 위한 법은 없어서 세계 10대 경제대국, 정보통신 강국임에도 '아시아의 동물학대국' 지위를 개선하기가 어렵다.

Key words

跃居　yuèjū　단번에 차지하다
虐待　nüèdài　학대하다

해답 | 但由于韩国尚未出台动物保护法，因此，韩国虽然已跃居全球10大经济体、信息强国，但仍难改变"亚洲动物虐待国"的形象。

393 직결되므로　由于~与~息息相关

문화는 한 사회집단의 정체성과 직결되므로 일반 상품과 달리 나라의 정책으로 보호되어야 한다는 것이다.

Key words

认同　rèntóng　인정하다
息息相关　xīxī xiāngguān　양쪽의 관계가 밀접하다

해답 | 由于文化与社会的集体认同息息相关，因此，它不同于一般产品，应得到政策上的保护。

394 직무유기　玩忽职守

한편 기업은 지금부터라도 적극적인 위험관리에 나서야 한다. 달러 폭락의 가능성도 배제할 수 없는 상황에서 이를 게을리 하는 것은 직무유기다.

Key words

暴跌　bàodiē　큰 폭으로 내려가다
玩忽　wánhū　소홀히 하다

해답 | 就企业来说，为时虽晚，但仍应积极进行风险管理。在无法制止美元暴跌的情况下，不积极采取应对措施就是玩忽职守。

Part 2 문장으로 익히는 번역 테크닉

395 착수시점은 이르면 이를수록 좋다 **着手准备，越早越好**

지금부터 준비를 하더라도 실제 화폐개혁을 단행하는 데는 3~5년의 시간이 걸리는 만큼 준비 착수시점은 이르면 이를수록 좋다고 할 것이다.

해답 即使现在开始进行货币改革，也需要3~5年的时间，因此**着手准备，越早越好**。

Key words
即使~也 jíshǐ ~ yě 설령 ~라 할지라도
着手 zhuóshǒu 착수하다

396 찬물을 끼얹다 **泼冷水**

우리는 이들의 활동이 월드컵의 열기에 찬물을 끼얹는다거나, 국민들의 애국심을 조롱하기 위해서가 아니라 우리 사회의 당면 과제들이 망각되고 있는 상황에 경종을 울리려는 문제의식에서 비롯된 것이라고 믿는다.

해답 我认为他们进行上述活动的目的不是为了给世界杯**泼冷水**或调侃人民的爱国之心，而是为了向那些对当务之急漠不关心的人敲响警钟。

Key words
泼冷水 pō lěngshuǐ 찬물을 끼얹다   调侃 tiáokǎn 희롱하다
漠不关心 mò bù guānxīn 냉담하게 관심을 갖지 않다
敲响警钟 qiāo xiǎng jǐngzhōng 경종을 울리다

397 참배를 강행하다 **强行参拜**

고이즈미 준이치로 일본 총리가 야스쿠니 신사 참배를 강행했다.

해답 日本首相小泉纯一郎日前**强行参拜**靖国神社。

Key words
强行 qiángxíng 강행하다
靖国神社 Jìngguó Shénshè 야스쿠니신사

398 책임에서 벗어날 수 없다 **负有不可推卸的责任**

실효성이 불분명한 개발사업에만 열을 올리고, 사전에 비리를 막기 위한 시스템을 마련하지 못한 정부도 책임에서 벗어날 수 없을 것이다.

해답 政府只执著于缺乏可行性的项目开发，事前没有制定防止不正之风的制度体系，因此对此事**负有不可推卸的责任**。

Key words
执著于~ zhízhuóyú ~ ~에 집착하다
不正之风 bù zhèng zhī fēng 나쁜 기풍   推卸 tuīxiè 회피하다

399 천연두, 인플루엔자, 결핵, 말라리아, 페스트, 홍역, 콜레라
天花、流感、肺结核、疟疾、鼠疫、麻疹、霍乱

천연두, 인플루엔자, 결핵, 말라리아, 페스트, 홍역, 콜레라 등은 원래 가축의 질병이었으나 차츰 사람에게도 전염되도록 진화했다. 에이즈는 원숭이에게서 옮아 왔다.

해답 **天花、流感、肺结核、疟疾、鼠疫、麻疹、霍乱**原先只是家畜疾病，但逐渐转化成人类传染病。艾滋病就

Key words

天花 tiānhuā 천연두　　流感 liúgǎn 인플루엔자
肺结核 fèijiéhé 폐결핵　　疟疾 nüèji 말라리아
鼠疫 shǔyì 페스트　　麻疹 mázhěn 홍역
霍乱 huòluàn 콜레라　　家畜 jiāchù 가축
转移 zhuǎnyí 전이하다

是从猴子身上转移过来的。

400　천편일률적인 한국 드라마를 조롱하는 말이다　嘲讽千篇一律的韩国电视剧的说法

의학 드라마는 병원에서 연애하고, 기업 드라마는 회사에서 연애하고, 사극 드라마는 삼국·고려·조선시대에서 연애한다. 천편일률적인 한국 드라마를 조롱하는 말이다.

해답　"医学剧在医院里恋爱，商业剧在公司里恋爱，古装剧在三国、高丽、朝鲜时代恋爱。"这是嘲讽千篇一律的韩国电视剧的说法。

Key words

恋爱 liàn'ài 연애하다　　古装剧 gǔzhuāngjù 사극
嘲讽 cháofěng 비웃으며 풍자하다
千篇一律 qiān piān yī lǜ 모두 판에 박은 듯 똑같다

401　첨예하게 대치하다　箭在弦上, 一触即发

양측이 첨예하게 대치하고 있는 대만해협에서 무력충돌이 촉발된다면 대규모의 전쟁참화로 이어질지 모른다.

해답　目前两岸关系如箭在弦上，一触即发。一旦擦枪走火，就会引起全面战争。

Key words

箭在弦上 jiàn zài xián shàng 화살이 이미 시위에 걸쳐져 있다
一触即发 yī chù jí fā 일촉즉발

402　청계천이 열렸다　清溪川终于重见天日了

청계천이 열렸다. 근대화의 상징으로 건설됐던 고가도로가 헐리고, 그 밑에서 신음하던 물길이 도시와 하늘을 만났다.

해답　清溪川终于重见天日了。首尔市拆除了被称为现代化标志的高架桥，让在阴沟深处痛苦呻吟的水路重现城市、重见蓝天。

Key words

清溪川 Qīngxī Chuān 청계천　　拆除 chāichú 철거하다
阴沟 yīngōu 지하의 도랑　　呻吟 shēnyín 신음하다

403　촉구하다　敦促

일본 군국주의의 침탈과 대량학살을 경험한 아시아 국가들은 일본의 사죄와 반성을 촉구하고 있다. 하지만 일본은 여전히 이에 소극적이며 오히려 종군위안부 문제나 난징(南京)대학살 문제 등을 인정치 않고 있다.

해답　虽然曾受日本军国主义侵略的亚洲各国一再敦促日本对其野蛮行径进行道歉和反省，但是日方不但不认真对待，反而拒不承认随军慰安妇问题和南京大屠杀事件。

Key words

野蛮 yěmán 야만스럽다
随军慰安妇 suíjūn wèi'ānfù 종군 위안부　　大屠杀 dà túshā 대학살

Part 2 문장으로 익히는 번역 테크닉

404 최장시간 근로에 시달려온 노동자들로서는 对一直饱受最长的工时之苦的我国工人来说

특히 세계적으로 최장시간 근로에 시달려온 노동자들로서는 비로소 인간다운 삶을 영위할 수 있는 최소한의 기반이 마련되었다고 볼 수 있다.

Key words

具备 jùbèi 갖추다   美满 měimǎn 아름답고 원만한

해답 尤其是, 对一直饱受全球最长的工时之苦的我国工人来说, 现在才具备了能够过上幸福美满生活的最基本的条件。

---

405 충격을 최소화하기 위해 以便将冲击减少到最低限度

충격을 최소화하기 위해 장단기 대응을 서둘러야 한다.

Key words

采取~措施 cǎiqǔ~cuòshī ~조치를 취하다
冲击 chōngjī 충격

해답 我敦促有关部门应尽早采取长短期并进措施, 以便将冲击减少到最低限度。

---

406 충격파를 던지다 给人们带来很大的冲击

특히 사회지도층 인사들의 잇단 자살은 커다란 충격파를 던졌다.

Key words

增多 zēngduō 증가하다   自杀 zìshā 자살

해답 尤其是不断增多的社会领导阶层的自杀给人们带来了很大的冲击。

---

407 취지는 가상하다 初衷值得赞赏

선진 문물을 배운다는 취지는 가상하지만 요즘 우리의 사회·경제나 문화·학문에서 '미국 편중' 현상을 감안하면 과열이 우려되는 대목이다.

Key words

取经 qǔ jīng 불교도가 인도에 가서 불경을 구해오다. 경험을 배우다
靠拢 kàolǒng 가까이 다가가다
忧虑 yōulǜ 걱정하다

해답 虽然他们要到发达国家学习、取经的初衷值得赞赏, 但考虑到我国在社会、经济、文化、学问方面向美国靠拢的现象, 不禁让人对这种过度升温感到忧虑。

---

408 크게 웃돈다 高于

최근 사무용소프트웨어연합(BSA)에서 발표한 '세계 소프트웨어 불법복제 현황보고서'에 의하면 지난해 우리나라의 소프트웨어 불법복제율은 46%에 달했고, 이는 세계 평균인 35%를 크게 웃돈다.

Key words

拷贝 kǎobèi 복제   软件 ruǎnjiàn 소프트웨어
硬件 yìngjiàn 하드웨어

해답 据最近BSA公布的"全球非法拷贝软件的现况报告", 我国的非法拷贝率高达46%, 高于全球平均 — 35%。

409 큰 손실을 봤다 蒙受了巨大损失

영국은 제2차 세계대전 중에 인적·물적으로 큰 손실을 봤다. 국가 채무는 전쟁 전의 10배로 불어났고 선박의 40%를 잃어 국제무역에서 경쟁력을 잃었다.

해답 二战期间，英国在人力和物力方面都蒙受了巨大损失。国家债务为战前的十倍，失去了40%的船只，丧失了在国际贸易中的竞争力。

Key words

蒙受 méngshòu (손실등을)입다　　船只 chuánzhī 배의 총칭
丧失 sàngshī 상실하다

410 탁상 행정의 극치다 纸上谈兵式的施政何等难堪

고층건물임에도 엘리베이터가 없거나 접근로가 급경사인 곳이 많다. 남녀 공용의 장애인 화장실은 탁상 행정의 극치다.

해답 虽是高楼大厦，但或根本没有电梯，或楼梯太陡。残疾人厕所男女共用的情况让人感到我国政府纸上谈兵式的施政何等难堪。

Key words

施政 shīzhèng 시정　　难堪 nánkān 견디기 힘들다

411 턱없이 모자라다 远远不够

한류의 영향으로 세계인의 관심이 어느 때보다 높은 데도 한국, 한국인, 한국 문화를 알리기에는 번역서적이 턱없이 모자라다. 헤아리기가 부끄러울 지경이다.

해답 虽然由于韩流的影响，全球予以韩国空前的关注，但能够宣传韩国、韩国人和文化的书籍却远远不够。让国人深感惭愧。

Key words

书籍 shūjí 서적　　惭愧 cánkuì 부끄럽다

412 테러 공포는 줄지 않고 있다 恐怖袭击却有增无减

지난 2001년 9·11 테러 이후 미국이 전세계에서 벌이고 있는 '테러와의 전쟁'에 많은 미국의 우방들이 협조하고 있지만, 테러 공포는 줄지 않고 있다.

해답 虽然2001年9·11恐怖袭击以来，美国在全球范围内进行的反恐行动获得了众多盟国的支持，但恐怖袭击却有增无减。

Key words

恐怖袭击 kǒngbù xíjī 테러　　盟国 méngguó 동맹국, 우방

413 통계가 있다 有一项统计结果显示

결혼한 남자는 책임감이 강해서 술은 덜 먹고 일은 더 많이 한다. 같은 학력과 경력을 가진 남자 중 결혼한 남자가 독신남에 비해 수입이 10~40% 높다는 통계도 있다.

해답 男人婚后责任心会增强，饮酒会有所节制，工作上会更努力。有一项统计结果显示，在相同学历和资历的男人中，已婚男人的收入比单身男人高出10~40%。

Key words

增强 zēngqiáng 강화하다　　资历 zīlì 경력
比~高出~ bǐ~ gāo chū ~보다 ~큼 높다(많다)

Part 2 문장으로 익히는 번역 테크닉

414　투자가 위축되다　投资受挫

일부 일본 기업들이 중국에서 철수할 수 있으며 일본 기업들의 대중국 투자가 위축될 가능성도 있다.

해답　由此估计, 今后部分日资企业有可能撤出中国, 而日本企业的对华投资也有可能受挫。

Key words
撤出 chèchū 철수하다
受挫 shòucuò 좌절당하다

415　트랜스지방 제로화를 선언하다　宣布将实现零转脂肪的目标

대형 제과회사들이 지난 주말 트랜스지방 '제로화'를 선언했다.

해답　我国的一些重量级饼干生产厂于上周末纷纷宣布将实现零转脂肪的目标。

Key words
纷纷 fēnfēn 속속
转脂肪 zhuǎnzhīfáng 트랜스지방

416　틈새시장을 파고들면　只要~渗透到~缝隙市场

전북에서 출하된 제희미곡은 대부분 고향의 맛을 잊지 못하는 교포들이 구입했지만 한국도 프리미엄급 쌀을 개발해 이런 틈새시장을 파고들면 승산이 있는 것이다.

해답　全罗北道出产的"诸熙米谷"虽然大部分都是被无法忘记"家乡味道"的侨胞们购买的, 但是, 只要韩国也研发高级大米, 渗透到这个缝隙市场的话, 就会有胜算。

Key words
侨胞 qiáobāo 교포　　渗透 shèntòu 파고들다
缝隙 fèngxì 틈새　　胜算 shèngsuàn 승산

417　파국을 막을 수 있다　能防止局势走向恶化

다행히 파국을 막을 수 있는 마지막 기회는 남아 있다고 우리는 믿고 싶다.

해답　我们愿意相信还有最后一次机会能防止局势走向恶化。

Key words
防止 fángzhǐ 방지하다　　局势 júshì 정세

418　페어플레이　公平竞赛

경기든 게임이든 승자 결정 방식은 공정하고 분명해야 한다. 그렇지 않으면 패자가 결과에 승복하지 않을 소지가 생기고 처음부터 페어플레이를 기대할 수도 없다.

해답　无论是比赛还是游戏, 判定胜负的方式都应该是公平、透明的。若不然就会让败者不服评判, 从刚一开始就无法期待公平竞赛。

Key words
胜负 shèngfù 승부
若不然 ruòbùrán 그렇지 않으면
期待 qīdài 기대하다

419 편가르기와 헐뜯기로 내분에 싸여 있다　弥漫着派别冲突和互相毁谤的内讧气氛

국가간 기술경쟁은 이처럼 치열한데 나라 안은 온통 편가르기와 헐뜯기로 내분에 싸여 있다.

해답 | 国家之间的技术竞争如此激烈，但在境内却弥漫着无谓的派别冲突和互相毁谤的内讧气氛。

Key words

毁谤 huǐbàng 비방하다　　内讧 nèihòng 내분, 내홍

---

420 편입하다　纳入

일본은 이 전쟁 중에 독도를 자기나라 땅으로 편입했다. 그야말로 무력으로 독도를 강탈한 행위이다.

해답 | 日本在日俄战争时期将独岛纳入自己的领土，这是用武力强行掠夺独岛的行为。

Key words

纳入 nàrù ～에 포함시키다　　掠夺 lüèduó 강탈하다

---

421 평가 받다　被视为

제네바에서 웬만한 국제회의쯤은 거뜬히 주재할 수 있어야 실력 있는 외교관으로 평가 받는다. 언어는 기본이고 국제 감각과 리더십, 친화력이 필수다.

해답 | 在日内瓦只有具备能轻松主持国际会议的能力，才能被视为有实力的外交官。过关的英语表达能力、敏锐的国际嗅觉、领导能力和亲和力都缺一不可。

Key words

日内瓦 Rìnèiwǎ 제네바　　敏锐 mǐnruì 예민하다
嗅觉 xiùjué 후각　　缺一不可 quē yī bù kě 하나라도 없어서는 안된다

---

422 평가할 만하다　应该受到高度评价

정부가 엊그제 발표한 인문학진흥 기본계획은 일단 평가할 만하다. 우리 고전을 영문으로 번역하며, 연구소를 확충하고, 인문학 교수와 대학생들에게 연구비와 장학금을 지원한다는 구체적인 내용을 담고 있기 때문이다.

해답 | 前天政府公布的关于振兴人文学的框架计划之所以应该受到高度评价，是因为它涉及到非常具体的内容，如将古典文学译成英文、增设研究所、向人文学教师和学生提供研究费用和助学金。

Key words

振兴 zhènxīng 진흥하다　　框架 kuàngjià 틀
涉及 shèjí 관련되다, 영향을주다　　增设 zēngshè 확충하다

---

423 포털 사이트에 게재된 뉴스와 댓글　门户网站上上载的新闻和帖子

서울중앙지법은 포털 사이트에 게재된 뉴스와 댓글로 인해 정신적 고통을 입었다면 포털 업체들도 책임을 지고 손해배상을 해야 한다는 내용의 판결을 내림으로써 포털의 사회적 책임을 확실하게 물었다.

해답 | 首尔地方法院做出判决，彻底追究门户网站的责任，即如果某人因门户网站上上载的新闻和帖子而受到精神上的损害，那么该公司应负责任，并予以赔偿。

Key words

彻底 chèdǐ 철저하다　　门户网站 ménhù wǎngzhàn 포털사이트
损害 sǔnhài 해치다　　赔偿 péicháng 배상하다

Part 2 문장으로 익히는 번역 테크닉

424 폭발적으로 늘다　暴增

특히 정밀기계와 산업용 전자제품, 기초 산업기계 등 각종 부품류와 기계류 수입이 폭발적으로 늘고 있다.

Key words

包括~在内 bāokuò ~ zài nèi ~을 포함하다　　零部件 língbùjiàn 부품

해답 尤其是包括精密机械、工业电器和基础设备在内的各种零部件和机械类的进口**暴增**。

425 풀어야 할 숙제다　亟待解决的课题

법과 현실간의 딜레마는 어렵지만 어차피 풀어야 할 숙제다.

Key words

亟待 jídài 시급히 (~을) 요하다

해답 法律和现实之间的两难选择是个**亟待解决的课题**。

426 피할 수 없는 것이라면　既然躲不了、绕不过

인류가 살아야 할 지구는 비록 많은 문제를 안고 있지만 피할 수 없는 것이라면 좀더 현실을 감안하여 적극적으로 해결책을 찾아야 된다.

Key words

赖以 làiyǐ 의지하다　　躲不了 duǒ bu liǎo 피할수 없다
寻觅 xúnmì 찾다　　破解 pòjiě 난제를 해결하다

해답 人类赖以生存的地球尽管问题多多，但是**既然大家躲不了、绕不过**，就应该现实一些，积极寻觅破解之策。

427 피해가 반복되다　洪灾具有反复性

강원 양양읍 시가지가 2002년 태풍 '루사' 때에 이어 이번에 또 침수된 것에서 보듯 우리는 같은 지역에서 피해가 반복되지만, 선진국에선 좀처럼 그 같은 일이 없다.

Key words

襄阳 Xiāngyáng 양양　　卢萨 Lúsà 루사

해답 江原道襄阳郡市区继2002年遭到台风卢萨的袭击之后又遭水淹，证明我国的**洪灾具有反复性**。而这在发达国家中很难找到同例。

428 피해갈 수 없다　无法置身事外

집중호우에 따른 재해는 자연현상인 만큼 완전히 피해갈 수는 없다

Key words

引起~灾害 yǐnqǐ~zāihài ~한 재해를 일으키다
置身事外 zhìshēn shìwài 몸을 일 밖에 두다

해답 由于连日暴雨引起的灾害是一种天灾，人们**无法置身事外**。

429 피해 발생 직후　事发当天第一时间

외교통상부는 피해 발생 직후 현지 공관원들과 본부 직원을 신속히 파견, 한국인 피해자들에 대한 지원을 시작한 데 이어 어제 재외국민영사담당 특사를 급파해 본격적인 피해 수습에 나섰다.

해답 外交通商部继在**事发当天第一时间**迅速委派当地使馆人员和该部工作人员对当地受灾韩人提供援

Key words

迅速 xùnsù 신속하다　　委派 wěipài 위임하여 파견하다

助之后，昨天还临时委派专门负责旅外侨民的特别领事开始着手善后工作。

430　필적할 만한 相媲美的

사랑하는 만큼 사랑받지 못하는 고통을 다룬 소설로 젊은 베르테르의 슬픔에 필적할 만한 작품을 찾기 어렵다.

해답 ｜ 作为诠释爱却得不到爱的痛苦的小说，很难找出可以和《少年维特的烦恼》相媲美的作品。

Key words

诠释 quánshì 설명하다　　媲美 pìměi 아름다움을 겨루다

431　한국도 안심만 할 수는 없다 我国也不是世外桃源

그는 반사회적이고 과대망상적인 기질을 폭발시켜 일대 참극을 불렀지만 한국도 안심만 할 수는 없다고 본다.

해답 ｜ 他固然是在反社会的夸大妄想的作祟下制造了惨案，但我国也不是世外桃源。

Key words

固然~，但 gùrán~, dàn 비록 ~하지만, 그러나
夸大妄想 kuādà wàngxiǎng 과대망상
作祟 zuòsuì 훼방하다　　世外桃源 shì wài táo yuán 무릉도원

432　한국산으로 둔갑하다 摇身变为韩国产

유해한 김치의 수입을 막고, 소비자가 원산지를 알고 먹을 수 있도록 해야 한다. 나라 밖에서도 그런 김치가 한국산으로 둔갑해, 우리 문화를 먹칠하지 않도록 해야 한다.

해답 ｜ 政府应采取措施阻止有害泡菜入境，并让消费者就餐时知道它的原产地。还应防止中国产泡菜摇身变为韩国产，损害我国的形象。

Key words

就餐 jiùcān 식사하다　　形象 xíngxiàng 이미지

433　한번 웃으면 한번 젊어지고 한번 화내면 한번 늙는다 笑一笑, 十年少, 愁一愁, 白了头

우리 옛말에 '한번 웃으면 한번 젊어지고 한번 화내면 한번 늙는다'(一笑一少 一怒一老)는 말이 있다. 웃음은 몸에 좋은 약이며 화는 독이 된다는 것이다.

해답 ｜ 常言道"笑一笑, 十年少, 愁一愁, 白了头。"由此可见笑有益于健康, 发怒有害于身体。

Key words

常言道 chángyándào 속담에 이르기를　　发怒 fā nù 노하다

434　한번 점검할 필요가 있다 在此我们不妨回顾一下

우리 사회가 장애인, 사회적 약자, 소수자를 어떻게 배려하고 있는지 다시 한번 점검할 필요가 있다.

해답 ｜ 在此我们不妨回顾一下，目前我国社会如何照顾残疾人、弱势群体和少数人群。

Key words

回顾 huígù 되돌아 보다　　弱势群体 ruòshì qúntǐ 약자그룹

Part 2 문장으로 익히는 번역 테크닉

435 한 시대를 풍미했다 风靡了一个时代

1946~61년 모교인 하버드대 교수였던 그는 존 F 케네디 대통령의 특보로 발탁된 뒤 정치에 깊이 관여했다. 한때 하루 5000단어 분량의 글을 쓸 정도로 평생 왕성한 저술과 비평 활동으로 한 시대를 풍미했다.

Key words
担任 dānrèn 담당하다
风靡 fēngmǐ 풍미하다

해답 1946年至1961年担任母校哈佛大学教授的他被提拔为约翰·F·肯尼迪总统的特别助理后，开始深入参与政治。在他有生之年，通过旺盛的创作和批评活动**风靡了一个时代**，他一度甚至每天写一篇5000字左右的文章。

436 할 수 있는 모든 일을 다할 것이다 将竭尽全力做能做的

이제부터라도 정부가 할 수 있는 모든 일을 다할 것이다.

Key words
竭尽全力 jié jìn quán lì 혼신의 힘을 다하다

해답 从现在开始，政府**将竭尽全力做政府能做的**事情。

437 해체 撤销

문제는 전시 작통권 이양의 시기이다. 미국은 2008년까지 평택기지 이전이 완료된다는 계획과 한·미연합사 해체 등을 고려해 이양 시점을 2009년으로 명시한 것으로 보인다.

Key words
移交 yíjiāo 넘겨주다
撤销 chèxiāo 철회하다

해답 问题的关键是战时作战指挥权的移交时间。美国可能出于在2008年以前完成基地转移计划和**撤销**韩美联合司令部的考虑，将时间定为2009年。

438 해킹을 당했다 遭到了黑客的袭击

국회, 원자력연구소, 국방연구원 등 주요 국가기관 10곳의 PC 수백대가 한꺼번에 해킹을 당했다.

Key words
黑客 hēikè 해커   袭击 xíjī 습격하다

해답 日前，包括国会、原子能研究所和国防研究院等在内的10个主要政府部门的数百台电脑同时**遭到了黑客的袭击**。

439 핵확산금지조약(NPT) 복귀 重返《不扩散核武器条约》

특히 핵심 쟁점인 경수로 제공 문제를 '추후 논의'로 미봉했다는 점이 마음에 걸린다. 핵포기, 경수로 제공, 북한의 핵확산금지조약(NPT) 복귀, 북·미 관계 정상화 등 행동에 대해 구체적으로 일정표를 마련하는 과정에서 북한과 미국의 입장차가 크기 때문이다.

Key words
反应堆 fǎnyìngduī 원자로
分歧 fēnqí 어긋나다, 엇갈리다

해답 尤其让人担心的是"在适当的时候讨论向北韩提供轻水反应堆问题"这一条款。因为两国在确定关于放弃一切核武器及现有核计划、提供轻水反应堆、早日**重返《不扩散核武器条约》**和北美关系正常化的具体日程的过程中难免发生分歧。

440　행정편의주의　便宜行事

근대과학은 최소한 척추동물은 고통을 느낀다고 확증하고, 각국은 예외없이 동물보호법의 대상을 척추동물로 규정하고 있는데 우리나라만 유독 '농림부 장관이 정하는 동물'로 행정편의주의에 의해 규정하고 있다.

해답 近代科学研究指出，基本上只要是脊椎动物都能感到疼痛，因此各国无不例外地将动物保护法的对象定为脊椎动物。但唯独我国便宜行事，将其规定为"由农林部部长指定的动物"。

Key words
脊椎动物 jǐzhuī dòngwù 척추동물　　疼痛 téngtòng 아프다

441　허점을 개선할 필요가 있다　漏洞亟待弥补

현재 시행되고 있는 농산물 표시제도의 허점도 개선할 필요가 있다.

해답 目前正在实行的原产地注明制度的漏洞亟待弥补。

Key words
注明 zhùmíng 상세히 주를 달다
漏洞 lòudòng 틈새 허점
弥补 míbǔ 보완하다

442　현기증이 날 정도다　令人头晕

한국은행은 지난해 유학 및 연수비용으로 빠져나간 돈이 44억 5000만 달러에 달했다고 밝혔다. 2001년 10억7000만 달러보다 4배 이상 늘어난 액수다. 가파른 증가속도에 현기증이 날 정도다.

해답 韩国央行公布，去年作为留学和进修费用流向海外的资金达44.5亿美元。该数字高达2001年(10.7亿美元)的4倍。如此高速的增长令人头晕。

Key words
进修 jìnxiū 연수하다　　头晕 tóuyūn 어지럽다

443　현대적 의미의　具有现代意味的

현대적 의미의 임상시험을 처음 실시한 사람은 동물실험을 통해 인위적으로 암 발생을 유도한 공로로 1926년 노벨 의학상을 받은 덴마크인 요하네스 피비게르(1867~1928)다.

해답 首次实施具有现代意味的临床试验的人是通过动物试验人为诱导癌症发生并因此获得1926年诺贝尔医学奖的丹麦人卓汉尼斯·菲比格(1867～1928年)。

Key words
实施 shíshī 실시하다　　诱导 yòudǎo 유도(하다)

444　현실적으로 TV를 안 보고 살기는 어렵다　在日常生活中,我们难以逃离"傻瓜箱"的诱惑

현실적으로 TV를 안 보고 살기는 어렵다. 하지만 이제는 TV에 얽매이고 중독된 상태에서 벗어나 TV를 주체적으로 활용하는 성숙한 시청문화를 확립해 나갈 때도 되었다.

해답 在日常生活中,我们难以逃离"傻瓜箱"的诱惑。我们应摆脱电视上瘾症，确立较为成熟的收视文化，以便做到我看电视我做主。

Key words
诱惑 yòuhuò 유혹하다　　摆脱 bǎituō 벗어나다

Part 2 문장으로 익히는 번역 테크닉

445 홍역을 치렀다　饱受~之苦

며칠 전 일본열도는 기상이변으로 인한 홍역을 치렀다. 도쿄(东京)는 기상관측사상 12월 중 가장 더운 날씨를 보인 반면 홋카이도(北海道)에는 폭설이 내렸다.

Key words

气候反常 qìhòu fǎncháng 기상이변　暴风雪 bàofēngxuě 폭설

해답｜日前日本列岛饱受了气候反常之苦。东京, 有气象观测记录以来, 12月份最高气温创下了历史纪录, 与此相反, 北海道, 却下了场暴风雪。

446 활성화될 전망이다　会逐渐活跃

내년부터 온실가스를 규제하는 교토의정서가 발효되면 온실가스 배출권 거래가 활성화될 전망이다.

Key words

生效 shēngxiào (효력을) 발생하다　活跃 huóyuè 활성화되다

해답｜限制温室气体排放的《京都议定书》于明年生效, 届时有关温室气体排放权的交易会逐渐活跃。

447 획기적이라 할 만하다　具有划时代的意义

황교수팀이 이룩한 성과는 획기적이라 할 만하다. 인류의 난치병 치료에 새 희망을 던진 것이다. 줄기세포 배양을 통해 파킨슨씨병, 뇌졸중, 치매, 척수손상, 당뇨병 등 난치병 치료의 길을 열었다고 할 수 있기 때문이다.

Key words

治愈 zhìyù 치유하다
帕金森氏症 Pàjīnsēnshì Zhèng 파킨슨씨병
痴呆 chīdāi 치매　脊髓 jǐsuǐ 척수

해답｜黄教授研究小组所取得的成果具有划时代的意义, 它为人类治愈疑难杂症提供了新的可能。因为它有助于治疗帕金森氏症、脑中风、痴呆、脊髓损伤和糖尿病等绝症。

448 횡령　贪污

일부 공무원은 시간외 수당을 눈먼 돈이나 임금 보전 수당 정도로 치부한다. 나랏돈을 횡령하고서도 죄의식은 커녕 부끄러움도 못 느끼는 공무원이 적지 않다.

Key words

津贴 jīntiē 수당　贪污 tānwū 횡령하다
羞愧 xiūkuì 부끄러워하다

해답｜部分公务员甚至把加班费当作"看不见的金钱"或"工资补充津贴", 并以此为生财之道。有不少公务员贪污国家公款, 却没有一点犯罪感, 甚至不感到羞愧。

449 효율적이고 체계적으로 대응하다　采取有效的有系统的对应措施

우리 스스로 역사를 잘 알고 있어야 중국의 고구려사 왜곡은 물론 일본의 역사 공세에도 효율적이고 체계적으로 대응할 수 있다.

Key words

系统 xìtǒng 체계　对应 duìyìng 대응하다

해답｜我们只有对本国历史充分了解, 才能对中国和日本的歪曲历史的行径采取有效的有系统的对应措施。

450 후속 조치들이 필요하다　留有许多善后工作

이번 합의에는 후속 조치들이 필요한 만큼 앞으로의 구체적인 이행 여부에 세계의 관심이 쏠리고 있다.

Key words

善后 shànhòu 사후처리를 적절히 하다
落实 luòshí 이행하다

해답　由于这次协议留有许多善后工作，因此全球媒体都将关注其落实情况。

451 흡연과 관련된 문제로 숨지다　死因与吸烟有关

우리나라에서는 연간 3만~3만5천명, 세계적으로는 500만명 가량이 흡연과 관련된 문제로 숨지는 것으로 집계된다.

Key words

年均 niánjūn 연평균　　吸烟 xī yān 흡연하다

해답　据统计，韩国年均有3万~3.5万人，全球年均有500万人的死因与吸烟有关。

452 힘의 균형을 깨뜨리다　破坏~国防均势

일본의 F22 무장이 지니게 될 의미는 다대하다. 우선 동북아에서 힘의 균형을 깨뜨릴 것으로 우려된다. 이는 이 지역 군비경쟁 가속화로 이어질 공산이 크다.

Key words

配备 pèibèi 장비하다
加快~速度 jiākuài ~ sùdù ~가속하다
竞赛 jìngsài 경쟁하다

해답　日本将配备F22隐形战机的影响巨大。首先，它有可能破坏东北亚地区的国防均势。而这会加快该地区军备竞赛的速度。

453 ~개에서~개로 늘다　从~增加到~

서울시 전자상거래센터에 따르면 인터넷 쇼핑몰이 2005년 3만 5048개에서 2006년 4만7736개로 늘면서 사기 피해도 5602건에서 9694건으로 늘었다고 한다.

Key words

透露 tòulù 드러내다　　诈骗 zhàpiàn 사기치다

해답　首尔市电子交易中心透露，网上购物中心从2005年的35048个增加到2006年的47736个，诈骗案也从5602件增加到9694件。

454 ~년 동안　相隔~年

인구 10만명당 자살자 수는 2002년 18.1명으로 10년 동안 2.23배 증가했다.

Key words

相隔 xiānggé 간격을 두다, ~만에

해답　2002年每10万人口中，自杀人数为18.1名，相隔10年增加了2.23倍。

Part 2 문장으로 익히는 번역 테크닉

455　~년 만의 최고치이다　创下~年以来的最高纪录

지난 2월 청년 실업률은 3년 만의 최고치인 9.1%를 기록, 새로운 악재 한가지를 더하고 있다.

Key words
失业率 shīyèlǜ 실업률　　利空 lìkōng 악재

해답 今年2月份青年失业率为9.1%，创下了3年以来的最高纪录，这又增加了一个利空消息。

456　~년 수준보다　在~年的基础上

의정서에 따르면 선진 38개국들은 2012년까지 온실가스 배출량을 1990년 수준보다 평균 5.2%(EU 8%, 미국 7%, 일본 6% 등)를 감축해야 한다.

Key words
减少 jiǎnshǎo 감소하다　　排放量 páifàngliàng 배출량

해답 该议定书规定，38个发达成员国均有义务在2012年以前将温室气体排放量在1990年的基础上平均减少5.2%(欧盟8%、美国7%、日本6%等)。

457　~년에 한 번씩　每隔~年

5년에 한 번씩은 '실리콘밸리'는 죽었다식의 보도가 나오고 2000년 IT 버블 붕괴 때 실제로 잠시 주춤하기도 했다. 그래도 그 넓은 미국 대륙에서 두뇌와 기업, 자본이 지금도 실리콘밸리로 몰려든다. 그것도 자발적으로!

Key words
硅谷 Guīgǔ 실리콘밸리
泡沫破灭 pàomò pòmiè 버블 붕괴
幅员辽阔 fúyuán liáokuò 영토가 넓은

해답 每隔5年就会出现一次"硅谷已死"的报道。2000年IT泡沫破灭时，曾有一段时间硅谷的确面临过困难。但在幅员辽阔的美国大陆，优秀的人才、企业、资本仍不断涌入硅谷，而且还是自发性的！

458　~들로 구성된　由~人组成

유엔의 개혁을 위해 각국 명망가들로 구성된 16인 고위급 자문위원회가 선제공격을 허용하는 내용의 보고서를 내놓은 것은 주목할 만하다.

Key words
打击 dǎjī 치다, 공격하다　　瞩目 zhǔmù 주목하다

해답 由16人组成的联合国改革名人小组日前公布报告允许"先发制人"的打击，令人瞩目。

459　~라고 가정했을 때　假设~

현재 상태의 이산화탄소 배출률이 지속된다라고 가정했을 때 기후 모델은 2100년의 전 지구 평균 기온이 지금보다 약 3.5도 상승할 것으로 예측하고 있다.

Key words
假设 jiǎshè 가정하다　　排放量 páifàngliàng 배출량

해답 假设目前的二氧化碳排放量维持不变，估计到2100年全球平均气温将比现在高出3.5摄氏度。

460 ~라는 기치를 걸다　高举~旗帜

1980년대 초 디지털 인쇄술을 연구할 때만 해도 디지털 혁명의 선봉에 서있던 그가 이제 '정보 환경주의'라는 기치를 걸고 디지털 견제자로 나섰다.

해답 他在20世纪80年代初研究数字印刷术的时候曾是数字化革命的先锋，如今却高举"信息环保主义"的旗帜抵制数字化。

Key words

先锋 xiānfēng 선봉　　高举 gāojǔ 높이들다
旗帜 qízhì 기치　　数字化 shùzìhuà 디지털화

---

461 ~로 만들자고 호소하다　呼吁~将~定为

펠로시 의장은 독립기념일인 올해 7월 4일을 에너지 족쇄로부터 해방되는 에너지 독립기념일로 만들자고 호소했다.

해답 佩洛西主席呼吁将今年的独立纪念日7月4日定为摆脱"能源枷锁"的能源独立纪念日。

Key words

呼吁 hūyù 호소하다　　摆脱 bǎituō 벗어나다
枷锁 jiāsuǒ 멍에

---

462 ~로 불리다　素以~著称

다보스 포럼은 국제적 명사들의 사교장으로 불려왔다. 이곳에서 환경 문제가 주요 테마로 다뤄진 것은 의미 있는 일이다.

해답 达沃斯论坛素以国际知名人士的交际场合而著称。鉴于此，环境问题成为主要议题是有意义的。

Key words

达沃斯论坛 Dáwòsī Lùntán 다보스포럼
素以~著称 sù yǐ ~ zhùchēng 평소에 ~로유명하다

---

463 ~만 한정되지 않는다　并不局限于~

그러나 마른 몸매 선호에 따른 부작용이 모델들에게만 한정되지 않는다는 데 더 큰 문제가 있다.

해답 但问题的关键在于，由于他们偏好苗条的身材而产生的负面作用并不局限于模特儿。

Key words

偏好 piānhào 선호하다　　苗条 miáotiao 날씬하다

---

464 ~명이 은퇴 노인 ~명을 부양하고 있지만　每~名经济活动人口抚养~名退休老人

지금은 경제활동인구 9명이 은퇴 노인 1명을 부양하고 있지만 20년 후 그 비율은 '4대1'이 된다.

해답 目前，每9名经济活动人口抚养1名退休老人，但在20年后其比率将达到"4比1"。

Key words

抚养 fǔyǎng 부양하다　　退休 tuìxiū 은퇴, 퇴직

Part 2 문장으로 익히는 번역 테크닉

465 ~명 중 ~명꼴로 每~名~中有~名

초등학교 어린이가 4명중 1명꼴로 정서 또는 행동 문제가 있다는 보건복지부의 발표는 자못 충격적이다.

Key words
大吃一惊 dà chī yī jīng 매우 놀라다

해답 保健福祉部公布的每4名小学生中有1名在情绪或行为方面有问题的报告，令人大吃一惊。

466 ~배나 높다 高出~倍

중국산 김치 10종에 대한 중금속 검사(서울시 보건환경연구원)에서 납 함유량은 중국산이 국산보다 3~5배나 높았다.

Key words
泡菜 pàocài 김치   重金属 zhòng jīnshǔ 중금속

해답 首尔市保健环境研究院对10种中国产泡菜进行检查的结果是其重金属含量比国产泡菜高出3~5倍。

467 ~보다는 ~해야 할 것이다 与其~倒不如~

해외 자원개발 부문에 대해서는 1년 주기 경영평가에 의한 단기간의 실적평가보다는 3~5년 주기의 평가가 바람직할 것이고, 이들 기관들이 철저한 위험관리를 하도록 감독해야 할 것이다.

Key words
督促 dūcù 감독하고 독촉하다   周期 zhōuqī 주기

해답 就境外资源开发部门而言，与其对其进行以1年为经营周期的短期业绩评价，倒不如对其进行以3~5年为周期的长期业绩评价，并时刻督促它们进行全面的风险管理。

468 ~세기 안에 在~世纪以内

과학자들은 지금 같은 규모로 이산화탄소가 배출될 경우 21세기 안에 지구 기온이 26도 올라갈 것으로 전망한다.

Key words
预测 yùcè 예측하다   摄氏 shèshì 섭씨

해답 据科学家预测，如果目前的二氧化碳排放量维持不变，那么在21世纪以内，地球气温将上升26摄氏度。

469 ~세기에 시작되었다 直到~世纪才开始

사형제도의 정당성을 둘러싼 본격적 논란은 서구에서는 18세기에 시작되었다.

Key words
死刑 sǐxíng 사형

해답 西方国家，直到18世纪才开始正式围绕死刑制度是否正当展开讨论。

470 ~시대에 살고 있다 生活在~时代

우리는 지금 인터넷과 정보통신기술의 발달로 세계는 평평하다는 말이 나올 만큼 세계화, 개방화된 시대에 살고 있다. 한미 FTA도 이런 시대를 살아가는 하나의 방편이다. 반대야 할 수 있지만 이를 놓고 나라를 팔아먹는다고 하는 것은 지나치다.

해답 互联网和信息通讯技术的发展，使我们生活在堪称"世界是平的"的全球化、开放化时代。韩美FTA也是在这样的时代生存下去的一个

Key words

互联网 hùliánwǎng 인터넷   卖国 mài guó 매국

手段。你可以反对，但不能骂政府"卖国"。

471 ~에 관한 금언은 수없이 많다   关于~的名言不胜枚举

결혼에 관한 금언은 수없이 많다. 결혼은 새장과 같다. 바깥에 있는 것은 필사적으로 안에 들어가려고 하고 안에 있는 것 역시 필사적으로 벗어나려고 한다고 말한 사람은 몽테뉴다.

해답   关于婚姻的名言不胜枚举。法国著名思想家蒙田曾说；婚姻好比鸟笼，外面的鸟想进进不去，里面的鸟儿想出出不来。

Key words

不胜枚举 bù shèng méi jǔ 일일이 다 헤아릴 수 없다
好比 hǎobǐ 마치 ~와 같다

472 ~에 관한 언급은 한마디도 없었다   对~只字未提

노무현 대통령의 새해 국정연설에서도 자원 확보의 절박성에 관한 언급은 한마디도 없었다. 세계는 자원 확보를 위해 전쟁을 벌이고 있는데 석유 한 방울 나지 않는 우리나라 정부는 팔짱을 끼고 구경만 하고 있는 꼴이다.

해답   卢武铉总统在新年国情演说时对资源确保的紧迫性只字未提。这等于世界各国为了资源确保而进行你死我活的竟争时，身为非产油国的我国却在袖手旁观。

Key words

紧迫 jǐnpò 긴박하다
袖手旁观 xiù shǒu páng guān 수수방관

473 ~에 대해 다양한 평가가 나오고 있다   对~褒贬不一

그제 처음 실시된 초·중·고 토요휴업에 대해 다양한 평가가 나오고 있다.

해답   人们对前天开始实施的中小学5天学习制褒贬不一。

Key words

褒贬 bāobiǎn 좋고 나쁜 것을 평가하다

474 ~에 대해서는 당연히 법에 따른 처벌이 있어야 한다   应~对~严惩不贷

앞으로도 특정인의 인격을 말살하고 심각하게 명예를 훼손하는 악플에 대해서는 당연히 법에 따른 처벌이 있어야 한다.

해답   今后应将对抹煞诋毁特定人士的人格的恶性帖子严惩不贷。

Key words

抹煞 mǒshā 말살하다   诋毁 dǐhuǐ 혈뜯다
严惩不贷 yán chéng bù dài 가차없다

475 ~에서 비롯된다   归咎于~

저출산에 대한 헛다리 대책은 문제의 원인을 제대로 파악하지 못한 데서 비롯된다.

해답   由政府出台的有关解决低生育率问题的政策屡遭失败，这应归咎于

Part 2 문장으로 익히는 번역 테크닉

Key words
屡遭失败 lǚzāo shībài 여러 차례 실패하다
归咎于 guījiù yú ~탓이다

它没能全面了解问题的成因。

476 ~에서 실마리를 찾을 수 있다 可以从~中找到~端倪

평범한 이들이 왜 이처럼 엄청난 일을 꾀했겠는가를 따져보는 데서, 테러를 줄일 실마리를 찾을 수 있다고 본다.

해답 我们可以从寻找他们为何犯下如此严重罪行的原因的过程中找到减少恐怖袭击的端倪。

Key words
恐怖袭击 kǒngbùxíjī 테러   端倪 duānní 실마리

477 ~에서 ~km 떨어진 距离~公里的

광릉 국립수목원에서 1km 떨어진 숲에서 잣나무 두 그루가 재선충에 감염된 사실이 확인됐다. 잣나무에 붙은 재선충은 세계적으로 처음 발견됐다.

해답 在距离光陵国立植物园1公里的树林里发现两棵红松感染了松材线虫。这在世界上尚属首例。

Key words
红松 hóngsōng 잣나무   材线虫 cáixiànchóng 재선충

478 ~에 적합하다 适合于~

결명자차는 간화항성형(肝火亢盛型) 고혈압병, 고지혈증 환자에게 적합하며 합병증으로 변비가 있는 환자에게 좋다.

해답 决明子茶既适合于肝火亢盛型高血压、高血脂症患者, 也能治疗因并发症引起的便秘。

Key words
决明子 juémíngzi 결명자   高血脂症 gāoxuèzhīzhèng 고지혈증

479 ~와 ~가 겹쳐 ~和~同时出现

올해는 지구온난화와 엘니뇨현상이 겹쳐 1998년의 기록을 깨고 기상관측 사상 가장 뜨거운 해가 될 것이라고 영국 기상청이 발표했다.

해답 英国气象厅公布称, 今年将打破1998年的纪录, 成为气象观测史上最热的一年, 地球变暖和厄尔尼诺现象将同时出现。

Key words
打破~纪录 dǎpò ~ jìlù 기록을 깨다
厄尔尼诺现象 È'ěrnínuò xiànxiàng 엘니뇨현상

480 ~와는 달리 有别于~

영화는 일반 공산품과는 달리, 한 민족의 역사와 정신이 담긴 문화 영역에 속한다.

해답 电影是包含一个民族的历史和灵魂的文化载体, 有别于一般的工业产品。

Key words
包含 bāohán 포함하다   灵魂 línghún 영혼

481　~와 중복되는　赶上~

현재 우리나라의 연간 공휴일은 토.일요일과 중복되는 경우를 빼면 평균 10.3일이다.

Key words
公休日 gōngxiūrì 공휴일

해답 现在我国公休日除了赶上周末以外，年均日数为10.3日。

482　~와 크게 다르다　与~大相径庭

이들의 시각과 주장은 성매매 근절을 주도해온 여성단체들과 크게 다르다.

Key words
主张 zhǔzhāng 주장　　根除 gēnchú 뿌리뽑다
大相径庭 dà xiāng jìng tíng 현저하게 큰 차이가 있다

해답 他们的观点和主张与一直倡导根除性买卖的妇女组织大相径庭。

483　~월 현재　截至~月底

6월 현재 청년 실업자 수는 전체 실업자의 절반인 38만7천명으로 청년 실업률은 7.8%에 달했다. 전체 실업률 보다 2.4배 높다.

Key words
截至 jiézhì 마감하다, 일단락 짓다

해답 截至6月底，青年失业率为7.8%，人数为38.7万人，占总失业人数的一半，比总失业率高出2.4倍。

484　~위 안에 들다　名列前~位

중국이 1조2020억 달러의 외환보유액으로 세계 1위이고, 일본(2위. 9090억 달러)과 한국(5위. 2439억 달러) 등 아시아 7개국이 외환보유액 10위 안에 들어 있다.

Key words
外汇储备 wàihuì chǔbèi 외환보유액
分别 fēnbié 각각, 따로따로

해답 就外汇储备而言，中国、日本和韩国分别以1.2020万亿美元、9090亿美元和2439亿美元占世界第一位、第二位和第五位，共有7个亚洲国家名列前十位。

485　~으로 불리다　素有 ~ 之称

해양성기후인 제주도는 한국의 하와이로 불린다.

Key words
夏威夷 Xiàwēiyí 하와이

해답 海洋性气候的济州岛素有"韩国夏威夷"之称。

486　~을 가리켜 ~라 부른다　称~为~

중국을 가리켜 산업의 블랙홀이라고 부른다.

해답 人们称中国为工业的黑洞。

Part 2 문장으로 익히는 번역 테크닉

Key words

称~为~ chēng ~ wéi ~를 ~라고 부른다
黑洞 hēidòng 블랙홀

487 ~을 고려하다 鉴于~

화석연료의 고갈 가능성과 온실가스 배출 문제를 고려할 때 대체에너지 개발도 국가적 전략 마련이 시급한 문제다.

해답 | 鉴于化石燃料有可能枯竭和温室气体的排放问题, 应尽早确立国家战略, 发展替代能源。

Key words

鉴于 jiànyú ~에 비추어 보아
枯竭 kūjié 고갈되다

488 ~을 추월하는 날은 더 앞당겨질 수 있다 赶超的日子将会提前

중국이 지금처럼 첨단기업의 유치와 인수를 통해 기술경쟁력까지 확보해간다면 우리나라를 추월하는 날은 더 앞당겨질 수 있다.

해답 | 如果中国像现在一样继续通过引进或并购高科技企业来确保技术优势, 那么, 赶超我国的日子将会提前。

Key words

如果~那么 rúguǒ~nàme 만약~라면
确保 quèbǎo 확보하다
优势 yōushì 우세   赶超 gǎnchāo 따라잡다

489 ~의 목소리가 완전히 사라지지 않다 仍有人高声抗议

이번 작전에도 불구하고 여전히 미군기지 평택 이전에 반대하는 목소리가 완전히 사라지지 않은 것이 현실이다.

해답 | 虽然行动已结束, 但仍有人高声抗议驻韩美军基地迁移到平泽。

Key words

驻韩美军 zhù Hán Měijūn 주한미군
迁移 qiānyí 이전하다

490 ~인 것 임에 틀림없다 有种种迹象表明~

미국은 중국에서 위안화 평가절상, 궁극적으로는 변동환율제 이행이라는 성과를 얻어낼 때까지 압박 수위를 높일 것임에 틀림없다.

해답 | 有种种迹象表明, 美国将继续对中国施压, 直到换取中国实施人民币升值, 并过渡到浮动汇率制。

Key words

迹象 jìxiàng 조짐   换取 huànqǔ 바꾸어 가지다

491 ~전쟁 ~년이 되는 오늘 今天是~战争~周年纪念日

6·25 전쟁 55년이 되는 오늘, 다시 한번 나라를 위해 헌신하신 분들의 고귀한 정신을 되새기고 새로운 도약의 의지를 다지는 계기로 삼아야겠다.

해답 | 今天是韩国战争55周年纪念日, 我们应缅怀那些为国献身的先辈的宝贵精神, 并以此为契机实现新的飞跃。

Key words

缅怀 miǎnhuái 회고하다
献身 xiànshēn 헌신하다
飞跃 fēiyuè 비약하다

492　~제도를 도입하다　引进~制度

학교폭력으로부터 학생들을 보호하기 위해 일선 학교에 전직 경찰이 상주하는 '스쿨폴리스(School Police)' 제도가 부산에서 도입된다고 한다.

해답 | 据悉, 釜山将引进委派退任警察常驻学校的所谓"校警制度", 以便让校园远离暴力。

Key words

常驻 chángzhù 상주하다
校园暴力 xiàoyuán bàolì 학교폭력

493　'~주홍글씨'의 낙인이 찍히다　被打上"~红字"的烙印

인터넷은 지하철에서 애완견을 데리고 다니는 등 사회규범 위반에 대한 초법적인 강제력을 발휘했다. 반면 당사자는 순간의 잘못으로 평생 '디지털 주홍글씨'의 낙인을 안고 살아가야 할 판이다.

해답 | 因特网对包括带宠物狗坐地铁等违反社会规范的行为发挥了超然于法律的谴责作用。与此相反, 当事人有可能"一失足成千古恨", 被打上"数码红字"的烙印。

Key words

宠物狗 chǒngwùgǒu 애완견
一失足成千古恨 yī shīzú chéng qiāngǔhèn 한 번 착오를 범하면, 천 년의 한으로 남는다
烙印 làoyìn 낙인

494　~차원에서만 접근해서는 안 된다　不应仅从~角度看待问题

중요한 것은 이같은 현상에 대해 원화강세에만 주목하거나 국제수지 관리차원에서만 접근해서는 안 된다는 점이다.

해답 | 值得重视的是针对该现象的产生, 不应仅关注韩元坚挺, 或仅从控制国际收支的角度看待问题。

Key words

针对 zhēnduì 겨누다, 대하다
坚挺 jiāntǐng 굳세고 힘있다
收支 shōuzhī 수지

495　~%를 웃돌 전망이다　估计~高于~%

자동차 시장에서 하이브리드카 판매 비중은 1.6%에 그치지만 2010년에는 10%를 웃돌 전망이다.

해답 | 虽然在汽车市场上混合动力电动车的销售份额只占1.6%, 但估计在2010年会高于10%。

Key words

销售 xiāoshòu 판매하다
混合动力电动车 hùnhé dònglì diàndòngchē 하이브리드카

145

Part 2 문장으로 익히는 번역 테크닉

496 ~하는 데만 급급하다 急于~

저출산 때문에 자칫 국가가 소멸될지도 모른다는 위기감은 출산율을 높이는 데만 급급한 대책으로 이어질 수 있다.

Key words

促使 cùshǐ 재촉하다   崩溃 bēngkuì 붕괴하다

해답 低生育率会让国家面临崩溃的危机感有可能促使**急于**提高生育率的短视政策的出台。

497 ~하지 않고서는 除非~否则

고도성장의 모순과 그늘을 해결하지 않고서는 더 이상의 지속적인 발전이 어렵다.

Key words

除非 chúfēi 오직~해야만 하다
衍生 yǎnshēng 파생하다
谈何容易 tánhé róngyì 말처럼 쉬운 것은 아니다

해답 **除非**消除由高增长衍生的矛盾阴影，**否则**可持续的发展谈何容易。

498 ~하지 않더라도 暂且不说~

바벨탑을 은유하지 않더라도 지상의 모든 민족과 언어가 평등하게 공존하는 것이 이상적이지만, 현실은 그렇지 못하다.

Key words

暂且 zànqiě 잠시
巴别通天塔 Bābié Tōngtiāntǎ 바벨탑

해답 **暂且不说**"巴别通天塔"，最为理想的状态是世界的所有民族和语言平等共处，但现实并非如此。

499 ~한 가정에서 태어났다 出生于~家庭

이코노미스트지는 연봉 7만5000달러 이상을 버는 계층의 92%는 양친이 있는 가정에서 태어난 반면 1만5000달러 이하를 버는 저소득층은 20%만이 부모가 있는 가정에서 태어났다고 지적했다.

Key words

《经济学人》Jīngjì Xuérén 이코노미스트
年薪 niánxīn 연봉

해답 《经济学人》指出，年薪达到7.5万美元以上的阶层中，92%的人**出生于双亲家庭**，而年薪低于1.5万美元的低收入层中，只有20%的人**出生于双亲家庭**。

500 ~할 단계는 이미 지났다 ~的时代已成为历史了

우리는 포털들이 이번 판결을 계기로 획기적으로 바뀌길 기대한다. 표현의 자유나 댓글 확인상의 어려움을 토로하며 방치할 단계는 이미 지났다고 본다.

Key words

门户网站 ménhù wǎngzhàn 포털사이트
以~为契机 yǐ ~ wéi qìjī ~을 계기로
脱胎换骨 tuō tāi huàn gǔ 환골탈태하다

해답 我们希望各家门户网站能够以此次判决为契机脱胎换骨。我认为以表现的自由或难以确认打帖内容为借口**的时代已成为历史了**。

부록

빈출 **사자성어**
1000

001 挨家挨户 āi jiā āi hù 집집마다
- 【近】挨家逐户 挨门挨户 挨门逐户
- 【反】茫无头绪
- 【例】这样一家两家一勺两勺地攒起来，只要腿脚不懒，挨家挨户地走去，积少成多，一天所得，数量也相当可观。집집마다 한 국자, 두 국자씩 모으면서 부지런히 한 집 두 집 다니다 보면 티끌 모아 태산격으로 하루의 소득량이 아주 많아진다.

002 爱不释手 ài bù shì shǒu
너무 좋아해서 항상 들고 다니다
- 【近】爱不忍释
- 【反】不屑一顾 弃若敝屣
- 【例】他对自己的新袖珍录音机爱不释手。그는 자기의 휴대용 녹음기를 너무 좋아해서 항상 들고 다닌다.

003 安分守己 ān fèn shǒu jǐ 자기 분수를 지키다.
- 【近】循规蹈矩
- 【反】横行霸道 惹是生非 违法乱纪 为非作歹
- 【例】还是安分守己做做工吧。그래도 분수를 지키며 일을 하자.

004 安家落户 ān jiā luò hù 정착하다.
- 【近】落地生根 安家立业 安营扎寨
- 【反】萍踪浪迹 漂泊不定 流离失所
- 【例】毕业后他在中国安家落户，寻求发展。그는 졸업 후 중국에 정착하여 발전을 모색했다.

005 安居乐业 ān jū lè yè 평안히 살면서 즐겁게 일하다.
- 【近】国泰民安 丰衣足食
- 【反】民不聊生 水深火热
- 【例】让老百姓安居乐业是政府的首要目标之一。국민들로 하여금 평안히 살면서 즐겁게 일하게 하는 것이 정부의 가장 중요한 목표 중에 하나이다.

006 安然无恙 ān rán wú yàng 무사하다.
- 【近】平安无事 安然无事 安然如故
- 【反】九死一生 在劫难逃 危在旦夕
- 【例】我们感到惊异的是他们竟安然无恙地逃离了车祸。우리가 놀랍게 여긴 것은 그들이 뜻밖에 무사히 교통사고를 피했다는 것이다.

007 按部就班 àn bù jiù bān
순서대로 규정에 따라 하나하나 진행해가다.
- 【近】循序渐进 墨守成规
- 【反】杂乱无章 闻风而动
- 【例】按部就班，循序渐进地工作。일을 순서대로 규정에 따라 하나하나 진행해가다.

008 按劳分配 àn láo fēn pèi 일한 만큼 분배해주다.
- 【参】各尽所能 按劳分配
- 【例】我们应妥善解决按劳分配和按资分配的矛盾。우리는 일한 만큼 분배해주는 것과 투자한 만큼 분배해주는 것의 모순을 적절히 해결해야 한다.

009 拔苗助长 bá miáo zhù zhǎng
급하게 일을 서두르다 오히려 그르치다.
- 【近】揠苗助长 急功近利
- 【反】瓜熟蒂落 水到渠成 按部就班
- 【例】他指出保险教育是不可能短期内培养出中高层人才的，拔苗助长不符合实际。그는 보험교육은 단기간에 중고급 인재를 길러낼 수 없으니 서두르는 것은 실질적이지 못하다고 지적했다.

010 白头偕老 bái tóu xié lǎo 백년해로
- 【近】白头到老 白头相守 【反】分道扬镳
- 【例】他能否成为我的丈夫，或者能否和我白头偕老，我实在没有把握。그가 나의 남편이 될 수 있는지 혹은 나와 백년해로 할 수 있는지 나는 실로 자신이 없다.

011 百花齐放 bǎi huā qí fàng
백화제방. 많은 꽃이 한꺼번에 핌
- 【近】万紫千红 姹紫嫣红
- 【反】残花败柳 一花独放
- 【例】我希望看到国内厂商致力原创事业，产品类型百花齐放的现象。나는 국내 업체들이 개발사업에 주력하여 상품유형이 다양해지는 현상을 보고 싶다.

012 百家争鸣 bǎi jiā zhēng míng
백가쟁명. 많은 학자 등의 활발한 논쟁
- 【近】各抒己见 畅所欲言
- 【反】噤若寒蝉 强求一律 一家之言
- 【例】国学论坛不分门派，各种不同见解都可以讲，应该真正做到百家争鸣。국학포럼은 문파를 나누지 않고 서로 다른 각종 견해를 모두 이야기 할 수 있으니 진정한 백가쟁명을 했다고 할 수 있다.

013 百里挑一 bǎi lǐ tiāo yī
드물다. 희귀하다. 경쟁이 치열하다.

【近】数一数二 凤毛麟角 出类拔萃
【反】比比皆是 俯拾即是 多如牛毛
【例】百里挑一的竞争，多大的人才和物质浪费啊！ 이렇게 치열한 경쟁은 얼마나 많은 인재와 물질의 낭비인가!

014 百年大计 bǎi nián dà jì 백년대계

【近】长计远虑 千秋大业 【反】权宜之计
【例】城市建设是百年大计，千年大计。 도시건설은 백년대계, 천년대계이다.

015 百折不挠 bǎi zhé bù náo 백절불굴

【近】百折不回 不屈不挠 坚韧不拔
【反】知难而退 一蹶不振 半途而废
【例】韩国人以百折不挠的精神闻名于世。 한국사람의 백절불굴의 정신은 세계적으로 유명하다.

016 班门弄斧 bān mén nòng fǔ 공자 앞에서 문자 쓰다

【近】布鼓雷门 贻笑大方
【反】虚怀若谷 自知之明 知人之明
【例】他在火箭专家面前班门弄斧，真是不知天高地厚。 그는 세상 넓은 줄 모르고 로켓전문가 앞에서 아는 체 했다.

017 半壁江山 bàn bì jiāng shān
국토의 반. 반 동강이 국토

【近】半壁河山 【反】一统天下 一统河山 金瓯无缺
【例】他设计的系列男装很快便占领了法国男装市场的半壁江山。 그가 디자인한 남성복 시리즈가 얼마되지 않아 프랑스 남성복 시장의 절반 이상을 점령했다.

018 半斤八两 bàn jīn bā liǎng 도토리 키 재기

【近】旗鼓相当 不相上下 平分秋色
【反】截然不同 大相径庭 天差地远
【例】我看，你们俩的能力只不过半斤八两而已。 내가 보기엔 너희들 둘의 능력은 고만고만 해.

019 半途而废 bàn tú ér fèi 중간에 그만두다

【近】功亏一篑 有始无终 浅尝辄止
【反】滴水穿石 持之以恒 坚持不懈 锲而不舍
【例】不管困难多大，他们也不会半途而废。 아무리 커다란 어려움이 있더라도 그들은 결코 중도에 포기하지 않을 것이다.

020 半信半疑 bàn xìn bàn yí 반신반의하다.

【近】将信将疑 疑信参半
【反】坚信不疑 自信不疑 无可置疑
【例】以前都只是猜测，我总是半信半疑的，这下子他亲口承认了，我也绝望了。 이전엔 단지 추측만 하면서 항상 반신반의 했었다. 이번에 그가 자기 입으로 직접 인정하자 난 희망을 잃었다.

021 暴风骤雨 bào fēng zhòu yǔ 폭풍우

【近】狂风暴雨 急风暴雨
【反】和风细雨 东风化雨
【例】在东南沿海地区，突如其来的暴风骤雨是常见的。 남동 연해 지역에서는 갑자기 나타나는 폭풍우를 자주 볼 수 있다.

022 杯盘狼藉 bēi pán láng jí
그릇 등이 어지럽게 널려있다.

【近】杂乱无章 乱七八糟
【反】井然有序 井井有条
【例】酒足饭饱、剔牙打嗝时，桌上已杯盘狼藉，剩下的菜从来不打包。 술과 음식으로 배를 채운 뒤, 이도 쑤시고 트림도 했다. 탁자 위는 이미 잔과 그릇이 어지럽게 널려 있었고, 남은 음식은 한 번도 챙겨간 적이 없었다.

023 背道而驰 bèi dào ér chí 서로 반대 방향으로 가다.

【近】南辕北辙 适得其反 北辕适楚
【反】并肩前进 志同道合 如出一辙 并驾齐驱
【例】这是开历史倒车，是与两国国民的愿望背道而驰的。 이것은 역사를 역행하는 것으로 양국 국민의 바람과는 반대되는 일이다.

024 背信弃义 bèi xìn qì yì 신의를 저버리다.

【近】见利忘义 自食其言 言而无信
【反】一诺千金 恪守不渝
【例】他很有正义感，鄙视那些背信弃义的人。 그는 정의감으로 넘치는 사람이어서 그런 신의를 저버리는 사람들을 경멸한다.

025 本末倒置 běn mò dào zhì 본말이 전도되다.

【近】轻重倒置 舍本逐末
【反】以一持万 本末相顺
【例】如果你设定某个奖项作为奋斗的目标，那就可能有点本末倒置了。 네가 상장을 위해 노력한다면 그것은 앞뒤가 뒤바뀐 것이다.

026 比比皆是 bǐ bǐ jiē shì
모든 것이 다 그러하다. 이런 것들이 널리고 널렸다.

【近】俯拾即是 比比皆然 举目皆是
【反】盖世无双 寥寥无几 屈指可数 寥若晨星
【例】很多厂家因运输问题导致不能正常发货的情况比比皆是。 운송 문제로 정상적인 상품 출하를 못하게 된 상황을 겪은 업체들이 널리고 널렸다.

027 避重就轻 bì zhòng jiù qīng
어려운 것은 피하고 쉬운 일만 하려고 하다.

【近】避难就易 避实就虚 避实击虚
【反】知难而进
【例】本地媒体把焦点对准示威游行，避重就轻。 현지 언론은 문제의 핵심을 시위로만 몰아가며 쉽게 가려고 한다.

028 鞭长莫及 biān cháng mò jí
역량이 미치지 못함을 비유

【近】爱莫能助 力不从心 鞭长不及
【反】不在话下 绰绰有余
【例】这个村离政府二三十公里，又不通公路，政府部门鞭长莫及。 이 마을은 관공서에서 2, 30킬로미터 떨어져 있고 도로도 나있지 않아서 정부측의 손길이 닿지 못한다.

029 变化无常 biàn huà wú cháng
변화무쌍하다.

【近】变化多端 变化莫测 变幻莫测
【反】一成不变 原封不动 依然如故
【例】你不能再这样变化无常了，最好现在就拿定主意！ 넌 더 이상 이렇게 변덕을 부려서는 안 돼. 지금 바로 결정해!

030 别出心裁 bié chū xīn cái
기발한 생각, 남달리 새로운 것을 생각해 내다.

【近】别开生面 标新立异 独出心裁
【反】毫无新意 如出一辙
【例】如果说悉尼奥运会的火炬传递给人一种别出心裁的感觉的话，悉尼奥运会的开幕式则完全是给人一种耳目一新的感觉。 만약 시드니 올림픽의 성화 봉송이 사람들에게 독특한 느낌을 주었다면 시드니 올림픽의 개막식은 완전히 새로운 느낌을 주었다.

031 别具一格 bié jù yī gé 독특한 품격을 갖추다.

【近】标新立异 别开生面 别有风味
【反】如出一辙 千篇一律 依样葫芦
【例】除了美味之外，别具一格的包装也是韩国零食讨人喜爱的一大原因。 맛 말고도 독특한 포장 또한 한국의 먹거리가 사랑받는 주요한 원인이기도 하다.

032 别无选择 bié wú xuǎn zé 별 다른 선택이 없다.

【例】除了跟她结婚，别无选择。 그녀와 결혼하는 것 외에 뾰족한 수가 없다.

033 别有用心 bié yǒu yòng xīn
다른 생각을 품고 있다. 꿍꿍이속이 있다.

【近】居心叵测 包藏祸心 心怀叵测
【反】襟怀坦白 光明磊落 光明正大
【例】互联网这个自由世界，导致一些别有用心的人利用网络缺陷去攻击网民。 인터넷이라는 이 자유로운 세계로 인해 일부 꿍꿍이속이 있는 사람이 네트워크 결함을 이용하여 네티즌을 공격하게 하는 결과를 낳았다.

034 宾至如归 bīn zhì rú guī
내집에 온 것 같은 환대를 받다.

【近】亲如家人 满腔热情 无微不至
【反】冷若冰霜 漠不关心
【例】酒店服务员招待热情，服务周到，旅客都有宾至如归的感觉。 호텔 종업원들의 친절한 접대와 세심한 서비스로 인해 관광객들은 모두 자기 집에 있는 것처럼 편했다.

035 冰冻三尺，非一日之寒
bīng dòng sān chǐ, fēi yī rì zhī hán
하루 이틀 사이에 된 것이 아니다.

【近】滴水穿石 铁杵磨针 【反】浅尝辄止
【例】将会由谁来收拾这个烂摊子，冰冻三尺，并非一日之寒。 앞으로 누가 와서 이 난장판을 수습할런지, 하루 이틀 사이에 이렇게 엉망이 되진 않았을 텐데…

036 不辞而别 bù cí ér bié 작별인사도 없이 떠나다.

【近】逃之夭夭 溜之大吉 【反】不速之客
【例】父亲突发间歇性精神病，饱受折磨的母亲不辞而别。 아버지의 간헐성 정신병이 갑자기 발병하자, 이미 지칠대로 지친 어머니는 말없이 떠나버리셨다.

037 不二法门 bù èr fǎ mén 유일한 방법. 최상의 방법

【近】必由之路 独一无二
【反】歪门邪道 左道旁门
【例】"阳光政策"被认为是南北韩实现和平统一的

不二法门。 햇볕 정책은 남북 통일을 실현하는 데 있어 최상의 방법으로 여겨지고 있다.

038 **不合时宜** bù hé shí yí
시기에 적합하지 않다. 시대착오이다.

【近】不合时尚 陈词滥调 【反】因时制宜
【예】中国已经承认马列思想**不合时宜**，不适于中国大陆经济发展之用。 중국은 이미 마르크스 레닌 사상이 시대에 맞지 않으며 중국 대륙의 경제 발전에 쓰여지기 적합하지 않다는 사실을 인정했다.

039 **不欢而散** bù huān ér sàn 안 좋게 헤어지다.

【近】妻离子散 一哄而散
【反】济济一堂 欢聚一堂
【예】两个原本非常亲密的朋友，却因为一句无意的话而弄得**不欢而散**。 원래 아주 친하던 두 친구가 무심코 한 말로 인해 안 좋게 헤어졌다.

040 **不慌不忙** bù huāng bù máng
당황하거나 서두르지 않다.

【近】从容不迫 【反】惊惶失措 张皇失措
【예】她工作时有条有理**不慌不忙**。 그는 체계적으로 일을 하며 당황하거나 서두르지 않는다.

041 **不计其数** bù jì qí shù 아주 많다. 부지기수

【近】不胜枚举 不可胜数 不一而足
【反】寥寥无几 屈指可数 凤毛麟角
【예】关于这个题目的书籍多得**不计其数**。 이러한 제목과 관련된 서적이 부지기수다.

042 **不见经传** bù jiàn jīng zhuàn
경전에 보이지 않다. 유명하지 않다.

【近】无声无息 默默无闻 无名鼠辈
【反】家喻户晓 赫赫有功 大名鼎鼎 尽人皆知
【예】从"**名不见经传**"到"蜚声海外" 무명에서 해외에서 유명해지기까지

043 **不解之缘** bù jiě zhī yuán 떼려야 뗄 수 없는 인연

【近】难解难分 唇齿相依 藕断丝连
【反】一刀两断
【예】自从第一款Anycall手机诞生以来，时尚便与手机结下了**不解之缘**。 첫 번째 Anycall 핸드폰이 탄생한 이래 유행은 핸드폰과 떼려야 뗄 수 없는 인연을 맺었다

044 **不拘一格** bù jū yī gé
격식에 구애 받지 않다.

【近】形形色色 五花八门
【反】如出一辙 千篇一律
【예】大学生就业法律指导应当涉及学生就业全过程，形式多样，**不拘一格**。 대학생의 취업법률지도는 학생취업의 모든 과정에 관련되어야 하며 형식이 다양하고 격식에 구애 받지 않아야 한다.

045 **不堪设想** bù kān shè xiǎng
심각한 결과에 대해 상상조차 하기 힘들다.

【近】不可思议 危如累卵 凶多吉少
【反】相安无事 安然无恙
【예】上下楼只有一部电梯，如发生火灾，后果**不堪设想**。 건물을 올라가고 내려오는데 엘리베이터 하나밖에 없어 만약 화재가 발생하면 그 결과는 상상하기 조차 힘들다.

046 **不可避免** bù kě bì miǎn 피할 수 없다.

【近】避不可避 无法避免 无法可避
【예】劳资关系的改革已成为韩国政府**不可避免**的课题。 노사관계의 개혁은 이미 한국정부가 피할 수 없는 과제가 되었다.

047 **不可或缺** bù kě huò quē 없어서는 안 된다.

【近】必不可少
【예】就目前而言，努力改善南北关系是**不可或缺**的。 현재 남북관계 개선을 위한 노력이 없어서는 안 된다.

048 **不可救药** bù kě jiù yào 구제불능

【近】病入膏肓 气息奄奄 无可救药
【反】妙手回春 手到病除
【예】美国的霸权已到了**不可救药**的地步了。 미국의 패권은 이미 구할 도리가 없는 지경이 되었다.

049 **不可逆转** bù kě nì zhuǎn
거스를 수 없다. 돌이킬 수 없다.

【近】大势所趋
【예】禁止吸烟已是**不可逆转**的趋势。 금연은 이제 거스를 수 없는 추세이다.

050 **不可思议** bù kě sī yì 불가사의하다. 이해할 수 없다.

【近】不可捉摸 神乎其神 玄而又玄
【反】一目了然 洞若观火 通俗易懂

【예】 在全球数码相机行业利润逐年剧降的大背景下，佳能近年来却始终保持高利润率，令外界有些不可思议。 전세계 디지털카메라 업종의 수익이 해마다 급감하고 있는데 캐논만 근근 몇 년 동안 불가사의한 수익률을 올리고 있다.

051 不了了之 bù liǎo liǎo zhī 일을 대충대충 처리하다.

【近】漠然置之 束之高阁 置之不理
【反】一了百了
【예】 我们做任何事最好是善始善终，不要不了了之。 우리는 어떤 일을 하든지 좋은 시작과 좋은 결말을 맺어야지, 일을 대충대충 처리해선 안 된다.

052 不切实际 bù qiè shí jì
현실에 맞지 않다. 사실과 다르다.

【近】不合实际
【예】 政府所采取的那项措施是不切实际的。 정부가 채택한 그 조치는 현실에 맞지 않다.

053 不三不四 bù sān bù sì 이도 저도 아니다.

【近】不伦不类 非僧非俗 非驴非马 不成体统
【反】一本正经 正襟危坐 堂堂正正
【예】 别理那种不三不四的人。 이도 저도 아닌 사람은 상대하지도 마라.

054 不胜枚举 bù shèng méi jǔ 매우 많다.

【近】不计其数 不可胜数 举不胜举 多如牛毛
【反】屈指可数 寥寥无几 寥若晨星
【예】 他的先进事迹，不胜枚举，短时间难以说完。 그의 공적은 매우 많아 단시간 내에 다 말할 수 없다.

055 不速之客 bù sù zhī kè 불청객

【反】特约嘉宾
【예】 出乎意外的不速之客，却受到了由衷的欢迎。 뜻밖의 불청객이 오히려 진심어린 환영을 받았다.

056 不务正业 bù wù zhèng yè 놀고 먹는다.

【近】好逸恶劳 游手好闲 不求上进
【反】埋头苦干 奋发有为
【예】 尽管经常因为不务正业而被父亲打骂，他却毫不在意。 항상 놀고 먹어 아버지에게 욕을 먹지만 그는 오히려 조금도 개의치 않는다.

057 不相上下 bù xiāng shàng xià 서로 엇비슷하다.

【近】并驾齐驱 不分伯仲
【反】天差地远 迥然不同
【예】 他俩年龄相当，个头也不相上下。 그들은 나이도 비슷하고 키도 서로 엇비슷하다.

058 不学无术 bù xué wú shù 학문도 기술도 없다.

【近】目不识丁 胸无点墨
【反】博古通今 博学多才
【예】 他是个不学无术的人。 그는 학문도 기술도 없는 사람이다.

059 不言而喻 bù yán ér yù
말하지 않아도 안다. 뻔하다.

【近】显而易见 无庸赘述
【反】扑朔迷离 模棱两可
【예】 在不断开放的背景下，中国银行业面临的竞争压力是不言而喻的。 부단히 개방되는 상황 속에서 중국은행이 직면한 경쟁의 압력은 말하지 않아도 안다.

060 不厌其烦 bù yàn qí fán 귀찮아하지 않다.

【近】诲人不倦 苦口婆心 【反】不胜其烦
【예】 金老师总是不厌其烦地解答我们每个人所提出的问题，直到我们完全理解为止。 김 선생님은 항상 귀찮아하지 않으시고 우리들이 완전히 이해할 때까지 모든 사람의 질문에 답변해 주신다.

061 不遗余力 bù yí yú lì 있는 힘을 다하여

【近】全力以赴 倾巢而出
【反】三心二意 留有余地
【예】 父母出于爱子女之心，不遗余力地把他们养育成人。 부모는 자녀를 사랑하는 마음에서 어렸을 때부터 있는 힘을 다하여 그들을 키운다.

062 不以为然 bù yǐ wéi rán
그렇다고 여기지 않다. 탐탁치 않게 여기다.

【近】嗤之以鼻 不敢苟同 满不在乎
【反】五体投地 仰承鼻息
【예】 大多数国民对政府的措施不以为然。 대다수 국민은 정부의 조치에 대해 탐탁치 않게 여긴다.

063 不翼而飞 bù yì ér fēi 소리없이 사라지다.

【近】不胫而走 不知去向

【반】 原封不动　失而复得

예) 一百万块钱就那样不翼而飞了。 백만 위안이 그렇게 소리없이 사라졌다.

064 不约而同 bù yuē ér tóng 마치 약속이나 한듯이

【근】 不谋而合　殊途同归　异口同声

【반】 众说纷纭　言人人殊　见仁见智

예) 有人敲门, 他们不约而同地看了挂钟一眼, 已经是晚上将近12点钟的时间了。 누가 문을 두드리자 그들은 마치 약속이나 한듯이 괘종시계를 한번씩 바라보았다. 이미 밤 12시가 다 되었다.

065 不择手段 bù zé shǒu duàn
수단과 방법을 가리지 않고

【근】 弄虚作假　巧立名目 **【반】** 无所用心

예) 不管陈奉光愿意与否, 不择手段嫁给了他, 但婚后发现陈奉光并不爱她。 그녀는 천평광이 원하든 원하지 않든 그에게 시집을 갔다. 하지만 결혼 후 그가 자신을 사랑하지 않음을 알게 되었다.

066 不正之风 bù zhèng zhī fēng 올바르지 못한 풍조

【근】 歪风邪气 **【반】** 浩然正气

예) 坚决防止和纠正可能出现的各种错误倾向、不正之风和腐败现象。 각종 잘못된 경향이나 올바르지 못한 풍조와 부패현상을 단호하게 방지하고 바로 잡는다.

067 不足挂齿 bù zú guà chǐ 거론할 만한 것이 못 된다.

【근】 不在话下　微不足道　不屑一顾

【반】 举足轻重　有口皆碑

예) 区区小事, 不足挂齿, 不要再提了。 작은 일이라 거론할 만한 것이 못 되니 더 이상 언급하지 마세요.

068 不足为奇 bù zú wéi qí
진기한 것이 못 된다. 이상한 것이 아니다.

【근】 家常便饭　司空见惯　比比皆是

【반】 大惊小怪　千奇百怪　异乎寻常

예) 美视伊朗为最大威胁, 对其频出狠招本不足为奇, 但这是首次将一个主权国家的武装部队列入"恐怖组织"黑名单, 开创先例, 非同小可。 미국은 이란을 최대의 위협으로 간주하기 때문에 이란에 대해 자주 강수를 두는 것은 이상한 것이 아니지만 이것은 처음으로 한 주권국가의 무장부대를 테러조직의 블랙리스트에 포함시켜 선례를 만들었기 때문에 작은 일이 아니다.

069 才疏学浅 cái shū xué qiǎn
재능과 학식이 부족하다.(겸손의 말)

【근】 略识之无　吴下阿蒙

【반】 博学多才　真才实学

예) 我自诩为读书人, 却因才疏学浅, 读《读书》时, 觉得累。但即使如此, 仍然关注《读书》。 나는 공부 좀 한 사람이라고 자처하지만 재능과 학식이 부족하여〈독서〉를 읽을 때 피곤함을 느낀다. 하지만 그렇더라도 여전히〈독서〉에 관심이 있다.

070 参差不齐 cēn cī bù qí
들쑥날쑥하다. 가지런하지 않다.

【근】 良莠不齐　犬牙交错 **【반】** 整齐划一

예) 我们国家食品加工企业很多, 有45万家之多, 45万家又参差不齐, 有一定规模的食品加工企业仅仅是10万家。 우리나라의 식품가공기업은 45만 개로 대단히 많지만, 들쑥날쑥하여 일정한 규모를 갖춘 식품가공기업은 단지 10만 개에 불과하다.

071 操之过急 cāo zhī guò jí
일을 성급(조급)하게 처리하다.

【근】 急于求成　急功近利

【반】 处之泰然　措置裕如

예) 他在赦免前总统问题上操之过急, 该方案遭到现任总统的否决。 그는 전임 대통령을 사면하는 문제를 성급하게 처리하여 현임 대통령에게 부결 당했다.

072 层出不穷 céng chū bù qióng 끝없이 나타나다.

【근】 层见叠出　屡见不鲜

【반】 寥寥无几　寥若晨星

예) 爱国精神之表现于中外文学里已经是层出不穷, 数不胜数的了。 국내외 문학에서 애국정신은 헤아릴 수 없이 많이 나타난다.

073 畅所欲言 chàng suǒ yù yán
하고 싶은 말을 시원하게 다하다.

【근】 言无不尽　和盘托出

【반】 言不尽意　隐约其辞　吞吞吐吐

예) 大家在一起畅所欲言, 一起商量, 你用不着客气。 모두들 함께 하고 싶은 말을 시원하게 다하면서 함께 상의하는 것이니 당신도 사양하지 마세요.

074 畅通无阻 chàng tōng wú zǔ 막힘없이 잘 통하다.

【近】畅行无碍 【反】寸步难行

【예】研究消费者心理，预测市场，做好广告宣传工作，使商品销路、流通渠道畅通无阻。 소비자 심리를 연구하고 시장을 예측하며 광고 홍보작업을 제대로 하면 상품의 판로와 유통루트를 원활하게 할 수 있다.

075 车水马龙 chē shuǐ mǎ lóng 교통량이 아주 많다.

【近】门庭若市 络绎不绝

【反】门可罗雀 门庭冷落

【예】与附近一德路商圈的车水马龙不同，朝天路一带居住氛围旺中带静。 인근 이더로 상권의 교통량이 아주 많은 것과는 다르게 차오톈루 일대의 분위기는 활기를 띠는 가운데 조용한 모습을 보인다.

076 彻头彻尾 chè tóu chè wěi
철두철미(하다). 처음부터 끝까지

【近】彻里彻外 彻上彻下 彻心彻骨

【反】七扣八扣

【예】他说的话都是彻头彻尾的谎言。 그의 말은 모두 처음부터 끝까지 거짓말이다.

077 沉鱼落雁 chén yú luò yàn
미인을 형용하는 말. 미인의 아름다움에 반해 물고기가 물속으로 숨고 날아가던 기러기가 떨어진다.

【近】闭月羞花 花容月貌 国色天香

【예】她长得虽非沉鱼落雁，却也不难看。 그녀는 비록 눈에 띄는 미인은 아니지만 못생기지도 않았다.

078 称心如意 chèn xīn rú yì 생각대로 되다.

【近】心满意足 如愿以偿 尽如人意

【反】大失所望 事与愿违

【예】她希望嫁个有钱的丈夫，现在称心如意，丈夫是个千万富翁。 그녀는 돈 있는 남자에게 시집가기를 희망했는데 천만장자 남편을 만나 그 꿈을 이뤘다.

079 成千上万 chéng qiān shàng wàn 수많은

【近】千千万万 不计其数

【反】寥寥无几 寥寥可数

【예】做假事骗得了几个人，骗不了成千上万的人。 거짓으로 그럴듯하게 꾸며 몇 명은 속일 수 있어도 많은 사람은 속일 수 없다.

080 成竹在胸 chéng zhú zài xiōng
마음 속에 이미 타산이 있다.

【近】胸有成竹 心中有数 【反】心中无数

【예】他对这件事好像成竹在胸，没有说任何话。 그는 이 일에 대해 계산이 서 있는 것처럼 아무말도 하지 않았다.

081 承前启后 chéng qián qǐ hòu
과거를 계승하고 미래를 개척하다.

【近】承上启下 继往开来 【反】空前绝后

【예】今年是全面建设小康社会的关键时期，也是承前启后的重要时期。 올해는 전면적으로 소강사회를 건설하는 가장 중요한 시기이며, 과거를 계승하고 미래를 개척하는 중요한 시기이다.

082 诚心诚意 chéng xīn chéng yì 성심성의

【近】真心实意 【反】虚情假意

【예】如果他们拒绝很快地作出诚心诚意的道歉，我们只好告诉了。 만약 그들이 조속한 시일 내에 사과하지 않는다면 우리는 고소하는 수밖에 없다.

083 乘人之危 chéng rén zhī wēi
남의 위급한 때를 틈타다.

【近】落井下石 乘虚而入

【反】雪中送炭 济困扶危

【예】做人千万不可乘人之危，落井下石。 사람은 남의 위급한 때를 틈타 위해를 가해서는 안 된다.

084 赤手空拳 chì shǒu kōng quán
아무 것도 가진 것이 없다. 빈주먹

【近】手无寸铁 【反】兵强马壮 坚甲利兵

【예】我得去，凭我这身板，赤手空拳也能做好那件事。 내가 가야지. 내 몸이면 맨손으로도 그 일을 잘할 수 있다.

085 重蹈覆辙 chóng dǎo fù zhé 전철을 밟다.

【反】引以为戒 改过自新 前车可鉴 前车之鉴

【예】不少金融专家担忧，东南亚货币贬值将重蹈墨西哥金融危机的覆辙。 많은 금융전문가들은 멕시코 외환위기 때처럼 동남아의 화폐가치 절하가 외환위기로 변하지 않을까 우려하고 있다.

086 出尔反尔 chū ěr fǎn ěr 이랬다 저랬다 하다.

【近】反复无常 翻云覆雨

【反】说一不二 言行一致 一言为定

【예】中介公司这种出尔反尔的做法让金女士着实很伤脑筋。 중개회사가 이랬다 저랬다 하는 태도는 진여사를 정말로 골치 아프게 만들었다.

087 出类拔萃 chū lèi bá cuì 아주 뛰어나다.
【近】鹤立鸡群 超群绝伦
【反】滥竽充数 碌碌无能
【예】在那海一样的人民当中, 到处都有出类拔萃的劳动英雄。 무수한 국민들 가운데 도처에 아주 뛰어난 노동영웅이 있다.

088 出谋划策 chū móu huà cè
계획(계책)을 생각해내다.
【近】运筹帷幄 出谋画策
【예】此人是商业通, 关系广, 门路熟, 为他出谋划策。 이 사람은 사업가이며, 인맥이 넓고 방법에 익숙해 그를 위해 계책을 생각해낼 것이다.

089 除旧布新 chú jiù bù xīn
낡은 것을 제거하고 새로운 것을 세우다.
【近】推陈布新 革故鼎新
【反】因循守旧 蹈常袭故
【예】改革必须除旧布新。 개혁은 반드시 낡은 것을 제거하고 새로운 것을 세워야 한다.

090 川流不息 chuān liú bù xī 손님이 끊이지 않다.
【近】络绎不绝 接踵而至
【反】人迹罕至 门可罗雀
【예】大部分的店家生意起起落落, 但有一家生意特别兴旺, 每天客人川流不息。 대부분의 점포는 사업의 기복이 심하나, 한 집은 장사가 아주 잘되며 매일 손님이 끊이지 않는다.

091 吹毛求疵 chuī máo qiú cī 흠집을 찾아내다.
【近】洗垢求瘢 无中生有
【反】宽大为怀 宽宏大量 通情达理
【예】如何面对吹毛求疵的主管? 자꾸 흠집만 집어내는 상사에게 어떻게 해야할까요?

092 垂头丧气 chuí tóu sàng qì 의기소침하다.
【近】灰心丧气 无精打采
【反】得意洋洋 踌躇满志 趾高气扬 斗志昂扬 趾高气昂

【예】你用不着这样垂头丧气, 另找一件事干吧! 이렇게 의기소침할 필요가 없어. 다른 일을 찾아서 하도록 해.

093 垂涎三尺 chuí xián sān chǐ
먹고 싶어서 침을 세척이나 흘리다.
【近】垂涎欲滴 馋涎欲滴
【反】不屑一顾 视如敝屣
【예】厨房飘来的香味使我们垂涎三尺。 주방에서 날아오는 향기 때문에 우리는 모두 침을 질질 흘렸다.

094 唇亡齿寒 chún wáng chǐ hán 순망치한(唇亡齒寒), 입술이 없으면 이가 시리다.
【近】唇齿相依 息息相关
【反】隔岸观火 素昧平生
【예】他们的关系已发展到唇亡齿寒的地步, 谁也别想拆开他们。 그들의 관계는 이미 헤어질 수 없는 단계에 이르렀으니 그들을 갈라놓을 생각은 하지도 마라.

095 此起彼伏 cǐ qǐ bǐ fú 여기저기서 끊임없이 일어나다.
【近】此伏彼起 此起彼落
【예】最近在韩国军队里, 有关性骚扰的事件此起彼伏, 不绝于耳。 최근 한국군대에서 성희롱에 관련된 사건이 여기저기서 끊임없이 일어나며 소문이 끊이지 않고 있다.

096 从容不迫 cóng róng bù pò 태연자약하다.
【近】处之泰然 视若等闲 泰然自若
【反】狼狈不堪 措手不及 惊慌失措 手足无措 六神无主
【예】要知道, 一个遇事冷静镇定、从容不迫的男人对女孩子的吸引力也是致命的。 여자들은 어떤 일이 일어나도 냉정하고 침착하며 태연자약하는 남자에게 매력을 느낀다는 것을 알아야 한다.

097 粗心大意 cū xīn dà yì 덜렁대다.
【近】粗枝大叶 【反】小心谨慎 小心翼翼
【예】开车时粗心大意常造成严重事故。 운전할 때 덜렁대면 대형사고가 발생한다.

098 粗制滥造 cū zhì làn zào
조잡하게 되는 대로 마구 만들다.
【近】偷工减料 敷衍了事
【反】精雕细刻 细针密缕
【예】由于行业发展的不规范, 缺乏有效的法律约束, 导致目前市场上普遍存在粗制滥造、以次充

好、掺杂使假、短斤少两等欺骗消费者、损害行业声誉的不良行为。 업계의 규범화 미비와 법적 구속력 결여로 인해, 조잡하게 마구 만들고 하등품을 상등품으로 속이는 행위가 시장에 만연하다. 이외에도 가짜를 섞고 중량을 속이는 등 소비자 기만과 업계 명예 훼손 등 현상이 많다.

099 错综复杂 cuò zōng fù zá
여러 가지가 뒤엉켜 섞이다. 복잡하다.
【近】扑朔迷离 盘根错节 纵横交错
【反】井然有序 一目了然
【例】世界各种力量在**错综复杂**的利害矛盾中正在重新组合。 세계의 각종 세력이 복잡한 이해갈등 중 재편되고 있다.

100 打草惊蛇 dǎ cǎo jīng shé
풀을 베어 뱀을 놀라게 하다. 경솔한 행동으로 계획이 누설되다.
【近】操之过急 因小失大
【反】欲擒故纵 引蛇出洞
【例】咱们不能**打草惊蛇**，要悄悄干，给他个措手不及。 경솔한 행동을 하여 계획이 누설되게 해서는 안되며, 비밀리에 일을 처리하여 그가 손을 쓸 수 없게 해야 한다.

101 大包大揽 dà bāo dà lǎn
적극적으로 맡아서 처리하다.
【例】在近日的庭审中，他对案件**大包大揽**，并显示出一副无所畏惧的样子。 그래서 최근 법정 심리에서 그는 사건을 적극적으로 맡아서 처리했고 전혀 두려워하지 않는 모습을 보여주었다.

102 大材小用 dà cái xiǎo yòng
큰 인재가 작은 일에 쓰이다.
【近】大器小用 明珠弹雀 牛鼎烹鸡
【反】人尽其材 物尽其用 知人善用
【例】让他担任秘书，真有点**大材小用**。 그가 비서를 맡은 것은 웬지 큰 인재가 작은 일에 쓰인 느낌이 든다.

103 大吃大喝 dà chī dà hē 마음껏 먹고 마시다.
【例】苦于减肥的人都有这样一种疑惑，为什么别人**大吃大喝**没有发胖，而我整日谨小慎微进食，腰腹却明显见长呢？ 다이어트로 고생하는 사람들은 어째서 남들은 마음대로 먹고 마시는 데도 살이 찌지 않고 본인은 하루종일 신중하게 음식 섭취를 하는데 허리와 복부에 눈에 띄게 살이 찌는지 모르겠다고 한다.

104 大刀阔斧 dà dāo kuò fǔ 일을 과감하게 처리하다.
【近】雷厉风行 大动干戈
【反】束手无策 缩手缩脚
【例】要斩断这种关系，必须采用**大刀阔斧**的方法。 이러한 관계를 끊을려면 반드시 과감하게 처리해야 한다.

105 大公无私 dà gōng wú sī 공평무사하다.
【近】舍己为公 铁面无私
【反】假公济私 自私自利 利欲熏心
【例】要把你的志向确定，而且要抱着一个光明磊落、**大公无私**的态度。 당신의 포부를 정한 뒤 광명정대하고 공평무사한 태도를 가져야 한다.

106 大海捞针 dà hǎi lāo zhēn
바다에 빠진 바늘 찾기. 서울에서 김서방 찾기
【近】难如登天 海中捞月 海底捞针
【反】易如反掌 轻而易举 唾手可得
【例】警察要在大城市查找犯罪，就像**大海捞针**一样，很不容易。 경찰이 대도시에서 범죄수사를 한다는 것은 바다에 빠진 바늘 찾기 같아서 쉽지 않다.

107 大惊小怪 dà jīng xiǎo guài 호들갑 떨다.
【近】少见多怪 蜀犬吠日
【反】见怪不怪 司空见惯
【例】请你不要对区区初级考试的分数那么**大惊小怪**。 겨우 초급시험 점수를 가지고 그렇게 호들갑 떨지 마세요.

108 大名鼎鼎 dà míng dǐng dǐng 명성이 높다.
【近】赫赫有名 名扬天下 举世闻名
【反】无名鼠辈 无声无息 不见经传
【例】老舍在当时的文坛上是**大名鼎鼎**的一位重要作家。 라오서는 그 당시 문단에서 명성이 높은 중요 작가다.

109 大器晚成 dà qì wǎn chéng 대기만성(大器晚成)
【近】后生可畏 后来居上 百炼成钢
【反】不堪造就 冥顽不灵
【例】老黄在五十岁的时候取得了一点小小的成就，同事们就和他开玩笑说他是**大器晚成**。 황씨가 50세 때 작은 성과를 거두자 동료들이 농담으로 그를 대기만성이라고 불렀다.

110 大声疾呼 dà shēng jí hū
큰소리로 외치다. 역설하다.

【近】大喊大叫 摇唇鼓舌 大张旗鼓
【反】默不做声 窃窃私语
【예】有识之士早就对此忧心忡忡, 不时大声疾呼。 식자들은 이에 대해 근심이 가득했고 무시로 역설했다.

111 大失所望 dà shī suǒ wàng 크게 실망하다.

【近】大失人望
【反】大喜过望 喜出望外 如愿以偿 称心如意
【예】他原来是个这样的人, 实在令人大失所望。 그가 원래 이런 사람이었다니 정말 실망이다.

112 大同小异 dà tóng xiǎo yì 대동소이하다.

【近】相去无几 神肖酷似
【反】迥然不同 大相径庭 截然不同 天壤之别
【예】所有的大城市都大同小异。 모든 대도시는 비슷비슷하다.

113 大显身手 dà xiǎn shēn shǒu
크게 실력을 떨치다. 과시하다

【近】大显神通 大展经纶 大展宏图
【反】无能为力 束手无策 一筹莫展
【예】我们应扫除经济发展的各种障碍, 到国际市场大显身手。 우리는 경제발전의 각종 장애를 제거하고 국제시장에서 크게 실력을 보여야 한다.

114 大有可为 dà yǒu kě wéi 전도유망하다.

【近】大有作为 前程似锦
【反】无所作为 不堪造就
【예】出国留学人员回国后也是大有可为的。 해외 유학을 한 사람들은 귀국해서도 전도유망하다.

115 大张旗鼓 dà zhāng qí gǔ 일을 대대적으로 벌이다.

【近】声势浩大 大张声势 浩浩荡荡
【反】秘而不宣 偃旗息鼓
【예】家居文化艺术开始大张旗鼓地进入普通居民的生活, 影响我们的生活方式。 주거문화예술이 대대적으로 일반 주민의 생활 속으로 진입하여 우리들의 생활방식에 영향을 끼치기 시작하였다.

116 单刀直入 dān dāo zhí rù 단도직입적으로 말하다.

【近】直截了当 开门见山 直言不讳

【反】拐弯抹角 藏头露尾 旁敲侧击
【예】这部电视剧开门见山, 单刀直入涉及主题, 展开矛盾, 留下悬念。 이 TV드라마는 단도직입적으로 주제를 다루고 갈등을 전개하여 사람들로 하여금 다음 내용을 궁금하게 한다.

117 胆大包天 dǎn dà bāo tiān 매우 대담하다.

【近】肆无忌惮 胆大妄为
【反】胆小如鼠 胆小怕事 胆小如豆
【예】你胆大包天, 竟然敢在他面前做出这样的事来。 너는 담도 크다. 감히 그 사람 앞에서 이런 일을 하다니.

118 胆小如鼠 dǎn xiǎo rú shǔ 매우 소심하다.

【近】胆小怕事 畏首畏尾 缩手缩脚
【反】胆大包天 浑身是胆 胆大妄为
【예】实际上我在做出一个决定的时候, 总是反复思考, 如履薄冰, 甚至胆小如鼠。 실제로 나는 결정을 할 때 반복적으로 사고하고 신중하며 심지어 매우 소심하기까지 한다.

119 当机立断 dāng jī lì duàn
기회가 왔을 때 결단을 내리다.

【近】英明果断 多谋善断
【反】举棋不定 优柔寡断 犹豫不决 首鼠两端
【예】当男人发现早已对女朋友失去了心动的感觉, 就要当机立断, 提出分手的要求吗? 남자가 이미 여자친구를 봐도 심장이 뛰는 느낌이 사라진 것을 발견했다면 결단을 내려 헤어지자는 요구를 해야 하는가?

120 当局者迷 dāng jú zhě mí 당사자가 더 모른다.

【反】旁观者清
【예】他到现在还不明白自己错在哪里, 看来的确是当局者迷。 그는 지금까지 자신의 잘못이 무엇인지 모른다. 보아하니, 분명히 당사자가 더 모르는 것이다.

121 当仁不让 dāng rén bù ràng
의로운 일을 하는데 사양을 하지 않다.

【近】义不容辞 理所当然
【反】推三阻四 临阵脱逃
【예】时下, 正是热吃火锅的季节, 羊肉也当仁不让成了餐桌上的"主角"。 지금은 신선로 요리를 먹기에 좋은 계절이다. 양고기는 당연히 식탁 위의 주인공이 되었다.

122 当务之急 dāng wù zhī jí 급선무, 당장 급한 일

【近】燃眉之急 迫在眉睫 事不宜迟
【反】一拖再拖 遥遥无期
【예】世界上唯一的分裂国家韩国和朝鲜为了在美国和中国等周边大国的夹缝中实现南北统一和民族繁荣,**当务之急**是加强自身力量。 세계적으로 유일한 분단국가인 한국과 북한이 미국과 중국 등 주변 강국의 틈새에서 남북통일과 민족의 번영을 실현하기 위한 급선무는 자신의 역량을 강화하는 것이다.

123 当之无愧 dāng zhī wú kuì
그럴 자격이 충분하다. 그럴만하다.

【近】名副其实 名不虚传 受之无愧
【反】名不副实 虚有其表 当之有愧
【예】欧亚论坛开在西安**当之无愧**。 아셈회의가 시안에서 열리는 것은 너무나 당연하다.

124 倒行逆施 dào xíng nì shī 시대의 흐름에 역행하다.

【近】胡作非为 为非作歹 横行霸道
【反】嘉言善行 因势利导
【예】电影院将艳舞视为"摇钱树",那叫利令智昏,而**倒行逆施**,又可称铤而走险。 극장이 스트립쇼를 수입원으로 보고 있다. 그것은 사리사욕에 눈이 어두워져 시대의 흐름에 역행하며 이판사판식으로 위험한 길을 가는 것이라고 할 수 있다.

125 道听途说 dào tīng tú shuō 길에서 주워들은 풍문

【近】小道消息 捕风捉影 海外奇谈
【反】言之有据 信而有征
【예】他讲的都是些**道听途说**的消息,我们不要相信。 그가 말하는 것은 모두 길에서 주워들은 풍문이어서, 우리들은 믿지 말아야 한다.

126 得不偿失 dé bù cháng shī
얻는 것보다 잃는 것이 더 많다. 득보다 실이 많다.

【近】因小失大 贪小失大
【反】乞浆得酒 利市之倍
【예】如果韩美两国之间真的发生贸易大战,美国也**得不偿失**。 만일 한미 양국간에 정말로 무역전쟁이 발생하면 미국은 득보다 실이 많을 것이다.

127 得寸进尺 dé cùn jìn chǐ 욕망은 끝이 없다.

【近】得陇望蜀 贪得无厌 贪心不足 欲壑难填
【反】心满意足 如愿以偿 知足常乐

【예】这也在很大程度上助长了美国的单边主义政策,使其政治上咄咄逼人、经济上**得寸进尺**、军事上得陇望蜀(dé lǒng wàng shǔ)。 이것 또한 미국의 일방주의 정책을 상당히 조장해 미국으로 하여금 정치적으로 기세가 등등하고 끝없이 욕심을 부리고 군사적으로 더욱 많은 나라를 넘보게 만들었다.

128 得心应手 dé xīn yìng shǒu
일이 마음먹은 대로 순조롭게 진행되다.

【近】心手相应 游刃有余 驾轻就熟
【反】不文不武
【예】只有具备这样追求完美的性格,从事会计师行业才能**得心应手**。 이렇게 완벽함을 추구하는 성격을 갖춰야만 순조롭게 회계사업에 종사할 수 있다.

129 得意忘形 dé yì wàng xíng
득의양양하여 어쩔 줄을 모르다.

【近】忘乎所以 自鸣得意 得意洋洋 趾高气扬
【反】怅然若失 心灰意懒 垂头丧气
【예】他以身为良好家庭的一分子而**得意忘形**。 그는 좋은 가정의 일원으로 득의양양하여 어쩔 줄 모른다.

130 德高望重 dé gāo wàng zhòng 덕성과 명망이 높다.

【近】众望所归 年高德劭 德才兼备
【反】无名鼠辈
【예】有一大批学有所成、**德高望重**的专家学者和在各行各业崭露头角的青年才俊都参加了本届研讨会。 학문을 이루고 덕성과 명망이 높은 여러 전문학자와 여러 업종에서 두각을 나타내는 젊은 인재들이 이번 세미나에 참가하였다.

131 登峰造极 dēng fēng zào jí
등봉조극. 최고의 경지에 오르다.

【近】叹为观止 空前绝后 超群绝伦
【反】平淡无奇 屡见不鲜
【예】三星在手机的外观设计及配件方面的造诣已经到了**登峰造极**的地步。 삼성은 핸드폰의 외관디자인과 부품방면의 조예가 이미 최고의 경지에 올랐다.

132 等量齐观 děng liàng qí guān
동일시하다. 동등하게 보다.

【近】一视同仁 相提并论 混为一谈
【反】大相径庭 迥然不同 分门别类
【예】他们所掌握的财富与知识的资源越来越与政府**等量齐观**,因此他们要求自己决定自己的

事。 그들이 장악한 부와 지식자원이 점점 더 정부와 비슷하게 되었다. 그래서 그들은 자신의 일을 스스로 결정하겠다고 요구했다.

133 掉以轻心 diào yǐ qīng xīn
대수롭지 않게 여기다. 경솔한 태도를 취하다.
【近】等闲视之 满不在乎 不屑一顾 漠然处之
【反】郑重其事
【예】宁可把困难看得多一些, 而不要掉以轻心。 곤란한 문제를 대수롭게 여기지 않고 좀 더 자세히 살펴볼 것이다.

134 东奔西走 dōng bēn xī zǒu 동분서주하다.
【近】东奔西跑 萍踪浪迹 浪迹天涯 走南闯北
【反】按兵不动 安土重迁
【예】在此之前我们都在为各自的事东奔西走, 经常不能在一起。 우리들은 이전에 각자 일 때문에 동분서주하느라, 항상 함께 있지 못했다.

135 东山再起 dōng shān zài qǐ 재기하다.
【近】重整旗鼓 卷土重来 死灰复燃
【反】风流云散 一去不返 过眼烟云
【예】虽然目前我的处境十分困难, 但肯定会有我东山再起的一天。 비록 현재 내 상황이 매우 어렵지만, 분명 재기할 날이 올 것이다.

136 动人心弦 dòng rén xīn xián 심금을 울리다.
【近】扣人心弦 【反】平淡无奇 黯然失色
【예】他的作品感情真挚, 动人心弦。 그의 작품은 진솔하여, 심금을 울린다.

137 独立自主 dú lì zì zhǔ 자주독립
【近】自食其力 自力更生
【反】仰人鼻息 身不由己 寄人篱下
【예】黄教授靠该研究所的研究开发力量, 独立自主地进行技术的研究开发。 황 교수는 이 연구소의 연구개발 능력을 바탕으로, 독립적으로 기술 연구개발을 진행한다.

138 独善其身 dú shàn qí shēn
자기의 이익만 고려하고 남을 고려하지 않다.
【近】自得其乐 洁身自好 自私自利 明哲保身
【反】兼利天下 助人为乐 舍己为人
【예】与会国都谴责美国独善其身的态度。 회의참가국들은 모두 자기 이익만 고려하고 남을 고려하지 않는 미국의 태도를 비난했다.

139 独树一帜 dú shù yī zhì
독자적으로 한 파를 형성하다.
【近】别具一格 独辟蹊径 标新立异 分庭抗礼
【反】如出一辙 蹈常袭故 步人后尘 依样葫芦
【예】《童年》唯美清新的全3D游戏画面在网游界独树一帜, 感受《童年》总能激发玩家心中莫名的感动, 其实这就是浪漫。 '동년'의 아름답고 참신한 3D 게임 화면이 온라인 게임계에서 독자적으로 한 파를 형성하였다. '동년'이 항상 게이머들의 마음속에 알 수 없는 감동을 느끼게 하는데, 사실 이것은 낭만 때문이다.

140 堆积如山 duī jī rú shān 산처럼 높이 쌓이다.
【近】汗牛充栋 车载斗量 浩如烟海
【反】寥寥无几 屈指可数 微不足道 聊胜于无
【예】在企业结构调整方面, 堆积如山的难题有待解决。 기업의 구조조정에 있어서, 해결해야 할 난제들이 산처럼 높이 쌓여 있다.

141 对牛弹琴 duì niú tán qín 쇠 귀에 경읽기
【近】对牛鼓簧 白费口舌
【反】对症下药 有的放矢
【예】劝告他简直是对牛弹琴。 그에게 권고하는 것은 그야말로 소귀에 경읽기이다.

142 对症下药 duì zhèng xià yào
실정에 맞는 해결책을 취하다.
【近】有的放矢 因地制宜
【反】无的放矢 举措失当
【예】常听人说, 拥有好皮肤太难了, 因为皮肤的"习性"实在太难把握, 很多问题常常不知因何而起, 无法对症下药。 일반적으로 좋은 피부를 가지는 것은 매우 어렵다고 한다. 왜냐하면 피부의 습성은 실제로 파악하기 매우 어렵고 많은 문제들이 발생한 이유를 알 수 없기 때문에 상황에 맞는 해결책을 취하기 힘들다.

143 多多益善 duō duō yì shàn
많으면 많을수록 좋다. 다다익선(多多益善)
【近】贪多务得 贪得无厌
【反】清心寡欲 不忮不求
【예】外汇储备并非多多益善, 要让手中的外汇发挥更大的作用。 超常的外汇储备和贸易顺差会引发不必要的贸易摩擦, 可谓"树大招风"。 외환

보유고가 많으면 많을수록 좋은 것만은 아니다. 수중의 외화로 하여금 더 큰 역할을 발휘하게 해야한다. '모난돌이 정 맞는다' 라는 말이 있듯이 지나친 외환보유와 무역 흑자는 불필요한 무역분쟁을 발생시킬 수 있다.

144 咄咄逼人 duō duō bī rén 기세가 등등하다.

【近】盛气凌人 气势汹汹
【反】和颜悦色 温文尔雅
【例】面对移动运营商咄咄逼人的攻势，固网拿宽带用户开刀，试图扭转颓势，显失厚道，也终非长久之计。 이동통신업체의 기세등등한 공세에 직면하여 고정망 사업자는 침체를 만회하기 위해 초고속 통신망 고객에게 책임을 덮어 씌웠다. 이는 몰인정하며 장기적인 방책이 아니다.

145 阿谀逢迎 ē yú féng yíng 아부하다.

【近】阿谀奉承 阿其所好
【反】刚正不阿 守正不阿
【例】在世界历史上，我们可以看到不少喜欢阿谀逢迎的权贵。 세계역사 상 우리는 아부를 좋아하는 집권자들을 수없이 보았다.

146 耳闻目睹 ěr wén mù dǔ 귀로 듣고 눈으로 확인하다.

【近】耳濡目染
【反】道听途说 闭目塞听
【例】一转眼已经六年了，其间耳闻目睹的所谓国家大事，算起来也很不少。 순식간에 6년이 지나갔다. 헤아려보니 그동안 귀로 듣고 눈으로 확인한 국가 대사가 적지 않다.

147 发奋图强 fā fèn tú qiáng 분발하여 열심히 노력하다.

【近】发愤图强 【反】无所作为
【例】它将激励中国人民发奋图强，沿着中华民族复兴的伟大道路奋勇前进。 그 일은 중국국민들이 분발하여 열심히 노력하고 중화민족부흥의 위대한 길로 용감히 전진하도록 독려할 것이다.

148 发人深省 fā rén shēn xǐng 깊이 돌이켜 보게 하다.

【近】发人深思 发人深醒
【反】执迷不悟
【例】这副对联耐人寻味，发人深省。 이 댓구는 의미심장하며 사람으로 하여금 깊이 돌이켜 보게 한다.

149 发扬光大 fā yáng guāng dà 더욱더 드높이다.

【近】踵事增华

【例】我们要去其糟粕，取其精华，发扬光大，为社会、经济、文化发展服务。 우리들은 찌꺼기를 제거하고 정수를 취하여 더욱더 드높여 사회 경제 문화발전을 위해 봉사해야 한다.

150 翻来覆去 fān lái fù qù 이리저리 뒤척이다.

【近】辗转反侧 辗转不寐
【例】整整一夜他在床上翻来覆去地睡不着。 밤새도록 침대에서 이리저리 뒤척이며 잠을 못잤다.

151 翻山越岭 fān shān yuè lǐng

산 넘고 재를 넘다. 일을 성취하기 위하여 부단히 애쓰다.

【近】跋山涉水 梯山航海 草行露宿
【例】他从小爱喝茶，工作之余经常翻山越岭到处寻找中国的好茶。 그는 어렸을 때부터 차를 좋아하여 시간이 나면 항상 산 넘고 재를 넘어 도처에서 중국의 명차를 찾아다녔다.

152 繁荣昌盛 fán róng chāng shèng 번성하다.

【近】兴旺发达 蒸蒸日上 欣欣向荣
【反】满目疮痍 江河日下 国破家亡
【例】努力建设一个繁荣昌盛的图像。 번성한 모습을 만들기 위해 노력하자.

153 反复无常 fǎn fù wú cháng 변덕이 심하다.

【近】出尔反尔 翻云覆雨
【反】始终如一 始终不渝
【例】他改变主意已经是第三回了，他这人太反复无常了！ 그는 생각을 세 번이나 바꾸었다. 정말 변덕이 심하다.

154 防不胜防 fáng bù shèng fáng 막을래야 막을 수 없다.

【近】猝不及防 突如其来
【反】万无一失 料事如神
【例】随着因特网的发展，黄色信息的蔓延是防不胜防的。 인터넷이 발전함에 따라 음란정보의 확산은 막을래야 막을 수 없다.

155 防患未然 fáng huàn wèi rán 미연에 방지하다.

【近】防微杜渐 未雨绸缪 曲突徙薪 居安思危
【反】江心补漏 患至呼天 临渴掘井
【例】从出生的那一刻，宝宝的肌肤就不同于成人，需要特别细心的、全面的照顾与护理，主要表现在预防为主，防患未然。 태어나던 그 순간부터

아기의 피부는 성인과 달라 예방위주로 미연에 방지해야 하고 특별히 세심한 보살핌이 필요하다.

156 废寝忘食 fèi qǐn wàng shí
잠도 안자고, 먹지도 않고 열심히 노력하다.
【近】兢兢业业 夜以继日 发愤忘食
【예】在网上玩游戏的人一般都比较着魔, 成天为了它废寝忘食。 인터넷게임을 하는 사람은 일반적으로 마가 들려 하루종일 게임 때문에 잠도 안 자고 먹지도 않는다.

157 沸沸扬扬 fèi fèi yáng yáng 의론이 분분한 모양
【近】沸反盈天 人声鼎沸
【反】鸦雀无声 耳根清静 冷冷清清
【예】最近在韩国, 有关"驻韩美军地位协定"的议论闹得沸沸扬扬。 최근 한국에서 '소파협정'에 관해 의론이 분분하다.

158 奋不顾身 fèn bù gù shēn
자기 몸을 돌보지 않고 열심히 하다.
【近】舍生忘死 万死不辞
【反】畏缩不前 贪生怕死
【예】大冷天, 是什么让他们如此奋不顾身? 추운날인데 그들은 무엇 때문에 자기 몸을 돌보지 않고 열심히 하는가?

159 丰衣足食 fēng yī zú shí 살림이 넉넉하다.
【近】锦衣玉食 安家立业 人寿年丰
【反】饥寒交迫 家贫如洗 衣单食薄
【예】生活在这样一个丰衣足食的社会里, 我们是幸福的一代。 이렇게 살림이 넉넉한 사회에서 사는 우리는 행복한 세대이다.

160 风平浪静 fēng píng làng jìng 무사 평온하다.
【近】平安无事 天下太平
【反】惊涛骇浪 轩然大波
【예】生活多么美好啊! 但并不是什么时候都是风平浪静的。 삶이 얼마나 아름다운가! 하지만 항상 무사 평온한 것은 아니다.

161 风雨同舟 fēng yǔ tóng zhōu 고난을 같이 하다.
【近】同舟共济 休戚相关
【反】过河拆桥 背信弃义
【예】请问你说风雨同舟的"舟"是小木船还是豪华游船。 고난을 함께할 배가 목선인지 호화유람선인지 말씀해 주세요.

162 风云变幻 fēng yún biàn huàn
정세가 급격하고도 복잡하게 변하다.
【近】风云突变 云谲风诡 【反】一成不变
【예】在当前风云变幻的国际形势下, 我们将坚持这一原则立场。 지금 급격하고도 복잡하게 변하는 국제정세 속에서 우리는 앞으로 이 원칙적인 입장을 고수할 것이다.

163 蜂拥而上 fēng yōng ér shàng 벌떼처럼 달려들다.
【近】蜂拥而至 蜂拥而来 一哄而起
【反】鱼贯而来 一哄而散
【예】凡事要一个一个地去做, 不要大家一起蜂拥而上, 不要一下子在俄国搞许多汽车组装项目。 무릇 일은 하나하나 해나가야 한다. 모두가 벌떼처럼 러시아로 달려들어 자동차 조립사업을 추진해서는 안 된다.

164 凤毛麟角 fèng máo lín jiǎo
봉황의 털, 기린의 뿔과 같이 드문 것
【近】百里挑一 寥若晨星 荆山之玉
【反】俯拾即是 多如牛毛
【예】在西方国家, 我们今天看到的长寿企业多吗? 永远是凤毛麟角, 永远是少数。 우리가 오늘 본 것과 같은 장수 기업이 서양에도 많은가? 앞으로 영원히 드물고 소수일 것이다.

165 扶老携幼 fú lǎo xié yòu
늙은이 젊은이 할 것 없이 모두
【近】尊老爱幼 携儿带女 扶老携弱
【예】在灯光照射下, 台南运河显得格外美丽, 不少民众扶老携幼观赏。 불빛이 비추니 타이난 운하가 특히 아름다워 보인다. 늙은이, 젊은이 할 것 없이 모두 와서 감상한다.

166 扶摇直上 fú yáo zhí shàng
상승일로에 있다. 수직 상승히다.
【近】青云直上 平步青云
【反】一落千丈 急转直下
【예】改革开放以来, 中国经济一直呈扶摇直上之势。 개혁개방 이래 중국경제는 줄곧 수직상승세를 보이고 있다.

167 福如东海, 寿比南山
fú rú Dōng Hǎi shòu bǐ Nán Shān
복 많이 받으시고 오래오래 사세요

福如东海 【近】洪福齐天 福星高照
　　　　 【反】生不逢时 时乖命蹇

寿比南山 【近】万寿无疆 长命百岁
【反】一命呜呼 命赴黄泉
【例】给老人祝寿，我们常说福如东海，寿比南山。
어르신에게 축수할 때 우리는 항상 '복 많이 받으시고 오래오래 사세요' 라고 말한다.

168 俯首帖耳 fǔ shǒu tiē ěr
고개를 숙이고 귀를 늘어뜨리다.

【近】帖耳俯首 妥首帖耳 俯首帖耳
【例】别看他在外面呼风唤雨，在妻子面前却是俯首帖耳，唯命是从。 비록 그는 밖에서 자기마음대로 할 수 있지만 아내 앞에선 오히려 순한 양이 되어 시키는 대로 절대복종한다.

169 付之一笑 fù zhī yī xiào 웃어 넘기다.

【近】一笑了之 一笑置之 【反】大笑不止
【例】他对这种事不太重视，往往是付之一笑。 그는 이런 일들을 대수롭지 않게 여기고 종종 웃어 넘긴다.

170 改弦更张 gǎi xián gēng zhāng
제도나 방법을 바꾸다.

【近】改弦易辙 改邪归正 【反】旧调重弹
【例】在这种情况下，"六方会谈"如果想要成功，要么朝鲜彻底让步，要么其他各方说服美国改弦更张，而这两个方面的可能性似乎不大。 이러한 상황에서 6자회담이 성공하려면 북한이 철저하게 양보하든지 미국이 태도를 바꾸도록 다른 나라가 설득해야 하지만 두 가지 가능성은 커보이지 않는다.

171 改邪归正 gǎi xié guī zhèng
사악함을 버리고 올바른 사람이 되다.

【近】改过自新 弃暗投明
【反】执迷不悟 死不改悔
【例】为了忘掉过去，她和父母带着改邪归正的次子搬到了无人知道的乡村居住。 과거를 잊기 위해서 그녀와 부모는 정신을 차린 둘째 아들을 데리고 아무도 모르는 시골로 이사가서 살았다.

172 甘心情愿 gān xīn qíng yuàn 진심으로 원하다.

【近】心甘情愿 何乐不为 甘之如饴
【反】身不由己 迫不得已
【例】我甘心情愿为她去做事，你又有什么想不通的呢？ 내가 진심으로 원해서 그녀를 위해 일하는 것인데 네가 이해 못할게 뭐가 있어?

173 肝胆相照 gān dǎn xiāng zhào
간담상조. 서로 진심을 터놓고 대하다.

【近】披肝沥胆 【反】勾心斗角 尔虞我诈
【例】每次签完名，她总是要郑重地盖上肝胆相照、"峰回路转、柳暗花明"、"反对乙肝"、"维保权益"几个大印。 매번 서명을 한 후 그녀는 정중하게 '서로 진심을 터놓고 대한다' '어려움을 극복하고 새로운 희망이 생긴다' 'B형간염 반대' '권익보호'라는 큼직한 도장을 찍는다.

174 感人肺腑 gǎn rén fèi fǔ 사람을 깊이 감동시키다.

【近】动人心弦 荡人心腑 【反】无动于衷
【例】老李的一番话感人肺腑，我真是受益非浅。 이 선생의 말은 사람을 깊이 감동시켜, 나는 정말로 많은 도움을 받았다.

175 高瞻远瞩 gāo zhān yuǎn zhǔ
식견이 높다. 선견지명이 있다

【近】登高望远 【反】鼠目寸光 目光如豆
【例】正因为家长们的高瞻远瞩，许多孩子却苦不堪言。 학부형들의 높은 식견 때문에 많은 오히려 아이들의 고생이 심하다.

176 格格不入 gé gé bù rù
도무지 맞지 않다(주로 A와B가).

【近】方枘圆凿 水火不容
【反】水乳交融 融为一体
【例】妒忌与她的天性格格不入。 질투는 그녀의 천성과 전혀 맞지 않는다.

177 隔岸观火 gé àn guān huǒ 강 건너 불 구경

【近】冷眼旁观 见死不救
【反】见义勇为 身临其境
【例】美国隔岸观火的冷淡态度引起了当地人的极大不满。 강 건너 불 구경식의 미국의 냉담한 태도는 헌지인의 큰 불만을 샀다.

178 隔靴搔痒 gé xuē sāo yǎng
신 신고 발바닥 긁기. 요점을 잡지 못하다.

【近】不得要领 劳而无功
【反】鞭辟入里 一语破的
【例】如果不把问题的根源搞清楚，只是停留在事情表面，那只能是隔靴搔痒，无济于事。 만약 문제의 근원을 분명히 하지 않고 단지 일의 표면적인 것에만 머문다면 그것은 신 신고 발바닥 긁기와 같아 일에 도움이 되지 않는다.

179 各奔前程 gè bēn qián chéng
각기 자기 갈 길로 가다.

【近】分道扬镳
【反】万众一心 同舟共济
例 在这场演出之后，超女们就要各奔前程了，她们的前途如何，粉丝极为关注。 이번 공연이 끝난 후 수퍼걸들은 각기 자기 갈 길로 가서, 그녀들의 미래에 대해 팬들의 관심이 크다.

180 各抒己见 gè shū jǐ jiàn
각자 자기 견해를 고집하다.

【近】各持己见 各抒所见 各执一词
例 他们各抒己见，争得不可开交。 그들은 각자 자기 견해를 고집하여 심하게 다투었다.

181 各行其是 gè xíng qí shì 각자 자기 주장대로 하다.
사상이나 행동이 일치하지 않다.

【近】各谋其是 各自为政
【反】同心同德 同心协力 戮力同心
例 一下班大家便各行其是了，要把他们找到一起，可不容易。 퇴근하면 모두들 각자 자기 하고 싶은 대로 한다. 그들을 한 곳에 불러 모으는 것은 쉽지 않다.

182 各有利弊 gè yǒu lì bì 각기 장단점이 있다.

例 这几种方式各有利弊，究竟哪个更好，还有待时间检验。 이러한 방식은 각기 장단점이 있는데, 도대체 어느 것이 더 좋은지는 시간이 지나봐야 알 수 있다.

183 各有千秋 gè yǒu qiān qiū
누구나 각자 자기의 재주가 있다.

【近】各有所长 【反】一无是处
例 本次大赛的获奖作品各有千秋，无论是一、二、三等奖还是优秀作品都有各自的特点。 이번 그랑프리의 수상작은 각기 특색이 있는데, 1,2,3등이든 가작이든 모두 각자의 특징이 있다.

184 各自为政 gè zì wéi zhèng
제각기 자기 생각대로만 일하다. 각자 제멋대로 일하다.

【近】各谋其政 各行其是 离心离德
【反】同心同德 齐心协力 戮力同心 群策群力
例 在整合前，这些资源是一盘散沙，各自为政，竞争发展。 통합 전에 이러한 자원은 산만하여 단결력이 없는 오합지졸이었고 제각기 자기 생각대로만 일하고 경쟁에 몰두하였었다.

185 根深蒂固 gēn shēn dì gù 뿌리깊게 자리잡고 있다.

【近】坚不可摧 积重难返
【反】摇摇欲坠
例 封建社会"男主外、女主内"、"男尊女卑"等夫权思想根深蒂固。 봉건사회에서는 남자가 바깥 일을 하고 여자가 집안 일을 하는 남존여비의 남성우월주의가 뿌리깊게 자리잡고 있었다.

186 供不应求 gōng bù yìng qiú
공급이 수요에 미치지 못하다.

【近】粥少僧多 【反】供过于求
例 水果供不应求是由于干旱造成的。 과일의 공급이 수요에 미치지 못하는 것은 가뭄 때문이다.

187 狗急跳墙 gǒu jí tiào qiáng
궁지에 몰린 쥐가 고양이를 문다.

【近】因兽犹斗 孤注一掷 挺而走险
例 这次行动你千万不可大意，要谨防敌人狗急跳墙。 이번 작전은 궁지에 몰린 쥐가 고양이를 무는 상황이 발생하지 않도록 조금의 소홀함도 있어서는 안 된다.

188 苟且偷安 gǒu qiě tōu ān
눈앞의 안일만 탐내며 되는 대로 살아가다.

【近】苟且偷生 得过且过 因循苟且
【反】发奋图强 高瞻远瞩
例 可惜的是，她的丈夫是个懦弱无能的皇帝，只想苟且偷安保住他自己的富贵。 애석하게도 그녀의 남편은 나약하고 무능한 황제라 단지 그럭저럭 편안하게 자기의 부만 지키려고 한다.

189 孤芳自赏 gū fāng zì shǎng
혼자 스스로 잘났다고 생각하다.

【近】顾影自怜 自命清高 【反】自惭形秽
例 他们把我塑造成孤芳自赏 不苟言笑的形象也是为了娱乐的目的。 제 잘난 맛에 웃지도 떠들지도 않는다는 나의 이미지는 그들이 재미삼아 만든 것이다.

190 孤掌难鸣 gū zhǎng nán míng
혼자서는 일을 이루지 못한다. 고장난명(孤掌難鳴)

【近】难鸣孤掌 孤家寡人 孤立无援
【反】众志成城 众擎易举
例 在以色列明确态度之后，孤掌难鸣的"路线图"计划终于可以迈开双脚上路了。 이스라엘이 태도를 분명하게 한 후 고장난명식이었던 로드맵은 드디어 본격적으로 가동되기 시작했다.

191 古往今来 gǔ wǎng jīn lái 예로부터 지금까지
【예】古往今来, 有多少仁人志士, 为了穷苦百姓的利益而奔走啊！ 예로부터 지금까지 얼마나 많은 사람들이 가난한 사람을 위해 노력했는지 모른다.

192 古稀之年 gǔ xī zhī nián 고희, 칠순
【近】杖国之年 悬车之年
【예】对于一个普通人来说, 75岁早已跨入古稀之年了, 但对于这个国际电影盛会来说, 75岁却依然是风华正茂。 일반인에게 75세는 고희를 넘어선 나이지만 국제영화제에게 75세는 아직 한창 때다.

193 固执己见 gù zhí jǐ jiàn 자기 의견을 고집하다.
【近】一意孤行 自以为是 刚愎自用
【反】谦虚谨慎 不露圭角 虚怀若谷
【예】他太固执己见, 听不进别人的意见。 그는 너무 고집스러워 다른 사람의 의견을 듣지 않는다.

194 顾名思义 gù míng sī yì 글자 그대로(주로 문장의 맨 앞에 옴)
【近】望文生义
【예】顾名思义, 光棍节就是尚未找到另一半的孤男寡女的节日。 글자 그대로 홀아비의 날은 아직 반쪽을 찾지 못한 처녀 총각들의 날이다.

195 顾全大局 gù quán dà jú 전체적인 국면을 살피다.
【近】丢卒保车 毁家纾难
【反】明哲保身 斤斤计较 贪小失大 各自为政
【예】年长一些的员工工作中可能会顾全大局, 但不少年轻员工做不到。 나이가 좀 많은 직원들은 일을 할 때 전체적인 국면을 살피지만 젊은 이들은 그렇게 하지 못한다.

196 瓜熟蒂落 guā shú dì luò 참외가 익으면 꼭지가 떨어진다. 분위기가 성숙되면 일이 이루어진다.
【近】水到渠成 【反】欲速不达
【예】条件成熟了, 事情自然就会成功, 不必着急, 瓜熟蒂落。 참외가 익으면 꼭지가 떨어지는 법, 여건이 성숙되면 일이 자연스레 이루어지니 서두르지 마라.

197 刮目相看 guā mù xiāng kàn 눈을 비비고 다시 보다. 새로운 안목으로 대하다.
【近】另眼相看 另眼看待 【反】视同一律

【예】学生们一别三日, 可真让人刮目相看, 进步不少呢。 학생들과 떨어져 있은 지 3일 밖에 안 됐지만, 괄목할만한 수준으로 발전했다.

198 冠冕堂皇 guān miǎn táng huáng
겉모양이 번지르르하다. 허울이 좋다.
【近】堂而皇之 徒有其表 衣冠楚楚
【예】少说些冠冕堂皇的话, 多做些实实在在的事。 겉모양만 번지르르한 이야기는 그만 좀 하고 실질적인 일을 많이 하도록 해라.

199 光明磊落 guāng míng lěi luò
정정당당하다. 공명정대하다.
【近】襟怀坦白 【反】居心叵测
【예】陈毅同志一生光明磊落, 胸襟坦白。 천이 동지는 평생 정정당당하고 솔직하게 살았다.

200 光天化日 guāng tiān huà rì 백주대낮
【近】大庭广众 众目昭彰 众目睽睽
【反】暗无天日
【예】一座美军基地和一支阿富汗政府军的驻地就在不远处, 塔利班和"基地"组织武装分子敢在光天化日之下到这里活动吗？ 미군기지와 아프카니스탄 정부군 주둔지가 바로 멀지않은 곳에 있는데 탈레반과 알카에다 무장세력이 감히 백주대낮에 이곳에 와서 활동하겠는가？

201 归根结蒂 guī gēn jié dì 결국. 끝내
【近】归根结柢 归根到底 一言以蔽之 总而言之
【예】不要辩解了, 这次纠纷归根结蒂都是由你引起的。 변명하지 마라. 이번 분쟁은 결국 네가 야기시킨 것이다.

202 归心似箭 guī xīn sì jiàn
돌아가고 싶은 마음이 간절하다.
【近】归去来兮 归心如箭 【反】浪迹天涯
【예】目前驻伊的十三万美军士气低落, 普遍归心似箭。 현재 이라크에 주둔 중인 미군 13만 명은 사기가 떨어져 돌아가고 싶은 마음이 간절하다

203 海底捞针 hǎi dǐ lāo zhēn
바다 밑에서 바늘을 건지다. 모래밭에서 바늘 찾기.
【近】海底捞月 大海捞针 【反】行之有效
【예】在那么大的森林里找他, 无异于海底捞针。

그렇게 큰 숲에서 그를 찾는 것은 모래밭에서 바늘 찾기나 다름없다.

204 海誓山盟 hǎi shì shān méng
(영원한 사랑을) 굳게 맹세하다.

【近】地久天长 坚定不移 始终不渝
【反】朝三暮四 水性杨花 见异思迁
例 去年,台州就有一位19岁的少女,与一男青年认识不久,海誓山盟后跟他去了湖北,结果被卖给当地人当老婆。 작년에 타이저우의 19세 소녀가 한 청년을 안지 얼마 안되어 사랑을 맹세하고 후베이로 따라갔으나 현지인에게 아내로 팔려갔다.

205 汗马功劳 hàn mǎ gōng láo
전쟁에서 세운 (큰) 공로, (일정 분야에서의) 공로, 공적, 공헌

【近】丰功伟绩 劳苦功高 【反】一事无成
例 经过10年的发展,纯生为国内的啤酒行业发展立下了汗马功劳,并取得一系列的成绩。 10년간의 발전을 통해 드래프트맥주는 국내 맥주업계의 발전을 위해 큰 공을 세웠고 일련의 실적을 세웠다.

206 好景不长 hǎo jǐng bù cháng
호경기가 늘 계속되는 것은 아니다.

【近】好景不常 好事多磨 乐极生悲
【反】苦尽甜来 否极泰来 时来运转
例 好花不常开,好景不长在。 좋은 꽃은 항상 피어 있는 것이 아니라 좋은 세월도 늘 계속되는 것은 아니다.

207 好事多磨 hǎo shì duō mó 호사다마(好事多磨)

【近】一波三折 节外生枝 好梦难成 好事多魔
【反】一帆风顺 无往不利
例 千万不要伤心,好事多磨嘛! 호사다마라고 제발 상심하지 마세요!

208 浩浩荡荡 hào hào dàng dàng
규모가 크고, 기세가 드높다. 위풍당당하다.

【近】汹涌澎湃 波澜壮阔 气壮山河 轰轰烈烈 大张旗鼓 万马奔腾
例 世界潮流,浩浩荡荡,顺之则昌,逆之则亡。 세계의 조류는 광대하여 끝이 없다. 그것을 따르는 자는 흥성하고 거스르는 자는 망한다.

209 合情合理 hé qíng hé lǐ 합리적이다.

【近】情理之中 入情入理 理所当然
【反】无缘无故 岂有此理 莫名其妙
例 事实证明他的要求是合情合理的。 그의 요구가 합리적이라는 것은 사실로 증명되었다.

210 何足挂齿 hé zú guà chǐ 말할 것이 못 된다.

【近】无足挂齿 微不足道 何足道哉
【反】津津乐道 大书特书 至关紧要
例 这是我应该做的,区区小事,何足挂齿。 이 일은 내가 마땅히 해야되는 일이다. 별일 아니니 칭찬할 것 없다.

211 和蔼可亲 hé ǎi kě qīn 성격이 온순하고 친절하다.

【近】平易近人 和颜悦色
【反】气势汹汹 冷若冰霜 横眉怒目
例 他那和蔼可亲的性格使他成为经常为他人排忧解难的开导者。 자상한 성격 덕분에 그는 항상 남의 어려움을 해결해주는 지도자가 되었다.

212 和平共处 hé píng gòng chǔ 평화공존하다.

例 现在一般都承认,不同社会制度的国家可以和平共处。 사회제도가 다른 국가들끼리도 평화공존할 수 있다고 일반적으로 생각한다.

213 黑白分明 hēi bái fēn míng 흑백이(시비가) 분명하다.

【近】泾渭分明 一清二楚
【反】不分皂白 混淆是非 颠倒黑白
例 通过讨论,谁是谁非,这个问题已经黑白分明了。 토론을 통해 누가 옳고 누가 그른지, 이 문제는 이미 시비가 분명해졌다.

214 轰轰烈烈 hōng hōng liè liè
기백이나 기세가 드높다. 장렬하다.

【近】烈烈轰轰 声势浩大
【反】冷冷清清 死气沉沉
例 轰轰烈烈的大革命终于失败了,这教训我们一定要牢牢记住。 기세등등한 대혁명은 결국 실패했다. 우리는 이 교훈을 확실하게 기억해야 한다.

215 哄堂大笑 hōng táng dà xiào
장내가 떠들썩하게 크게 웃다. 폭소를 자아내다.

【近】前俯后仰 捧腹大笑 烘堂大笑
【反】哑然失笑 泣不成声 涕泗滂沱
例 有的时候,模仿者笨拙的动作会引发全场观众哄堂大笑。 가끔 흉내내는 사람의 서툰 동작이 관중들을 웃긴다.

216　红极一时 hóng jí yī shí 한때 인기를 누리다.

【近】显赫一时 方兴未艾
【反】每况愈下 一落千丈
【例】沈银河、高小英，她们都是90年代红极一时的电影明星。 심은하, 고소영은 모두 90년대 인기를 누렸던 영화스타이다.

217　后患无穷 hòu huàn wú qióng 후환이 끝이 없다.

【近】放虎归山 祸不单行
【反】斩草除根 后福无量
【例】我们如不抓好安全工作，会给人民带来很大的灾难的，后患无穷啊！ 우리가 만약 안전 작업에 주력하지 않으면 국민에게 큰 재난을 끼치고 후환이 끝이 없게 된다.

218　后来居上 hòu lái jū shàng
뒤졌던 것이(사람이) 앞선 것을(사람을) 추월하다.

【近】青出于蓝　【反】一代不如一代
【例】老牌名酒焕发了青春，新一代的名优白酒大有后来居上之势，各地方名优酒牢牢占领了本地市场。 오래된 유명 주류 브랜드들은 그 젊음을 모두 발산하여 버렸고, 새로운 시대의 저명한 백주 상표들은 그들을 추월하여 각 지방의 시장을 확실하게 점령했다.

219　后起之秀 hòu qǐ zhī xiù
새로 나타난 우수한 인재. 뛰어난 신인.

【近】青出于蓝 后来居上 后继有人
【例】动画业作为后起之秀，正在全球文化产业中扮演着越来越重要的角色。 애니메이션 산업은 늦게 등장하여 현재 전 세계의 문화 산업에서 점점 더 중요한 위치를 차지하고 있다.

220　后生可畏 hòu shēng kě wèi
후생이 무섭다. 후생가외(後生可畏)

【近】少年老成
【反】少不更事 乳臭未干
【例】后生可畏啊！你们这一代人思想比我们敏锐得多。 요즘 젊은이들이 뛰어나더니만, 너희들의 생각이 우리보다 훨씬 더 날카롭구나.

221　狐假虎威 hú jiǎ hǔ wēi
남의 권세로 위세를 부리다. 호가호위(狐假虎威)

【近】仗势欺人 狗仗人势
【反】独步天下 独擅胜场

【例】不能听任狐假虎威陋习横行。 호가호위의 나쁜 습관을 내버려둬선 안 된다.

222　胡说八道 hú shuō bā dào
터무니없는 말을 하다. 엉터리로 말하다.

【近】胡言乱语 信口开河 胡说乱道
【反】有凭有据 言之有据
【例】你别听他的胡说八道，那全是谣言。 너 그 사람이는 터무니없는 말을 믿지 마, 그거 다 뜬 소문일 뿐이야.

223　胡思乱想 hú sī luàn xiǎng
터무니없는 생각을 하다. 허튼 생각을 하다.

【近】痴心妄想 胡思乱量
【反】确信不疑
【例】你还年轻，最好不要胡思乱想，要把精力集中放在学习上。 아직 젊은데 허튼 생각하지 말고 공부에만 전념해라.

224　虎视眈眈 hǔ shì dān dān 호시탐탐

【近】凶相毕露
【例】人民币近日有加速升值的迹象，国际投机热钱对此已虎视眈眈，以人民币标价的资产和沪深两市不动产类上市公司股票是其套利的首选目标。 최근 들어 위안화 평가절상이 가속화될 조짐이 보이면서 국제적으로 투기성 핫머니들이 호시탐탐 기회를 엿보고 있다. 위안화로 가격을 매기는 자산과 상하이 선전 두 증권시장에 상장된 부동산계 기업의 주식은 매매 차액을 얻기 위한 주요 투자 대상이다.

225　虎头蛇尾 hǔ tóu shé wěi 용두사미(龍頭蛇尾)

【近】为德不卒 有始无终 龙头蛇尾
【反】全始全终 善始善终 持之以恒
【例】这种病人虽然兴趣广、交际多、乐于助人，但这事没做完又被其它事吸引，整天忙忙碌碌，往往虎头蛇尾，一事无成。 이러한 병을 가진 사람들은 대개 여러 분야에 흥미를 갖고 사교적이며 남을 돕기를 좋아한다. 그러나 그 일이 끝나기도 전에 다른 일에 또 정신을 뺏기여 종일 바쁘게 움직인다. 항상 용두사미식으로 결국엔 아무것도 이루지 못한다.

226　花言巧语 huā yán qiǎo yǔ 교언영색

【近】心口不一 甜言蜜语 巧舌如簧
【反】肺腑之言 心口如一 由衷之言
【例】他用花言巧语骗取了老板的信任。 그는 감언이설로 사장의 신임을 얻었다.

227 华而不实 huá ér bù shí 겉만 번지르르하다.

【近】金玉其表 虚有其表 败絮其中
【反】表里如一
【예】尽管有不少企业开始在售后服务上做文章，但众多消费者都认为目前市场存在太多华而不实的口号，导致消费者无法享受到真正有品质的售后服务。 비록 많은 기업들이 A/S에 관심을 가지기 시작했지만, 대부분의 소비자들은 겉만 번지르르하지 실속없는 구호들이 너무도 많기 때문에, 진정한 의미의 A/S는 받지 못할 것이라고 생각한다.

228 哗众取宠 huá zhòng qǔ chǒng
말이나 행동으로 군중 심리에 영합하여 신임이나 칭찬을 받다, 포퓰리즘

【反】实事求是 脚踏实地
【예】这些恶搞，表面上看来很搞笑，但真正可笑的，恰恰正是这些哗众取宠者。 이러한 패러디는 겉으로는 유머러스하지만 가소로운 것은 바로 군중 심리에 영합하여 저질 작품을 만드는 사람들이다.

229 画饼充饥 huà bǐng chōng jī
그림의 떡(으로 굶주린 배를 채우다). 실속이 없다.

【近】望梅止渴 无济于事 【反】名副其实
【예】说句扫兴的话，该计划恐怕是画饼充饥而已。 기운 빠질 소리 좀 하자면, 이 계획은 단지 그림의 떡인 것 같아.

230 画龙点睛 huà lóng diǎn jīng 화룡점정(畵龍點睛)

【近】锦上添花 点石成金
【反】多此一举 弄巧成拙 画蛇添足 点金成铁
【예】如果在画上或画展上能请他赋诗题字，则无疑可收画龙点睛之效。 만약 그림이나 전시회에서 그의 제자를 얻을 수 있다면, 의심할 필요도 없이 화룡점정의 효과를 얻을 것이다.

231 画蛇添足 huà shé tiān zú 사족을 달다.

【近】徒劳无功 多此一举
【反】画龙点睛 恰到好处 恰如其分
【예】如果在摄影中拍摄的背景有画蛇添足之嫌，可以通过电脑后期处理来消除不必要的镜头。 만약 촬영한 배경이 불필요하다고 생각되면, 컴퓨터로 후반작업을 하여 그 장면을 없애버리면 된다.

232 欢呼雀跃 huān hū què yuè 매우 기뻐하다.

【近】欢天喜地 欣喜若狂 心系鼓舞 兴高采烈
【反】肝肠寸断 黯然销魂 愁眉苦脸
【예】所有客户都在座位上焦急的等待着自己的号码，被抽中的客户如孩子般欢呼雀跃，因为自己距梦想已经咫尺之遥。 모든 고객들이 자리에서 자신의 번호가 호출되기를 초조하게 기다리고 있다. 당첨된 사람들은 자신의 꿈이 조만간 실현될 수 있다는 생각에 아이처럼 매우 기뻐하였다.

233 欢天喜地 huān tiān xǐ dì 몹시 기뻐하다.

【近】欢欣鼓舞
【反】切肤之痛 哀痛欲绝 愁眉苦脸
【예】在这欢天喜地的节日前夕，一个人过是不是太孤单了呢？ 이렇게 기쁜 명절 전날 밤을 너 혼자서 보내면 너무 외롭지 않겠어?

234 患得患失 huàn dé huàn shī 얻기 전에는 얻으려고 노심초사하고 얻은 뒤에는 잃을까봐 걱정하다.

【近】自私自利 斤斤计较
【反】大公无私 公而忘私
【예】一直在患得患失之间徘徊是什么样的感觉？让心都感觉到疲备。 얻으려고 노심초사하고 얻으면 잃을까봐 걱정하는 상황 속에서 배회하는 것은 어떤 느낌일까? 마음 속까지 피곤한 느낌일거야.

235 患难与共 huàn nàn yǔ gòng
환난을 함께 하다. 어려움을 함께 하다.

【近】休戚与共 同甘共苦 同舟共济
【反】貌合神离 同床异梦
【예】面对艰难的现实，我们应同心协力，患难与共。 어렵고 힘든 이 현실 앞에서 우리는 함께 협력하여 이 난관을 헤쳐 나가야 할 것이다.

236 患难之交 huàn nàn zhī jiāo 고난을 같이한 벗

【近】生死之交 患难与共 刎颈之交
【反】酒肉朋友 狐朋狗友 狼狈为奸
【예】我和你爸是几十年的患难之交，你难道还不相信吗？ 나와 네 아버지는 몇 십 년이나 고난을 함께한 친구 사이인데 너는 설마 아직도 나를 믿지 못하는 것이니?

237 回味无穷 huí wèi wú qióng 씹을수록 맛이 나다.

【近】耐人寻味 【反】索然无味 味如嚼蜡
【예】朱自清的作品，越读越有趣，真让人回味无穷。 주즈칭의 작품은 읽으면 읽을수록 그 재미가 더해져서 그의 작품을 계속해서 곱씹어보게 한다.

238 毁于一旦 huǐ yú yī dàn 하루 아침에 무너지다

【近】付之东流
【反】坚不可摧
【例】几年来的心血，就他这一下子就毁于一旦了。
몇 년 간의 노력이 그 사람 때문에 순식간에 무너져버렸다.

239 浑然一体 hún rán yī tǐ 혼연일체

【近】天衣无缝 水乳交融 沆瀣一气
【反】格格不入 若即若离 泾渭分明
【例】他们思想与情感浑然融合成一体。그들의 사상과 감정은 혼연일체가 되었다.

240 火上加油 huǒ shàng jiā yóu 불난 집에 부채질하다.

【近】火上添油 雪上加霜 如虎添翼 变本加厉
【例】目前日本经济不景气，加上政治丑闻的火上加油，可谓乌云笼罩。지금 일본의 경제는 가뜩이나 불경기에 빠져있는데, 불난 집에 부채질을 하듯 정치 스캔들까지 가세되어 온통 먹구름이 가득하다.

241 货真价实 huò zhēn jià shí 값도 싸고 물건도 좋다.

【近】名副其实 名不虚传
【反】货次价高 徒有虚名
【例】这件大衣货真价实，是地地道道的名牌。이 외투는 값도 싸고 품질도 좋은 진정한 명품이다.

242 祸不单行，福无双至
huò bù dān xíng, fú wú shuāng zhì
화불단행. 복은 겹쳐오지 않고, 화는 겹쳐온다.

祸不单行【近】多灾多难 福无双至 雪上加霜
　　　　【反】时来运转 双喜临门
福无双至【近】福不重至【反】祸不单行
【例】俗话说：祸不单行，福无双至。日常生活中倒霉的事常常会"一而再，再而三"地发生，这究竟是什么原因呢？속담에 '복은 겹쳐오지 않고 화는 겹쳐온다' 는 말이 있다. 일상 생활에서도 좋지 않은 일이 계속해서 연이어 일어나는데 도대체 어떤 이유 때문일까?

243 祸从口出 huò cóng kǒu chū 화는 입에서 나온다.

【参】病从口入
【近】言多必失 多言买祸
【反】谨言慎行 喜从天降
【例】他常常告诫我祸从口出，不论在任何场合说话，都要小心。그는 항상 나에게 화는 입에서 나온다며, 어떤 장소에서든지 말조심을 해야 한다고 경고한다.

244 饥不择食 jī bù zé shí
배고프면 찬밥 더운밥 가리지 않는다.

【近】慌不择路 贫不择妻 寒不择衣
【反】挑肥拣瘦 挑三拣四
【例】恶性竞争，致使一些企业饥不择食，甚至违法违规的事都敢干，最后造成恶劣后果。적대적 경쟁은 일부 기업으로 하여금 수단과 방법을 가리지 않게 하거나 심지어 불법행위도 서슴지 않고 저지르게 하여 결국 좋지 않은 결과를 가져온다.

245 积少成多 jī shǎo chéng duō 티끌 모아 태산

【近】日积月累 积水成渊 聚沙成塔
【反】杯水车薪
【例】知识不是一下子就能掌握的，需要慢慢地积少成多。지식은 하루 아침에 쌓이는 것이 아니라 티끌 모아 태산이라고 천천히 쌓아야 하는 것이다.

246 积重难返 jī zhòng nán fǎn
오래된 풍속이나 습관은 고치기 어렵다.

【近】积性难改 根深蒂固
【反】痛改前非 拨乱反正
【例】第一个难题是，用户的正版意识尚处于起步阶段，盗版的使用习惯积重难返。가장 어려운 문제는 정품 사용에 대한 사용자들의 의식이 아직 성숙하지 않아서 불법 복제품 사용의 관행을 고치기 어렵다는 것이다.

247 急功近利 jí gōng jìn lì
눈앞의 성공과 이익에만 급급하다.

【近】贪功求名 急于求成 鼠目寸光
【反】深谋远虑 高瞻远瞩
【例】因为车本身品牌过硬，销售业绩突出，相应的配套管理跟不上，奔驰给人还没有完全摆脱急功近利之嫌。자동차 본래의 브랜드가 훌륭하고 매출 성적이 뛰어나지만, 그에 부합하는 부수적 관리가 충분치 않기 때문에, 벤츠는 '눈앞의 성공과 이익만 추구한다' 는 오명을 아직도 완전히 떨쳐버리지 못했다.

248 急于求成 jí yú qiú chéng 성공하는데 급급하다.

【近】迫不及待 急于事成 急功近利
【反】从容不迫
【例】他认定，这是一个积累的过程，不能急于求成，要甘坐冷板凳。이것도 실력을 쌓는 하나의 과정이기 때문에 성공하는데 급급해하지 않고 냉대도 기꺼이 받아들여야 한다고 그는 인정했다.

249 急中生智 jí zhōng shēng zhì
다급할 때 좋은 생각이 떠오르다.

【近】情急生智 情急智生
【反】无计可施 束手无策
【例】这时，我急中生智，想用自己从国内带来的中国丝绸手帕"贿赂"一下秘书。 이때, 나는 때마침 좋은 생각이 났는데 중국에서 가져온 실크 손수건을 그 비서에게 뇌물로 주는 것이다.

250 集思广益 jí sī guǎng yì
여러 사람의 의견을 모으면 더 큰 효과를 거둘 수 있다.

【近】群策群力 广开言路
【反】独断专行 一意孤行
【例】对国内外网站和网络媒体的发展进行深入研究，在此基础上再集思广益地确定改版方案。 국내외 웹 사이트와 인터넷 매체의 발전에 대한 깊은 연구를 토대로 여러 사람의 의견을 모아 효과적인 개정안을 확정해야 한다.

251 记忆犹新 jì yì yóu xīn 기억이 새롭다.

【近】历历在目 言犹在耳
【反】时过境迁 浮光掠影
【例】时隔27年，老张回忆起那5个月仍然记忆犹新。 27년이란 시간이 흘렀지만 장 선생은 그때 5개월을 떠올리면 아직도 기억이 새롭다.

252 家常便饭 jiā cháng biàn fàn
흔히 있는 일, 다반사(茶飯事)

【近】司空见惯 熟视无睹 粗茶淡饭
【反】别开生面
【例】他做这件事简直就是家常便饭。 그가 이런 일을 저지르는 건 아주 흔히 있는 일이다.

253 家破人亡 jiā pò rén wáng 집과 가족을 잃다.

【近】妻离子散 流离失所
【反】家给人足 安居乐业
【例】因为小海吸毒和感染上艾滋病病毒，小海的母亲气病交加已经去世，父亲远走他乡，他的家庭已是家破人亡。 샤오하이는 마약을 하고 에이즈에 감염되었다. 이에 샤오하이의 어머니는 화와 병이 겹쳐서 이미 돌아가시고, 아버지도 타향으로 떠나셨다. 그의 화병으로 이미 집과 가족을 모두 잃었다.

254 家徒四壁 jiā tú sì bì
집이 너무 가난해서 아무것도 가진 것이 없다.

【近】一贫如洗 【反】丰衣足食 家给人足
【例】旧中国，许多贫民非常贫穷，家徒四壁。 과거의 중국은 찢어지게 가난한 사람이 너무도 많았다.

255 家喻户晓 jiā yù hù xiǎo 누구나 다 안다.

【近】妇孺皆知 众所周知
【反】不见经传 默默无闻 闻所未闻
【例】2002年世界杯足球赛使希丁克的名字家喻户晓。 2002년에 월드컵 덕분에 히딩크라는 이름을 모르는 사람이 없었다.

256 价廉物美 jià lián wù měi 값싸고 물건도 좋다.

【近】物有所值 惠而不费 物美价廉
【反】米珠薪桂 食玉炊桂
【例】东大门市场的商品都价廉物美，深受人们的喜爱。 동대문 시장의 물건들은 값도 싸고 질도 좋아서 많은 사람들이 좋아한다.

257 价值连城 jià zhí lián chéng
가격이 성 하나와 바꿀만하다, 매우 귀함

【近】无价之宝 连城之价
【反】一钱不值 无足轻重
【例】书法可当礼品送人，书法可当废纸烧火;书法可当室内装饰，书法可登台表演;书法可价值连城，书法可一文不值;书法圈内有大款，书法圈内有乞丐。 서예는 선물을 해도 되고, 폐지로 태울 수도 있다. 실내를 장식할 수도 있고, 무대에서 공연 될 수도 있다. 서예는 매우 귀하기도 하고 한 푼의 가치가 없기도 하다. 서예계에는 대부호도, 거지도 있다.

258 坚持不懈 jiān chí bù xiè
꾸준히 견지하여 태만하지 않다.

【近】锲而不舍 坚持不渝 持之以恒 始终不懈
【反】半途而废 有始无终 有头无尾
【例】由于坚持不懈的努力，他获得了学业上的成功。 그는 태만하지 않고 꾸준히 노력하여 학업에 있어서 성공을 거두었다.

259 坚定不移 jiān dìng bù yí 확고부동하다.

【近】坚持不懈 持之以恒 坚忍不拔 不屈不挠
【反】动摇不定 举棋不定 朝秦暮楚
【例】坚持改革开放是十一届三中全会以来坚定不移的基本方针。 개혁개방을 지속한다는 것은 11기 삼중전회 이래 변함없이 지켜 내려온 기본 방침이다.

260 坚贞不屈 jiān zhēn bù qū
지조를 지키며 절대로 굴하지 않다.

【近】威武不屈 坚强不屈
【反】卑躬屈膝 奴颜婢膝
【例】在狱中,他受尽了敌人的严刑拷打,始终坚贞不屈。 감옥에서 그는 적들의 모진 고문을 받으면서도, 강한 의지로 끝내 굴하지 않았다.

261 艰苦奋斗 jiān kǔ fèn dòu 열심히 분투하다.

【近】艰苦创业 奋发图强 自力更生
【反】花天酒地
【例】艰苦奋斗的传统在今天还有必要发扬吗? 열심히 분투하는 전통을 오늘날에도 계승·발전시킬 필요가 있을까?

262 艰苦朴素 jiān kǔ pǔ sù
열심히 노력하며 소박하게 생활하다.

【近】坚苦卓绝 艰苦创业
【反】铺张浪费 穷奢极侈
【例】现在生活富裕了,艰苦朴素作为我国的传统美德还有没有必要保持和发扬下去? 열심히 노력하고 소박하게 생활하는 것이 우리나라의 전통 미덕이라고 해서 생활이 풍족해진 오늘날까지 계승·발전해야 할 필요가 있는 것일까?

263 艰难险阻 jiān nán xiǎn zǔ 어려움과 시련

【近】荆棘载途 艰难曲折
【反】一帆风顺 无往不利 万事亨通
【例】我喜欢有挑战性的工作,越是艰难险阻,我越是觉得实现抱负、发挥价值的时刻到了。 나는 도전적인 일을 좋아한다. 나는 어려움과 시련이 많을수록 포부를 실현하고 가치를 발휘할 때가 왔다고 생각한다.

264 简明扼要 jiǎn míng è yào
간단명료하고 요점만 이야기하다.

【近】短小精悍
【反】长篇累牍 长篇大论
【例】参赛作品为文字短信作品,要求主题鲜明,内容健康,通俗易懂,简明扼要,且必须为原创作品,每篇限60个汉字以内。 참가작품은 편당 한자 60자 이내의 짧은 편지로 주제가 명확하고, 내용이 건전해야 한다. 통속적이고 알기 쉽고, 간단명료 하며, 반드시 창작물이어야 한다.

265 见利忘义 jiàn lì wàng yì
이권 때문에 의를 저버리다.

【近】见钱眼开 唯利是图
【反】见利思义 舍生取义
【例】你认为哪些行为是见利忘义的行为? 당신은 어떠한 행위가 이권 때문에 의를 저버리는 행위라고 생각하는가?

266 见仁见智 jiàn rén jiàn zhì
사람마다 보는 각도가 다르다.

【近】见智见仁 百家争鸣 众说纷纭
【反】人云亦云
【例】韩国舆论界各种报道连日不断,观点也见仁见智,各有不同。 한국 여론의 각종 보도가 연일 계속되고 있다. 사람마다 보는 각도가 다른만큼 내용도 가지각색이다.

267 见义勇为 jiàn yì yǒng wéi
의로운 일에 용감히 행동하다.

【近】急公好义 挺身而出
【反】袖手旁观 见利忘义 见义不为
【例】南京是一座具有见义勇为光荣传统的城市。 난징 시는 의로운 일에 용감히 행동한다는 영광스러운 전통이 있는 도시이다.

268 见异思迁 jiàn yì sī qiān
색다른 것을 보고 그 것을 해보고 싶어서 원래의 생각이 바뀌다.

【近】三心二意【反】一心一意 专心致志
【例】从进化论的角度看人是见异思迁的动物,最容易受到外界的诱惑。 진화론의 관점에서 보면 인간은 생각이 자주 바뀌고 외부의 유혹에 쉽게 넘어가는 동물이다.

269 剑拔弩张 jiàn bá nǔ zhāng 일촉즉발의 형세.

【近】一触即发 千钧一发 箭在弦上
【反】销兵洗甲
【例】目前印巴关系进一步恶化,剑拔弩张、针锋相对。 현재 인도와 파키스탄의 관계가 더욱 악화되어 일촉즉발의 상황으로 첨예하게 대립하고 있다.

270 箭在弦上 jiàn zài xián shàng
일의 형세가 그만둘 수 없는 상황에 놓이다.

【近】不得不发 矢在弦上 如箭在弦
【例】新一轮食品涨价箭在弦上。 또 한차례의 식료품 가격 인상이 불가피하다.

271 **江郎才尽** Jiāng láng cái jìn 재주가 바닥나다.
'江郎'은 인명이다.

【近】黔驴技穷 江淹才尽
【反】出类拔萃 初露锋芒
例 若坚持努力勤奋, 只会水涨船高愈来愈好, 怎会<u>江郎才尽</u>? 만약 지속적으로 노력했다면 기초가 쌓이는 만큼 좋아져야지, 어떻게 약해질 수 있겠는가?

272 **江山易改, 本性难移**
jiāng shān yì gǎi, běn xìng nán yí
제 버릇 개 못 준다.

【参】山河易改, 本性难移; 江山易改, 禀性难移; 江山易改, 秉性难移; 江山好改, 本性难移; 江山好改, 秉性难移
例 所谓<u>江山易改, 本性难移</u>, 人的性格很难随时间或者环境的改变而改变。'제 버릇 개 못 준다'라는 말은 인간의 성격은 시간이나 환경이 변해도 따라 달라지기가 매우 어렵다는 뜻이다.

273 **将信将疑** jiāng xìn jiāng yí 반신반의하다.

【近】半信半疑 疑信参半
【反】深信不疑
例 网上充斥着假名牌, 假商品, 许多人都<u>将信将疑</u>, 你是如何说服顾客交易的? 인터넷상에 가짜 명품, 가짜 상품이 가득하여 많은 사람들이 반신반의하는 마음을 가지고 있는데 당신은 어떻게 고객을 설득해 거래를 성사시킬 것입니까?

274 **骄傲自满** jiāo ào zì mǎn 거만하다

【近】自命不凡 目空一切
【反】谦虚谨慎 功成不居
例 自以为是和<u>骄傲自满</u>是学习的大敌, 会使人走向无知。자만심과 거만함은 배움의 가장 큰 적이며 사람을 무지에 빠지게 한다.

275 **脚踏实地** jiǎo tà shí dì 몸소 실질적으로 행하다.

【近】足履实地
【反】腾云驾雾 胡思乱想 好高骛远 弄虚作假
例 切切实实地珍惜每一分收获是很重要的, 只有<u>脚踏实地</u>, 方可站得更牢。확실하게 모든 수확을 아끼는 것은 매우 중요한 것이며, 그것을 실질적으로 행해야만 더욱 견고하게 설 수 있을 것이다.

276 **教学相长** jiào xué xiāng zhǎng
교학상장. 가르치는 것이 곧 배우는 것이다.

【近】互教互学 【反】兼容并包
例 <u>教学相长</u>, 不仅学生要从教授这里获取知识, 教授也可以从学生处汲取营养。교학상장이라고, 학생만이 교수로부터 지식을 얻는 것이 아니라 교수도 학생으로부터 배울 것이 있다.

277 **接二连三** jiē èr lián sān 연이어

【近】接踵而至 接连不断
【反】后继有人 断断续续
例 你怎么解释这<u>接二连三</u>地发生的事故呢? 당신은 이 연이어 발생한 사고에 대해서 어떻게 설명할겁니까?

278 **节外生枝** jié wài shēng zhī
또 다른 문제가 파생되다.

【近】横生枝节 节上生枝
【反】一帆风顺
例 美国领导人担心, 现在如果改变这一设想, 可能会<u>节外生枝</u>。미국 대통령은 만약 현재의 구상을 바꿀 경우 파생될, 또 다른 문제에 대해 걱정하고 있다.

279 **节衣缩食** jié yī suō shí
먹을 것 덜 먹고, 입을 것 최대한 아껴 입다.

【近】布衣疏食 艰苦朴素 缩衣节食
【反】穷奢极欲 铺张浪费 花天酒地
例 幼年的他, 家境十分贫寒。父亲<u>节衣缩食</u>供他念书, 他常常面临辍学的窘境。유년시절의 그는 집안 형편이 매우 어려웠다. 아버지가 덜 먹고 아껴 공부를 시켰지만, 그는 자주 학업을 중단해야 할 처지에 처하곤 했다.

280 **捷足先登** jié zú xiān dēng
행동이 민첩한 사람이 먼저 목적을 달성한다.

【近】捷足先得
【反】姗姗来迟
例 如果准备上市, 报业集团应及早着手推进规范的股份制改造, 一旦时机成熟, 即可<u>捷足先登</u>。상장을 준비한다면, 신문사들은 조기에 규범에 맞는 주식제도의 개혁을 추진해야 한다. 일단 적당한 시기에 이르면 민첩하게 행동한 사람이 먼저 목적을 달성하게 된다.

281 **截长补短** jié cháng bǔ duǎn
장점을 취하여 단점을 보충하다.

【近】取长补短 扬长避短 集思广益
【反】将错就错
例 各国应相互尊重, 求同存异, <u>截长补短</u>, 协同合作, 推动建立公平合理的国际经济新秩序, 努

力实现共同发展和繁荣。 각국은 상호 이견을 존중하고 합의점을 찾아가야 한다. 서로 단점을 보완하고 협력하여 공평·합리적인 신 국제경제질서를 세워야 한다. 또한 공동의 발전과 번영을 실현하기 위해 노력해야 한다.

282 截然不同 jié rán bù tóng 뚜렷이 다르다.

【近】天壤之别 迥然不同
【反】半斤八两 一模一样
【例】对待一种新生事物，不同的人有着截然不同的态度。 새로운 사물을 대하는 태도는 사람마다 완전히 다르다.

283 竭尽全力 jié jìn quán lì 전력을 다하다.

【近】声嘶力竭 尽心竭力 【反】养精蓄锐
【例】全世界所有国家要为和平与发展竭尽全力。 전세계 모든 나라는 평화와 발전을 위해 전력을 다 해야 한다.

284 解囊相助 jiě náng xiāng zhù

보따리를 풀어 다른 사람을 돕다.

【近】解衣缩食 【反】一毛不拔
【例】他要用退学的学费救患病父母，各界人士纷纷解囊相助，帮助他重返大学继续读书。 그가 자퇴하여 돌려받은 학비로 부모님의 병을 고치려 한다는 소식에 각계 인사들이 그가 다시 대학에 돌아와 공부할 수 있도록 속속 도움의 손길을 내밀었다.

285 斤斤计较 jīn jīn jì jiào

(중요하지 않은 일을) 지나치게 따지다.

【近】锱铢必较
【反】宽宏大量 毫不介意 宽宏大度
【例】像这种无关紧要的事情，我们最好不要斤斤计较。 이렇게 별로 중요하지 않은 것은 가능하면 지나치게 세세히 따지지 않는게 좋다.

286 津津有味 jīn jīn yǒu wèi 흥미진진하다.

【近】兴致勃勃
【反】味同嚼蜡 索然无味 枯燥无味
【例】话是这样说，可是谈起理论，他是一套套地跟我谈得津津有味，头头是道。 이론에 대해 얘기하기 시작하면 그는 나에게 하나하나 흥미진진하게 말해주며 그 말들은 모두 이치에 맞는다.

287 筋疲力尽 jīn pí lì jìn 기진맥진하다.

【近】身心交瘁 心力交瘁 精疲力竭

【反】精神焕发 精神抖擞
【例】在田径比赛中，很多筋疲力尽的选手都没有办法集中全部精力去比赛，因为他们不得不抽出很重要的精力来去和天气做斗争。 육상경기에서 기진맥진한 선수들은 많은 힘을 날씨를 이겨내는데 소모해야 하기 때문에 전력을 다해 경기에 집중할 수 없다.

288 紧锣密鼓 jǐn luó mì gǔ

~에 박차를 가하다. (사업 등을) 대대적으로 하다.

【近】密锣紧鼓 呼之欲出 山雨欲来 磨刀霍霍
【例】当北约正在紧锣密鼓准备东扩之际，各国围绕先扩谁的问题展开了争论。 나토(NATO)는 지금 막 대대적으로 동쪽으로의 세력확장을 추진하고 있고 각국은 먼저 어디로 확장할지에 대해 논쟁을 벌이고 있다.

289 锦上添花 jǐn shàng tiān huā 금상첨화

【近】好上加好 精益求精 如虎添翼
【反】雪上加霜 佛头著粪
【例】锦上添花容易做到，雪中送炭很难做到。 금상첨화는 어렵지 않지만 어려울 때 꼭 필요한 도움을 주는 것은 어려운 일이다.

290 尽如人意 jìn rú rén yì 마음대로 되다.

【近】尽善尽美 称心如意 【反】大失所望
【例】北韩当局还有层层限制，未能尽如人意。 북한 당국엔 각종 제한이 많기 때문에 마음대로 될 수가 없다.

291 尽善尽美 jìn shàn jìn měi

더할 수 없이 잘 되다. 완벽하다.

【近】完美无缺 十全十美
【反】一无是处 一无可取 一塌糊涂 十全十美 完美无缺
【例】任何事情都不可能做到尽善尽美。 어떤 일도 완벽할 수는 없다.

292 尽心竭力 jìn xīn jié lì 몸과 마음을 다하다.

【近】竭尽全力 不遗余力
【反】敷衍了事 敷衍塞责
【例】他一向是个老实忠厚的人，办什么事情都尽心竭力。 그는 항상 성실하여, 무슨 일이든지 열과 성을 다 해서 임한다.

293 进退维谷 jìn tuì wéi gǔ

진퇴양난(進退兩難). 진퇴유곡. 딜레마에 빠지다.

【近】进退两难 不知所措 进退失据 左右为难 无所适从
【反】进退自如
【例】在国外巨头和黑手机的双重压力下,国产手机**进退维谷**。 국산 핸드폰은 외국 유명 브랜드와 가짜 핸드폰이라는 이중 압력 속에서 이도저도 못하고 있다.

294 泾渭分明 Jīng Wèi fēn míng
시비나 한계가 뚜렷하고 분명하다.
【近】一清二楚 黑白分明
【反】不分皂白 泾渭不分 黑白不分
【例】他办事一向是**泾渭分明**,这一点你可以放心。 그는 일을 처리할 때 항상 시비를 분명히 가리기 때문에 이점에 대해서는 안심해도 된다.

295 惊天动地 jīng tiān dòng dì
온 세상을 깜짝 놀라게 하다.
【近】震天动地 震天撼地
【反】万籁俱寂
【例】人的一生,不一定非得干出**惊天动地**的事业才算成功。 온 세상을 놀라게 할 만한 일을 해내야만 그 사람의 인생이 성공했다고 할 수 있는 것은 아니다.

296 惊心动魄 jīng xīn dòng pò 크게 놀라다.
【近】动魄惊心 心惊肉跳
【反】泰然自若 见怪不怪
【例】多年以后,每当她回想起那次**惊心动魄**的经历时还后怕不已。 몇 년이 지났어도 당시 크게 놀랐던 경험을 돌이킬 때면 그녀는 여전히 두려움을 느낀다.

297 兢兢业业 jīng jīng yè yè 열심히 일하다.
【近】脚踏实地
【反】敷衍了事 敷衍塞责
【例】让我们一起**兢兢业业**,克服困难吧! 우리 함께 열심히 노력하여 어려움을 극복합시다.

298 精打细算 jīng dǎ xì suàn 꼼꼼히 따져보다.
【近】克勤克俭 一丝不苟
【反】大手大脚 粗心大意
【例】结婚后,她在制定家庭预算时,才学会**精打细算**。 결혼 후 그녀는 가계예산을 짤 때가 되어서야 꼼꼼히 따져보았다.

299 精益求精 jīng yì qiú jīng
이미 훌륭한 상태에서 더욱 노력하다.
【近】锦上添花
【反】粗制滥造 得过且过
【例】我们的乐园不断推陈出新,力求**精益求精**,虚心听取各方面的宝贵意见。 우리 놀이동산은 거듭나기 위해 부단히 노력합니다. 또한 최상을 위해 겸허하게 각 계의 소중한 의견을 수렴하겠습니다.

300 井底之蛙 jǐng dǐ zhī wā 우물 안 개구리
【近】一孔之见 坐井观天
【反】见多识广
【例】那些认为东方国家没有一流科技人才的人,只是**井底之蛙**。 동양에 일류 과학기술 인재가 없다고 생각하는 사람은 우물 안 개구리일 뿐이다.

301 井井有条 jǐng jǐng yǒu tiáo 질서정연하다.
【近】井井有序 秩序井然
【反】一团乱麻 杂乱无章
【例】学校开放日,各展览室布置得**井井有条**,大受来宾好评。 학교 방문의 날, 각 전람실을 질서정연하게 단장하여 방문객의 호평을 받았다.

302 敬而远之 jìng ér yuǎn zhī 경원시 하다. 멀리하다.
【近】敬若神明 若即若离
【反】平易近人 和蔼可亲 形影相随
【例】我们建议投资者对历史上有过疯狂炒作行为的个股最好**敬而远之**,不要被迷惑。 우리는 예전 실적이 지나치게 과장되어 부풀려졌던 주식에는 되도록 현혹되지 말고 멀리하라고 투자자에게 건의한다.

303 迥然不同 jiǒng rán bù tóng 확연히 다르다.
【近】截然不同 大相径庭
【反】毫无二致 不相上下
【例】我跟妹妹虽然同一个母亲生的,但在性格与学习成绩**迥然不同**。 나와 여동생은 같은 배에서 낳지만 성격이나 학업성적은 전혀 다르다.

304 究其原因 jiū qí yuán yīn 원인을 살펴보면
【例】反倾销问题日益突出,**究其原因**,某些国内企业确实存在竞相压价出口的个别倾销行为。 반덤핑 문제가 나날이 두드러지고 있다. 그 원인을 살펴보면 확실히 일부 국내 기업이 앞다투어 가격을 낮추어 수출하려고 하는 개별적 덤핑행위가 있다.

305 九牛一毛 jiǔ niú yī máo
구우일모(九牛一毛). 많은 가운데 극히 일부분.

【近】沧海一粟 一丝一毫
【反】不计其数 举不胜举
【예】个人的力量和集体的力量比起来，只不过是九牛一毛而已。 개인의 힘은 집단의 힘과 비교해 봤을때 미비하여 말할 것도 못 된다.

306 久而久之 jiǔ ér jiǔ zhī
오랜 시일이 지나다. 오래오래 지속되다.

【近】日久天长 成年累月 长此以往 旷日持久
【反】一朝一夕 刹那之间 瞬息之间
【예】久而久之，凡在上海来来往往的人开口讲应酬，闭口也讲应酬。 오랜 시간이 지나자, 상하이에 왔다 갔다 하는 사람들은 입만 열었다 하면 접대 이야기만 한다.

307 久旱逢甘雨 jiǔ hàn féng gān yǔ
오랜 가뭄 후에 단비가 내리다.

【参】久旱逢甘雨，他乡遇故知。
【예】那还有什么事比久旱逢甘雨更称得上是人生一大喜事呢？ 오랜 가뭄에 단비를 만난 것보다 더 기쁜 일이 무엇이 있겠는가?

308 居安思危 jū ān sī wēi
편안한 때에도 위험을 미리 생각하고 경계하다.

【近】常备不懈 安不忘危 防患未然
【反】高枕无忧 及时行乐 刀枪入库
【예】我们必须指出此时投资人居安思危的必要性。 우리는 이러한 때에 투자자들이 리스크를 미리 생각하고 경계할 필요성이 있음을 집고 넘어가야 한다.

309 居高不下 jū gāo bú xià 떨어지지 않는다.

【예】原油价格为何居高不下？ 원유가격이 어째서 떨어지지 않지?

310 举不胜举 jǔ bù shèng jǔ
너무 많아서 일일이 다 열거할 수 없다.

【近】不胜枚举 数不胜数 不计其数
【反】寥寥无几 屈指可数
【예】这样的例子举不胜举，其他各国都是这样。 이러한 예는 수도 없이 많으며, 다른 나라도 모두 이렇다.

311 举国上下 jǔ guó shàng xià 전 국민 모두가

【近】举国一致 朝野上下

【예】当前，为了缓解资源紧张状况，改善生态环境，实现可持续发展，举国上下正大力发展循环经济。 오늘날 자원 부족 상황을 완화시키고 생태 환경을 개선하며 지속적인 발전을 실현하기 위해서 온국민이 대대적으로 순환경제 발전에 힘을 쏟고 있다.

312 举棋不定 jǔ qí bù dìng 주저하여 결정짓지 못하다.

【近】犹豫不决 优柔寡断
【反】斩钉截铁 当机立断
【예】如果有关国家经济政策失措，举棋不定，投资气氛就难以好转。 만약 관련 국가의 경제 정책이 잘못되고 갈팡질팡한다면 투자 분위기가 호전되기 어렵다.

313 举世闻名 jǔ shì wén míng 세계적으로 유명하다.

【近】遐迩闻名 誉满天下 【反】默默无闻
【예】中国的象牙雕刻是杰出的，北京的山水人物牙雕，尤其举世闻名。 중국의 상아 조각은 뛰어나며, 베이징의 산수인물 조각은 특히 세계적으로 유명하다.

314 举世瞩目 jǔ shì zhǔ mù 전세계가 주목하다.

【近】引人注目 举世闻名 名震中外
【反】默默无闻
【예】从1978年开始进行改革开放以来，中国的经济发展取得了举世瞩目的成就。 1978년 개혁개방을 시작한 이래로 중국의 경제 발전은 세계가 주목할 만한 성과를 이뤄냈다.

315 举一反三 jǔ yī fǎn sān 하나를 보고 열을 알다.

【近】融会贯通 触类旁通
【反】囫囵吞枣 不求甚解 浅尝辄止
【예】学习要有方法，要灵活，要举一反三，尤其是数学运算要多多练习。 공부에도 방법이 있다. 융통성 있고 하나를 보고 열을 알 수 있어야 한다. 특히 수학계산은 많은 연습이 필요하다.

316 举足轻重 jǔ zú qīng zhòng
일거수 일투족이 중대한 영향을 끼치다.

【近】至关重大 【反】无足轻重 无关大局
【예】电子商务是网络经济中最有前景，也最举足轻重的经济形态。 e-비지니스는 네트워크 경제에서 가장 전망이 밝으며 큰 영향력이 있는 경제 형태이기도 하다.

317 聚精会神 jù jīng huì shén 정신을 집중하다.

【近】目不转睛 专心致志 全神贯注

【反】魂不守舍 东张西望 心不在焉 神不守舍
　　心神不定
예 有些人多少有些分心走神，不是专心致志，聚精会神地干工作。일부 사람들은 다소 산만하며 일을 할 때 정신을 집중하지 않는다.

318 **绝无仅有** jué wú jǐn yǒu 거의 없다. 극히 드물다.

【近】绝世超伦 举世无双 空前绝后
【反】举不胜举 多如牛毛
예 将疲劳驾车视为犯罪行为的交通法当前还是绝无仅有的一部法律。피곤한 상태에서 운전하는 것을 범죄행위로 간주하는 교통법은 드문 법률이다.

319 **开门见山** kāi mén jiàn shān
단도직입적으로 본론에 들어가다.

【近】直言不讳 单刀直入
【反】旁敲侧击 闪烁其辞
예 他讲话喜欢开门见山, 干净利落。그는 말할 때 단도직입적이며 간결하게 하길 좋아한다.

320 **开天辟地** kāi tiān pì dì 새로운 것을 개척하다.

【近】史无前例
예 火车票打折在中国铁路史上确实是开天辟地第一次。기차표 할인은 중국 철도사상 처음 있는 일이다.

321 **慷慨解囊** kāng kǎi jiě náng 흔쾌히 도움을 주다.

【近】助人为乐 解囊相助 【反】一毛不拔
예 为了帮助这些贫困学子，代县的企业家们纷纷慷慨解囊，帮助一大批贫困学子圆了大学梦。가난한 학생들을 돕기 위해, 현을 대표하는 기업가들은 계속해서 흔쾌히 많은 가난한 학생이 대학의 꿈을 이루도록 도왔다.

322 **可歌可泣** kě gē kě qì 아주 감동적이다.

【近】悲喜交集 【反】歌功颂德
예 该书收入约10篇抗日英雄传记，全面展现了抗日英雄可歌可泣的事迹。대략 10편의 항일영웅의 전기를 수록한 그 책은 항일영웅들의 감동적인 이야기를 다루었다.

323 **可想而知** kě xiǎng ér zhī 미루어 짐작할 수 있다.

【近】举一反三 触类旁通 【反】不可思议
예 博士生、硕士生、本科生就业竞争尚如此激烈，其他人就业之难就可想而知了。박사, 석사, 학부생들의 취업경쟁이 이처럼 치열하니, 다른 사람들의 취업난은 알고도 남는다.

324 **刻不容缓** kè bù róng huǎn
한시도 미룰 수 없다. 조금도 지체할 수 없다.

【近】迫不及待 火烧眉毛 燃眉之急 迫在眉睫
　　当务之急 急如星火
예 污染、灾害和气候异常向人类报警保护环境拯救地球刻不容缓。오염과 재해, 이상기후는 인류에게 환경을 보호하고 지구를 살리는 일을 한시도 미뤄서는 안 된다고 경고하고 있다.

325 **刻骨铭心** kè gǔ míng xīn
마음에 깊이 간직하여 명심하다.

【近】刻肌刻骨 念念不忘 铭心刻骨
【反】浮光掠影 过眼烟云
예 老师的这一番话，令我刻骨铭心。선생님의 말씀은 나의 마음에 깊이 새겨졌다.

326 **刻舟求剑** kè zhōu qiú jiàn 각주구검(刻舟求劍)

【近】守株待兔 墨守成规
【反】便宜行事 见机行事 看风使舵
예 那种不愿花大力气，脚踏实地工作而又妄想一朝成名的想法，无异于守株待兔，刻舟求剑。성실하지도 않고 크게 노력하지도 않으며, 단지 하루 아침에 유명해지기를 바라는 생각은 수주대토적, 각주구검적인 망상이다.

327 **空前绝后** kōng qián jué hòu
과거에도 없었고, 미래에도 없을 것이다.

【近】绝无仅有 亘古未有 史无前例
【反】比比皆是
예 二战的空战规模可谓空前绝后，各参战国动用数千架飞机争夺制空权。2차 세계대전 당시의 공중전 규모는 전대미문이라 할 수 있다. 참여국들은 각각 수천 대의 전투기를 동원해 제공권을 다투었다.

328 **口是心非** kǒu shì xīn fēi
말로는 긍정하지만 속으론 부정하다.

【近】阳奉阴违 言不由衷
【反】表里如一 言为心声 言行一致
예 其实别人赞扬你一般不是口是心非，就是有利可图。사실 다른 사람이 당신을 칭찬하는 것은 말로는 긍정하지만 속으로 부정하는 것이든지 이익을 챙기려고 하는 것이다.

329 **扣人心弦** kòu rén xīn xián 심금을 울리다.
【近】沁人心脾 动人心弦
【反】无动于衷 微乎其微
【예】那出戏如此扣人心弦, 以致观众很快就和演员融为一体了。 그 연극은 이렇게 사람의 심금을 울려서 관중이 배우들과 빠르게 혼연일체가 되도록 만들었다.

330 **脍炙人口** kuài zhì rén kǒu 인구에 회자되다.
【近】喜闻乐见 爱不释手 交口称誉
【反】平淡无味
【예】这首香飘海内外的民歌, 不仅在全国脍炙人口, 而且还在全世界唱响。 국내외에서 이름을 날리는 이 민요는 전국민에게 회자될 뿐 아니라, 세계에서 불리고 있다.

331 **旷日持久** kuàng rì chí jiǔ 헛되이 시일을 보내면서 오래 끌다.
【近】经年累月 长此以往 长年累月
【反】昙花一现 弹指之间 电光火石
【예】中国加入世贸组织的谈判旷日持久, 主要原因除西方要价太高之外, 也有中国和西方社会存在难以沟通的问题。 중국의 WTO가입에 대한 협상이 지지부진하였다. 주된 원인은 서양의 요구 조건이 너무 까다롭다는 것 외에도 중국과 서양사회간에 의사소통이 어렵다는 문제도 있다.

332 **来龙去脉** lái lóng qù mài 어떤 일이나 사물의 전후 관계, 일의 경위, 내막
【近】有头有尾 前因后果 一脉相承
【反】有始无终 有头无尾
【예】最近, 因为勤于奔走的缘故, 他已逐步摸清了局势的来龙去脉。 최근 부지런히 노력하고 있기에, 그는 이미 점점 사태의 내막을 파악해갔다.

333 **来日方长** lái rì fāng cháng 앞길이 희망차다.
【참】后会有期
【近】前途无量 鹏程万里
【反】日暮途穷 日薄西山
【예】这种事来日方长, 总能想办法解决的。 이러한 일은 전망이 밝다. 결국 해결할 방법을 찾을 수 있을 것이다.

334 **滥竽充数** làn yú chōng shù 대충대충 머릿수만 채우다.
【近】名不副实 掩人耳目 鱼目混珠
【反】货真价实 名副其实

【예】一些大字不识的人滥竽充数挤进了幼师队伍, 更加剧了社会对幼师的轻视。 재주가 없는 사람들이 유치원 교사 머리수만 채우면서, 사회는 유치원 교사를 더욱 경시하였다.

335 **劳而无功** láo ér wú gōng 헛수고하다.
【近】水中捞月 枉费心机 徒劳无功
【反】坐享其成 不劳而获
【예】我想, 一个人也许应该做点事, 但也不必在意劳而无功。 내 생각에 사람은 무엇인가를 하며 살아야 한다. 혹시 헛고생했다고 해서 신경쓸 필요는 없다.

336 **老当益壮** lǎo dāng yì zhuàng 늙어도 기력이 왕성하다. 노익장(老益壯)
【近】老骥伏枥 鹤发童颜 松身鹤骨
【反】未老先衰 老态龙钟 老气横秋
【예】他腰不弯, 背不驼, 老当益壮, 力大无穷。 허리도 꼿꼿하고 등도 굽지 않은 그는 늙어서도 기력이 왕성하고 기운이 펄펄하다.

337 **老调重弹** lǎo diào chóng tán 같은 말을 지겹게 되풀이하다.
【近】老生常谈 故伎重演 旧病复发 故态复萌
【反】推陈出新 破旧立新 破旧布新
【예】选民认为执政党的竞选纲领老调重弹, 是说教多于实际。 유권자들은 집권당의 경선공약은 지겹게 되풀이된 말이며, 실천보다 말로 내세우는 것이 많다고 생각한다.

338 **乐极生悲** lè jí shēng bēi 즐거움 끝에 슬픈 일이 생긴다.
【近】否极泰来 物极必反
【反】乐而忘返 乐不可支
【예】他们把玻璃打破了, 正值高兴, 谁知乐极生悲, 老师却走了过来。 그들은 유리를 깨고 막 기뻐하고 있었는데 누가 즐거움 끝에 슬픈 일이 생기는지를 알았겠는가, 선생님께서 오셨다.

339 **勒紧裤(腰)带** lēi jǐn kù (yāo) dài 허리띠를 졸라 매다. 배고픔을 참다.
【예】为此, 各国政府只能采取紧缩经济政策, 勒紧裤腰带过日子。 이로 인해 각국 정부는 긴축정책을 실시하고, 허리띠를 졸라매고 생활할 수밖에 없었다.

340 **累卵之危** lěi luǎn zhī wēi 누란지위(累卵之危)
【近】危如累卵

빈출 사자성어 1000

예 酒后开车是 累卵之危 的做法。 음주운전은 위험천만한 행위이다.

341 离乡背井 lí xiāng bèi jǐng 고향을 등지고 떠나다.
【近】颠沛流离 流离失所
【反】安居乐业 安土重迁
예 我们离乡背井, 流亡在异国他乡, 能不渴望着和平生活吗? 고향을 등지고 떠나 이국타향에서 방랑하고 있는 우리가 어떻게 평화로운 생활을 갈망하지 않을 수 있겠는가.

342 离心离德 lí xīn lí dé 불화 반목하다.
【近】背信弃义 三心二意 离经背道
【反】忠贞不二 同心同德
예 一个团体如果不搞好团结, 离心离德, 必将一事无成。 잘 단결하지 못하고 불화와 반목만 있는 단체는 분명히 한 가지 일도 해내지 못 할 것이다.

343 理所当然 lǐ suǒ dāng rán 당연하다.
【近】天经地义 不容置疑
【反】不以为然
예 燃放鞭炮, 作为一种传统的春节庆贺活动, 理所当然 地受到中国人民的欢迎。 폭죽을 쏘아 올리는 것은 전통적인 설날 경축행사의 하나로 당연히 중국인들의 환영을 받는다.

344 理直气壮 lǐ zhí qì zhuàng
이치가 올바라서 기세등등하다.
【近】振振有词 义正言辞
【反】强词夺理 理屈词穷
예 对于此类案件要 理直气壮 地监督, 要大胆监督、敢于监督、善于监督。 이러한 사건에 대해 당당하게 감독해야 하며, 대담하고 용감하고 능숙하게 감독해야 한다.

345 力不从心 lì bù cóng xīn
생각은 있지만 힘이 부친다.
【近】无能为力 心有余而力不足
【反】得心应手 力所能及
예 我也曾努力地改变过, 可到了最后还是 力不从心。 나도 열심히 고쳐 봤지만 마지막에는 역시 힘에 부쳤었다.

346 力不胜任 lì bù shèng rèn
힘이 모자라 맡은 일을 감당할 수 없다.
【近】力所不及 无能为力

【反】得心应手 力所能及
예 他当我们班的代表 力不胜任。 그는 우리 반의 대표를 맡을 능력이 없다.

347 力所能及 lì suǒ néng jí
스스로 할 만한 능력이 있다. 힘이 미치는 바이다.
【近】力挽狂澜 得心应手 为所欲为
【反】力不能支 无能为力
예 您放心, 只要我 力所能及 的事情, 我就会尽力帮忙。 안심하십시오, 만약 제가 할 수 있는 일이라면 힘껏 돕겠습니다.

348 立竿见影 lì gān jiàn yǐng 즉각적인 효과를 거두다.
【近】立见成效 马到成功
【反】旷日持久
예 绝大多数高校注重的是理论教育, 导致学生所学知识不能在企业 立竿见影 见到效果。 절대다수의 대학교에서 중시하는 것은 이론교육이다. 이 때문에 학생들이 배운 지식이 기업에서 즉각적인 효과를 드러내지 못한다.

349 利大于弊 lì dà yú bì 손해보다는 이익이 더 많다.
예 中国经济的发展, 就我国而言, 利大于弊。 중국경제의 발전은 우리나라에게는 손해보다 이익이 더 많다.

350 励精图治 lì jīng tú zhì
정신을 가다듬어 나라를 잘 다스릴 방법을 강구하다.
【近】雄才大略
【反】丧权辱国 祸国殃民
예 开始的时候嘉靖是 励精图治, 还是很有作为的, 后面出现国库空虚, 民不聊生, 那是因为大修宫殿把钱花了造成的。 처음에 자징은 정신을 가다듬어 나라를 잘 다스릴 방법을 강구하였고, 얼마간의 성과가 있었다. 그런데 후에는 국고가 탕진되어 백성이 안심하고 생활할 수 없게 되었는데 이는 궁궐을 대대적으로 보수하는데 국고를 낭비했기 때문이었다.

351 良药苦口 liáng yào kǔ kǒu 좋은 약은 입에 쓰다.
【近】忠言逆耳
【反】口蜜腹剑 笑里藏刀 甜言蜜语
예 老师的批评, 听起来虽然刺耳, 但却是 良药苦口 的肺腑之言。 선생님의 지적은 귀에 거슬리지만, 좋은 약이 입에 쓰듯이 진심어린 말씀이다.

352 两败俱伤 liǎng bài jù shāng
싸운 쌍방이 모두 피해를 입다.

【近】同归于尽　【反】两全其美

例 小王和小陈大打出手,结果两败俱伤。 샤오왕과 샤오천이 싸움을 대판 벌였는데, 결과적으로 두 사람 모두 피해를 입었다.

353 两全其美 liǎng quán qí měi 누이 좋고 매부 좋고

【近】一箭双雕　一举两得

【反】玉石俱焚　两败俱伤

例 我真不知怎样婉拒才能两全其美。 어떻게 완곡하게 거절해야만 누이 좋고 매부 좋을지 정말 모르겠다.

354 寥寥无几 liáo liáo wú jǐ 거의 없다.

【近】屈指可数　九牛一毛　凤毛麟角

【反】不计其数　川流不息　数不胜数　无穷无尽

例 1981年,资生堂产品开始在中国北京销售,当时中国市场上的进口化妆品品牌寥寥无几。 1981년 시세이도 상품이 중국 베이징에서 판매되기 시작했을 때 중국시장에는 수입화장품이 거의 없었다.

355 了如指掌 liǎo rú zhǐ zhǎng 제 손금 보듯 훤하다.

【近】一目了然　一清二楚　洞若观火

【反】疑团莫释　一团漆黑

例 他对敌人的兵力和一切弱点是了如指掌的。 그는 적의 병력과 모든 약점을 제 손금 보듯 훤히 알고 있다.

356 林林总总 lín lín zǒng zǒng 매우 많다.

【近】丰富多采　形形色色　五彩缤纷　眼花缭乱

例 目前,世界上林林总总的生物濒临于灭绝。 현재 지구 상에 매우 많은 동식물이 멸종위기에 처해 있다.

357 临渴掘井 lín kě jué jǐng 목이 말라야 우물을 판다.

【近】措手不及　临阵磨枪

【反】有备无患　常备不懈

例 对养殖户的鼓励政策和帮助应不折不扣地执行,而且要有前瞻性和持续性,不能临渴掘井。 양식업자에 대한 독려정책과 도움은 에누리없이 실행해야 하며 전망과 지속성이 있어야 한다. 발등에 불이 떨어져야 서두르는 일이 되어서는 안 될 것이다.

358 临阵磨枪 lín zhèn mó qiāng 준비 없이 있다가 급하게 되어서야 바삐 서두르다. 벼락치기를 하다.

【近】临阵磨刀　措手不及　临渴掘井

【反】常备不懈　防患未然

例 有些考生信奉临阵磨枪,不快也亮,在考试前过度开"夜车",使自己疲惫不堪。一部分考验生은 '벼락치기를 하면, 약간의 도움은 된다' 라는 생각을 굳게 믿어서 시험 직전에 밤을 세워 스스로를 극도로 피로하게 만든다.

359 淋漓尽致 lín lí jìn zhì
남김없이 다 드러내다[표현하다].

【近】酣畅淋漓　痛快淋漓

【反】理屈词穷

例 人寿资产中80%左右为债券,故投资收益率将稳步提升,杠杆效益将在未来几年体现得淋漓尽致。 생명보험자산 중 80%정도는 채권이다. 그래서 투자 수익율이 안정적으로 오를 것이며 레버리지효과도 앞으로 몇 년 동안 확연하게 드러나게 될 것이다.

360 鳞次栉比 lín cì zhì bǐ 물고기의 비늘이나 참빗의 빗살같이 빽빽이 늘어서 있다. 즐비하다.

【近】密密麻麻　密密层层

【反】参差不齐　杂乱无章

例 1973年我初次陪同姬鹏飞外长访问伊朗时,德黑兰一片繁荣景象,高楼大厦鳞次栉比,高速公路四通八达,200万辆小汽车让首都的交通挤不堪。 1973년 내가 처음으로 지펑페이 외교부장관을 수행하여 이란을 방문했을 때, 테헤란은 온통 번화한 모습이었다. 고층빌딩이 즐비했으며 고속도로가 길게 뻗어 있었고, 200만대의 승용차들이 수도의 교통을 혼잡하게 하고 있었다.

361 灵丹妙药 líng dān miào yào
모든 문제를 해결할 수 있는 방법, 만병통치약

【近】锦囊妙计　灵丹圣药

例 爱是治愈一切病的灵丹妙药。 사랑은 모든 것을 치료하는 만병통치약이다.

362 流离失所 liú lí shī suǒ
(재해, 전란 등으로 인해) 의지할 곳을 잃고 떠돌다.

【近】无家可归　流离颠沛

【反】安家立业　安居乐业

例 由于美国的反恐袭击,很多阿富汗老百姓流离失所。 미국의 반테러 공격 때문에 수많은 아프카니스탄 국민들이 의지할 곳을 잃고 떠돌게 되었다.

363 流连忘返 liú lián wàng fǎn
그 일(거기)에 빠져서 돌아가는 것을 잊다.

【近】依依不舍　恋恋不舍　悠悠忘返

【反】迷途知返

【예】 这里的一草一木、一山一水美不胜收, 让人触景生情, 流连忘返。 이곳의 초목과 산수의 풍경이 너무 아름다워 그 정경에 취해 돌아가는 것을 잊게 된다.

364 流言蜚语 liú yán fēi yǔ 유언비어(流言蜚語)

【近】蜚短流长 风言风语 流言飞语
【反】金玉良言 药石之言
【예】当听到有关自己的流言蜚语时, 一定会产生一系列强烈的情绪反应, 打破原来的心理平衡, 因此要尽量避免在这时马上采取行动。 자신과 관련된 유언비어를 들었을 때 반드시 일련의 강렬한 감정적인 반응이 일어나 심리적인 균형이 깨진다. 그래서 이 때는 최대한 즉각적인 행동을 취하는 것을 피해야 한다.

365 漏洞百出 lòu dòng bǎi chū 실수투성이다.

【近】破绽百出 自相矛盾
【反】滴水不漏 天衣无缝
【예】法国总统安保漏洞百出, 刺杀希拉克事件虽然没有造成任何严重后果, 但却暴露出法国警方对总统的保护存在着相当严重的漏洞。 프랑스 대통령의 보안이 허점투성이었다. 시라크를 암살하려는 사건은 별다른 심각한 결과를 초래하지는 않았지만 프랑스 경찰의 대통령 경호에 많은 문제점이 있음을 드러냈다.

366 漏网之鱼 lòu wǎng zhī yú 법망을 벗어나다.

【近】丧家之犬、亡命之徒、漏网游鱼
【反】网中之鱼
【예】在逃抢劫嫌犯自作聪明, 报上假名企图蒙混过关, 却料想不到铁警火眼金睛, 立即被识破是条漏网之鱼。 도주 중인 강도 용의자가 스스로 총명하다고 여겨 가명으로 얼렁뚱땅 넘어가려고 했지만 뜻밖에 철도 공안원의 레이더망에 의해 법망을 벗어나려던 용의자의 의도가 즉각 간파되었다.

367 庐山真面 Lú Shān zhēn miàn
대자연의 실상(진상), (사람) 본래의 면목

【近】庐山面目
【예】不认真观察了解, 很难弄清他的庐山真面。 진지하고 자세하게 관찰하지 않으면, 그의 진면목을 알기 힘들다.

368 炉火纯青 lú huǒ chún qīng
(학문, 기술, 일 따위가) 최고조에 이르다.

【近】挥洒自如 滚瓜烂熟
【反】半路出家

【예】普京德语水平已达到炉火纯青的程度。 但在工作之初, 普京还是着实受了一番磨难。 푸틴의 독일어 수준은 이미 최고 수준에 이르렀지만 처음 일을 시작할 때는 많은 시련을 당했다.

369 屡见不鲜 lǚ jiàn bù xiān
자주 보아 신기하지 않다.

【近】司空见惯 数见不鲜
【反】绝无仅有 少见多怪 物以稀为贵
【예】因保姆、钟点工服务质量引发的消费纠纷则屡见不鲜, 解决时却往往由于合同不健全导致扯皮不断。 가정부, 파트타임 서비스의 품질로 야기된 소비분쟁이 자주 발생하고 있다. 해결시 종종 부실한 계약내용 때문에 다툼이 끊이지 않는다.

370 乱七八糟 luàn qī bā zāo 엉망진창이다.

【近】杂乱无章 污七八糟
【反】井然有序 井井有条 有条有理
【예】他一回来家里就被弄得乱七八糟。 그는 집에 돌아오기만 하면 엉망진창이 된다.

371 论功行赏 lùn gōng xíng shǎng
공을 따져서 상을 주다.

【近】赏罚分明 【反】赏罚不明
【예】长久以来, 论功行赏俨然已成为管理者奉行不渝的金科玉律。 오랫동안 논공행상은 분명히 관리자들이 신봉하고 어기지 않는 금과옥조이다.

372 论资排辈 lùn zī pái bèi 연공서열을 따지다.

【近】循次进取 依流平进
【反】破格提升 破格录用
【예】要营造竞争激励的环境, 克服用人论资排辈现象, 走能上能下、优胜劣汰的路了, 使优秀人才脱颖而出。 치열한 경쟁환경을 조성하여 연공서열을 없애야 한다. 우수한 인재가 두각을 나타낼 수 있게 적자생존의 인사제도를 마련해야 한다.

373 落井下石 luò jǐng xià shí 엎친 놈 위에 덮친다.

【近】乘人之危 趁火打劫
【反】助人为乐 雪中送炭 相濡以沫
【예】见危不救, 还把自己的错误推到别人身上, 这不是落井下石吗? 위기에 빠진 사람을 구하기는 커녕 자기의 잘못을 남에게 전가하니 엎친 놈 위에 덮친격이 아닌가?

374 麻木不仁 má mù bù rén 마비되어 무감각하다.

【近】无动于衷
【反】耳聪目明 见微知著 眼疾手快
【例】这是使我们麻木不仁、成为废人的精神毒品。 이것은 우리들을 무감각하게 만들고, 폐인이 되게 하는 정신적인 마약이다.

375 马首是瞻 mǎ shǒu shì zhān 다른 사람을 따라 그대로 행동하다.

【近】唯命是从 亦步亦趋
【反】背道而驰 南辕北辙
【例】整个亚洲经济已经以中国为马首是瞻，只要这根红旗不倒，相信没有人会认为10年前的悲剧重演。 모든 아시아 국가들은 이미 중국만 바라보게 되었다. 이 적기(赤旗)가 무너지지 않으면 그 누구도 10년 전의 비극이 재연될 것이라고 믿는 사람은 아무도 없을 것이다.

376 埋头苦干 mái tóu kǔ gàn 열성적으로 일에 몰두하다.

【近】兢兢业业 【反】游手好闲
【例】在工作中，他总是默默无言埋头苦干。 그는 일을 할 때 항상 묵묵히 열성적으로 몰두한다.

377 满腹经纶 mǎn fù jīng lún 풍부한 경륜을 가지고 있다.

【近】才高八斗 【反】胸无点墨 才疏学浅
【例】曹先生尽管满腹经纶，但他即使踮着脚尖行走，也永远不可能鹤立鸡群。 차오 선생은 비록 풍부한 경륜을 가지고 있고 아무리 발끝으로 걸음을 걷는다 해도 영원히 군계일학이 될 수는 없다.

378 漫不经心 màn bù jīng xīn 전혀 신경쓰지 않다.

【近】掉以轻心 漠不关心 心不在焉
【反】专心致志 聚精会神 全神贯注
【例】是记性不好还是漫不经心？ 기억력이 안좋은 것인지, 전혀 신경쓰지 않는 것인지?

379 忙里偷闲 máng lǐ tōu xián 망중한(忙中閑)을 찾다.

【近】忙中偷闲
【例】尽管这几件大事让本山忙得团团转，但赵本山近日仍忙里偷闲出现在广告拍摄片场，为其代言的某医药类产品拍摄广告，并将自己的小品搬上了产品广告。 비록 몇가지 큰 일로 바쁘기 그지없지만 자오번산은 최근에 망중한을 찾아 광고 촬영장에 나타나 그가 모델로 있는 제약회사의 광고를 찍었으며 자신의 개그 작품을 광고에 응용하였다.

380 毛遂自荐 Máo Suì zì jiàn 자기가 스스로를 추천하다.

【近】自告奋勇 【反】自惭形秽
【例】只要有好的戏，我都会毛遂自荐去演配角，戏份多少并不是最重要的。 연극이 좋기만 하면 나는 조연이라도 자원해서 할 것이다. 배역의 분량은 가장 중요한 것이 아니기 때문이다.

381 没完没了 méi wán méi liǎo 끝이 없다.

【近】无休无止
【例】她没完没了地谈论她的儿女。 그녀는 끊임없이 딸에 대해서 이야기 한다.

382 每况愈下 měi kuàng yù xià 상황이 점점 나빠지다.

【近】江河日下 日暮途穷
【反】欣欣向荣 蒸蒸日上
【例】我的身体健康状况每况愈下，越来越虚弱。 나의 건강은 점점 나빠져, 점점 약해지고 있다.

383 美中不足 měi zhōng bù zú 훌륭한 가운데도 부족한 점이 있다. 옥의 티

【近】白璧微瑕 【反】十全十美
【例】此疗法能迅速改善症状，并能维持较长时间，没有副作用。一般每星期一次，每五个星期为一疗程。美中不足的是药价较贵。 이 요법은 빠르게 증세를 개선할 수 있고 약효가 비교적 오래 지속되며 부작용이 없다. 일반적으로 매주 한번, 5주간 복용하면 된다. 옥의 티라면 약값이 좀 비싸다는 것이다.

384 门当户对 mén dāng hù duì 양쪽 집안의 수준이 비슷하다.

【反】井浅河深
【例】虽然现在不讲究门当户对，可是现实差距是存在的。 비록 지금은 양쪽 집안의 수준이 비슷해야 하는 것을 중요시하지 않지만, 현실에서는 존재한다.

385 门可罗雀 mén kě luó què 방문객이 없어 적막하다.

【近】门庭冷落 门堪罗雀
【反】车水马龙 门庭若市
【例】这几天因刮风下雨，生意清淡，门可罗雀。 최근 며칠동안 바람이 불고 비가 와서 장사가 안 되고 손님이 없어 적막하다.

386 门庭若市 mén tíng ruò shì 문전 성시를 이루다.

【近】车水马龙 【反】门可罗雀 门庭冷落

【예】六七年前，苏州的问卷调查公司开始露出水面，但那时的生意少得可怜，可谓门可罗雀；但到现在，问卷调查公司越来越多，真是门庭若市。 수저우의 설문조사 회사가 수면 위로 떠올랐던 6, 7년전 당시는 사업이 잘 안 되어 방문객이 거의 없었지만 지금은 점점 많아져 문전성시를 이루고 있다.

387 蒙在鼓里 méng zài gǔ lǐ
북 속에 있는 듯 멍하다. 오리무중(五里雾中)

【近】浑浑噩噩 如堕雾中
【反】洞若观火 恍然大悟

【예】关于这件事情的真相，他一直被蒙在鼓里。 이 사건의 진상에 대해 그는 줄곧 오리무중이었다.

388 梦寐以求 mèng mèi yǐ qiú
꿈에서도 구하려고 애쓰다.

【近】朝思暮想 求之不得

【예】今天的感觉太奇妙了，这是每个运动员都梦寐以求的金牌，我终于得到了。 오늘 느낌은 너무 절묘하다. 모든 운동선수들이 꿈에 그리던 금메달을 내가 드디어 따냈다.

389 面面俱到 miàn miàn jù dào
모든 면을 다 갖추고 있다.

【近】包罗万象 面面皆到 【反】顾此失彼

【예】面面俱到未必行之有效。 모든 것을 다 갖추었다고 반드시 효과적인 것은 아니다.

390 面目全非 miàn mù quán fēi
모습이 전혀 달라지다.(주로 부정적인 의미)

【近】面目一新 【反】依然如故

【예】一场洪水，把这一地带搞得面目全非了。 홍수로 인해 이 일대의 모습이 완전히 달라졌다.

391 面目一新 miàn mù yī xīn 면모가 새롭게 되다.

【近】面目全非 焕然一新 万象更新
【反】依然如故 一成不变

【예】改革后的农村，已面目一新了。 개혁 후의 농촌은 이미 면모가 새롭게 되었다.

392 民不聊生 mín bù liáo shēng
백성들이 살 수 없는 지경이다.

【近】民穷财尽 生灵涂炭
【反】丰衣足食 国泰民安 家给人足 民康物阜 户有余粮

【예】民生问题在中国历史长河中很少受到过真正的重视，反而民不聊生似乎成了中国历史的一种常态。 민생문제는 유구한 중국 역사 속에서 진정으로 중시받은 적은 없다. 오히려 살 수 없을 지경이었던 백성들의 삶이 중국 역사의 일반적인 모습이었다.

393 名不副实 míng bù fù shí 유명무실하다.

【近】名存实亡 徒负虚名 有名无实 徒有虚名 虚有其表
【反】名副其实 名过其实 名存实亡 徒负虚名 名不虚传 名实相副 名实难副

【예】人们大都厌恶那种名不副实的人。 사람들은 모두 유명무실한 사람을 싫어한다.

394 名副其实 míng fù qí shí 명실상부하다.

【近】名副其实 名过其实 名存实亡 徒负虚名 名不虚传 名实相副 名实难副
【反】名存实亡 徒负虚名 有名无实 徒有虚名 虚有其表

【예】看来《纽约时报》已是众望所归。事实上它也名副其实。该报2001年创下近35亿美元的巨额收入，旗下包括众多的报纸、杂志、电台、电视台、互联网站。《뉴욕타임즈》는 뭇 사람의 촉망을 받는 것 같으며 사실 또한 그렇다. 이 신문은 2001년에 35억 달러의 거액의 수입을 올렸고 산하에 많은 신문, 잡지, 라디오 방송국, TV방송국과 웹사이트도 있다.

395 名列前茅 míng liè qián máo 좋은 성적을 거두다.

【近】首屈一指 独占鳌头
【反】榜上无名 名落孙山

【예】我有一个梦想：让所有成绩暂时落后的学生，都名列前茅！ 나는 한가지 꿈이 있는데, 바로 성적이 안 좋은 모든 학생들로 하여금 좋은 성적을 거두게 하는 것이다.

396 名落孙山 míng luò Sūn Shān 불합격하다.
(참고: '孙山'은 인명이다.)

【近】一败涂地 榜上无名
【反】名列前茅 金榜题名

【예】他如此用功却名落孙山，真出乎大家的意料。 그가 이렇게 열심히 하고도 불합격하다니 정말 아무도 예측하지 못했다.

397 名正言顺 míng zhèng yán shùn
명분이 정당하면 말도 이치에 맞는다.

【近】理直气壮 义正词严 【反】理屈词穷

예 他娶了公司的董事长的女儿，名正言顺地作了公司经理。 그는 회사 사장의 딸과 결혼해서 당당하게 회사의 과장이 되었다.

398 明辨是非 míng biàn shì fēi 시비를 분명히 가리다.

【近】黑白分明 泾渭分明 实事求是
【反】是非莫辨 不分皂白 混淆是非

예 为了明辨是非，有必要讲清楚什么是"一个中国"。 시비를 분명히 밝히기 위해 '하나의 중국'의 개념을 분명히 해야 한다.

399 明目张胆 míng mù zhāng dǎn
드러내놓고 나쁜 짓을 하다. 명목장담(明目張膽)

【近】明火执仗 肆无忌惮
【反】鬼鬼祟祟 偷偷摸摸

예 越南军事占领柬埔寨是明目张胆地违反国际法基本原则。 베트남이 캄보디아를 군사적으로 점령한 것은 드러내놓고 국제 기본원칙을 위반한 것이다.

400 明争暗斗 míng zhēng àn dòu
음으로 양으로 싸우다. 옥신각신하다.

【近】明枪暗箭 【反】肝胆相照

예 作为报道工商企业的知名杂志，《财富》和《福布斯》长期以来一直是竞争对手。在评选全球最大企业过程中也进行了明争暗斗。 상공기업을 보도하는 유명한 잡지로서 포춘과 포브스는 오랫동안 줄곧 경쟁자였다. 전세계 최대기업을 선정하는 과정에서도 음으로 양으로 다투었다.

401 磨杵成针 mó chǔ chéng zhēn
끈기있게 노력하면 무슨 일이든 이룬다.

【近】铁杵磨成针 功到自然成

예 在学习上，我们应有磨杵成针的精神。 공부할 때는, 끈기있게 노력하면 무엇이든 이룰 수 있을 것이란 정신으로 임해야 한다.

402 莫名其妙 mò míng qí miào
아무도 그 오묘함을 설명할 수 없다. 영문을 모르다.

【近】莫明其妙 不可思议 莫可名状
【反】洞若观火

예 我对他的话一时莫名其妙，不知道什么意思。 그의 말에 잠시 영문을 모르고 의미를 알지 못했다.

403 莫衷一是 mò zhōng yī shì
의견 일치가 되지 않다. 합의를 보지 못하다.

【近】无所适从 【反】一针见血

예 对于这个问题，大家议论纷纷，莫衷一是。 이 문제에 대한 모두의 생각이 분분하여 합의에 이르지 못했다.

404 墨守成规 mò shǒu chéng guī
낡은 규칙, 관례 따위를 묵수하다.

【近】因循守旧 抱残守缺 陈陈相因 一成不变
【反】标新立异 推陈出新

예 任何艺术一旦墨守成规，一成不变，它就会僵化，衰落。 어떠한 예술이라도 한번 낡은 규칙에 얽매이게 되면, 고착되어 결국 정체되고 몰락하게 될 것이다.

405 木已成舟 mù yǐ chéng zhōu 이미 엎질러진 물이다.

【近】覆水难收 【反】变幻莫测

예 既然木已成舟，我们也无能为力了。 이미 엎질러진 물이라, 우리도 어쩔 도리가 없다.

406 目不识丁 mù bù shí dīng
낫 놓고 기역자도 모른다. 일자무식이다.

【近】胸无点墨 不识之无
【反】学富五车 满腹经纶

예 老姚说，自己没什么大本事，目不识丁没文化，也不会做生意，只能靠打零工和收废品维持生计，但是只要能做到，就要供所有收养的孩子们上大学。 야오씨는 스스로 능력도 없고 일자무식에 밥벌이도 못하여, 그저 날품팔이나 폐품수집으로 생계를 유지하고 있지만, 할 수만 있다면 입양한 아이들을 모두 대학에 보낼 것이라고 말했다.

407 目不暇接 mù bù xiá jiē 많아서 다 볼 수 없다.

【近】应接不暇 【反】目不忍睹

예 令人目不暇接的杂技表演，一定会让广大老百姓一饱"眼"福。 많아서 다 볼 수도 없는 잡기 공연은 분명 많은 대중들에게 충분한 눈요깃거리가 될 것이다.

408 目不转睛 mù bù zhuǎn jīng 한곳에 집중하다.

【近】目不斜视 【反】左顾右盼

예 哨兵目不转睛地注视着背面山上的动静。 보초병이 집중하여 뒷산의 동정을 주시하고 있다.

409 目瞪口呆 mù dèng kǒu dāi 어안이 벙벙하다.

【近】瞠目结舌 【反】从容不迫

【例】在展示政治阴谋、惊险谋杀的过程中，美国社会的黑暗暴露无遗，令人**目瞪口呆**。 정치 음모와 아슬아슬한 살해 음모의 과정이 드러나면서 미국사회의 어두운 면이 남김없이 폭로되어 사람들을 어안이 벙벙하게 만들었다.

410 **目中无人** mù zhōng wú rén 안하무인이다.

【近】目空一切 狂妄自大 【反】谦虚敬慎

【例】我们不能因为看到了自己的些微成长而沾沾自喜，狂傲自大，甚至**目中无人**。 자신의 작은 발전에 우쭐하여 오만해서는 안 된다. 더더욱 안하무인해서는 안 된다.

411 **南辕北辙** nán yuán běi zhé
행동과 목적이 서로 맞지 않거나, 일의 결과가 의도와는 반대로 진행되다.

【近】背道而驰

【例】在统一问题上，韩半岛南北方的长期目标是一致的，但近期双方的意图**南辕北辙**，韩国希望通过和平交往尽快完成国家统一；北韩更可能是希望通过促统活动本身达到摆脱经济和外交上困境的目的。 장기적 시각에서 한반도의 통일문제에 대한 남북간 목표가 일치하나 단기적 관점에서 봤을 때 양측의 의도가 매우 다르다. 한국은 가능한 빨리 평화적 왕래를 통해 통일을 이루길 바라며, 북측은 통일촉진 활동, 그 자체를 통해, 경제와 외교상의 곤경을 벗어나려는 목적을 이루고자 한다.

412 **泥牛入海** ní niú rù hǎi
다시는 돌아오지 않는다. 함흥차사(咸興差使).

【近】石沉大海 杳无音信 杳无消息

【例】他这一次去又**泥牛入海**，再也没有消息了。 그는 또 함흥차사이다. 더이상은 연락이 없었다.

413 **年富力强** nián fù lì qiáng
젊고 기력이 왕성(旺盛)하다.

【近】年轻力壮 【反】风烛残年 老态龙钟

【例】更为可喜的是，北外已涌现出一批学有所长、**年富力强**、教学经验丰富的中青年学术骨干。 더욱 기쁜 일은 베이징외대에서 이미 학업이 뛰어나고 젊고 기력이 왕성하며 교수경험이 풍부한 청년학술인재를 배출했다는 것이다.

414 **念念不忘** niàn niàn bù wàng
늘 생각하여 잊지 않다.

【近】念兹在兹 朝思暮想 刻骨铭心

【反】置之不理 置之度外 置若罔闻

【例】也许他为一己的权力或国家的强盛而**念念不忘**。 아마도 그는 자신의 권력 혹은 강한 국가를 위해 늘 생각했을 것이다.

415 **鸟语花香** niǎo yǔ huā xiāng 꽃이 피고 새가 울다.

【近】山清水秀 【反】穷乡僻壤

【例】在张家界国家森林公园，峰峦幽谷，**鸟语花香**，溪畔、路边花草鲜丽。 장자제 국립산림공원에는 연봉과 깊은 골짜기에 꽃이 피고 새가 울며, 시내주변과 길가의 화초가 화사하고 아름답다.

416 **宁死不屈** nìng sǐ bù qū 죽을지언정 굽히지 않는다.

【近】宁为玉碎，不为瓦全

【反】卑躬屈膝 苟且偷生

【例】他在敌人面前**宁死不屈**，献出了年轻的生命。 그는 적 앞에서 절대로 굽히지 않고, 결국 젊은 생명을 바쳤다.

417 **弄虚作假** nòng xū zuò jiǎ 날조하다.

【近】招摇撞骗 歪门邪道

【反】脚踏实地 实事求是 光明磊落

【例】他对浮夸现象睁只眼闭只眼，明知有假也不批评，助长了**弄虚作假**的歪风。 그는 과장된 현상을 눈 감아 주었고 위조한 사실을 알면서도 비판조차 하지 않아, 날조하는 잘못된 풍조를 조장했다.

418 **拍手称快** pāi shǒu chēng kuài 쾌재를 부르다.

【近】皆大欢喜 大快人心 拍手叫好

【反】肝肠寸断 天怒人怨 悲愤填膺

【例】对于他的调任，足球圈的大多数人都**拍手称快**。 축구계의 대다수 사람들은 그의 전임에 대해 쾌재를 불렀다.

419 **排山倒海** pái shān dǎo hǎi
산을 밀어 치우고 바다를 뒤집어 엎다. 위세가 대단하다.

【近】翻江倒海 翻天覆地 雷霆万钧 势不可挡

【反】强弩之末

【例】我们好像听见了成千上万英雄们**排山倒海**的欢呼。 우리는 수많은 영웅의 세상을 뒤흔드는 환호를 들은 듯 했다.

420 **庞然大物** páng rán dà wù
대단히 거대한 물건(실상 내실은 없음을 가리킴)

【近】硕大无朋 大而无当

【反】微乎其微 微不足道
例 大海中的鲸鱼有的长达几十米，真是个**庞然大物**。 바다 속의 고래는 길이가 수십 미터에 달하는 '진정한 거물' 이다.

421 旁门左道 páng mén zuǒ dào
정도가 아닌 길, 이단적인 길

【近】歪门邪道 左道旁门

【反】不二法门

例 你要好好引导你的孩子们，别让他们走上**旁门左道**。 당신이 아이들을 잘 이끌어줘야지, 잘못된 길로 가게 해선 안 된다.

422 旁若无人 páng ruò wú rén
거리낌없이 함부로 행동하다. 방약무인(傍若無人)

【近】目中无人　【反】众目睽睽

例 他们**旁若无人**的行为，令展厅内的不少参观者纷纷侧目。 그들의 거리낌없는 행동은 전시실 안의 적지 않은 관람객으로 하여금 계속 눈총을 보내게 했다.

423 抛砖引玉 pāo zhuān yǐn yù
성숙되지 않은 의견으로 다른 사람의 고견을 끌어내다.

【近】引玉之砖 一得之见

例 尽管20万吨这一数量与上海目前每天526万吨的污水处理量相比只是区区小数，但其**抛砖引玉**的意味却是不言而喻的。 매일 상하이에서 처리되는 526만 톤의 폐수와 비교했을 때, 20만 톤은 아주 미미하지만, 이 일을 통해 발생하게 될 좋은 결실들에 대한 가치는 말할 것도 없다.

424 鹏程万里 péng chéng wàn lǐ
전도가 양양하다. 장래가 유망하다.

【近】前程万里 前程似锦

【反】走投无路 日暮途穷

例 你此番赴任，必然**鹏程万里**，前程似锦。 당신의 이번 부임은 필시 전도가 양양하고 전도가 유망할 것이다.

425 匹夫有责 pǐ fū yǒu zé
국가의 대사는 모든 사람에게 책임이 있다.

【近】责无旁贷 义不容辞

【反】敷衍塞责

例 "五·四"运动中，广大爱国青年那种天下兴亡，**匹夫有责**的精神值得我们学习。 5·4 운동시 수많은 애국 청년들의 '천하 흥망과 국가의 대사는 모든 사람에게 책임이 있다' 는 정신은 배울만한 가치가 있다.

426 品学兼优 pǐn xué jiān yōu
품행과 학업이 둘다 우수하다.

【近】德才兼备 文武双全

【反】德薄能鲜 不学无术

例 金华眼科医院推出了"关爱贫困学子，成就光明未来"慈善活动，全市10名**品学兼优**的贫困学子得到了免费接受价值7768元激光近视治疗手术的资助。 진화 안과병원은 '빈곤한 학생에게 관심을 가지고, 밝은 미래를 만들자' 란 자선 활동을 추진했고 그 지역에서 품행과 학문이 뛰어난 빈곤한 학생들이 무료로 7768위안에 상당하는 레이저근시 수술 지원을 받았다.

427 平分秋色 píng fēn qiū sè
각각 절반씩 차지하다. 똑같이 나누어 가지다.

【近】中分天下 不分胜负 不分高低 分庭抗礼
　　　平起平坐

【反】大相径庭 天差地远 实力悬殊

例 这次演讲大赛的决赛双方，各有特长，可谓**平分秋色**。 이번 연설 대회의 결승전에 진출한 연설자들은 각자의 장점을 가지고 있어 실력이 대등하다.

428 平起平坐 píng qǐ píng zuò
지위나 권력이 동등하다.

【近】等量齐观 分庭抗礼

【反】截然不同 迥然不同

例 电视单本剧无论是在剧情、人物以及技术上都不能和电影相比，因此电视剧要想和电影**平起平坐**就得寻找新路。 텔레비전 단막극이 줄거리, 인물 및 기술적인 면에서 모든 것이 영화와 비교할 수 없기 때문에, 텔레비전 드라마가 영화와 비슷한 수준이 되려면 새로운 길을 찾아야 한다.

429 平心而论 píng xīn ér lùn
마음을 가라앉히고 평론하다. 공평한 마음으로 논하다.

【近】公私分明　【反】弄虚作假

例 **平心而论**，这件事我们有一定的责任。 차분하게 이야기하자면 우리는 이번 일에 일정한 책임이 있다.

430 平易近人 píng yì jìn rén
붙임성이 있어 다가가기 쉽다.

【近】和蔼可亲 平易近民

【反】咄咄逼人 盛气凌人

例 当记者开始对张东健的专访后，才发现生活中的他其实十分**平易近人**。 기자는 장동건과 독점인터뷰를 하고 나서야 비로소 그가 일상에서 다가가기 쉬운 사람이라는 걸 깨달았다.

431 萍水相逢 píng shuǐ xiāng féng 우연히 만나다

【参】萍水相逢，一见如故
【近】不期而遇 一面之交
【反】莫逆之交
【例】我和你天南地北的，竟然就在茫茫的网海中萍水相逢，一见如故了，网络真是个奇妙的世界！ 우리는 지리적으로 멀리 떨어져 있지만 인터넷이라는 망망 대해에서 우연히 만나 친한 친구가 되었다.

432 迫不及待 pò bù jí dài
다급하여 기다릴 여유가 없다.

【近】刻不容缓 急不可待
【反】待机而动
【例】我迫不及待地想把这个惊人的消息告诉我的父母。 나는 기다릴 것도 없이 이 놀라운 소식을 부모님께 알리고 싶었다.

433 迫在眉睫 pò zài méi jié
눈 앞에 임박하다. 대단히 긴박하다.

【近】火烧眉毛 急如星火
【反】远在天边 慢条斯理
【例】维护非洲的和平与安全，不仅是非洲国家迫在眉睫的事，也为整个国际社会所关注。 아프리카의 평화와 안전 유지는, 아프리카 국가만의 긴박한 일일 뿐 아니라 국제 사회 전체의 관심을 받고 있는 문제다.

434 破釜沉舟 pò fǔ chén zhōu 배수진을 치다.

【近】义无反顾 背水一战 决一死战
【反】优柔寡断 瞻前顾后 举棋不定
【例】现在想来不是不害怕，但既然走出了第一步，我们只能破釜沉舟，勇敢坚持。 지금 생각해 보면 무섭지만 이왕 첫발을 내딛었으니 우리는 그저 배수진을 치고 용감하게 지킬 뿐이다.

435 破口大骂 pò kǒu dà mà 심하게 욕을 퍼붓다.

【近】口出不逊 含血喷人
【反】温文尔雅 彬彬有礼
【例】男生对女生破口大骂，是不是不正常？ 남자가 여자에게 욕하면 이상한가요？

436 破天荒 pò tiān huāng 처음 있는 일
참고: '天荒'은 과거시험에 계속 불합격 한다는 의미이다.

【例】大学生破天荒出版了"高考系列丛书"。 대학생이 처음으로 '대입시리즈총서'를 출판했다.

437 破竹之势 pò zhú zhī shì
기세가 등등하다. 파죽지세(破竹之势)

【近】势如破竹 锐不可当
【例】解放军过江后，已成了破竹之势。 해방군은 강을 건넌 후, 기세가 등등해 졌다.

438 扑朔迷离 pū shuò mí lí
복잡하게 뒤섞여 분명히 구분할 수 없다.

【近】虚无飘渺 眼花缭乱
【反】一清二楚
【例】这更使即将到来的大选前景显得扑朔迷离。 이것이 곧 다가올 대선의 전망을 더욱 복잡하게 만들었다.

439 铺天盖地 pū tiān gài dì
천지를 뒤덮다.(그 정도로 많거나 강하다)

【近】漫山遍野 遮天蔽日 排山倒海
【反】微不足道 蜻蜓点水
【例】虽然中低档火锅品牌铺天盖地、竞争非常激烈，但获利能力不高，从市场细分的角度来分析，能够提供更优质服务的高档火锅却并不多。 중저급의 훠궈요리 브랜드가 천지를 뒤덮을 정도로 많고 경쟁이 치열하지만 그 수익성이 높지 못하다. 게다가 시장을 세분해서 분석해보면, 질 좋은 서비스를 제공할 수 있는 고급 훠궈요리는 오히려 많지 않다.

440 七上八下 qī shàng bā xià 가슴이 두근두근하다.

【近】忐忑不安 心神不定
【反】心安理得 若无其事
【例】看着同事们一个个找到新的东家跳槽走人，自己心里也是七上八下地为前途担心起来。 동료들 각자가 새로운 고용주를 찾아 직업을 옮겨가는 것을 보니 내 마음도 혼란스러워지고 앞날이 걱정된다.

441 七嘴八舌 qī zuǐ bā shé 말이 많다 수다스럽다

【近】七言八语 沸沸扬扬
【反】沉默寡言 鸦雀无声
【例】我一进去，几个工作人员立刻围了上来，七嘴八舌地询问记者到底要找谁。 내가 들어갔을 때 몇 명의 직원이 바로 나를 둘러싸고 기자가 도대체 누구를 찾아왔냐고 왁자지껄하게 물었다.

442 齐心协力 qí xīn xié lì 일치단결하다.

【近】齐心合力 同心同德 万众一心
【反】离心离德 貌合神离
【例】这将影响人们的利益，必须动员各方面的力

量，齐心协力，逐步加以解决。이것은 앞으로 사람들의 이윤에 영향을 끼칠 것이니 반드시 각 분야에 힘을 동원하고 일치단결하여 점차 문제를 해결해 나가야 한다.

443 奇花异草 qí huā yì cǎo 기이한 꽃과 풀
【近】奇树异草 奇花异卉　【反】平淡无奇
【例】数以万计的奇花异草争奇斗艳。만가지나 되는 기이한 꽃과 풀들이 서로 앞다투어 아름다움을 뽐낸다.

444 奇形怪状 qí xíng guài zhuàng 이상야릇한 형상.
【近】怪模怪样 非同寻常　【反】司空见惯
【例】深海中生活的动物更是奇形怪状，与浅海生物又不同。심해에서 사는 동물들은 더욱이 이상 야릇한 모습을 갖추고 있고 얕은 물에 사는 생물과는 다른 형상이다.

445 骑虎难下 qí hǔ nán xià
이러지도 저러지도 못하다. 중도에서 손을 뗄 수 없다.
【近】进退两难 欲罢不能
【反】一帆风顺 势如破竹
【例】久而久之，社会福利计划呈骑虎难下之势。시간이 지남에 따라 사회 복지 계획은 이러지도 저러지도 못하는 상황이 되었다.

446 旗开得胜 qí kāi dé shèng 서전(緒戰)을 승리로 끝내다. 시작하자마자 좋은 성적을 얻다.
【近】马到成功 百战百胜
【反】一溃千里 一触即溃
【例】由于这款产品尚未上市，业内人士多不知情，所以也未做太多评论。海尔的这步棋，能否旗开得胜，我们拭目以待。이런 상품이 아직 시장에 나오지 않아 업계인사들이 잘 알지 못하므로 이에 대한 평가가 많이 없다. 우리는 이번 하이얼의 시도가 과연 곧바로 성공을 거둘 수 있는지 지켜봐야 한다.

447 岂有此理 qǐ yǒu cǐ lǐ
어찌 이럴 수가? 가당치 않다.
【近】莫名其妙 不可思议
【反】合情合理 天经地义
【例】明明是他的错，还要恶人先告状，真是岂有此理。명백하게 그가 잘못했는데도 적반하장이라니, 어찌 이럴 수 있는가?

448 杞人忧天 Qǐ rén yōu tiān 기우(杞憂)
【近】庸人自扰
【反】无忧无虑 若无其事

【例】咱们并没有聘他当顾问，他却总是杞人忧天。우리는 결코 그를 고문으로 초청하지 않았다. 그러나 그는 오히려 줄곧 쓸데없는 걱정을 하고 있다.

449 起死回生 qǐ sǐ huí shēng 기사회생(起死回生)하다.
【近】妙手回春 死而复生
【反】不可救药 病入膏肓
【例】医生也不是一架起死回生的机器，他也是一个人。의사는 결코 기사회생을 시키는 기계가 아니며, 그도 똑같은 사람이다.

450 气势磅礴 qì shì páng bó 기세가 드높다.
【近】气吞山河 气贯长虹
【反】有气无力
【例】这是中国近代史上气势磅礴的一页。이는 중국 근대 역사상 기세가 드높았던 역사의 한 페이지이다.

451 恰到好处 qià dào hǎo chù 적절하다.
【近】恰如其分 适可而止
【反】画蛇添足 过犹不及 矫枉过正
【例】有时候，失败是恰到好处的清醒剂，失败有时会出现转机。경우에 따라서 실패는 각성제가 되기도 전기가 되기도 한다.

452 恰如其分 qià rú qí fèn 적당하다.
【近】恰到好处 毫发不爽
【反】言过其实 离题万里 毫厘千里
【例】害羞是女性吸引男人的秘密武器，出现得适时而又恰如其分，便成媚态。수줍음은 여성이 남성을 현혹시키는 비밀 무기여서, 제때에 적당하게 드러내면 애교로 보여질 수 있다.

453 千变万化 qiān biàn wàn huà
변화무궁(變化無窮)하다.
【近】变化莫测 瞬息万变
【反】一成不变 依然如故
【例】赛场上的情况千变万化，必须多准备几套方案。경기장의 분위기는 변화무궁하기 때문에, 반드시 많은 여러 가지 방안을 준비해야 한다.

454 千差万别 qiān chā wàn bié 천차만별
【近】天壤之别 天差地别
【反】千篇一律 半斤八两
【例】消费者的需求是千差万别的、复杂多样的、不

同的地区有不同的风俗习惯。 소비자들의 요구 사항은 천차만별이고, 복잡하고 다양하며 지역마다 다른 풍속과 습관이 존재한다.

455 千锤百炼 qiān chuí bǎi liàn
많은 투쟁과 시련을 겪다.

【近】精益求精 精雕细刻

【反】粗制滥造

예 每年的8~9月数码相机厂家在经历半年市场的千锤百炼之后，都会在此时推出新品。 반년 동안의 시련을 이겨낸 디지털카메라 생산업체들은 해마다 8, 9월에 신상품을 출시한다.

456 千方百计 qiān fāng bǎi jì 온갖 방법을 동원하다.

【近】想方设法

【反】无计可施 束手无策

예 千方百计，用尽所有办法。 온갖 방법을 다 동원하다.

457 千里迢迢 qiān lǐ tiáo tiáo 노정(路程)이 아주 멀다.

【近】不远千里 天南海北

【反】一墙之隔 朝发夕至

예 指望一个不熟悉中国女足特点的外籍人士千里迢迢来到中国执教，就是认清队员也得花个一两个月，更不要说指望他能点石成金、起死回生了。 중국 여자축구의 특징을 잘 모르는 외국인에게 멀리 중국까지 와서 감독을 맡게 하려면 선수들을 파악하는데도 1, 2개월 소요되고 선수들을 훌륭하게 훈련시켜 기사회생시키는 것은 더더욱 기대하기 힘들다.

458 千篇一律 qiān piān yī lǜ 천편일률적이다.

【近】千人一面 如出一辙

【反】各具特色 别具匠心 千差万别 形形色色

예 绝大多数旅游纪念品缺乏创意，不同地方不同景点的旅游纪念品千篇一律。 많은 여행기념품들이 창의적이지 못하고 어느 여행지를 가든지 기념품들이 모두 천편일률적이다.

459 千山万水 qiān shān wàn shuǐ
멀고 험한 길, 수없이 많은 산과 강

【近】千山万壑 【反】一马平川

예 红军长征走过了千山万水，胜利到达延安。 홍군의 대장정은 산 넘고 물 건너 성공적으로 옌안에 도착했다.

460 千头万绪 qiān tóu wàn xù 얼기설기 뒤엉키다.

【近】错综复杂 纷然杂陈

【反】一目了然 洞若观火

예 陪护病人的日子是烦闷的，事情千头万绪，没事的时候我们就聊聊，感觉很能聊得来。 환자를 돌보는 날들은 힘들고 고되며 일이 얼기설기 뒤엉켜있다. 일이 없을때 우리는 이야기를 나누고 말이 아주 잘 통하는 것을 느낀다.

461 千辛万苦 qiān xīn wàn kǔ
천신만고(千辛萬苦), 온갖 노고

【近】含辛茹苦 饱经风霜

【反】娇生惯养

예 我幼年丧父，妈妈与姐姐在千辛万苦中把我抚养成人。 나는 어렸을 때 아버지를 여의었고 어머니와 누나는 천신만고 끝에 나를 성인으로 키워내셨다.

462 千载难逢 qiān zǎi nán féng 천재일우

【近】千载一时 百年不遇

【反】唾手可得 司空见惯

예 对中国的品牌和企业而言，奥运会将搭建一个千载难逢的全球性舞台。 중국의 브랜드와 기업에게 있어서, 올림픽은 천재일우의 글로벌 무대가 될 것이다.

463 牵一发而动全身 qiān yī fà ér dòng quán shēn
작은 변화도 큰 영향을 미치다.

예 事关大局的事，总是牵一发而动全身。 전체적 국면에 관련된 일은 작은 변화에도 큰 영향을 미친다.

464 前功尽弃 qián gōng jìn qì
모든 공이 수포로 돌아가다.

【近】功亏一篑 功败垂成 前功尽灭

【反】大功告成

예 调查工作一不小心就会打草惊蛇，以往的努力就会前功尽弃。 조사직업은 조심하지 않을 경우 경계심만 자극하여 이전에 들였던 노력이 모두 수포로 돌아가게 된다.

465 前所未有 qián suǒ wèi yǒu 공전의, 처음 있는

【近】前无古人 史无前例 前所未闻

【反】史不绝书 司空见惯

예 股票价格昨天达到前所未有的高峰。 어제 주가는 전에 없는 높은 수치를 기록했다.

466 前无古人 qián wú gǔ rén 앞에 옛사람이 없다.

【近】前所未有 【反】司空见惯

【예】实行改革开放,建立社会主义市场经济体制,是一个**前无古人**的伟大创举。 개혁개방의 실행은 사회주의 시장경제 체제를 만들었고, 누구도 해내지 못한 위대한 시도였다.

467 巧言令色 qiǎo yán lìng sè 교언영색(巧言令色)

【近】花言巧语 甜言蜜语
【反】推心置腹 开诚布公
【예】他们就像一批食客,**巧言令色**,善于奉承,全是一批废物呀。 그들은 마치 한 무리의 식객과 같아 교언영색하였고, 아부가 뛰어나 모두 쓸모없는 자들이다.

468 勤工俭学 qín gōng jiǎn xué
부지런히 일하며 열심히 배우다.

【近】半工半读
【예】在留学的数年间,许多人坚持**勤工俭学**,边打工边读书。 유학하던 수년 동안 많은 사람들이 부지런히 일하며 열심히 배웠다.

469 青出于蓝 qīng chū yú lán 청출어람(靑出於藍)

【近】后来居上 【反】每况愈下
【예】王师傅,你的徒弟手艺可真不错,真是**青出于蓝**而胜于蓝啊! 왕 선생, 당신 제자의 솜씨가 무척 대단하오. 정말 청출어람일세!

470 青梅竹马 qīng méi zhú mǎ 죽마고우

【近】两小无猜 亲密无间 【反】背信弃义
【예】他们两人从小**青梅竹马**,分享成长的一切,有共同的梦想。 그들은 어려서부터 죽마고우로 같이 성장했고 같은 꿈을 꾸었다.

471 轻而易举 qīng ér yì jǔ 매우 수월하다.

【近】易如反掌 唾手可得
【反】来之不易 寸步难行
【예】世界观、人生观和价值观的确立,理想信念的形成,不是**轻而易举**、一蹴而就的,而是一个长期学习和不断实践的过程。 세계관, 인생관, 가치관의 확립과 이상, 신념의 형성은 수월하게 단번에 이루어지는 것이 아니라 장기적으로 학습하고 부단히 실천하는 과정이다.

472 倾家荡产 qīng jiā dàng chǎn
가산을 모두 탕진하다.

【近】一贫如洗 家徒四壁
【反】兴家立业

【예】当时对整个股市都绝望了,身边的朋友撤的撤,跑的跑,赔得**倾家荡产**的大有人在。 당시 모든 주식시장에 대해 절망하였다. 주변의 떠날 친구는 떠났고 달아날 친구는 달아났으며 많은 손해로 가산을 모두 탕진한 친구도 많았다.

473 倾盆大雨 qīng pén dà yǔ
물을 퍼붓듯 세차게 내리는 비

【近】大雨如柱 大雨滂沱
【反】细雨霏霏
【예】今日,虽然天公不作美,**倾盆大雨**铺天盖地,河西通程商业广场上依旧人群聚集,鼓乐喧天。 오늘 날씨가 좋지 않아 비가 억수로 내렸지만 허시의 퉁청상업 광장은 여전히 인파가 모였고 음악을 연주하는 소리가 매우 시끄러웠다.

474 情急智生 qíng jí zhì shēng 궁하면 통한다.

【近】急中生智 随机应变
【反】束手无策 一筹莫展
【예】在这关键时刻,他**情急智生**,想出了这么个解决方法。 결정적인 순간에 그는 궁하면 통한다는 듯이 이렇게 해결방법을 생각해냈다.

475 情投意合 qíng tóu yì hé 의기 투합하다.

【近】心心相印 情同手足 志同道合
【反】同床异梦 貌合神离
【예】我们俩**情投意合**,经得家长同意,定于本月十五日结婚。 우리 둘은 마음이 맞고 뜻이 통해, 부모의 동의를 거쳐 이번 달 15일 결혼하기로 결정하였다.

476 晴天霹雳 qíng tiān pī lì
마른 하늘의 날벼락. 청천벽력(青天霹靂).

【近】祸从天降 【反】司空见惯
【예】她说,当他宣布他们的婚姻已经结束时,她觉得那简直就是**晴天霹雳**。 그가 그들의 결혼생활이 이미 끝이 났다고 선언했을 때, 정말 청천벽력과 같았다고 그녀는 말했다.

477 求同存异 qiú tóng cún yì
공통점은 취하고 차이점은 보류하다.

【近】大同小异 【反】求全责备
【예】我们应从亚洲发展大局出发,做到相互尊重、**求同存异**、和睦相处。 우리는 반드시 아시아 발전이라는 측면에서 출발하여 서로 존중하고, 공통점은 취하고 차이점은 보류하며, 평화롭게 공존해야 한다.

478 求之不得 qiú zhī bù dé
구하려 해도 얻을 수 없다. 매우 열망하던 것.

【近】梦寐以求 【反】举手可得

🇨🇳 对于日本来说，美国同盟是求之不得的机会。 일본에게 있어서, 미국과의 동맹체결은 매우 열망 해왔던 기회이다.

479 趋之若鹜 qū zhī ruò wù
오리처럼 뛰어가다. 떼를 지어 모여들다.

【近】如蝇逐臭 如蚁附膻

【反】无人问津 敬而远之

🇨🇳 如果仅靠整容能整成范冰冰那样的大美女，不知道会有多少女人对整容趋之若鹜。 만약 성형으로 판빙빙과 같은 미녀를 만들어 낼 수 있다면 얼마나 많은 사람들이 성형을 위해 몰려들지 모른다.

480 屈指可数 qū zhǐ kě shǔ 손 꼽아 헤아릴 수 있는

【近】寥寥无几 寥寥可数

【反】不可胜数 恒河沙数

🇨🇳 同时兼顾打印品质、人性化设计、易用性于一身的产品实在是屈指可数。 품질, 인체공학적 디자인, 실용성 등을 모두 겸비한 상품들은 실제로는 손으로 꼽을 만큼 소수에 불과하다.

481 取长补短 qǔ cháng bǔ duǎn
장점을 취해 단점을 보완하다.

【近】扬长避短 【反】故步自封

🇨🇳 大家可以相互学习，取长补短，共同提高。 모두 서로 배우고 장단점을 보완하여 함께 성장할 수 있다.

482 取而代之 qǔ ér dài zhī
남의 지위를 빼앗아 대신 들어서다.

【近】改朝换代 【反】一如既往

🇨🇳 夫妻相处七年是一危险期，当先期的浪漫、激情退却之后取而代之的是生活琐事的磨折和感情的真空、平淡。 부부가 함께 산 지 7년이 되면 위기를 맞게 된다. 처음의 낭만과 열정은 사라지고, 대신에 생활 속에서의 사소한 일로 인한 다툼과 감정 상의 공백과 무미건조함만이 남게 된다.

483 全力以赴 quán lì yǐ fù 전력을 다하다.

【近】竭尽全力 全心全意

【反】敷衍了事 三心二意

🇨🇳 英国《金融时报》的评论说，中国正在制订一项新的经济发展战略，将重心从过去20年全力以赴谋发展的政策转向建立一个更加持久的、旨在缓解社会紧张因素的发展模式。 영국〈파이낸셜 타임스〉는 평론에서 중국은 지금 새로운 경제발전전략을 제정하고 있으며, 과거 20년 전의 '전력으로 발전을 추구하는 정책' 에서 더욱 지속적이고, 사회의 긴장국면을 완화하는데 취지를 둔 발전 모델을 수립하는 것으로 핵심이 바뀌고 있다고 했다.

484 全心全意 quán xīn quán yì 성심 성의, 전심 전력

【近】一心一意 真心实意

【反】三心二意 朝三暮四

🇨🇳 全心全意为人民服务是我们的宗旨。 전심전력으로 국민을 위해 봉사하는 것이 우리의 취지이다.

485 权宜之计 quán yí zhī jì
임시방편, 궁여지책, 미봉책

【近】缓兵之计 权宜之策

【反】百年大计

🇨🇳 目前以公交车或其他社会车辆充当校车仅仅是权宜之计。根本之策，政府也要拿出资金，采购专门的车辆。 현재 일반 버스나 기타 차량으로 스쿨버스를 대체하는 것은 임시방편일 뿐이다. 근본대책은 정부도 자금을 출연하여 통학버스를 구매하는 것이다.

486 燃眉之急 rán méi zhī jí
아주 급한 일, 초미지급(焦眉之急)

【近】迫在眉睫 迫不及待

【反】无足轻重 无关大局

🇨🇳 目前的就业指导工作过多地强调解燃眉之急、解决出路，忽视在市场经济的条件之下，供求关系和经济规律将永远地发挥作用。 현재의 취업지도 업무에서는 시급한 문제를 해결하고 활로를 찾는 것 만을 지나치게 강조한다. 하지만 시장경제 속에서 수급관계와 경제원칙이 앞으로 영구적으로 작용할 것이라는 것은 무시하고 있다.

487 惹是生非 rě shì shēng fēi 말썽을 일으키다.

【近】为非作歹 无事生非 惹事生非

【反】安分守己 奉公守法

🇨🇳 他的孙儿孙女对他特别好，尽管他在家里总是惹是生非。 그는 집에서 항상 말썽을 피우지만 손자손녀는 그에게 잘 대해준다.

488 热火朝天 rè huǒ cháo tiān 열기가 하늘을 찌르다

【近】热气腾腾 万马奔腾

【反】死气沉沉

【例】正当在国内家电市场价格战打得热火朝天的时候，另一场战争 — 人才战已在广东家电业中打响。 국내 가전시장에서 치열한 가격전쟁이 벌어지고 있을 때 또 다른 전쟁인, 인재 쟁탈전이 이미 광동성의 가전업계에서 일어나고 있다.

489 人地生疏 rén dì shēng shū
사람과 땅이 모두 낯설다. 산 설고 물 설다.

【近】举目无亲 人地两生 【反】轻车熟路
【例】你在这里人地生疏, 能有什么好办法呢？
당신이 이곳이 낯설텐데 좋은 방법이라도 있나요?

490 人浮于事 rén fú yú shì
일(자리)에 비해 사람이 많다(남다).

【近】十羊九牧 投闲置散
【反】人尽其才 各得其所
【例】学者的研究表明, 这些临时机构既是政府运作必不可少的一部分, 同时也带来机构臃肿、人浮于事、容易滋生腐败等问题。 학자의 연구에 따르면, 이런 임시 기구들은 정부 운영에 없어서는 안 될 일부분인 동시에 기구가 방대해지고, 일자리보다 사람이 많아지며, 부정부패문제가 쉽게 나타나는 등의 문제를 안고 있다고 했다.

491 人尽其才 rén jìn qí cái
사람마다 자기의 재능을 충분히 발휘하다.

【近】任人唯贤 知人善用
【反】大材小用 任人唯亲
【例】我们要努力做到, 人尽其才, 物尽其用。
사람은 자기 능력을 다 발휘하고 물건은 쓰임새를 다할 수 있도록 노력해야 한다.

492 人满为患 rén mǎn wéi huàn
사람이 너무 많아 탈이다.

【近】沸反盈天 沸沸扬扬 水泄不通 摩肩接踵 项背相望
【反】孤苦伶仃 门可罗雀
【例】假期中高校图书馆的千万册图书又一次出现资源的闲置, 而社会上公立图书馆里却每天人满为患。 방학기간에 대학 도서관에서는 수많은 책들이 그냥 방치되고 있고, 공립도서관에서는 오히려 매일 사람들이 북새통을 이룬다.

493 人面兽心 rén miàn shòu xīn
사람의 탈을 쓴 짐승

【近】人头畜鸣 狼心狗肺 衣冠禽兽
【反】正人君子

【例】你千万不要受他的小思小惠所迷惑, 他是个人面兽心的家伙。 그의 잔꾀에 절대 넘어가지 마세요, 그는 인간의 탈을 쓴 짐승이에요.

494 人穷志短 rén qióng zhì duǎn
사람이 가난하면 뜻이 초라해진다.

【反】穷当益坚 自强不息 穷则思变
【例】中国有句俗话:人穷志短, 马瘦毛长。这样看来, 贫穷实在是万恶之源啊。 중국에는 '사람은 가난해지면 뜻이 작아지고, 말은 여위어지면 털이 길어진다' 라는 말이 있다. 가난은 정말 만가지 악의 근원인 것 같다.

495 人死留名 rén sǐ liú míng
사람은 죽어서 이름을 남긴다.

【近】人过留名, 雁过留声
【例】你有这么多的财产, 所求的是人死留名, 做善事是最好不过了。 재산이 이렇게 많은 당신이 죽어서 이름을 남길 바란다면, 선행을 하는 것이 최선입니다.

496 人心叵测 rén xīn pǒ cè
사람의 마음은 예측하기 어렵다.

【近】心怀叵测 人心难测 人心莫测 居心叵测
【例】与颠沛流离、饥寒交迫相比, 人心叵测更加可怕。 집안이 망해 유랑하고 춥고 배고픔을 겪는 것보다 무서운 것은, 예측하기 어려운 사람의 마음이다.

497 人心所向 rén xīn suǒ xiàng
사람들이 모두 바라는 바이다.

【近】众望所归 深得人心
【反】众叛亲离 怨声载道
【例】两岸关系朝着和平稳定、互利共赢方向发展是人心所向, 任何人妄图破坏这种大趋势是注定要失败的。 양안 관계가 평화와 안정, 호혜와 상생의 방향으로 발전하는 것은 모든 사람들이 바라는 것이다. 누구라도 이런 대세를 파괴하려 한다면 분명 실패할 것이다.

498 忍无可忍 rěn wú kě rěn
참을 수 없다.

【近】拍案而起 深恶痛绝
【反】忍辱负重 忍气吞声
【例】冲绳民众对美国驻军的胡作非为已经到了忍无可忍的地步。 주일미군이 자행하는 악행에 오키나와 주민들은 이미 참을 수 없는 지경에 이르렀다.

499 任劳任怨 rèn láo rèn yuàn
모든 수고와 비난을 감수하다.

【近】勤勤恳恳 任怨任劳
【反】怨天尤人
예 一天到晚他**任劳任怨**地去干, 可是干着干着, 他便想起那回事。 하루종일 모든 수고와 비난을 감수하며 일하지만, 일을 하다보니 그는 그 일이 생각났다.

500 任重道远 rèn zhòng dào yuǎn
임무는 막중하고 갈 길은 멀다.
【近】全力以赴 负重致远
【反】无所事事 无所作为
예 说到价格, 中国市场上的轿车在价格上与国际靠拢还**任重道远**。 중국시장의 승용차 가격이 국제시장 수준이 되려면 아직 갈 길이 멀다.

501 日积月累 rì jī yuè lěi
오랜 세월(에 거쳐 쌓여오다)
【近】积少成多 成年累月
【反】一曝十寒 挥霍无度
예 肌肤保养原本就该是**日积月累**、长期力行的功课。 피부관리는 원래 오랜 시간 동안 정성을 들여야 한다.

502 日久天长 rì jiǔ tiān cháng
천장지구(天長地久). 긴 세월.
【近】天长地久 长年累月
【反】一朝一夕 弹指之间
예 这样**日久天长**地滴下去, 水滴把石头滴穿了一个洞。 오랫동안 물이 떨어져서 물방울이 돌에 구멍을 뚫었다.

503 日新月异 rì xīn yuè yì 매일매일 진보하다.
【近】一日千里 与日俱进
【反】一成不变 故步自封
예 电子邮件、电子报纸以及图像电话等通信新手段**日新月异**。 이메일과 전자신문, 화상전화 등의 새로운 통신수단은 나날이 발전한다.

504 如法炮制 rú fǎ páo zhì 그 모양 그대로 따라하다.
【近】依样葫芦
【反】独树一帜 别出心裁
예 百事可乐从美国市场上名人广告的巨大成功中尝到了甜头, 于是在世界各地**如法炮制**, 寻找当地的名人明星, 拍摄制作受当地人欢迎的名人广告。 펩시가 미국시장에서 스타광고를 통한 성공에서 단맛을 보자, 세계각지에서 이를 모방하여 현지 유명스타를 뽑아 인기있는 스타광고를 제작하고 있다.

505 如火如荼 rú huǒ rú tú 한창이다.
【近】方兴未艾 轰轰烈烈
【反】无声无息
예 从最近几年市场表现可以看到, 地产业发展**如火如荼**。 최근 몇 년 동안의 시장실적을 살펴보면 부동산 업계의 발전이 한창이라는 것을 알 수 있다.

506 如饥似渴 rú jī sì kě 배고픈 듯 목마른 듯
【近】迫不及待 手不释卷
【反】不慌不忙 四平八稳
예 像 "久旱逢甘霖" 的小苗, 孩子们**如饥似渴**地学习着各种各样的新知识。 가뭄 뒤에 단비를 맞은 새싹처럼 아이들은 다양한 새로운 지식에 목말라 있다.

507 如数家珍 rú shǔ jiā zhēn
손바닥 보듯 훤히 알다.
【近】了如指掌 了然入怀
【反】一无所知
예 他是一名业余武器收藏爱好者, 他对各种武器**如数家珍**。 그는 아마추어 무기 수집가이며 각종 무기에 대해 손바닥 보듯 훤히 알고 있다.

508 如鱼得水 rú yú dé shuǐ 물고기가 물 만난 듯하다.
【近】如虎添翼 情投意合
【反】寸步难行
예 军队扎根于人民群众之中, 正是**如鱼得水**。 군대가 마치 물고기가 물을 만난 것처럼 대중에게 깊이 뿌리 내리고 있다.

509 如愿以偿 rú yuàn yǐ cháng
자기가 원하는 대로 일이 이루어지다.
【近】称心如意 天从人愿
【反】难偿所愿 事与愿违
예 阿根廷队终于获得世青赛冠军, **如愿以偿**。 아르헨티나 팀은 마침내 세계청소년대회에서 그들이 원했던 우승을 거두었다.

510 如醉如痴 rú zuì rú chī 매료되어 푹 빠지다.
【近】神魂颠倒 如梦如醉
【反】恍然大悟
예 他在指挥台上挥动指挥棒和他演奏乐器一样**如醉如痴**。 그는 그가 악기를 연주하는 것처럼 단상에서 지휘봉을 지휘하는 데에 푹 빠졌다.

511 乳臭未干 rǔ xiù wèi gān 젖내가 채 가시지 않다
【近】口尚乳臭
【反】后生可畏
【예】越来越多的网站并不是由成人，而是由一些乳臭未干的孩子建设并管理。 어른이 아닌 젖내가 채 가시지 않은 어린 아이들이 제작, 관리하는 인터넷사이트가 점점 많아지고 있다.

512 软硬兼施 ruǎn yìng jiān shī
강경책과 유화책을 동시에 쓰다.
【近】恩威并济 威逼利诱 双管齐下
【예】伊朗在核问题上一直采取软硬兼施、推拉并举的两手策略。 이란은 핵문제에서 줄곧 강경책과 유화책을 동시에 쓰며 밀고 당기는 책략을 쓰고 있다.

513 若无其事 ruò wú qí shì
마치 아무 일도 없었던 것 같다.
【近】不动声色 泰然自若
【反】煞有介事 六神无主 张皇失措
【예】他出了这么大的问题，还装着若无其事的样子。 이렇게 큰 문제가 터졌는데, 그는 아무 일도 없었던 것처럼 행동한다.

514 弱肉强食 ruò ròu qiáng shí 약육강식(弱肉强食)
【近】以强凌弱 仗势欺人
【反】和平共处
【예】在资本主义社会里，弱肉强食是普遍现象。 자본주의 사회에서 양육강식은 보편적인 현상이다.

515 塞翁失马 sài wēng shī mǎ 새옹지마(塞翁之马)
【近】失之东隅 因祸得福
【反】因福得祸
【예】这点挫折算不了什么，塞翁失马，焉知非福。 이런 좌절은 별 게 아니다. 인생사 새옹지마, 이것이 복이 될지 어찌 알겠는가.

516 三长两短 sān cháng liǎng duǎn
뜻밖의 재난이나 변고
【近】山高水低 一差二错
【反】安然无恙
【예】作为一名单亲女职工，我整天担心如果自己有个三长两短，两个儿子可怎么过。 한 부모 여성 근로자인 나는 만약 뜻밖의 재난을 당하면 두 아들이 어떻게 살아갈까 늘 걱정한다.

517 三番五次 sān fān wǔ cì 여러 번
【近】屡次三番 再三再四
【反】绝无仅有 百年不遇
【예】医生三番五次告诫他戒烟，但他一点也不在乎。 의사는 여러번 그에게 담배를 끊으라고 권유했지만 그는 전혀 아랑곳하지 않는다.

518 三年五载 sān nián wǔ zǎi 3~5년
【예】就算元气大伤，过得三年五载，也就恢复过来了。 원기가 크게 상했어도 3~5년만 지나면 회복된다.

519 三思而行 sān sī ér xíng
심사숙고 한 뒤 행동으로 옮기다.
【近】深思熟虑 郑重其事
【反】不假思索 轻举妄动
【예】这事关系重大，你要三思而行。 이 일은 아주 중요하니 심사숙고 한 뒤 행동해야 한다.

520 三头六臂 sān tóu liù bì 강력한 힘
【近】神通广大 【反】黔驴技穷 一无所长
【예】我又没有三头六臂，怎么可能同时做这件事情。 저는 강력한 힘도 없는데 어찌 동시에 이 일을 할 수 있겠어요.

521 三心二意 sān xīn èr yì 집중을 하지 못하다.
【近】见异思迁 朝三暮四
【反】一心一意 专心致志
【예】持之以恒、专心致志的笨人必然胜过有始无终、三心二意的智者。 지속적으로 한 곳에 집중하는 멍청한 사람이 시작은 하되 마무리를 짓지 못하고 산만한 똑똑한 사람을 반드시 이긴다.

522 三言两语 sān yán liǎng yǔ 한두 마디의 말
【近】只言片语 简明扼要
【反】长篇大论 喋喋不休
【예】我对她的感情是无法用三言两语表达出来的。 그녀에 대한 나의 감정은 한두 마디의 말로 표현할 수 없다.

523 三足鼎立 sān zú dǐng lì
세 사람 또는 세 나라가 균형을 이루면서 대립하다.
【近】鼎足之势 鼎足三分 【反】不打自败
【예】由于台湾地区厂商加入，使得向来由韩国与

日本主导的全球PDP电视市场正逐渐进入韩国、日本与台湾地区三足鼎立的新时代。 타이완 지역의 기업인이 참여하여 이제껏 한국과 일본이 주도하던 전세계 PDP TV 시장이 한국, 일본, 대만의 삼족정립의 새 시대를 맞이하게 되었다.

524 杀一儆百 shā yī jǐng bǎi
한 사람을 죽여서 여러 사람을 경계하다.

【近】杀鸡儆猴 惩前毖后
【反】既往不咎 宽大为怀
【例】韩国检察机关应以认真的态度进行调查,并严惩外交通商部和法务部等相关机关的负责人,以杀一儆百。 한국 검찰은 반드시 철저하게 조사를 하고 아울러 외교통상부와 법무부 관계기관의 담당자를 엄벌에 처하여 여러 사람을 경계해야 된다.

525 煞费苦心 shà fèi kǔ xīn
대단히 고심하다. 몹시 애를 쓰다. 심혈을 기울이다.

【近】挖空心思 冥思苦想
【反】无所用心 掉以轻心
【例】东道主日本煞费苦心地将男子马拉松作为大阪比赛的"开山之作",显然是想拿到这枚世锦赛首金。 주최국 일본은 심혈을 기울여 남자마라톤을 오사카대회의 첫 작품으로 내놓았는데 분명히 이번 월드컵의 첫 금메달을 따고 싶었던 것이 분명하다.

526 山穷水尽 shān qióng shuǐ jìn
궁지에 빠지다.

【近】日暮途穷 穷途末路
【反】柳暗花明
【例】勉强支持到二十多天,实在山穷水尽了,就只好抱着弟弟,牵着妹妹,出外讨饭。 가까스로 20여 일을 버텼지만 결국 궁지에 빠져. 남동생과 여동생을 데리고 나와서 구걸을 하고 있다.

527 山珍海味 shān zhēn hǎi wèi 산해진미

【近】美味佳肴 龙肝豹胆 山珍海错
【反】粗茶淡饭 家常便饭
【例】他们出差开会往往一掷千金,住豪华客房,吃山珍海味,抽极品香烟。 그들은 출장가서 회의할 때 돈을 물 쓰듯 하고 호화객실에 묵으며 산해진미를 먹고 최고급 담배를 피운다.

528 闪烁其辞 shǎn shuò qí cí 얼버무리다.

【近】含糊其辞 隐约其辞
【反】直言不讳 心直口快
【例】民警让两人出示驾驶证和行车证时,二人还是闪烁其辞,并且说不清所骑红色嘉陵125摩托车的来源。 인민경찰이 운전면허증과 통행증을 제시하라고 하자 두 사람은 말을 얼버무리고 그들이 타고 있는 붉은색 지아링 125 오토바이의 출처를 분명하게 밝히지 못했다.

529 善始善终 shàn shǐ shàn zhōng
일의 처음과 끝을 잘 완수하다.

【近】有始有终 有头有尾
【反】有始无终 虎头蛇尾
【例】做任何事情,都应该善始善终,不能半途而废。 어떤 일을 하던 일의 처음과 끝을 잘 완수해야지 중도에 그만두어서는 안 된다.

530 赏心悦目 shǎng xīn yuè mù
눈과 마음을 즐겁게 하다.

【近】心旷神怡 欢欣鼓舞
【反】怵目惊心 触目惊心
【例】现在越来越多的电脑除了性能让人满意外,在外观上也十分赏心悦目,就像艺术品一样。 만족할 만한 성능을 갖추었을 뿐만 아니라 외관도 눈과 마음을 즐겁게 하고 예술품처럼 아름다운 컴퓨터가 점점 많아지고 있다.

531 上行下效 shàng xíng xià xiào
윗사람이 하는 대로 아랫사람이 따라하다.

【近】如法炮制 鹦鹉学舌
【反】源清流洁
【例】上行下效,高级官员应率先做模范。 윗사람이 하는 대로 아랫사람이 따라하니 고위관원은 반드시 본보기가 되어야 한다.

532 舍己为人 shě jǐ wèi rén
남을 위해서 자기의 이익을 버리다.

【近】舍己救人 助人为乐
【反】损人利己 假公济私
【例】他这种舍己为人的精神值得我们大家学习。 남을 위해서 자신을 희생하는 그의 모습은 모두가 본 받을 만하다.

533 设身处地 shè shēn chǔ dì 입장을 바꾸어 생각하다.

【近】身临其境 将心比心
【反】自以为是 随心所欲
【例】他没有工夫设身处地地去想他们的痛苦;他只理会自己的存在,永远不替别人想什么。 그는 입장을 바꾸어 다른 사람의 고통을 생각할 틈이 없다. 그는 단지 자기의 존재만 신경쓰고 영원히 다른 사람을 위해 생각하지 않는다.

534 **身败名裂** shēn bài míng liè
(실패하여) 지위도 명예도 잃게 되다.

【近】声名狼藉 臭名远扬
【反】名满天下 流芳百世
【例】这不过是过眼云烟，到时候会有他们身败名裂的一天。이것은 단지 눈 앞의 구름과 연기 같아 결국은 지위도 명예도 잃게 될 날이 있을 것이다.

535 **身不由己** shēn bù yóu jǐ
몸이 자기 마음대로 되지 않다, 무의식적으로

【近】不由自主 情不自禁
【反】得心应手 应付自如
【例】他身不由己，被人拥着走进了会场。그는 자신이 자기 몸을 통제할 수 없는 상황에서 사람들에게 둘러쌓여 회의장에 들어갔다.

536 **身怀六甲** shēn huái liù jiǎ 임신하다.

【例】她不久前由于身材发福而被误解为身怀六甲。그녀는 얼마전 살이 쪄서 임신한 것으로 오해를 받았다.

537 **身临其境** shēn lín qí jìng
그 장소에 직접 가다. 그 입장에 서다.

【近】设身处地 推己及人
【反】隔靴搔痒 道听途说
【例】领导者不能身临其境，了解真实情况，就无法作出正确的判断。지도자가 직접 현장에 가서 현실을 이해하지 못하면 정확한 판단을 내릴 수 없다.

538 **身先士卒** shēn xiān shì zú
몸소 병사들의 앞에 서다, 앞장 서서 군중을 이끌다.

【近】以身作则 一马当先 【反】瞠乎其后
【例】他自担任警长以来，处处身先士卒，为民排忧解难，乐于助人，深受群众好评。그는 경장이 된 후 모든 일에 앞장서서 국민의 어려움을 해결하고 도움을 주어 대중의 호평을 받았다.

539 **深情厚谊** shēn qíng hòu yì 깊고 두터운 정

【近】深情厚意 情同手足
【反】无情无义 六亲不认
【例】学生代表们把全市人民的深情厚谊带到军营了。학생대표들은 전 도시민의 깊은 정을 군영으로 가져갔다.

540 **深入浅出** shēn rù qiǎn chū
어려운 것을 쉽게 설명하다.

【近】深入显出
【反】深文奥义 隐晦曲折
【例】她把这一理论讲得深入浅出。그녀는 이 어려운 이론을 쉽게 설명했다.

541 **深入人心** shēn rù rén xīn
사람들 마음 속에 깊이 자리잡다.

【近】家喻户晓 【反】不得人心
【例】随着韩剧的热播，拥有乌黑靓丽大眼睛的美女形象也渐渐深入人心。한국 드라마가 절찬리에 방송됨에 따라 검고 아름다운 큰 눈의 미녀 이미지가 점점 사람들 마음 속에 깊이 자리잡게 되었다.

542 **深思熟虑** shēn sī shú lǜ 심사숙고(深思熟考)하다.

【近】深谋远虑 三思而后行
【反】不假思索 灵机一动
【例】他的每一个意见都是深思熟虑的结果。그의 의견은 모두 심사숙고한 결과이다.

543 **深恶痛绝** shēn wù tòng jué 극도로 미워하다.

【近】疾恶如仇 痛心疾首 深恶痛疾
【反】情深意重 爱不释手
【例】商业贿赂之所以被人们深恶痛绝，是因为它不仅破坏市场秩序、妨碍公平竞争和资源合理配置。상업적인 뇌물이 사람들에 의해 극도로 혐오되는 것은 그것이 시장질서를 무너뜨릴 뿐만 아니라, 공평한 경쟁과 자원의 합리적인 배치를 방해하기 때문이다.

544 **审时度势** shěn shí duó shì
시세를 잘 살피다(판단하다).

【近】揆情度理 度德量力
【反】刻舟求剑 墨守成规
【例】这是本世纪即将结束时，全球国家对贸易和发展问题审时度势，继往开来的重要会议。세기말에 개최되는 이번 회의는 전 세계 무역과 경제발전을 살피고 미래를 여는 중요한 회의다.

545 **生动活泼** shēng dòng huó pō 생기가 넘친다.

【例】电影频道每天播出9部各类生动活泼、寓教于乐、知识性、趣味性强的动画片。영화채널은 매일 9편의 생동감있고 교육적이며 지식과 재미를 더한 에니메이션 영화를 방송한다.

546 **生气勃勃** shēng qì bó bó 생기(활기)가 넘친다.

【近】生机勃勃 朝气蓬勃
【反】奄奄一息 暮气沉沉 死气沉沉
【例】年轻人生气勃勃，是早晨八点钟的太阳。 젊은 이들은 아침 8시의 태양처럼 생기가 넘친다.

547 声势浩大 shēng shì hào dà 기세가 드높다.

【近】大张旗鼓 气壮山河
【反】无声无息 偃旗息鼓
【例】云南正在开展一场声势浩大的禁毒战争。 윈난은 지금 전면적인 마약금지 전쟁을 펼치고 있다.

548 绳之以法 shéng zhī yǐ fǎ 법적 처벌을 하다.

【近】依法从事 【反】逍遥法外
【例】张洪说，针对调查结果，对违法犯罪行为无论任何单位和个人都要坚决绳之以法。 장흥은 조사결과에 근거하여 불법범죄행위에 대해 부서나 개인이나 할 것 없이 모두 법적처벌을 해야 한다고 밝혔다.

549 省吃俭用 shěng chī jiǎn yòng 절약해서 생활하다.

【近】节衣缩食 克勤克俭 省吃细用
【反】铺张浪费 大手大脚
【例】因为那时粮食特别紧缺，辛勤耕耘的农人们尽管精打细算，省吃俭用，但大部分农户的口粮仍一季接不上一季。 그 당시 식량이 턱없이 부족하여 부지런히 농사를 지은 농민들이 비록 면밀하게 계산하고 절약해서 생활했으나 대부분 농가의 식량은 한 계절을 버티기도 힘들었다.

550 盛极一时 shèng jí yī shí 한 시기 동안 매우 성행(盛行)하게 되다.

【近】显赫一时 方兴未艾
【反】每况愈下 一落千丈
【例】随着交易环境的变化，不少盛极一时的纺织服装专业市场越来越暴露出功能不齐全、配套不完善等问题。 거래환경이 변화함에 따라 한때 인기를 누렸던 적지 않은 의류전문시장은 점점 기능을 잃어가고 부대여건이 부족한 문제를 드러냈다.

551 十拿九稳 shí ná jiǔ wěn 손에 넣은 것이나 마찬가지로 확실하다.

【近】万无一失 稳操胜券
【反】漏洞百出 破绽百出
【例】老李，听说这次升职你是十拿九稳的了。 이 선생, 듣자하니 이번 승진은 확실하다며!

552 十年树木 shí nián shù mù
인재나 나무는 장기적으로 양성해야 한다.

【例】教育工作，并非一朝一夕见效，必须有十年树木，百年树人的计划才行。 교육사업은 결코 하루 아침에 효과를 볼 수 없고 반드시 장기적인 양성계획이 있어야만 한다.

553 十全十美 shí quán shí měi 완전무결(하다).

【近】尽善尽美 完美无缺
【反】一无是处 一无可取
【例】由世俗人制定的任何一种制度，大概都不是也不可能是十全十美的。 세속인이 정한 모든 제도는 아마도 완전무결하지도 완전무결할 수도 없을 것이다.

554 实事求是 shí shì qiú shì 실사구시(實事求是)

【近】脚踏实地
【反】弄虚作假 有名无实 徒有虚名
【例】实事求是一词，出自《汉书·河间献王传》: 修学好古，实事求是，其意思是根据实证求索真理。 실사구시는 '한서·하간헌왕전'의 '수학호고 실사구시'란 말에서 나왔는데 그 뜻은 실증에 따라 진리를 모색한다는 뜻이다.

555 拾金不昧 shí jīn bù mèi 금품에 현혹되지 않다.

【近】路不拾遗
【反】贪得无厌 财迷心窍
【例】昨天，首尔市钟路派出所对他拾金不昧的行为给予表彰，并发给他200万韩元的奖金。 금품에 현혹되지 않는 그의 행동에 대해 어제 서울시 종로 파출소가 그에게 표창장과 200만원의 포상금을 전달했다.

556 史无前例 shǐ wú qián lì 역사상 전례가 없다.

【近】前所未有 空前绝后
【反】接连不断
【例】中国的改革开放事业是史无前例的。 중국의 개혁개방사업은 역사상 전례가 없는 것이다.

557 始终不渝 shǐ zhōng bù yú
처음부터 끝까지 한결 같다.

【例】我们不仅要始终不渝地坚持改革开放，而且要搞得更快更好。 우리는 처음부터 끝까지 한결같이 개혁개방을 고수해야할 뿐만 아니라, 더욱 빠르고 더욱 잘 해내야 할 것이다.

558 始终如一 shǐ zhōng rú yī 시종일관
【近】一如既往 始终不渝
【反】朝三暮四 出尔反尔 反复无常
【例】身份在变,而他的信念**始终如一**。 신분은 변하고 있지만, 그의 신념은 시종일관 변치 않는다.

559 世代相传 shì dài xiāng chuán 대대로 전하다.
【例】我们希望让中非传统友谊**世代相传**,并不断发扬光大。 우리는 중국과 아프리카의 전통적인 우의가 대대로 전해지고 더욱 확대 발전되기를 바란다.

560 事半功倍 shì bàn gōng bèi
적은 노력으로 많은 성과를 거두다.
【近】一举两得 一箭双雕
【反】事倍功半 得不偿失 舍近求远
【例】一名官员表示,对付尾气造成的空气污染需要其他**事半功倍**的措施,例如严格尾气检验。 한 관원에 따르면 자동차 배기가스로 인한 공기오염을 줄이기 위해 배기가스 점검을 강화하는 것과 같은 적은 노력으로 많은 성과를 거둘 수 있는 조치가 필요하다고 한다.

561 事与愿违 shì yǔ yuàn wéi
일이 뜻대로 되지 않다. 마음대로 되지 않다.
【近】大失所望 适得其反
【反】得心应手 万事亨通
【例】生老病死**事与愿违**。 생로병사는 뜻대로 되는 것이 아니다.

562 势不可挡 shì bù kě dǎng 기세를 막아낼 수 없다.
【近】势如破竹 锐不可当 破竹之势
【反】强弩之末 日薄西山 大势已去
【例】解放大军长驱直入,**势不可挡**。 해방군의 거침없는 공세를 막아낼 수 없다.

563 势不两立 shì bù liǎng lì 양립할 수 없다.
【近】你死我活 誓不两立
【反】情投意合 亲密无间
【例】有人认为行业管制(regulation)与反垄断法的适用是非此即彼,**势不两立**的。 어떤 사람은 업계규정과 반독점법의 적용 중 어느 하나를 선택해야 두 가지는 양립할 수 없다고 생각한다.

564 势均力敌 shì jūn lì dí 힘이 서로 필적하다.
【近】不相上下 棋逢对手
【反】寡不敌众 天差地别
【例】这场球赛,蓝队和红队看来是**势均力敌**。 이 경기에서 청팀과 홍팀은 서로 필적할 만하다.

565 势在必行 shì zài bì xíng 피할 수 없는 추세이다.
【近】大势所趋 【反】前途未卜
【例】在这种形势下,朝美关系重新定位**势在必行**。 이런 상황에서 북미관계의 재정립은 피할 수 없는 추세다.

566 视而不见 shì ér bù jiàn 못 본 척하다.
【近】视若无睹 听而不闻
【反】过目不忘
【例】她同院长在前院走了个对面,居然连个招呼也没打,彼此**视而不见**地过去了。 그녀는 앞뜰에서 원장과 마주쳤지만, 인사도 안 하고 서로 못 본 체하며 지나쳤다.

567 拭目以待 shì mù yǐ dài 눈을 비비며 기다리다.
【近】静观其变 【反】置若罔闻
【例】我相信你这一次,一定能马到成功,我在这里**拭目以待**。 나는 네가 이번에 꼭 쉽게 성공할 거라고 믿어. 나는 여기서 간절한 마음으로 기다릴게.

568 是非曲直 shì fēi qū zhí
사리의 옳고 그름. 시비곡직(是非曲直)
【近】大是大非 青红皂白
【反】混淆是非 混为一谈
【例】我相信他们能够根据事情本身的**是非曲直**做出自己的判断。 나는 그가 상황 자체의 시비곡직에 따라 자신의 판단을 내릴 것이라고 믿는다.

569 是是非非 shì shì fēi fēi 시시비비(是是非非)
【例】他们的**是是非非**,我们很难说清。 우리는 그들의 잘잘못에 대해 확실히 말하기 어렵다.

570 适得其反 shì dé qí fǎn
결과가 바라는 바와 정반대가 되다.
【近】事与愿违
【反】如愿以偿 尽如人意
【例】对家长来说,逼迫孩子不仅没有用,而且会**适得其反**,成为孩子厌学、逆反的根源。 학부형이 아이들에게 강요하는 것은 아무런 소용이 없을 뿐만 아니라, 오히려 원래의 뜻과 반대로 아이들이 공부에 싫증을 내고 반항하게 만드는 화근이 될 수 있다.

571 适可而止 shì kě ér zhǐ 적당한 정도에서 그치다.

【近】恰如其分 恰到好处
【反】过犹不及 得寸进尺
【예】我心想，什么问题也要适可而止，不能过之。 어떤 일이든지 적당할 때 그만두어야지, 지나치면 안 된다고 생각한다.

572 手到擒来 shǒu dào qín lái 식은 죽 먹기

【近】轻而易举 易如反掌
【反】大海捞针
【예】由他出马，一定能手到擒来。 그가 나선다면 식은 죽 먹기처럼 해낼 것이다.

573 手忙脚乱 shǒu máng jiǎo luàn
허둥지둥하다. 눈코 뜰 사이가 없다.

【近】七手八脚 手足无措
【反】从容不迫 有条不紊
【예】据了解，今天风浪实在太大，一艘警方的橡皮艇因此翻覆，现场手忙脚乱，幸好当时橡皮艇上没有人员，并没有造成伤亡。 알려진 바에 따르면 오늘 파도가 매우 거세서 경찰 고무 보트 한 척이 전복되었다고 한다. 현장은 다급하고 혼란스러웠지만, 다행히 고무 보트에는 사람이 타고 있지 않아서 인명피해는 없었다.

574 手无寸铁 shǒu wú cùn tiě
손에 어떠한 무기도 가지고 있지 않다. 맨주먹

【近】赤手空拳 手无寸刃
【反】荷枪实弹
【예】巴勒斯坦方面也屡屡指责以军狙击手射杀手无寸铁的巴勒斯坦平民。 팔레스타인측은 이스라엘 군대가 어떠한 무기도 소지하지 않은 팔레스타인 민간인을 공격했다고 여러 번 비난했다.

575 手足无措 shǒu zú wú cuò
매우 당황하여 어찌해야 좋을지 모르다.

【近】手忙脚乱 惊慌失措
【反】慢条斯理 从容不迫
【예】阿根廷金融危机还殃及了一河之隔的乌拉圭，使这个素有"南美瑞士"之称的国家一度手足无措，外汇储备大量流失，出口大幅度下降。 아르헨티나의 외환위기는 인접국인 우루과이에까지 그 영향을 미쳐 '남미의 스위스'라 불리는 우루과이는 한 순간 속수무책이 되었고, 외환보유고와 수출이 크게 줄었다.

576 守株待兔 shǒu zhū dài tù
요행만을 바라다. 융통성이 없다.

【近】刻舟求剑 墨守成规
【反】通达权变
【예】只是旁观坐等，不主动去干，去开拓，和守株待兔没有什么两样。 방관하고 가만히 앉아 기다리며 능동적으로 나서서 개척하려 하지 않는 것은, 감나무 아래에서 감이 떨어지기를 기다리는 것과 다를 바 없다.

577 首当其冲 shǒu dāng qí chōng
첫 공격의 대상이 되다.

【近】一马当先 【反】畏缩不前
【예】在东南亚目前这场货币危机当中，泰国可说首当其冲。 현재 동남아에서 발생한 외환위기 때문에 태국이 가장 먼저 그 충격을 받았다.

578 首屈一指 shǒu qū yī zhǐ 첫째로 손꼽다. 으뜸가다.

【近】名列前茅 鹤立鸡群
【反】名落孙山
【예】美国拥有首屈一指的科研设施。 미국은 세계 제일의 과학연구시설을 갖추었다.

579 殊途同归 shū tú tóng guī
길은 다르지만 이르는 곳은 같다.

【近】不约而同 不谋而合
【反】南辕北辙 背道而驰
【예】中国的茶艺虽然与日本有些不同，其实在原则上大同小异，可说殊途同归。 중국의 차 예술은 일본과 조금 다른 점이 있지만, 사실 원칙은 대동소이하고, 방법은 달라도 근본은 같다.

580 熟能生巧 shú néng shēng qiǎo
익숙해지면 교묘한 기능이 생긴다.

【近】得心应手 游刃有余
【反】半路出家
【예】当你重复做一件事情时，你会熟能生巧，效率一定会提高。 네가 어떤 일을 반복해서 하면 노하우가 생겨 능률이 오르게 된다.

581 束手无策 shù shǒu wú cè 속수무책(束手無策)이다.

【近】无能为力 一筹莫展
【反】得心应手 左右逢源
【예】驻伊美军所遭袭击与日俱增，美军士兵的士气每况愈下。美军将领也多表示束手无策。 이라크 주둔 미군이 공격을 받는 횟수가 나날이 증가하면서, 미군 사병의 사기는 계속 떨어지고 있다. 이에 대해 미군장교도 여러 차례 속수무책임을 밝혔다.

582 树大招风 shù dà zhāo fēng
명성이 높을수록 쉽게 다른 사람의 공격을 받다.

【近】众矢之的
【反】不见经传 无名小卒
【예】我们也是树大招风，难免不引起众人的非议。
명성이 높을수록 공격의 대상이 되기 쉽고 대중의 비난을 피할 수 없다.

583 数一数二 shǔ yī shǔ èr
1, 2위를 다투다. 뛰어나다. 손꼽히다.

【近】名列前茅 出类拔萃
【反】平淡无奇 不足为奇
【예】中国大陆快要成为全球数一数二的经贸强国。 중국은 머지않아 전세계에서 손꼽히는 경제무역 강국이 될 것이다.

584 双管齐下 shuāng guǎn qí xià
두 가지 방법을 병행하다.

【近】齐头并进 并驾齐驱
【反】另起炉灶
【예】努力扩大就业，需要从加快发展和深化改革两方面双管齐下。 취업을 확대하기 위해서는 발전의 가속화와 개혁의 심화, 두 가지 방법을 동시에 추진해야 한다.

585 水到渠成 shuǐ dào qú chéng 물이 흘러가면 도랑이 생긴다. 분위기가 형성되면 일이 자연스레 이루어진다.

【近】顺理成章 瓜熟蒂落
【反】拔苗助长 功败垂成
【예】只要把各项工作都做好了，取得好成绩是水到渠成的事情。 각각의 업무를 잘 처리하면 그에 따라 자연스럽게 좋은 실적을 얻을 수 있다.

586 水滴石穿 shuǐ dī shí chuān
작은 힘이라도 꾸준히 계속하면 성공한다.

【近】磨杵成针 绳锯木断
【反】虎头蛇尾
【예】你只要坚持不懈，水滴石穿，什么事情做不成呢？ 끊임없이 노력을 게을리하지 않으면 낙숫물이 댓돌을 뚫듯이 이루지 못할 일이 뭐가 있겠느냐?

587 水落石出 shuǐ luò shí chū 일의 진상이 밝혀지다.

【近】真相大白 原形毕露
【反】匿影藏形
【예】当然，天下事是终要水落石出的。 세상의 모든 일은 결국에는 진상이 드러나기 마련이다.

588 水泄不通 shuǐ xiè bù tōng 물샐틈없다

【近】风雨不透 人山人海
【反】畅通无阻 四通八达
【예】上千位观众将现场挤得水泄不通。 천 명 넘게 꽉 들어찬 관중 때문에 현장은 물샐틈없이 붐볐다.

589 水涨船高 shuǐ zhǎng chuán gāo
주위 환경의 변화에 따라 그 부대상황도 변한다.

【近】情随事迁
【反】一成不变
【예】这方面的人才将成为各家机构争抢的热门人才，薪酬水平也将水涨船高。 이 분야의 인재는 앞으로 모든 회사가 원하는 재원이 될 것이며, 보수도 그에 따라 자연히 증가하게 된다.

590 顺理成章 shùn lǐ chéng zhāng
(일, 문장 등이) 이치에 맞으면 저절로 잘 되기 마련이다.

【近】水到渠成 马到成功
【反】颠三倒四 语无伦次
【예】此次北京将地铁建设与经营权也向民资开放，可谓顺理成章。 이번에 베이징 시가 지하철 건설 및 경영권도 민간기업에 개방한다고 하니, 정말 일이 이치에 맞게 잘 진행되고 있다.

591 说长道短 shuō cháng dào duǎn
이러쿵저러쿵 시비하다. 남의 흉을 보다.

【近】说三道四 议论纷纷
【反】守口如瓶 一言不发
【예】本版特编发一组观众来稿，虽然其中说长道短，意见不一，但对一部电影而言能引起反响比石沉大海要幸福得多。 이번 판은 특별히 시청자들의 원고를 편집해서 발송했다. 이러쿵저러쿵 말도 많고 의견도 제각각이지만, 영화로서는 아무런 반응이 없는 것보다 여러 반응을 이끌어낼 수 있는 편이 훨씬 더 좋다.

592 说三道四 shuō sān dào sì
제멋대로 지껄이다. 이것저것 자꾸 말하다.

【近】说东道西 夸夸其谈
【反】相对无言 默不做声
【예】美国财长见到温总理的第一句话就明确表示，美国不会对中国的汇率政策说三道四，因为汇率政策是一国的内政。 미국 재무부장관은 원자바오 총리가 첫 마디에서 환율정책은 한 나라의 내정이기 때문에 미국은 중국의 환율정책에 대해 이러니 저러니 맘대로 말해선 안된다고 확실히 단언하는 것을 보았다.

593 **说一不二** shuō yī bù èr
두말하지 않다. 말한 대로 하다.
- 【近】言而有信 一言为定 说一是一
- 【反】出尔反尔 言而无信
- 例 王先生是**说一不二**的人，你可以相信他。 왕 선생은 한입으로 두말하지 않는 사람이다. 너는 그를 믿어도 된다.

594 **司空见惯** sī kōng jiàn guàn 흔한 일이다.
참고: '司空' 왕궁에서 부식을 관리하는 관직이 비교적 낮은 벼슬이다.
- 【近】屡见不鲜 习以为常
- 【反】触目惊心 绝无仅有 盖世无双
- 例 在意大利足球界收买裁判早已**司空见惯**。 이탈리아 축구계에서 심판을 매수하는 것은 흔한 일이다.

595 **思前想后** sī qián xiǎng hòu 이것저것 고려하다.
- 【近】左思右想 【反】一往直前
- 例 "聪明人"遇事往往**思前想后**游移不定，一心向往的是投机取巧一本万利。 똑똑한 사람들은 문제를 만났을 때, 이것저것 고려하면서 쉽게 결정을 내리지 않고, 오로지 적은 노력으로 많은 성과를 낼 수 있는 일을 추구한다.

596 **死不瞑目** sǐ bù míng mù 죽어도 눈을 감지 못하다.
- 【近】抱恨终天
- 【反】心甘情愿 何乐不为
- 例 有生之年，我不把我的老班长的事情搞个水落石出，我**死不瞑目**。 살아있는 동안 옛날 분대장 일에 대해 진상을 똑똑히 밝히지 못한다면 나는 죽어도 눈을 감을 수 없다.

597 **死灰复燃** sǐ huī fù rán 사그라진 재가 다시 타오르다.
- 【近】东山再起 卷土重来
- 【反】付之一炬 石沉大海
- 例 为巩固成果，对被查处和自行关闭的"黑网吧"场所实施有效监管，防止其**死灰复燃**。 성과를 확실히 하기 위해, 조사를 받고 스스로 문을 닫은 불법 PC방을 대상으로 효과적으로 관리 감독을 해서 문제가 다시 재발되는 것을 막아야 한다.

598 **四分五裂** sì fēn wǔ liè 사분오열(四分五裂)되다.
- 【近】支离破碎 一盘散沙 【反】万众一心
- 例 老人宁可马上死去，也不愿意看家中**四分五裂**的离散。 노인은 차라리 세상을 하직할지언정, 집안이 사분오열되어 뿔뿔이 흩어지는 것을 보려하지 않는다.

599 **四面楚歌** sì miàn chǔ gē 사면초가(四面楚歌)
- 【近】腹背受敌 山穷水尽
- 【反】安然无恙 旗开得胜
- 例 这几乎成了**四面楚歌**的局面，开垦工作不得不暂时中止。 사면초가의 상황에 빠져서 개간사업을 어쩔 수 없이 잠시 중단해만 한다.

600 **四通八达** sì tōng bā dá 사통팔달(四通八達)
- 【近】畅行无阻 【反】水泄不通
- 例 今天的铁路已形成了**四通八达**的局面。 오늘날 철도망은 이미 사면팔방으로 뻗어있다.

601 **似是而非** sì shì ér fēi 비슷한 것 같으면서도 다르다.
- 【近】以假乱真 张冠李戴
- 【反】天经地义 不刊之论
- 例 现在有些媒体为了制造所谓的新闻热点，不惜拿媒体的生命线作游戏，制造出一些**似是而非**的新闻热点来，引起受众的广泛关注。 지금 일부 매스컴은 특종을 만들기 위해 매스컴의 생명을 거는 게임도 불사하고 거짓을 특종으로 만들어 시청자들의 관심을 끌려고 한다.

602 **驷马难追** sì mǎ nán zhuī
말이 입 밖으로 나오면 다시 주워담지 못한다.
- 【近】驷不及舌 【反】蜗行牛步
- 例 那当然，大丈夫一言既出，**驷马难追**。 당연하지, 남아일언은 중천금이야.

603 **肆无忌惮** sì wú jì dàn 제멋대로 거리낌이 없다.
- 【近】肆意妄为 【反】规行矩步 循规蹈矩
- 例 陈水扁回到岛内之后，更**肆无忌惮**鼓吹"台独制宪"。 천수이벤이 타이완으로 돌아간 후 제멋대로 '타이완독립제헌'을 부추기고 있다.

604 **耸人听闻** sǒng rén tīng wén
(고의로 과장해서) 듣는 사람을 놀라게 하다.
- 【近】骇人听闻 危言耸听
- 【反】本来面目 不偏不倚
- 例 据报道，犯罪分子王某为谋取不义之财，竟以匿名信的方式炮制出**耸人听闻**的爆炸案，向深圳市委、市政府勒索一千万元巨款。 보도에 따르면 범법자 왕모씨는 부정당한 금품을 노려 익명편지 방식으로 듣는 사람을 놀라게 하는 폭발사건을 날조하여 선전시 위원회와 시청으로부터 천만 위안의 거액을 뜯어냈다.

605 素不相识 sù bù xiāng shí 평소에 모르는 사이다.

【近】素昧平生 【反】一见如故
【예】她发现自己完全处在素不相识的人中间。 그녀는 자신이 이미 완전히 모르는 사람들 사이에 있다는 것을 발견했다.

606 随机应变 suí jī yìng biàn 임기응변(臨機應變)하다.

【近】见风使舵 见机行事
【反】一成不变 刻舟求剑
【예】中国人经验丰富, 深通妥协的智慧, 善于随机应变, 打得过就打, 打不过就跑。 중국인은 경험이 풍부하고 타협에 능해 싸워 이길 수 있으면 싸우고 이길 수 없으면 달아난다.

607 随声附和 suí shēng fù hè
남이 말하는 대로 따라 말하다.

【近】随波逐流 见风使舵
【反】独具匠心 独出心裁
【예】到目前为止, 就连美国的亲密盟友欧盟, 都没有随声附和。 현재까지 심지어 미국의 가까운 맹방인 EU 마저도 부화뇌동하지 않고 있다.

608 随时随地 suí shí suí dì 언제 어디서나

【예】我们必须鼓励自己随时随地说汉语, 坚持下去, 一定会成功的！ 우리들은 언제 어디서나 중국어를 말하도록 스스로를 독려하고 견지해 나간다면 반드시 성공할 것이다.

609 随心所欲 suí xīn suǒ yù
자기 뜻대로 하다. 하고 싶은대로 하다.

【近】为所欲为 自得其乐
【反】谨小慎微 缩手缩脚
【예】这个人做事向来是随心所欲, 从不愿受什么约束。 이 사람은 항상 자기 하고 싶은대로 일을 처리하며 어떠한 구속도 원치 않는다.

610 酸甜苦辣 suān tián kǔ là
각양각색의 맛, 세상의 온갖 고초, 풍상

【近】世态炎凉 悲欢离合 【反】四大皆空
【예】这种感受一言难尽, 酸甜苦辣都有。 이 느낌은 한마디로 말하기 힘들고 세상의 온갖 고초가 모두 들어있는 것 같다.

611 损人利己 sǔn rén lì jǐ
남에게 손해를 끼치고 자기의 이익을 도모하다.

【近】自私自利 见利忘义
【反】助人为乐 大公无私 舍己为人
【예】中国政府依法取缔法轮功是符合广大人民利益的, 希望海外侨胞识破李洪志损人利己的真面目, 不要上当受骗。 중국정부가 법에 의거하여 파룬궁을 단속하는 것은 많은 국민의 이익에 부합합니다. 해외교민들은 리훙즈의 남에게 손해를 끼치고 자기의 이익을 도모하는 진면목을 간파하여 속임을 당하지 않기를 바랍니다.

612 所见所闻 suǒ jiàn suǒ wén 보고 들은 바

【예】把她在国外十多年的所见所闻, 干这一行的体会, 都毫无保留地教给他们。 그녀가 해외에서 10여 년 동안 겪었던 견문과 이 분야의 체험을 조금도 남김없이 그들에게 가르쳐주었다.

613 贪赃枉法 tān zāng wǎng fǎ
뇌물을 받아먹고 법을 어기다.

【近】徇私枉法 贪赃舞弊
【反】清正廉明 廉洁奉公
【예】极少数法官徇私舞弊贪赃枉法。 극소수의 법관은 사리사욕을 채우기 위하여 부정을 저지르고 뇌물을 받아먹는 등 법을 어겼다.

614 谈何容易 tán hé róng yì 말이야 쉽지.
참고: 주로 문장 뒤에 위치함.

【近】来之不易
【反】一挥而就 轻而易举
【예】现今的年青人, 总想不接受教育就有所成就, 那真是白日做梦, 谈何容易。 요즘 젊은이들은 항상 교육도 받지 않고 성과를 낼려고 생각한다. 그건 말이 헛꿈 꾸는 것처럼 실현할 수 없는 환상이다.

615 谈虎色变 tán hǔ sè biàn 말만 듣고도 무서워하다.

【近】闻风丧胆 心有余悸
【反】面不改色 谈笑自若
【예】说起癌症, 难免有谈虎色变之感。 암은 말만 들어도 무서운 느낌이 든다.

616 忐忑不安 tǎn tè bù ān 안절부절 못하다.

【近】惶惶不安 坐立不安
【反】心安理得 悠然自得
【예】自那个晚上之后, 他心里一直忐忑不安, 生怕被别人知道了。 그날 저녁 이후로 그의 마음은 계속 안절부절 못하고 다른 이가 알게 될까 몹시 두려워하였다.

617 **探囊取物** tàn náng qǔ wù
식은 죽 먹기. 일이 극히 용이하다.

【近】轻而易举 手到擒来 【反】海底捞月

例 他和工商局很熟,由他去办手续,该是**探囊取物**,你尽管放心。 그와 상공부의 관계는 몹시 친밀하여 그가 가서 처리한다면 당연히 식은 죽 먹기처럼 쉬워서 너는 얼마든지 안심해도 된다.

618 **堂堂正正** táng táng zhèng zhèng
정정당당(正正堂堂)하다. 늠름하다.

【近】正大光明 【反】歪门邪道

例 他年轻,学历也高,长得又**堂堂正正**,妹妹一眼就看中了。 젊고 높은 학력에 풍채마저 당당해서 누이동생이 첫눈에 그를 마음에 들어했다.

619 **烫手山芋** tàng shǒu shān yù 뜨거운 감자

例 此一**烫手山芋**就可能成为夜长梦多的外交政策危机。 이 뜨거운 감자는 오래 끌면 문제가 생기는 외교 정책 위기가 될 수 있다.

620 **滔滔不绝** tāo tāo bù jué 끝없이 흐르다.

【近】源源不断 【反】张口结舌 哑口无言

例 我公司的金总**滔滔不绝**地谈个不停。 우리 회사 진사장은 끊임없이 멈추지 않고 말한다.

621 **桃李满天下** táo lǐ mǎn tiān xià
제자가 천하에 가득하다.

【近】遍布天涯 桃李遍天下

例 如今,他的学生已是**桃李满天下**,在各行各业特别是高等教育界成为学术骨干和领导力量。 지금 그의 제자가 천하에 가득하여 여러 업종, 특히 고등교육계에서 학술의 핵심인원과 리더들이 되었다.

622 **讨价还价** tǎo jià huán jià 흥정하다.

【近】斤斤计较 【反】三言两语 宽宏大量

例 几经**讨价还价**,最后以4元成交,他拿到钱后,将手机往她手里一塞,飞快地跑了。 몇 번의 가격 흥정 끝에 결국 4위안에 거래가 되었다. 그는 돈을 받은 후에 핸드폰을 손에 쥐어주고는 바로 가버렸다.

623 **啼笑皆非** tí xiào jiē fēi
울지도 웃지도 못하다. 이러지도 저러지도 못하다.

【近】哭笑不得 狼狈不堪 【反】镇定自若

例 阿富汗组建新的国民军的初衷无疑是好的,但从开始就出台了一项令人**啼笑皆非**的政策: 要想当兵,首先要找来一支步枪。 아프카니스탄이 새로운 국민군을 조직하려는 처음 의도는 좋았으나 처음부터 울지도 웃지도 못하는 정책을 내놓았다. 즉 군인이 되려면 우선 소총을 한 자루 가져와야 했다.

624 **提心吊胆** tí xīn diào dǎn
마음이 조마조마하다. 안절부절 못하다.

【近】担惊受怕 心惊胆战
【反】心安理得 谈笑自若

例 他这样**提心吊胆**地过了几天,见没有什么风声,也就放下心来。 그는 이렇게 며칠 동안 마음을 졸였지만 아무런 소문이 들리지 않자 곧 안심하게 되었다.

625 **天崩地裂** tiān bēng dì liè
하늘이 무너지고 땅이 갈라지다.

【近】天崩地坼 天翻地覆 震天动地
【反】鸦雀无声 万籁俱寂

例 他下榻在台北,虽然不是重灾区,但也经受了**天崩地裂**、地动山摇的惊吓。 그가 타이베이에서 투숙했을 때 비록 심한 재해지역은 아니었지만, 그는 하늘이 무너지고 땅이 갈라지며 심하게 흔들리는 두려움을 경험하였다.

626 **天从人愿** tiān cóng rén yuàn
하늘의 도움으로 바라는 바가 이루어지다.

【近】称心如意 如愿以偿 求仁得仁
【反】事与愿违

例 没想到仅用两小时就与外商成交了这笔生意,真是**天从人愿**。 단지 2시간으로 외국회사와의 거래가 성사될 줄 몰랐다. 정말 하늘이 도운 것이다.

627 **天翻地覆** tiān fān dì fù
천지가 뒤집히는 듯하다. 변화가 대단히 크다.

【近】翻天覆地 天崩地裂 【反】一成不变

例 最近,中国经济发生了**天翻地覆**的变化,所取得的成绩为世界所瞩目。 최근 중국 경제는 큰 변화가 발생했고 지금까지 이루어낸 성과는 세계의 주목을 받고 있다.

628 **天昏地暗** tiān hūn dì àn
하늘과 땅이 온통 캄캄하다. (정치, 사회가) 혼란하다.

【近】昏天黑地 暗无天日
【反】天朗气清 风和日丽

例 大风忽起,一时**天昏地暗**,看来一场暴雨就要来了。 센 바람이 갑자기 불고 한동안 하늘과 땅이 어두워지는 것을 보니 한바탕 폭우가 내릴 듯하다.

629 天经地义 tiān jīng dì yì 천지의 대의, 불변의 진리
- 【近】理所当然 千真万确
- 【反】天理难容 岂有此理
- 【예】女人会做饭是天经地义吗？여자가 밥을 할 줄 아는 것이 불변의 진리인가？

630 天壤之别 tiān rǎng zhī bié
차이가 대단히 심하다. 천양지차(天壤之差)
- 【近】天堂地狱 天差地别
- 【反】相差无几
- 【예】安静的山村与繁华的城市相比，真有天壤之别。조용한 산촌과 번화한 도시를 비교하자면 그야말로 천지차이이다.

631 甜言蜜语 tián yán mì yǔ 감언이설(甘言利說)
- 【近】口蜜腹剑 言不由衷
- 【反】恶语中伤 推心置腹
- 【예】他为了博得你的信任，才会这样甜言蜜语。그는 너의 신임을 얻으려 이런 감언이설까지 했다.

632 挑拨离间 tiǎo bō lí jiàn 이간질하다.
- 【近】挑三豁四 拨弄是非 搬弄是非
- 【反】精诚团结 穿针引线
- 【예】如果他是敌方阵营派来，那他使用的手法就是令人不齿的下三滥手段，造谣生事，挑拨离间，欲擒故纵，威逼利诱。만일 그가 적진영으로부터 파견 온 것이라면, 유언비어 퍼뜨리기, 말썽 피우기, 이간질 시키기, 다시 잡기 위해 풀어주기, 위협하고 협박하기, 재물로 유혹하기 등은 모두 입에 담을 수 없는 비열한 짓인 것이다.

633 铁面无私 tiě miàn wú sī
인정에 구애됨이 없이 공평무사하다.
- 【近】明镜高悬 大公无私
- 【反】结党营私
- 【예】铁面无私的包公受到历代人民的赞颂。공평무사한 포청천은 역대로 사람들의 칭송을 받아왔다.

634 铁石心肠 tiě shí xīn cháng 사람이 차다.
- 【近】泥塑木雕 我行我素
- 【反】恻隐之心 心慈面软
- 【예】警察对罪犯铁面无私，但对孩子可不是铁石心肠，我是个警察，但我更是位母亲。범죄자를 대할 때 경관은 공평무사해야 하나 아이에게는 목석 같을 수 없다. 나는 경찰이지만 어머니이기도 하다.

635 铁树开花 tiě shù kāi huā 아주 드문 일
- 【近】百年不遇 大海捞针
- 【反】触目皆是 轻而易举
- 【예】想在很短时间内实现真正的民主主义，那是铁树开花，我们应不懈努力才行。짧은 시간에 진정한 민주주의를 실현하려 생각한다면 그건 매우 힘든 일이다. 우리가 부단히 노력을 해야만 된다.

636 听其自然 tīng qí zì rán
일이 되어가는 대로 내버려두다.
- 【近】听之任之 听天由命 【反】因势利导
- 【예】青少年的成长不能听其自然，应抓紧教育。청소년 때 그냥 내버려 두어서는 안 되며, 마땅히 교육에 힘써야 한다.

637 听天由命 tīng tiān yóu mìng
운명을 하늘에 맡기다.
- 【近】听其自然 听之任之 【反】改天换地
- 【예】我们要有自信心，不能听天由命。우리는 자신감을 가져야 하며, 운명을 하늘에 맡겨서는 안 된다.

638 听之任之 tīng zhī rèn zhī 그대로 내버려두다.
- 【近】听其自然 听天由命 【反】因势利导
- 【예】对于最近在伊拉克愈演愈烈的暗杀风，伊拉克警方承认他们也是毫无办法，现在只能听之任之。최근 이라크에서 점점 더 심해지는 암살풍조에 대해 이라크 경찰측은 전혀 방법이 없고 지금은 단지 그대로 내버려둘 수밖에 없다고 시인했다.

639 停滞不前 tíng zhì bù qián
정체되어 앞으로 나아가지 못하다.
- 【近】畏缩不前 踌躇不前
- 【反】锐意进取 马不停蹄
- 【예】虽然取得了很大成绩，也不能骄傲自满，否则就会停滞不前。비록 많은 실적을 올렸더라도 자만해서는 안된다. 그렇지 않으면 정체되어 발전하지 못할 것이다.

640 铤而走险 tǐng ér zǒu xiǎn 위험을 무릅쓰다.
- 【近】见义勇为 孤注一掷 【反】畏缩不前
- 【예】他为了发财，不惜铤而走险，去抢银行。그는 부자가 되려고 위험을 무릅쓰고 은행을 털러갔다.

641 通宵达旦 tōng xiāo dá dàn 밤을 새우다.
- 【近】夜以继日 【反】一朝一夕

예 为了完成这项工作, 职员们通宵达旦地工作着。 이번 일을 완수하기 위해, 직원들은 밤새워 일하고 있다.

642 同病相怜 tóng bìng xiāng lián 동병상련(同病相憐)

【近】同舟共济 患难与共 【反】同床异梦
예 当我要离别的时候, 才发觉真正离不开的是我自己, 因为我不知道这种伤感, 是感叹命运对他们的不公, 还是一种同病相怜。 이별할 때 정말 떠나지 못하는 것은 나 자신이라는 것을 알았다. 왜냐하면 나는 이러한 슬픔이 그들의 운명에 대한 불공평을 탄식하는 것인지 동병상련인지를 몰랐기 때문이다.

643 同甘共苦 tóng gān gòng kǔ 동고동락하다.

【近】有福同享, 有难同当 【反】同床异梦
예 只有真正的老师才能够与他们的学生同甘共苦。 진정한 선생님만이 그들의 학생과 동고동락할 수 있다.

644 同日而语 tóng rì ér yǔ 함께 취급하여 논하다.

【近】混为一谈 相提并论
【反】分门别类 较短论长
예 我们目前的状况与从前不可同日而语。 우리의 현재 상황은 과거와 같지 않다.

645 同室操戈 tóng shì cāo gē
집안싸움을 하다.(형제간 혹은 내부분쟁을 묘사)

【近】相煎何急 自相残杀
【反】同仇敌忾 同心协力
예 同室操戈, 只会让外人有机可乘, 两岸中国人应该采取一致立场。 집안 싸움만 하고 있는 것은 외부인에게 좋은 기회만 주는 것이다. 양안의 중국인들은 일치된 입장을 취해야 한다.

646 同心同德 tóng xīn tóng dé 한마음 한뜻이 되다.

【近】同心协力 同心戮力
【反】臭味相投 同床异梦 离心离德
예 大家现在是踏同一条船, 要同心同德, 同舟共济。 지금은 모두들 같은 배에 탔으니, 한마음 한 뜻으로 서로 도와야 한다.

647 同心协力 tóng xīn xié lì
마음을 합쳐 협력하다. 일치단결하다.

【近】齐心协力 和衷共济 戮力同心 同舟共济
【反】尔虞我诈 各行其是 离心离德 同床异梦
예 让我们一起同心协力建造一个和谐的博客家园。 우리 함께 마음과 힘을 합쳐 조화로운 블로그 동산을 만듭시다.

648 同舟共济 tóng zhōu gòng jì
어려움을 함께 헤치고 나가다.

【近】患难与共 风雨同舟
【反】反目成仇 各行其事
예 他呼吁发达国家和发展中国家本着同舟共济的精神, 加强在发展领域的合作。 그는 선진국과 개발도상국이 어려움을 함께 헤치고 나가는 정신을 토대로 발전 분야의 협력을 강화해야 한다고 호소했다.

649 痛定思痛 tòng dìng sī tòng
고통이 멈춘 다음 아팠을 때를 생각하다.

【近】痛不欲生 悲痛欲绝
【反】悠然自得
예 亚洲国家在亚洲金融危机之后, 痛定思痛, 都在努力改善自己的宏观经济政策, 减少财政赤字, 增加外汇储备, 增强银行体系的稳定性, 取得有目共睹的成绩。 아시아 국가들은 아시아 외환위기 후 고통이 멈추자 그때의 고통을 생각하며, 각국이 자국의 거시경제정책 개선, 재정적자 감소, 외회보유고 증가, 은행체계의 안정성 강화에 힘씀으로써 명백한 성과를 얻었다.

650 痛改前非 tòng gǎi qián fēi
지난날의 잘못을 깊이 뉘우치며 철저히 고치다.

【近】悔过自新 改过自新
【反】不思悔改 死不改悔
예 我错了, 现在已经追悔无及, 只求你们能宽容我这一次, 我一定痛改前非。 내가 잘못한 일입니다. 지금 이렇게 후회하고 있으니, 여러분이 저를 한번만 너그럽게 용서해 주신다면, 저는 반드시 지난날의 잘못을 깊이 뉘우치고 철저히 고치겠습니다.

651 投机倒把 tóu jī dǎo bǎ 투기하다.

【近】投机取巧 【反】生财有道
예 投机倒把行为受到了一致谴责。 투기행위는 일제히 비난을 받았다.

652 投机取巧 tóu jī qǔ qiǎo
기회를 틈타 교묘하게 이득을 취하다.

【近】投机倒把 看风使舵 【反】正人君子
예 学习上不能投机取巧, 只有脚踏实地才能取得好成绩。 학습에서는 기회를 틈타 교묘한 방법으로 좋은 성과를 얻을 수 없으며, 성실하게 노력해야만 좋은 성적을 얻을 수 있다.

653 投桃报李 tóu táo bào lǐ
답례하다.
【近】礼尚往来 投木报琼
【例】法国在中国人权问题上改变策略之后,北京投桃报李,作出了一些让步。 프랑스가 중국의 인권 문제에 대한 정책을 바꾼 후, 중국이 이에 대한 답례로 약간의 양보를 했다.

654 突飞猛进 tū fēi měng jìn
비약적으로 발전하다. 전력으로 매진하다.
【近】日新月异 一日千里
【反】停滞不前 江河日下
【例】改革开放仅十年,中国的经济有了突飞猛进的发展。 개혁개방 불과 10년 만에 중국 경제는 비약적인 발전을 했다.

655 突如其来 tū rú qí lái
갑자기 닥쳐오다. 뜻밖에 나타나다. 갑자기 생기다.
【近】出乎意料 从天而降 【反】不出所料
【例】面对突如其来的股价大跌该怎么操作一是馅饼还是陷阱? 갑작스런 주가 폭락에 대해 어떻게 대처해야 할까요? 굴러온 호박일까요? 함정일까요?

656 图文并茂 tú wén bìng mào
그림과 글이 풍부하고 다채롭다
【例】第二天,各主流报纸也都图文并茂地为这家丝绸品专卖店做了大量的报道。 다음날, 각 주요 신문들도 지면 가득 다채롭게 이 비단전문점을 대대적으로 보도하였다.

657 徒劳无功 tú láo wú gōng
아무런 성과도 없이 헛수고 하다.
【近】劳而无功 徒劳往返
【反】卓有成效 大功告成 不劳而获
【例】他这几天跑来跑去,事情仍没着落,真是徒劳无功,令他很丧气。 그는 며칠 동안 이리저리 뛰어다녔지만, 사건은 여전히 결말이 나지 않았다. 정말이지 아무런 성과도 없이 헛수고만 해서 그를 의기소침하게 했다.

658 涂脂抹粉 tú zhī mǒ fěn
화장을 진하게 하다. 자신을 잘못을 감추다.
【近】乔装打扮 文过饰非
【反】本来面目 真相大白
【例】我不喜欢妇女们在公共场合当众涂脂抹粉。 나는 여자들이 공공장소의 대중 앞에서 화장을 진하게 하는 것을 싫어한다.

659 土崩瓦解 tǔ bēng wǎ jiě
토붕와해(土崩瓦解), 산산이 부서지다.
【近】分崩离析 四分五裂
【反】坚如磐石 安如泰山
【例】经过二十分钟的炮火急袭后,敌人苦心经营的阵地立即土崩瓦解,全被摧毁了。 갑작스런 20분간의 포탄공격 후, 적이 고심하여 지켜온 진지는 산산이 부서지고, 모두 파괴되었다.

660 土生土长 tǔ shēng tǔ zhǎng 현지에서 나고 자라다.
【例】他是土生土长的首尔人。 그는 서울 토박이다.

661 推波助澜 tuī bō zhù lán
파란을 더 크게 하다. 부채질하다. 부추기다.
【近】推波助浪 火上浇油
【反】随波逐流 息事宁人
【例】由于有人推波助澜,使本来简单的问题变得复杂了。 어떤 사람이 부추기는 바람에 원래 간단했던 문제가 복잡해졌다.

662 推陈出新 tuī chén chū xīn
쓸모 없는 것은 버리고 좋은 것은 새로 발전시키다.
【近】吐故纳新 除旧布新
【反】墨守成规 因循守旧
【例】我们继承文化传统应该推陈出新。 우리는 문화의 전통을 계승하여 쓸모없는 것은 버리고 좋은 것은 새로 발전시켜야 한다.

663 吞吞吐吐 tūn tūn tǔ tǔ 말을 할 때 머뭇거리다.
【近】含糊其词 闪烁其辞
【反】直言不讳 开门见山
【例】如果你有话就痛痛快快说出来,不要吞吞吐吐的。 하고 싶은 말이 있으면 시원하게 말해라, 머뭇거리지 말고.

664 吞云吐雾 tūn yún tǔ wù
아편을 흡입하다. 흡연하다.
【例】"吸烟有害健康"的字样印在每一盒香烟上,但瘾君子们依然吞云吐雾。 '흡연은 건강에 해롭습니다'의 문구는 모든 담배 케이스에 써있으나, 흡연자들은 여전히 담배를 핀다.

665 脱缰之马 tuō jiāng zhī mǎ
고삐 풀린 말, 매우 자유분방한 사람
【近】脱缰野马

예) 被学习压得过重的学生们, 高考一结束, 就如脱缰之马, 玩得可高兴了。 공부에 과도하게 짓눌렸던 학생들은 대입시험이 끝나기만 하면 고삐풀린 말처럼 신나게 논다.

666 **脱胎换骨** tuō tāi huàn gǔ 환골탈태(換骨奪胎)
【近】洗心革面 【反】执迷不悟 死不改悔
예) 自从监狱出来, 那个人真是脱胎换骨, 重新做人了。 출소한 뒤에, 그 사람은 정말이지 환골탈태해서 새사람이 되었다.

667 **脱颖而出** tuō yǐng ér chū
재능이 나타나다. 두각을 나타내다.
【近】崭露头角 【反】深藏若虚
예) 身居下层而有真正才能的人, 要脱颖而出, 是要克服许多困难的。 미천한 신분이지만 특출한 재능이 있는 사람이 두각을 나타내려면 수많은 어려움을 극복해야 한다.

668 **唾手可得** tuò shǒu kě dé
쉽사리 손에 넣을 수 있다.
【近】易如反掌 轻而易举
【反】高不可攀 大海捞针 难于登天
예) 特别是那些没有经历过战后艰苦创业时期的年轻人, 更以为福利唾手可得。 특히, 전쟁 이후의 고생스런 창업 시기를 겪지 않은 젊은이들은 더욱이 복지를 쉽게 손에 넣을 수 있는 것이라고 여긴다.

669 **玩物丧志** wán wù sàng zhì
신선놀음에 도낏자루 썩는 줄 모르다.
【近】不务正业 【反】业精于勤
예) 他整天沉迷于种花养鱼, 不思进取, 真是玩物丧志。 그는 하루 종일 꽃을 가꾸고 물고기를 돌보는데 푹 빠져있을 뿐 다른 노력은 하지 않는다. 정말이지 신선놀음에 도낏자루 썩는 줄 모른다.

670 **万古长青** wàn gǔ cháng qīng
영원히 봄날의 초목처럼 푸르고 싱싱하다.
【近】万古长存 欣欣向荣
【反】每况愈下
예) 祝愿韩中友谊万古长青。 한중 양국의 우의가 영원히 봄날의 초목처럼 푸르고 싱싱하길 기원합니다.

671 **万古流芳** wàn gǔ liú fāng 명성이 영원히 전해지다.
【近】名垂青史 万古留芳
【反】遗臭万年

예) 李老师的名字, 在全国学生心中万古流芳。 이선생님의 이름은 온 나라의 학생들 마음에 영원히 전해진다.

672 **万里长征** wàn lǐ cháng zhēng
멀고 힘든 여정을 떠나다.
【近】千山万水
예) 第五次反围剿失败, 红军开始了史无前例的万里长征。 다섯 번째 방어에 실패하고, 홍군은 전례없는 만리장정을 시작하였다.

673 **万事大吉** wàn shì dà jí 만사가 다 순조롭다.
【近】万事亨通 大功告成
【反】艰难曲折 节外生枝
예) 仅干完这些事情后, 他就以为是万事大吉了。 겨우 이 몇 가지 일을 마친 후에 그는 만사가 다 순조롭다고 여겼다.

674 **万事如意** wàn shì rú yì
모든 일이 소원대로 이루어 지기를 바란다.
예) 祝愿网友们在新的一年有新的开始, 天天愉快, 万事如意。 네티즌 여러분 새해에 새로운 시작과 함께 늘 유쾌하시고, 모든 일이 소원대로 이루어지기를 바랍니다.

675 **万紫千红** wàn zǐ qiān hóng
경치가 매우 아름다운 모양, 천태만상을 이루다.
【近】花团锦簇
【反】流水落花 枯木朽株
예) 春天来了, 公园里百花盛开, 真是万紫千红。 봄이 오니 공원의 꽃이 만발하여, 정말 아름답구나!

676 **妄自菲薄** wàng zì fěi bó
자신을 하찮은 사람으로 자비하다.
【近】自惭形秽 自轻自贱
【反】目中无人 目空一切 妄自尊大
예) 我们既不应妄自菲薄, 也不能妄自尊大。 우리는 자신을 하찮은 사람으로 자비해서는 안 되며, 무턱대고 거만하게 행동해서도 안 된다.

677 **忘恩负义** wàng ēn fù yì 배은망덕(背恩忘德)하다.
【近】背信弃义 恩将仇报
【反】感恩戴德 以德报怨
예) 想不到此人是个忘恩负义的软骨头, 把我出卖了。 그 사람이 배은망덕하고 줏대없이 나를 팔아먹을 줄은 전혀 생각하지 못했다.

678 望尘莫及 wàng chén mò jí
발밑에도 미치지 못한다.

【近】不可企及 瞠乎其后 【反】后来居上
【예】她那股热情,不但我**望尘莫及**,就是你也赶不上。 그녀의 열정에 나는 발밑에도 미치지 못할 뿐 아니라 너도 따라갈 수 없다.

679 望而却步 wàng ér què bù
보고도 선뜻 다가서지 못하다.

【近】望而生畏 畏葸不前 【反】勇往直前
【예】一些在招生时承诺提供校车的公立学校,校方在新学期通过租用旅游车接送学生,但提高了近3倍的车费,令很多家长**望而却步**。 학생을 모집할 때 스쿨버스 제공을 약속한 일부 학교들은 새 학기에 대형버스를 임대해 학생들을 수송할 것이라고 했다. 하지만 거의 3배 가깝게 차비를 올림으로써 상당수 학부형은 그 소식을 듣고도 선뜻 결정하지 못했다.

680 望梅止渴 wàng méi zhǐ kě
비현실적인 생각으로 스스로를 위안하다.

【近】画饼充饥 【反】名副其实
【예】你的这种想法根本不可能实现,简直就是**望梅止渴**。 너의 이런 생각은 근본적으로 실현될 수 없어. 그야말로 비현실적인 생각으로 스스로를 위안하는 것뿐이야.

681 望子成龙 wàng zǐ chéng lóng
아들이 훌륭한 인물이 되길 바란다.

【近】望女成凤
【예】也有家长**望子成龙**、望女成凤过于心切,孩子还小的时候就迫不及待地让孩子识字、做数学题等。 아들, 딸이 훌륭한 인물이 되기를 바라는 마음이 절실한 부모들은 아이들이 어렸을 때부터 서둘러 글과 수학 등을 가르친다.

682 危如累卵 wēi rú lěi luǎn
누란지위(累卵之危), 매우 위험하다.

【近】千钧一发 危在旦夕
【反】安如磐石 稳如泰山
【예】情况很紧急了,**危如累卵**,你该出马了。 상황이 매우 긴박하고 위험하니, 당신이 나가야 합니다.

683 危在旦夕 wēi zài dàn xī
몹시 위험하다. 몹시 위태롭다.

【近】朝不保夕 危如朝露
【反】安如磐石

【예】八国联军入侵时,中华民族**危在旦夕**,许多民族人士都投入了救亡的大流中。 8국 연합군이 침입했을 때, 중화민족이 몹시 위태로워지자 많은 민족인사들이 구국운동에 뛰어들었다.

684 威信扫地 wēi xìn sǎo dì
위신이 땅에 떨어지다. 망신당하다.

【近】名誉扫地
【예】如果悲剧发生,将使得全球多数帮助阿富汗重建的国家和国际政府间或非政府组织望而却步,卡尔扎伊总统也将**威信扫地**。 만약 비극이 발생해서, 아프가니스탄 재건을 도와주던 전세계 국가와 국제사회의 정부 혹은 비정부조직이 발을 뺀다면, 카이자르 대통령의 위신도 땅에 떨어질 것이다.

685 微不足道 wēi bù zú dào 보잘것없다. 미약하다.

【近】微乎其微 不足挂齿
【反】举足轻重 硕大无朋
【예】联合国大会主席表示,上次高峰会后至今环保成就**微不足道**。 UN총회 의장은, 지난번 정상회의 후 지금까지 환경보호의 성과가 미약하다고 밝혔다.

686 微乎其微 wēi hū qí wēi
매우 적어(작아) 보잘것없다.

【近】微不足道 不足挂齿
【反】举足轻重 硕大无朋
【예】这件事对他的影响是**微乎其微**的。 이 일은 그에게 별다른 영향을 주지 않는다.

687 为时尚早 wéi shí shàng zǎo
(그러기엔) 시기가 너무 이르다. 시기상조이다.

【예】现在就下结论**为时尚早**。 지금 결론을 내리기엔 시기상조이다.

688 为所欲为 wéi suǒ yù wéi
(주로 나쁜 일) 하고 싶은 대로하다. 제멋대로 하다.

【近】随心所欲 胡作非为 【反】安分守己
【예】网上的匿名就能**为所欲为**吗? 웹상에서 익명이면 자기 마음대로 할 수 있는 것인가?

689 为今之计 wéi jīn zhī jì 현 상황에 맞는 계획.

【예】外围的两个据点已为敌人攻陷,**为今之计**,我们只好坚守待援。 외곽의 두 거점이 이미 적의 공격으로 함락되었으니, 현 상황에서 우리는 단지 구원을 기다리는 수밖에 없다.

690 唯利是图 wéi lì shì tú 단지 이익만 추구하다.

【近】自私自利 见利忘义
【反】大公无私 见义勇为
【예】资本家嘛，当然唯利是图，他们不是为了赚钱，又是为什么？ 자본가야 당연히 이익만을 추구하지, 그들이 돈을 벌기 위한 것이 아니라면 또 어떤 이유가 있겠어?

691 唯唯诺诺 wéi wéi nuò nuò
하자는 대로 순종하다.

【近】唯唯否否 唯唯连声 【反】强头倔脑
【예】跟这样唯唯诺诺的人谈话，真是受罪。 이렇게 순종적인 사람과 대화를 하는 것은 정말 힘들다.

692 唯我独尊 wéi wǒ dú zūn 유아독존(唯我獨尊)

【近】妄自尊大 自高自大
【反】虚怀若谷 虚己以听
【예】面对他这样唯我独尊的人，我束手无策。 이렇게 유아독존적인 사람에 대해서는, 나는 어쩔 도리가 없다.

693 委曲求全 wěi qū qiú quán
자기 의견을 굽혀 일을 성사시키다.

【近】低声下气 逆来顺受
【反】不卑不亢 针锋相对
【예】美国、法国和日本等主要参与者为了不破坏选举，便委曲求全。 미국, 프랑스, 일본 등 주요 참가국들은 선거를 망치지 않기 위해 자기 의견을 굽히고 일을 성사시켰다.

694 未卜先知 wèi bǔ xiān zhī
선견지명(先見之明)이 있다.

【近】料事如神 先见之明
【예】面对这样的难题，即使是未卜先知的人，也束手无策。 이런 난제를 만나면, 선견지명이 있는 사람이라도 속수무책일 것이다.

695 未尝不可 wèi cháng bù kě
안된다고 할 수 없다. 결코 안될 것도 없다.

【예】完全实行自由汇率制，未尝不可。 완전한 자유 환율제를 실행하는 것이 결코 불가능한 일은 아니다.

696 未雨绸缪 wèi yǔ chóu móu 사전에 방비하다.

【近】有备无患 防患未然
【反】临渴掘井

【예】我们干什么事都应未雨绸缪，而不能临渴掘井。 무슨 일을 하든 발등에 불이 떨어져서야 서두르는 것이 아니라, 사전에 준비를 해야 한다.

697 未知之数 wèi zhī zhī shù 미지수(未知數)

【예】工党的政策能否经得起考验也还是未知之数。 공산당의 정책이 시련을 이겨낼 수 있을지가 여전히 미지수다.

698 畏缩不前 wèi suō bù qián 주춤거리다.

【近】望而却步 畏葸不前 胆战心惊 望而却步
【反】无所畏惧 勇往直前
【예】要想取得成绩，就要有放手搏的信心和决心，不能畏缩不前。 성과를 얻고 싶다면 대담한 자신감과 결심이 있어야지, 주춤거려서는 안 된다.

699 温故知新 wēn gù zhī xīn
온고지신. 옛 것을 바탕으로 새로운 것을 알다.

【近】忆苦思甜 【反】数典忘祖
【예】我们要抱着温故知新的态度认真地将自己过去的教训在自己的头脑中进行消化吸收。 우리는 온고지신의 태도를 품고, 머릿속으로 열심히 자신의 과거 교훈을 이해하고 받아들여야 한다.

700 文质彬彬 wén zhì bīn bīn
우아하면서도 질박하다.

【近】温文尔雅 彬彬有礼
【反】野调无腔 出言不逊
【예】另一位好男儿王传君则戴上黑框眼镜，穿着白色衬衫，显得文质彬彬。 다른 한 명의 'Good boy'인, 왕촨쥔은 검정테 안경을 끼고 흰색 셔츠를 입고 있었는데, 아주 우아해 보였다.

701 闻风而起 wén fēng ér qǐ 어떤 일에 즉각 반응하다.

【近】闻风而动 【反】纹丝不动
【예】只要是为人民着想，做每一件事时，人民就会闻风而起，勇敢地响应你。 일을 할 때마다 인민들을 고려한다면, 인민들은 즉각 반응하고, 용감하게 호응할 것이다.

702 稳如泰山 wěn rú Tài Shān 매우 안정되어 있다.

【近】坚如磐石 纹丝不动
【反】忐忑不安 摇摇欲坠 惊慌失措
【예】一位中央领导今年在视察长江堤防建设时曾欣慰地说，虽然长江干堤不是铜墙铁壁，但也稳

如泰山, 我们的钱没有白花。 올해 한 중앙 지도자가 창장댐 건설현장을 시찰할 때, "비록 창장 댐이 철옹성은 아니지만 매우 튼튼하니 우리가 헛돈을 쓴 것은 아니다"라고 안도하면서 말했다.

703 问心无愧 wèn xīn wú kuì
마음에 물어 부끄러운 바가 없다. 떳떳하다.

【近】心安理得 理直气壮
【反】问心有愧 无地自容
【예】李先生, 咱们是凭真才实学吃饭的, 每月领点薪金, 自觉问心无愧。 이 선생, 우리는 타고난 재능과 견실한 학문으로 먹고 살고 매달 월급도 받으니, 스스로 생각하기에 부끄러운 점이 없군요.

704 瓮中捉鳖 wèng zhōng zhuō biē
독안에 든 자라를 잡다.

【近】十拿九稳 稳操胜券 易如反掌
【反】水中捞月 大海捞针
【예】我们已布下天罗地网, 捉拿那几个匪徒已是瓮中捉鳖。 우리는 물 샐틈없는 수사망을 펴서 강도 몇 명을 힘 안 들이고 붙잡게 되었다.

705 我行我素 wǒ xíng wǒ sù
누가 뭐라고 해도 평소 자기 방식으로 하다.

【近】依然故我 刚愎自用
【反】言听计从
【예】他向来我行我素, 对别人的告诫一无所闻。 그는 자기 방식대로 하고, 다른 사람의 훈계는 전혀 듣지 않는다.

706 卧薪尝胆 wò xīn cháng dǎn 와신상담(臥薪嘗膽)

【近】发愤图强 宵衣旰食
【예】先把想要的人才都挖来, 把球队组合好, 卧薪尝胆一段时间, 再说夺冠的事又有何妨? 우선 필요한 인재를 모두 데려와서 팀을 만들고, 얼마동안 와신상담을 하고 난 뒤에, 다시 우승을 논해도 무방하다.

707 乌合之众 wū hé zhī zhòng 오합지졸(烏合之卒)

【近】一盘散沙 【反】如鸟兽散
【예】匪徒虽有近两千人, 但多是乌合之众, 不堪一击。 악당이 비록 2천 명 정도지만, 모두 오합지졸이니, 일격도 견디지 못한다.

708 无本之木 wú běn zhī mù 뿌리 없는 나무
【예】如果这样的话, 我们的工作就会变成无源之水、无本之木缺乏应有的生机和活力。 만약 이렇다면, 우리 일은 그 근본이 없어질 것이고, 당연히 있어야 할 생기와 활력이 모자라게 될 것입니다.

709 无的放矢 wú dì fàng shǐ
(말이나 행동에) 목적이 없다.

【近】对牛弹琴
【反】有的放矢 对症下药
【예】凡是无的放矢的空谈, 只能当作生活的陈迹被浪花打入海底。 목적이 없는 공론은 생활의 옛 자취가 물보라에 씻겨 바다로 사라지는 것으로 간주할 수 있을 뿐이다.

710 无独有偶 wú dú yǒu ǒu 뿐만 아니라

【近】成双成对
【反】独一无二 举世无双
【예】无独有偶, 上海的董先生也有过类似的"奇遇"。 상하이의 둥 선생도 유사한 우연한 만남을 가진 그러한 사실이 또 있다.

711 无动于衷 wú dòng yú zhōng
조금도 동요하지 않다.

【近】无动于中 不动声色 麻木不仁
【反】感人肺腑
【예】坦率来讲, 美国面临着韩国内外朝野强大的压力, 完全无动于衷也不可能。 솔직히 말해서, 미국은 한국 내외 여야의 강한 압력에 직면하고 있어, 이에 대해 전혀 동요하지 않는 것은 불가능하다.

712 无恶不作 wú è bù zuò
못된 짓이란 못된 짓은 다하다.

【近】作恶多端 恶贯满盈
【反】乐善好施
【예】死性不改的本拉登恐怖集团的徒子徒孙们开始在亚洲地区发动了新一轮的恐怖袭击, 恐怖分子无恶不作, 炸毁民房, 挟持人质。 고집을 꺾지 않는 빈라덴 테러집단의 하부 조직들은 아시아 지역에서 새로운 테러활동을 시작했다. 테러리스트들은 민가를 폭파하고, 인질을 잡는 등 온갖 못된 짓을 다했다.

713 无风起浪 wú fēng qǐ làng
평지풍파를 일으키다. 생트집을 잡다.

【近】惹是生非 无理取闹 无事生非
【反】息事宁人
【예】竟然有这样的谣言, 真是无风起浪。 이런 유언비어가 있다니, 정말 아니 땐 굴뚝에 연기나는 꼴이다.

714 无稽之谈 wú jī zhī tán 근거 없는 말.

【近】流言蜚语 不经之谈
【反】言之凿凿 言之有理
例 我一生中还没有听到过这种无稽之谈。
내 평생 이런 황당한 말은 들어본 적이 없다.

715 无计可施 wú jì kě shī 아무런 대책이 없다.

【近】束手无策 走投无路
【反】得心应手 一帆风顺
例 虽然形势非常不利,可是日本政府看来也是一脸无计可施的样子。 비록 형세가 매우 불리하지만, 일본 정부는 아무런 대책도 없는 것 같다.

716 无济于事 wú jì yú shì 일에 아무런 도움이 안 된다.

【近】杯水车薪 于事无补
【反】行之有效 立竿见影
例 由此看来,要是没有全盘彻底的改革,泰国首相怎么换人都是无济于事。 이것으로 미루어 보건대, 전반적으로 철저한 개혁을 하지 않으면, 태국 총리는 아무리 사람을 바꾸더라도 아무 도움이 안된다.

717 无家可归 wú jiā kě guī 돌아갈 집이 없다

【近】流离失所 离乡背井
【反】安居乐业
例 从8月24号开始的大火目前已经造成至少63人死亡,数千人无家可归,大片的森林被烧毁。
8월 24일부터 시작된 큰 화재로 현재 적어도 63명이 사망하고, 수천 명이 집을 잃었고, 넓은 면적의 살림이 불탔다.

718 无精打采 wú jīng dǎ cǎi
의기소침하다. 아무런 기운이 없다.

【近】有气无力
【反】精神抖擞 神采奕奕
例 有一次,一位叫黄良古的同学上课无精打采地伏在桌上,盘晓红摸了一下他的额头,才知道他发烧了,盘晓红让他去医院,他却哭了,再问才知道没有钱。 한번은, 황량구라고 불리는 동기가 수업시간에 기운없이 책상에 엎드려 있었다. 판샤오훙이 그의 이마를 짚어보고 열이 난다는 것을 알았다. 판샤오훙이 그에게 병원에 가라고 했더니 그는 오히려 울었다. 왜 우냐고 묻고 나서야 그가 돈이 없다는 것을 알았다.

719 无可奉告 wú kě fèng gào 노코멘트

例 除了你已经知道的以外,我无可奉告了。
당신이 이미 알고 있는 것 외에, 나는 노코멘트하겠습니다.

720 无可厚非 wú kě hòu fēi
지나치게 잘못된 것은 아니다.

【近】无可非议 【反】评头品足
例 有学者称民资逐利无可厚非。 일부 학자는 민간 자본이 이익을 추구하는 것이 크게 잘못된 것이 아니라고 한다.

721 无可救药 wú kě jiù yào
만회할 방법이 없다. 구제할 길이 없다.

【近】病入膏肓 无药可救 【反】药到病除
例 另一种看法认为柬埔寨这个国家已无可救药,把她整合起来还是会产生问题。 또다른 견해로 캄보디아는 이미 구제할 길이 없고, 통합해도 여전히 문제가 생긴다라는 생각이다.

722 无可奈何 wú kě nài hé
어찌할 도리가 없다. 어찌할 수 없다.

【近】百般无奈 迫不得已 【反】诚心诚意
例 高峰会是韩国总统卢武铉下台前的大秀,时程与其后的效应都算好了,突然延一个月,韩国的失望可以想见,但也无可奈何。 정상회담은 노무현 한국 대통령에게는 퇴임 전의 가장 큰 '쇼'이다. 정상회담 일정과 이후의 효과에 대해 모두 계산이 끝났는데 갑작스럽게 한 달 뒤로 미뤄 한국측의 실망이 어떤지 여실히 알 수 있지만 어쩔 수 없다.

723 无可置疑 wú kě zhì yí 의심할 여지가 없다.

【近】无可争辩
例 "没有核武器就没有新中国"则更是无可置疑的真理。 '핵무기가 없으면 신중국도 없다'는 말은 의심할 필요가 없는 진리이다.

724 无理取闹 wú lǐ qǔ nào
일부러 소란을 일으키다. 생트집을 잡아 말썽을 부리다.

【近】无事生非 寻事生非 【反】息事宁人
例 不容新闻局无理取闹仗势欺人! 뉴스 보도국이 이유없이 소란을 일으키고 세력을 믿고 남을 업신여기는 행동은 절대 용납할 수 없다.

725 无能为力 wú néng wéi lì
무능해서 아무 일도 못하다. 무력하다.

【近】力不从心 心不能及 无计可施
【反】得心应手
例 对您的困难,我实在是无能为力。 당신이 어려움에 처했는데, 제가 아무런 도움이 못되네요.

726 无情无义 wú qíng wú yì 정도 없고, 의리도 없다.

【近】绝情寡义 【反】柔情万种 一往情深
【예】一个孩子如果从小缺少爱心，将来就有可能无情无义。 만약 한 어린이가 어릴 때부터 사랑이 부족하다면, 나중에는 정도 의리도 없게 될 것이다.

727 无时无刻 wú shí wú kè 시시각각, 언제나, 늘(뒤에 不가 옴)

【近】每时每刻 【反】三年五载
【예】我们无时无刻不在想念着你。 우리는 언제나 너를 생각하지 않는 때가 없다.

728 无所不为 wú suǒ bù wéi (어떤 나쁜 짓도) 못할 것이 없다.

【近】无恶不作 为所欲为
【反】循规蹈矩 安分守己
【예】不廉则无所不取, 不耻则无所不为。 청렴하지 않으면 모든 뇌물을 다 받고 부끄러움이 없으면 모든 짓을 다 한다.

729 无所不至 wú suǒ bù zhì 이르지 않는 곳이 없다.

【近】无所不为 为所欲为 【反】无恶不作
【예】我们的吉普是无所不至, 无所不能的汽车。 우리의 지프차는 어디든 갈 수 있고, 못 할 것이 없는 자동차이다.

730 无所适从 wú suǒ shì cóng 누구를(무엇을) 따라야 할 지 알지 못하다.

【近】莫衷一是 不知所措 【反】择善而从
【예】最新公布的国际性调查报告显示, 全球手机用户往往对移动性服务感到无所适从。 최근 발표된 국제적인 조사에 따르면 전 세계 휴대폰 사용자는 '종종 이동서비스에 대해 누구의 말을 믿어야 할지 모른다'라고 답했다.

731 无所作为 wú suǒ zuò wéi 어떠한 성과도 이루지 못하다.

【近】无所事事 听天由命
【反】有所作为 知难而退
【예】她尽管没有做到年轻有为, 但也没有让自己无所作为。 그녀는 젊고 유망하진 않으나, 아무런 성과도 이루지 못한 것은 아니다.

732 无微不至 wú wēi bù zhì 미치지 않는 곳이 없는 섬세한(관심)

【近】无所不知 关怀备至
【反】漠不关心 置若罔闻 漠然置之
【예】他对病中的母亲表现了无微不至的关心。 그는 병상에 누워계신 어머니께 세심한 관심을 보였다.

733 无影无踪 wú yǐng wú zōng 온데간데없이 종적을 감추다.

【近】荡然无存 烟消云散
【反】有迹可寻 蛛丝马迹
【예】十天过后, 弟妹的病奇迹般地无影无踪了。 10일이 지난 후 제수씨의 병이 기적같이 사라졌다.

734 无与伦比 wú yǔ lún bǐ 비교될 만한 것이 없는

【近】无可比拟 前所未有
【反】不相上下 同日而语
【예】他的表演再一次向世人展示了其无与伦比的气势和别具一格的魅力。 그의 이번 공연은 다시 한 번 세상사람들에게 비할 데 없는 웅장함과 이채로운 매력을 보여주었다.

735 无源之水 wú yuán zhī shuǐ 근원 없는 물

【近】无本之木 无凭无据 镜花水月 空中楼阁
【反】根深蒂固
【예】这种上涨就像无源之水, 难以持久。 이러한 상승은 근원이 없는 물과 같아서 오래 지속되기 힘들다.

736 无中生有 wú zhōng shēng yǒu 없는 사실을 꾸며내다.

【近】造谣生事 信口雌黄
【反】确凿无疑 铁证如山
【예】他还指责律师和国会议员无中生有。 그는 또한 변호사와 국회의원이 없는 사실을 꾸며냈다고 비난했다.

737 无足轻重 wú zú qīng zhòng 대수롭지 않다. 보잘것없다.

【近】无关宏旨 无关大局 无关紧要
【反】举足轻重
【예】不能把为消费者服务放在无足轻重的地位了。 소비자를 위한 서비스를 대수롭지 않게 생각하지 말라.

738 五花八门 wǔ huā bā mén 형형색색(形形色色). 다양하다.

【近】形形色色 五光十色 【反】一成不变
【예】银行界人士介绍, 都市里五花八门的银行카, 说到底还是银行为获取利润做的新品开发。

도시 속에 다양한 은행카드는 결국 은행이 이윤을 챙기기 위해 만들어낸 신 개발품이라고 은행 관계자가 소개했다.

739 五颜六色 wǔ yán liù sè 여러 가지 빛깔, 가지각색

【近】五彩缤纷 万紫千红 【反】色彩单一

【例】陈维亚表示，因为张艺谋对色彩十分敏感，每天变着花样到办公室，衣服穿得总是**五颜六色**的。 천웨이야에 따르면 장이머우는 색채에 아주 민감하여 매일 다른 옷을 입고 사무실에 오며 항상 다양한 색의 옷을 입는다고 한다.

740 物以类聚 wù yǐ lèi jù 끼리끼리 어울리다.

【近】同流合污 臭味相投 气味相投
【反】格格不入 水火不容

【例】**物以类聚**，人以群分。 끼리끼리 어울리고 비슷한 사람끼리 모인다.

741 寤寐以求 wù mèi yǐ qiú 자나깨나 생각하다. 오매불망(寤寐不忘).

【例】在全世界储蓄存款中，日本的储蓄占30%。日本现有的条件，是若干跨国公司**寤寐以求**的。 전세계의 저축액 중 일본이 30%를 차지하고 있으며, 일본의 이런 여건은 몇몇 다국적기업이 오매불망 원하는 것이다.

742 息息相关 xī xī xiāng guān 관계가 매우 밀접하다.

【近】息息相通 血肉相连 唇亡齿寒 辅车相依
【反】漠不关心 水火不容 无关痛痒

【例】国家经济与城市化和服务业**息息相关**。 국가 경제는 도시화와 서비스업과 매우 밀접한 관계를 가지고 있다.

743 习惯成自然 xí guàn chéng zì rán 습관이 천성처럼 되어 버리다.

【近】习惯自然

【例】诚如此书作者所说，对英语而言，**习惯成自然**主要就是舌头的问题。说话时，如果舌头的反应比大脑更快，就说明已经形成习惯了。 이 책에서 작가가 말하는 바와 같이 영어는 혀가 익숙해져야 한다. 말을 할 때 혀의 반응이 머리보다 빠르면 이미 습관이 되었다는 것을 의미한다.

744 习以为常 xí yǐ wéi cháng 습관이 되어 버리다.

【近】司空见惯 屡见不鲜
【反】千载难逢 少见多怪

【例】别对**习以为常**的危险视而不见。 습관이 되는 것의 위험성을 본체 만체 하지 말라.

745 洗耳恭听 xǐ ěr gōng tīng
귀를 씻고 공손하게 듣다. 세이경청하다.

【近】倾耳细听 【反】充耳不闻
【例】对师傅的教诲，她总是**洗耳恭听**，不懂就问。 스승님의 가르침에 그녀는 항상 세이경청하고 모르면 바로 질문을 한다.

746 喜气洋洋 xǐ qì yáng yáng
기쁨이 넘치다, 즐거움이 충만하다.

【近】欢天喜地 喜眉笑眼
【反】肝肠寸断 愁眉苦脸 愁眉锁眼
【例】各地群众**喜气洋洋**欢度国庆。 각지의 대중들은 기쁘게 건국기념일을 보내고 있다.

747 喜闻乐见 xǐ wén lè jiàn
많은 사람들이 듣기를 원하고 보기를 원하다.

【近】脍炙人口 喜闻乐道
【反】骇人听闻 痛恨不已
【例】我们创造的文艺作品必须为大众所**喜闻乐见**。 우리가 창작한 문예작품은 반드시 대중들에게 환영을 받을 것이다.

748 下不为例 xià bù wéi lì
앞으로 이와 같이 하지 않는다. 이것이 마지막이다.

【近】适可而止 【反】不厌其烦
【例】他又一次醉醺醺地回到家里，她立刻警告他**下不为例**。 남편이 또 곤드레만드레 취해서 집에 들어오자 부인은 이번이 마지막이라고 경고했다.

749 下落不明 xià luò bù míng 행방불명

【例】此时，他的三哥打来电话，告知其父亲和大哥在洪水中**下落不明**。 그때, 셋째형에게서 아버지와 큰형이 홍수 때문에 행방불명되었다는 전화가 왔다.

750 先天不足 xiān tiān bù zú 선천적으로 무능하다.

【近】后天不良 【反】得天独厚
【例】这种体制上的**先天不足**，对行业协会作用的发挥造成了不小的影响。 이런 체제상의 결함은 업종 협회가 역할을 발휘하는 데 있어 큰 영향을 끼쳤다.

751 先下手为强 xiān xià shǒu wéi qiáng
선수를 쓰는 것이 유리하다.

【近】先发制人
【例】在英国伦敦遭袭2天后，意大利警方闻风而动, 先下手为强, 7月9日在意大利北部名城米兰展开大规模反恐行动, 一举逮捕142名嫌疑犯。
영국 런던이 습격받은 지 이틀 후, 그 소식을 들은 이탈리아 경찰은 미리 7월 9일 이탈리아 북부의 유명도시 밀라노에서 대규모의 반테러 군사행동을 펼쳤고 단번에 142명의 용의자를 체포했다.

752 鲜为人知 xiǎn wéi rén zhī 아는 사람이 거의 없다

【反】妇孺皆知

【例】金秋10月, 中央电视台特别派出记者小组对格林豪泰进行了独家采访, 也道出了很多鲜为人知的故事。 올해 10월 CCTV 특파원팀이 Gelinghaotai 호텔을 독점으로 취재했고 거의 알려지지 않은 스토리를 보도했다.

753 显而易见 xiǎn ér yì jiàn

똑똑히 보이다. 명백히 알 수 있다.

【近】昭然若揭 有目共睹

【反】模棱两可 高深莫测

【例】对于当晚所发生的一切, 有显而易见的证据。 당일 저녁 발생한 문제에 대한 명백한 증거가 있다.

754 相得益彰 xiāng dé yì zhāng

상부상조하여 서로의 장점을 더욱 잘 나타내다.

【近】相辅相成 【反】势不两立 两败俱伤

【例】中国大陆与香港将互相提供良好的机会, 正所谓相得益彰。 중국과 홍콩은 서로 양호한 기회를 제공할 것이다. 상부상조하여 서로의 장점을 더욱 잘 나타내겠다는 것이다.

755 相辅相成 xiāng fǔ xiāng chéng

서로 보완하고 도와서 일을 완성하다.

【近】相得益彰 相反相成

【例】质量和销售人员之间是相辅相成的关系。 품질과 판매원은 상호보완적 관계다.

756 相提并论 xiāng tí bìng lùn

(동일하게 취급하여) 함께 논하다.

【近】混为一谈 同日而语 【反】一分为二

【例】他们把善良与不幸相提并论。 그들은 착함과 불행을 함께 놓고 논했다.

757 相形见绌 xiāng xíng jiàn chù

비교하여 부족함이 드러나다.

【近】相形失色 黯然失色

【反】不相上下 势均力敌 旗鼓相当

【例】虽然日本现在的人均收入远远高于中国, 但在世界心目中, 中国经济发展的动力使一切都相形见绌了。 비록 지금 일본의 일인당 소득은 중국보다 훨씬 많지만 세계인들이 보기에 중국의 경제발전 때문에 일본의 모든 것이 중국에 뒤쳐지는 것 같다.

758 享有盛誉 xiǎng yǒu shèng yù 명성을 누리다.

【例】法国时装在世界上享有盛誉, 而巴黎更是时装之都, 这里的时装选料丰富、优异, 设计大胆, 制作技术高超, 一直引导世界时装潮流。 프랑스 패션은 세계적으로 명성을 누리고 있으며 파리는 더욱이 패션의 도시이다. 이곳 패션은 원단이 풍부하고 우수하며 디자인이 대담하고 제작기술이 뛰어나 줄곧 세계패션의 조류를 이끌고 있다.

759 想方设法 xiǎng fāng shè fǎ 온갖 방법을 강구하다.

【近】千方百计 挖空心思 费尽心机

【反】无计可施

【例】他们想方设法来达到他们的目的。 그들은 온갖 방법을 다 짜내어 자신의 목적을 이루었다.

760 逍遥法外 xiāo yáo fǎ wài

법을 어기고도 제재를 받지 않고 자유롭게 행동하다.

【近】逍遥自在 【反】罪有应得 法网难逃

【例】我们不能让那些犯罪分子逍遥法外。 우리는 이런 범법자들이 법망에서 벗어나지 못하도록 해야 한다.

761 销声匿迹 xiāo shēng nì jì 소리도 흔적도 없어지다.

【近】隐姓埋名 无影无踪 销声敛迹

【反】死灰复燃 东山再起

【例】值得一提的是, 很多琼瑶剧尽管已经从荧屏上销声匿迹, 但剧中经典的主题曲在我们的生活中依然有迹可循。 주의할 것은, 많은 총야오극이 이미 텔레비전에서 소리도 흔적도 없어졌지만, 드라마의 주제곡은 우리의 일상생활에서 여전히 들을 수 있다는 것이다.

762 小康之家 xiǎo kāng zhī jiā

먹고 살만한 가정

【近】自给自足 丰衣足食

【反】豪门大族 富商巨贾

【例】本来这个小康之家是极快乐的, 不幸战争波及, 弄得他们家破人亡。 원래 이 중산층 가정은 매우 행복했지만, 불행히도 전쟁의 영향으로 집도 사라지고 가족도 모두 뿔뿔이 흩어졌다.

763 小题大做 xiǎo tí dà zuò
조그마한 일을 과장해서 허풍을 떨다.
【近】借题发挥 大惊小怪
【反】等闲视之 掉以轻心 淡然处之
【例】你别这样小题大做好不好，这没有什么了不起的。 이렇게 작은 일을 과장해서 허풍떨지 말아라. 그것은 대단한 것이 아니다.

764 小巫见大巫 xiǎo wū jiàn dà wū
임자 만나다. 차이가 크다.(새 발의 피)
【近】相形见绌
【例】别说我赚得多，在你面前我是小巫见大巫啊！ 내가 많은 돈을 벌었다고 하지 마라. 너에 비하면 새발의 피다.

765 小心谨慎 xiǎo xīn jǐn shèn 주의 깊고 신중하다.
【近】谨小慎微 谨言慎行
【反】粗心大意 粗枝大叶 毛手毛脚
【例】该公司的管理团队至少从2004年开始就对次级贷款的形势保持小心谨慎的态度。 이 회사의 임원진은 적어도 2004년부터 서브 프라임 모기지론에 대해서 조심스러운 태도를 취했다.

766 小心翼翼 xiǎo xīn yì yì 조심스럽다.
【近】小心谨慎 谨小慎微
【反】掉以轻心 粗心大意 毛手毛脚
【例】即使那些是生命中的一刹那的某个瞬间，我也会小心翼翼地把她珍藏在我的记忆中。 그 일은 한순간에 지나갔지만, 나는 매우 조심스럽게 그녀를 나의 기억속에 소중히 간직하였다.

767 邪魔歪道 xié mó wāi dào
부당한 길. 정당하지 못한 길
【近】邪魔外道 邪魔怪道 邪门歪道 歪门邪道
【反】正大光明
【例】现在社会上走邪魔歪道的人很多，我们随时都要小心。 지금 사회에는 정당하지 못한 길을 가고 있는 사람들이 매우 많아, 우리들은 언제나 조심해야 한다.

768 心不在焉 xīn bù zài yān 딴생각을 하다.
참고:여기서 '焉' 자는 '이 곳'의 의미로 쓰였다.
【近】漫不经心 魂不守舍 心猿意马
【反】聚精会神 全神贯注 专心致志
【例】人们对该节目的关注程度出现了"两种心态", 有人热情依旧，有人心不在焉。 이 프로그램에 대한 사람들의 관심은 두 가지 심리 상태로 드러나는데, 어떤 사람은 그 열정이 변함이 없지만 어떤 사람은 전혀 관심이 없다.

769 心腹之患 xīn fù zhī huàn
내부에 숨어있는 화근이나 우환
【近】心腹大患 【反】癣疥之疾
【例】质量不好是我们公司的心腹之患，我们要想办法尽快改进。 품질이 좋지 않다는 것은 우리 회사 내부에 숨어있는 치명적인 화근이다. 우리들은 될 수 있는 한 빨리 그것을 개선시켜야 한다.

770 心甘情愿 xīn gān qíng yuàn 기꺼이 원하다.
【近】何乐不为 死心塌地 甘心情愿
【反】强人所难 死不甘心
【例】只要能办成这件事，无论下多大的功夫，我也是心甘情愿的。 이 일을 해낼 수만 있다면 아무리 힘들어도 나는 기꺼이 하는 것이다.

771 心力交瘁 xīn lì jiāo cuì 몸과 마음이 다 지쳤다.
【近】精疲力竭 疲惫不堪
【反】神采奕奕 生气勃勃
【例】这件麻烦的事确实使他心力交瘁。 이 번거로운 일은 확실히 그의 몸과 마음을 다 지치게 했다.

772 心乱如麻 xīn luàn rú má 마음이 몹시 심란하다.
【近】心烦意乱 心神不定
【反】心旷神怡 从容不迫 悠然自得
【例】同事们一会儿说这个好，一会儿说那个好，把他搞得心乱如麻。 동료들이 이게 좋다고 하다가 갑자기 저게 좋다고 하여 나를 매우 심란하게 만들었다.

773 心满意足 xīn mǎn yì zú 아주 만족해하다.
【近】称心如意 正中下怀 心满愿足
【反】得寸进尺 贪心不足
【例】他心满意足地看了一眼，很快就离开了。 그는 매우 만족스럽게 한번 바라보고는 바로 그곳을 떠났다.

774 心平气和 xīn píng qì hé
마음이 평온하고 태도가 온화하다.
【近】平心静气 从容不迫
【反】气急雷霆 气冲斗牛
【例】没有自己本身灵魂与肉体的和谐怎么能够心平气和地融进外面的和谐世界？ 자기 자신의 영혼

과 육체의 조화가 이루어지지 않는데 어떻게 온화하게 외부의 조화로운 세계로 융화하여 들어갈 수가 있겠는가?

775 心中有数 xīn zhōng yǒu shù
마음 속에 계산이 서있다.

【近】知己知彼 胸有成竹
【反】心中无数 一无所知
【例】只有心中有数才能应付自如。마음 속에 계산이 서있어야만 일을 뜻대로 처리할 수 있다.

776 欣欣向荣 xīn xīn xiàng róng
발전하는 모습

【近】朝气蓬勃 方兴未艾
【反】日暮途穷 大势已去 死气沉沉
【例】这家公司看来欣欣向荣,我想买它的股份当股东。이 회사는 계속 발전하고 있는 것 같다. 이 회사의 주식을 사서 주주가 되고 싶다.

777 新陈代谢 xīn chén dài xiè
신진대사(新陳代謝), 낡은 것 대신 새것이 생겨나다.

【近】吐故纳新 推陈出新 【反】停滞不前
【例】必要的革新将会促进社会的新陈代谢,并从而奠定社会长治久安的基础。혁신은 앞으로 사회의 신진대사를 촉진시켜 사회 안정을 다지게 될 것이다.

778 星火燎原 xīng huǒ liáo yuán
작은 불씨가 들판을 태울 수 있다.

【近】星星之火 水滴石穿
【例】我们的势力虽小,但星火燎原,只要我们努力去发展,到时候肯定会成功的。우리의 세력은 작지만, 작은 불씨가 들판을 태우듯이 우리가 노력하여 발전해 나가면 언젠가는 분명히 성공할 수 있을 것이다.

779 星罗棋布 xīng luó qí bù
별처럼 늘어서고 바둑알처럼 널리다.

【近】浩如烟海 漫山遍野 【反】寥若晨星
【例】在上海的大街小巷,各大国际知名品牌星罗棋布,奢侈品业也在这里争奇斗艳、各领风骚。상하이의 크고 작은 골목에는 세계적으로 유명한 각종 명품들이 도처에 널렸다. 명품 업체들이 이곳에서 서로 자웅을 겨루며, 각자 최고를 자랑한다.

780 星移斗转 xīng yí dǒu zhuǎn
별이 위치가 바뀌다. 세월이 흐르다.

【近】物换星移 斗转参横 斗转星移 寒来暑往
【例】离开小学已有两年多了,对当年的同伴也已开始渐渐淡忘,但不论是星移斗转,还是时移事迁,我都忘不了那棵已经在我心里深深扎根的常春藤。초등학교를 떠나온 지 이미 2년이 넘었다. 그때의 내 친구들은 내 기억속에서 흐려져 간다. 그러나 세월이 흐르던 상황이 변하던 나는 내 마음 속에 깊숙이 남아있는 그 기억을 잊지 못할 것이다.

781 行之有效 xíng zhī yǒu xiào
효과적인

【近】立竿见影 卓有成效
【反】劳而无功 徒劳无益
【例】他的各种技术都是行之有效的,因此他获得了成功。그가 가지고 있는 각종 기술은 모두 효과적이기 때문에 그는 성공하였다.

782 形形色色 xíng xíng sè sè
형형색색(形形色色), 가지각색의

【近】五花八门 千奇百怪 应有尽有
【反】千篇一律 如出一辙
【例】在这众多的人群里,形形色色的人都有。이 많은 사람들 속에는 가지각색의 사람들이 있다.

783 形影不离 xíng yǐng bù lí
그림자가 형체를 따르듯이 조금도 떨어지지 않다.

【近】如影随形 难舍难分 寸步不离
【反】天各一方 水火不容 不共戴天 风流云散
【例】自从刘翔跟随孙海平训练后,两人的关系如同父子,师徒不论在训练、比赛,甚至业余时间都是形影不离。류샹이 순하이핑을 따라 훈련을 시작한 이후에, 두사람의 관계는 마치 부자관계와 같아져, 스승과 제자가 훈련할 때나 시합할 때나 심지어는 여가시간에도 그림자처럼 떨어지지 않는다.

784 兴高采烈 xìng gāo cǎi liè
매우 흥겹다. 매우 기쁘다.

【近】欢天喜地 喜气洋洋 神采奕奕
【反】无精打采 闷闷不乐 没精打彩
【例】这样的情况听上去即使不至于让人兴高采烈,但也至少鼓舞人心吧？이러한 상황은 설령 사람을 매우 흥겹게 하지는 못하더라도 적어도 사람의 마음을 고무시킨다.

785 幸灾乐祸 xìng zāi lè huò
남의 재앙을 고소하게 생각하다.

【近】落井下石
【反】兔死狐悲 同病相怜

例 富人的利益被侵害，甚至被人打伤打死，旁观者常常都会 幸灾乐祸 地说："活该！" 부자들의 이익은 손해를 입었고, 심지어 사람들에게 맞아 상처를 입거나, 죽기도 한 부자도 있다. 구경꾼들은 부자들이 당하는 것을 보고 고소하게 생각하며 "그래도 싸다"라고 말했다.

786 **胸有成竹** xiōng yǒu chéng zhú
대나무 그림을 그리기 전에 마음 속에 완성된 대나무의 모습을 그리다. 즉 사전에 계획이 되어 있다.

【近】成竹在胸 心中有数
【反】心中无数 茫无头绪
例 我虽然还小，可是对要从事的职业已 胸有成竹 了。 나는 비록 어리지만, 종사하려는 직업에 대해서 이미 계획이 서있다.

787 **胸中有数** xiōng zhōng yǒu shù
마음 속에 처리할 요량이 있다.

【近】心中有数 【反】心中无数
例 他对这件事早已 胸中有数，看来是稳操胜券了。 그는 이 일에 대해서 일찍부터 마음에 처리할 요량이 있어서 성공이 확실한 것 같다.

788 **雄心壮志** xióng xīn zhuàng zhì
웅장한 마음과 포부

【近】雄心勃勃 豪情壮志 雄才大略 鸿鹄之志
【反】万念俱灰 目光短浅 鼠目寸光
例 他指出，武汉市是中西部最大的省会城市，要树立 雄心壮志，成为中西部发展的龙头。 그는 우한시는 중서부에서 가장 큰 성도로써, 중서부 발전의 리더가 되는 웅장한 포부를 세워야 한다고 지적했다.

789 **袖手旁观** xiù shǒu páng guān
수수방관(袖手傍觀)하다.

【近】漠不关心 冷眼旁观
【反】见义勇为 挺身而出
例 当时我心里还挺内疚的，觉得人家有难，自己却 袖手旁观。 당시 나는 다른 사람이 고생하는데 내가 수수방관했다고 생각되어 마음속으로 상당한 양심의 가책을 느꼈다.

790 **虚有其表** xū yǒu qí biǎo 겉만 번지르르하다.

【近】徒有虚名 秀而不实 有名无实
【反】货真价实 名副其实 名不虚传
例 真正的高雅是灵魂，不是 虚有其表。高雅的气质是对生活的深刻理解和对生命艺术的凝聚。 진정한 고상함은 번지르르한 겉에 있지 않고 마음 속 영혼에 있다. 고상한 기질은 삶에 대한 깊은 이해와 생명예술의 응집에서 나온다.

791 **虚张声势** xū zhāng shēng shì
허장성세(虛張聲勢)하다.

【近】虚晃一枪 【反】不动声色
例 萨达姆说，美国威胁要用武力解决伊拉克问题完全是 虚张声势，其真实目的就是为了重新占有海湾地区丰富的石油资源。 사담후세인은 '미국이 무력을 동원하여 이라크 문제를 해결하려는 것은 허장성세이며, 그 진정한 목적은 걸프지역의 풍부한 석유자원을 다시 한번 장악하는 것이다'라고 했다.

792 **轩然大波** xuān rán dà bō
큰 파문, 큰 분쟁, 큰 풍파

【近】大吵大闹 满城风雨
【反】小事一桩 风平浪静
例 春节过后，他突然决定退学做变性手术，立刻在学校和他的家里引起一场 轩然大波，不但老师和同学们一时难以接受，对他的父母来说更如晴天霹雳，他们坚决不同意。 설이 지난 후에, 그는 갑자기 자퇴하고, 성전환수술을 받는다고 결정하여 학교와 그의 집에 한차례 큰 풍파를 일으켰다. 선생님과 친구들은 받아들이기 힘들어 했으며, 그의 부모에게는 더욱 청천벽력과 같은 소리였다. 그들은 절대 동의하지 않았다.

793 **悬而未决** xuán ér wèi jué 현안이 되어 있다.

【近】节外生枝 好事多磨
【反】大公告成 水到渠成 瓜熟蒂落
例 由于美国孤星公司4年前低价收购韩国外换银行64.6%控股权涉及的法律争论 悬而未决，汇丰银行欲收购这家美国公司持有的过半数韩国外换银行控股权计划被韩国金融监管当局强制叫停。 미국의 론스타가 4년 전에 한국 외환은행의 지분 64.6%를 낮은 가격에 인수한 것과 관련된 법률논쟁이 아직 현안으로 남아있기 때문에, HSBC은행이 이 미국회사가 가지고 있던 한국 외환은행의 과반수 지분을 인수하려던 계획이 한국금융관리당국에 의해 저지되었다.

794 **悬崖勒马** xuán yá lè mǎ
위험에 직면해서 정신을 차리고 돌아서다.

【近】临崖勒马 【反】执迷不悟
例 台湾应该 悬崖勒马，停止这项计划。 타이완은 반드시 지금이라도 정신을 차려 이 계획을 중지해야 한다.

795 学以致用 xué yǐ zhì yòng
배운 것을 그대로 사용하다.

【近】学以实用
【反】学非所用 用非所学
例 韩国的现行教育体制,让众多本科生"倒退"至大专,补上真正意义的实习,取得了明显的**学以致用**的效果。한국이 현재 실행하고 있는 교육시스템은 많은 학부생들로 하여금 전문대학으로 뒷걸음질치게 했다. 이 덕분에 진정한 의미의 실습을 보충하게 되었으며, 배운 것을 그대로 사용하는 명확한 효과를 얻었다.

796 雪上加霜 xuě shàng jiā shuāng 설상가상

【近】祸不单行 避坑落井
【反】锦上添花 双喜临门
例 回顾中朝关系,冰冻三尺也非一日之寒,两国关系走到今天还是这般不冷不热。自从金正日接班后,两国关系更是**雪上加霜**。중국과 북한의 관계는 하루 아침에 얼어붙은 것이 아니다. 현재 양국 관계는 이 도저도 아니다. 김정일이 권력을 승계받은 후, 양국의 관계는 엎친 데 덮친격이 되었다.

797 雪中送炭 xuě zhōng sòng tàn
다른 이가 급할 때 도와주다.

【近】雪里送炭
【反】乘人之危 落井下石 投井下石
例 他这样帮助我等于**雪中送炭**,我觉得这种精神特别可贵。당신이 이렇게 제가 매우 급할 때 적절하게 도와주시니, 저에게는 매우 소중하게 생각됩니다.

798 循序渐进 xún xù jiàn jìn
순서에 따라 점차 앞으로 나아가다.

【近】按部就班 由浅入深
【反】一步登天
例 我们在学习上应采纳**循序渐进**的办法,千万不可急于求成。우리들은 공부할 때 순서에 따라 점차 앞으로 나아가는 방법을 취해야 하며, 급하게 이룰려고 해서는 안된다.

799 鸦雀无声 yā què wú shēng
쥐 죽은 듯이 조용하다.

【近】鸦默雀静 万籁俱寂
【反】人声鼎沸 沸反盈天
例 新老师能很快使闹哄哄的教室一下子变得**鸦雀无声**。새 선생님은 소란스러운 교실을 순식간에 쥐죽은 듯이 조용하게 만들었다.

800 雅俗共赏 yǎ sú gòng shǎng
고상한 사람이나 속인이나 다같이 감상할 수 있다

【近】喜闻乐见 有口皆碑
【反】下里巴人 阳春白雪 曲高和寡
例 武侠文化是一种**雅俗共赏**的大众文化,其特点就是娱乐性极强,在荧屏"武侠风"的熏陶下,迅速风靡城乡,妇孺皆知。무협문화는 모든 사람이 다 같이 감상할 수 있는 대중문화이며, 그 특징은 오락성이 매우 강하다는 것이다. 무협문화는 TV속의 '무협 붐'의 영향으로 빠르게 농촌과 도시를 풍미하여, 여자와 어린아이까지 모두 알 정도가 되었다.

801 揠苗助长 yà miáo zhù zhǎng
급하게 서두르다 오히려 일을 그르침

【近】欲速不达 【反】放任自流 循序渐进
例 对小孩子的学习我们不能**揠苗助长**,否则会耽误了他们。아이들을 공부하라고 조급하게 다그친다면 그들의 미래를 그르칠 수도 있다.

802 严惩不贷 yán chéng bù dài
가차없이 엄벌에 처하다

【近】惩前毖后 绳之以法 杀一儆百
【反】放任自流 姑息养奸 包庇纵容
例 在执法的时候,也应对污染企业和相关责任人**严惩不贷**,以尽快遏制我国急剧恶化的环境状况。법 집행시 환경을 오염시키는 기업과 관련 담당자를 엄벌하여 우리나라 환경 악화를 막아야 한다.

803 严阵以待 yán zhèn yǐ dài
철저하게 진을 치고 기다리다.

【近】枕戈待旦 厉兵秣马
【反】麻木不仁 麻痹大意
例 所有的工作人员**严阵以待**,纷纷绞尽脑汁为全智贤设计各种"野蛮女友"的绝招。모든 스태프들은 전지현에게 여러 가지 '엽기적인 그녀'의 이미지를 만들 수 있는 절묘한 방법을 찾아주려고 머리를 짜며 대기하고 있다.

804 言传身教 yán chuán shēn jiào
말과 행동으로 모범을 보이다. 말과 행동으로 가르치다.

【近】以身作则 现身说法
【反】言而无信 言行不一
例 作为教师,我们要自觉养成良好的师德师风、爱岗敬业、勤奋好学、严谨治学,以对国家、对民族、对社会的强烈责任感来感染学生,**言传身教**、思想育人、榜样带人,真正培养出将来建设

国家的栋梁之才。 교사로서 우리는 양호한 교사의 기풍을 만들어가고, 직업을 사랑하며, 열심히 배우고 철저하게 학생을 가르칠 수 있어야 한다. 또한 국가, 민족 및 사회에 대해 강한 책임감을 갖고 학생을 감화시키고 말과 행동으로 모범을 보이며 마음으로 인재를 육성하고 타의 모범이 되며 미래에 국가를 건설할 수 있는 인재를 키워내야 한다.

805 言过其实 yán guò qí shí
말이 과장되어 사실과 맞지 않다.

【近】夸大其辞 夸夸其谈 名不副实
【反】言必有信 恰如其分 名副其实
【예】你无论怎样言过其实地吹捧他, 他还是原来的那个样子。 당신이 아무리 사실과 맞지 않게 그를 치켜세워도 그는 원래 그 모양일 것이다.

806 言行一致 yán xíng yī zhì 언행이 일치하다.

【近】言而有信 心口如一 表里如一
【反】言行不一 口是心非 言不由衷 心口不一 表里不一
【예】他向来是一个言行一致的人, 我们可以信赖他。 그는 항상 언행이 일치한 사람이었기에 믿어도 된다.

807 掩耳盗铃 yǎn ěr dào líng 눈 가리고 아웅하기.

【近】自欺欺人 弄巧成拙
【反】开诚布公
【예】我以为, 任这种掩耳盗铃自欺欺人做法发展下去, 那么后果是可怕的。 눈 가리고 아웅하는 식의 자기도 속이고 남도 속이는 행동을 내버려 둔다면 결과는 끔찍할 것이다.

808 掩人耳目 yǎn rén ěr mù
세상 사람의 이목을 가리다. 세상을 속이다.

【近】欲盖弥彰 偷天换日 瞒上欺下
【反】原形毕露 真心实意 光明磊落
【예】你不用掩人耳目了, 你的所作所为我们都清楚。 너는 세상을 속이지 마라. 너의 모든 행위를 우리가 다 알고 있다.

809 眼花缭乱 yǎn huā liáo luàn 눈이 어지럽다

【近】目不暇接 头昏眼花 扑朔迷离
【反】一目了然
【예】南宁小吃令人眼花缭乱。 난닝의 간식거리는 다양해서 눈이 다 어지러울 지경이다.

810 殃及池鱼 yāng jí chí yú 까닭 없이 화를 당하다.

【近】无妄之灾 飞来横祸
【예】通货膨胀虽与我们这一行关系不大, 但此后生意一落千丈, 真是城门失火, 殃及池鱼。 인플레는 우리 업계와 크게 관련이 없지만 이후 영업 실적이 크게 떨어졌다. 까닭 없이 손해를 입은 셈이다.

811 扬长避短 yáng cháng bì duǎn
장점은 키우고 단점을 피하다.

【近】避实就虚 取长补短
【反】因陋就简 以短击长
【예】对于新兴运营商来说, 如何扬长避短, 发挥优势, 做出自己的特色非常重要。 신흥사업자에게 있어서 장점을 키우고 단점을 피하는 것, 장점을 발휘하는 것, 스스로의 특색을 살리는 것은 매우 중요하다.

812 洋洋得意 yáng yáng dé yì 득의양양하다.

【近】得意洋洋 春风得意 自鸣得意 洋洋自得 自得其乐 得意忘形
【反】郁郁不乐 若有所失 垂头丧气
【예】一旦真相被揭露, 你就不会洋洋得意了。 진상이 밝혀진다면 당신은 더 이상 득의양양하지 못할 것이다.

813 野心勃勃 yě xīn bó bó
야심만만하다. 야심이 가득하다.

【近】狼子野心 利欲熏心 垂涎三尺
【反】两袖清风 一尘不染 廉洁奉公
【예】日本军阀野心勃勃, 企图先吞中国, 继而统治世界。 일본 군벌은 먼저 중국을 삼킨 후, 세계를 통치하려는 야망을 갖고 있다.

814 叶落归根 yè luò guī gēn
(마지막에는) 고향으로 돌아간다.

【近】饮水思源 【反】忘恩负义
【예】中国人历来有终了一生后叶落归根、入土为安的观念和习俗。 중국인은 예로부터 인생을 마감하면 근본으로 돌아가고 사람은 흙 속으로 되돌아 간다는 관념과 풍속을 가지고 있다.

815 夜郎自大 Yè láng zì dà
좁은 식견에 제 잘났다고 뽐내다.

【近】自高自大 妄自尊大 不可一世
【反】谦虚谨慎 虚怀若谷 大智若愚
【예】滥用垄断地位会打乱市场应有的规律, 削弱企业的创新热情, 后果便是妨碍新生企业做大做

强, 使具有垄断优势的企业盲目地夜郎自大。
독점 지위를 남용하면 시장질서를 무너뜨리고 기업 혁신의 열정에 찬물을 끼얹는 것이 된다. 그 결과 신생기업의 발전을 가로 막고, 독점 우위가 있는 기업들이 제 잘났다고 뽐내게 된다.

816 夜以继日 yè yǐ jì rì 밤낮없이
【近】通宵达旦 废寝忘食 焚膏继晷
【反】游手好闲
【例】我在读大学的时候, 常常夜以继日地苦读。
나는 대학을 다닐 때 밤낮없이 열심히 공부했다.

817 一败涂地 yī bài tú dì
철저히 실패하여 돌이킬 수 없다.
【近】一蹶不振 望风披靡 落花流水
【反】旗开得胜 不败之地 东山再起
【例】五粮液啊, 在和同是白酒巨头的兄弟企业的竞争中, 你怎能输得如此一败涂地? 우량예야, 너는 어쩌다가 바이주 대형형제기업과의 경쟁에서 돌이킬 수 없는 실패의 국면을 맞게 되었느냐?

818 一臂之力 yī bì zhī lì 보잘것없는 힘.
【近】助人为乐 【反】落井下石
【例】在这件事上, 我可以助你一臂之力。 이번 일에 보잘것 없는 제 힘을 보태겠습니다.

819 一波未平, 一波又起 yī bō wèi píng, yī bō yòu qǐ
엎친 데 덮치다.
【近】一波三折
【例】目前, 韩国金融市场的动荡一波未平, 一波又起。 현재 한국 금융시장의 동요가 엎친 데 덮쳐, 매우 혼란스럽다.

820 一不做, 二不休 yī bù zuò, èr bù xiū
(손을 댄 바에는) 끝까지 하다.
【近】破釜沉舟
【反】犹豫不决
【例】如今台湾领导人一不做, 二不休不承认一个中国、不休掉"两国论", 还抛出"一边一国"。 지금 타이완의 지도자는 끝까지 가보자는 태세다. 그는 하나의 중국을 인정하지 않고, 양국론을 고집하며 일변일국론을 내놓았다.

821 一步登天 yī bù dēng tiān
벼락출세하다. 갑자기 부자가 되다 (훌륭해 지다).
【近】一鸣惊人 飞黄腾达 平步青云

【反】一落千丈 一蹶不振
【例】你想一步登天, 那是不可能的。 너가 벼락출세를 하려고 하는데 그것은 불가능한 것이다.

822 一尘不染 yī chén bù rǎn
티끌하나 묻지 않을 정도로 깨끗하다.
【近】一干二净 冰清玉洁
【反】贪得无厌 欲壑难填
【例】要做到公正司法, 必须两袖清风、一尘不染。 공정한 법집행을 하려면 청렴결백하고 깨끗해야 한다.

823 一触即发 yī chù jí fā 일촉즉발(一觸卽發)
【近】箭在弦上 剑拔弩张 千钧一发
【反】引而不发
【例】甲乙两国, 已经把重兵布置在边境上, 战争已到一触即发的程度。 갑을 양국은 이미 많은 병력을 국경에 배치하여 전쟁이 일촉즉발의 상태에 이르렀다.

824 一蹴而就 yī cù ér jiù 단번에 성공하다.
【近】一蹴即至 一举成功 迎刃而解
【反】一事无成 一蹶不振 欲速不达
【例】解决民生问题, 不可能穷尽, 也不可能一蹴而就、一劳永逸。 민생문제는 완벽하게 해결할 수도 없고 단번에 해결할 수도 없다.

825 一刀两断 yī dāo liǎng duàn 명확히 매듭을 짓다.
【近】当机立断 【反】藕断丝连 拖泥带水
【例】他给我的那些东西, 我不愿意要, 既然要离开他, 便一刀两断。 그가 나에게 준 그 물건들은 나는 원치 않는다. 이미 그를 떠나겠다고 한 이상 명확히 매듭을 짓겠다.

826 一帆风顺 yī fān fēng shùn 순조롭다.
【近】无往不利 一往无前 一路顺风
【反】一波三折 暴风骤雨 凶涛恶浪
【例】他生活一帆风顺, 什么事也不用操心。 그의 생활은 순조롭고 아무것도 걱정할 필요가 없다.

827 一概而论 yī gài ér lùn
일률적으로 논하다.(일반적으로 부정문에 사용)
【近】相提并论 同日而语 等量齐观
【反】天壤之别
【例】他和那些游手好闲的人, 有所不同, 你不能一概而论。 그는 일하지 않고 놀기만 좋아하는 사람들과는 좀 다르니 같은 부류로 대해서는 안 된다.

빈출 사자성어 1000

828 一干二净 yī gān èr jìng 깨끗하다.
【近】一尘不染 窗明几净 【反】邋里邋遢
예) 只一天他就把父亲遗留给他的钱挥霍得一干二净。 그는 아버지가 그에게 남겨준 돈을 하루 만에 다 써 버렸다.

829 一哄而起 yī hōng ér qǐ 우루루 달려들다.
【近】一应而起 【反】一哄而散
예) 建设社会主义新农村,要防止不量力而行,一哄而起,搞不切实际的形象工程。 사회주의 신농촌을 건설하려면 능력을 고려하지 않고 우루루 달려들어 실질적이지 못한 형식적인 일을 하지 않도록 해야 한다.

830 一技之长 yī jì zhī cháng 한 가지 재주
【近】才有所长 【反】一无所长
예) 温州有句老话: 自己有一技之长, 就不怕没有饭吃。 원저우 속담에는 '한가지 재주가 있으면 먹고 살 걱정이 없다' 라는 말이 있다.

831 一见如故 yī jiàn rú gù
처음 만났지만 옛 친구를 만난 것 같다.
【近】一见钟情 一见倾心 一拍即合
【反】行同陌路 视同路人
예) 我只想找个能让我一见如故的男孩子交朋友。 나는 처음 만나도 옛 친구를 만난 것 같은 남자 친구를 사귀고 싶다.

832 一箭双雕 yī jiàn shuāng diāo 일석이조(一石二鳥)
【近】一石两鸟 一举两得 事半功倍
【反】事倍功半
예) 这次房贷新政能起到一箭双雕的效果。 이번 부동산 대출은 일석이조의 효과를 거두었다.

833 一举两得 yī jǔ liǎng dé 일거양득(一舉兩得)
【近】一箭双雕 事半功倍 一则两便
【反】事倍功半 得不偿失
예) 你半工半读,既可解决生活,又能继续学业,可说一举两得。 네가 일하면서 공부를 하면 생활문제를 해결할 수 있고 공부도 할 수 있으니 일거양득이라고 할 수 있다.

834 一举一动 yī jǔ yī dòng 일거수 일투족
【近】一言一行 一颦一笑

예) 他模仿这位明星的一举一动。 그는 이 스타의 일거수 일투족을 따라한다.

835 一蹶不振 yī jué bù zhèn
한번 넘어져서 다시 일어나지 못하다.
【近】一败涂地 一败如水
【反】东山再起 死灰复燃
예) 苏联解体后,经济情况一蹶不振。 소련이 붕괴된 후 경제상황이 회복되지 않는다.

836 一路平安 yī lù píng ān 가는 길이 편안하길 바란다
【近】一路顺风 安然无恙 安如泰山
【反】艰难险阻 风尘仆仆 饱经风霜
예) 祝大家回国途中一路平安,身体健康。 여러분 귀국길이 편안하시고 건강하시기 바랍니다.

837 一路顺风 yī lù shùn fēng
가는 길이 순조롭길 바란다.
【近】一路平安 一帆风顺
예) 最后,祝大家一路顺风! 마지막으로 여러분의 여정이 순조롭길 바랍니다.

838 一落千丈 yī luò qiān zhàng
일 순간에 크게 떨어지다.
【近】一泻千里 每况愈下 江河日下
【反】一步登天 一往无前 突飞猛进
예) 他因为打架,使他在同学中的威信一落千丈。 그는 싸움을 하여 학우들 사이에서의 위신이 크게 떨어졌다.

839 一脉相承 yī mài xiāng chéng
한 계통으로 이어 내려오다.
【近】一脉相通 一脉相传 【反】中西合璧
예) 我们现在的许多优良品德是我们的祖宗一脉相承的。 지금 우리들의 좋은 품덕은 조상으로부터 이어 내려온 것이다.

840 一毛不拔 yī máo bù bá
털 하나도 안 뽑을 정도로 인색하다.
【近】斤斤计较 锱铢必较 爱财如命
【反】一掷千金 挥金如土
예) 面对比尔·盖茨,那些炫富斗富的人,那些对自己挥霍无度对社会对穷人一毛不拔的人,应该感到汗颜。 빌게이츠와 같은 부호 앞에서 무절제하게

낭비하고 사회에 가난한 사람들에게 인색한 사람들은 스스로를 부끄럽게 느껴야 한다.

841 一模一样 yī mú yī yàng
같은 모양, 같은 모습이다.

【近】毫无二致 毫发不爽 如出一辙
【反】大相径庭 截然不同 天差地别
【예】这两件工艺品一模一样, 肯定出自一人之手。
이 두 공예품 모양이 똑같은 것으로 봐서 한 사람이 만든 것이 분명하다.

842 一目了然 yī mù liǎo rán
일목요연하다. 한눈에 훤히 알다.

【近】一望而知 了如指掌 不言而喻
【反】雾里看花 管中窥豹
【예】金老师总是用红铅笔改作业, 以便使错误一目了然。 진 선생님은 항상 빨간펜으로 숙제를 고쳐주셔서 틀린 부분이 한눈에 보인다.

843 一窍不通 yī qiào bù tōng 아무 것도 모르다.

【近】一无所知 目不识丁
【反】茅塞顿开 无所不知 全知全能
【예】为了熟练地掌握多媒体教学, 对计算机一窍不通的她夜以继日地学习计算机知识, 硬是啃下了这块硬骨头, 为了不断充实自己, 她没有放过任何一次学习的机会。 멀티미디어수업을 숙련되게 파악하기 위해서 컴퓨터에 대해 아무것도 모르던 그녀는 밤낮으로 컴퓨터 지식을 공부하여, 놀랍게도 자기것으로 만들었다. 끊임없이 자신을 발전시키기 위해, 그녀는 학습의 기회를 놓친 적이 한 번도 없었다.

844 一去不复返 yī qù bù fù fǎn
한번 가서 다시는 돌아오지 않다.

【近】人去楼空 【反】反复无常
【예】我国人民被别人称为东亚病夫的时代一去不复返了。 다른 나라 사람들은 우리 국민에 대해 동아시아 병자의 시대가 한번 가서 다시는 돌아오지 않는다고 말한다.

845 一日千里 yī rì qiān lǐ
하루에 천리를 가다. 발전 속도가 빠르다.

【近】日新月异 风驰电掣 逐日追风
【反】停滞不前 慢条斯理
【예】中国经济的发展形势一日千里, 日新月异地迅猛发展。 중국 경제 발전 형세가 매우 빠르고, 하루가 다르게 맹렬히 발전하고 있다.

846 一日三秋 yī rì sān qiū
(그리움이 절실하여) 하루가 삼 년 같다.

【近】寸阴若岁 【反】一刻千金
【예】我很想念我的好友, 真是一日三秋, 恨不得马上见到他。 나는 나의 친구가 너무 그리워 하루가 정말 삼 년 같고, 바로 그를 만나지 못함이 원망스럽다.

847 一如既往 yī rú jì wǎng 지난날과 다름이 없다.

【近】始终如一 自始至终
【反】一反常态 一改故辙 改头换面
【예】我们将一如既往地继续做好来大陆台胞的接待工作。 우리는 지난날과 다름없이 중국 대륙에 온 타이완 동포들 응접하는 일을 계속해서 잘 해나갈 것이다.

848 一事无成 yī shì wú chéng
한 가지 일도 이루지 못하다.

【近】一无所成 一窍不通 劳而无功
【反】功成名就 劳苦功高 一技之长
【예】参加工作这么多年, 我仍然一事无成, 非常惭愧。 일에 참여한지 이렇게 오래 되었는데, 난 여전히 한 가지 일도 이루지 못해 매우 부끄럽다.

849 一视同仁 yī shì tóng rén
모든 사람을 똑같이 대우하다.

【近】天公地道 等量齐观 相提并论
【反】另眼相看 厚此薄彼
【예】我对全班同学将一视同仁, 并不想偏爱任何人。 우리는 전체 학생들에게 똑같이 대우할 것이고, 어떤 누구도 편애하고 싶지 않다.

850 一丝不苟 yī sī bù gǒu 조금도 소홀함이 없다.

【近】小心谨慎 小心翼翼 不苟言笑
【反】粗枝大叶 马马虎虎
【예】她一丝不苟地执行了交给她的任务。 그녀에게 주어진 임무를 조금도 소홀함이 없이 수행했다.

851 一丝不挂 yī sī bù guà
옷을 입지 않다. 속세에 대한 얽매임이 없다.

【近】赤身裸体 【反】衣冠楚楚
【예】这些儿童一丝不挂地在游泳池中玩耍。 아이들이 옷을 벗은 채 수영장에서 놀고 있다.

852 一塌糊涂 yī tā hú tú 엉망진창

【近】乱七八糟 一团漆黑

【反】条理井然 井然有序

【예】下午，正和丈夫为了房子的首付款发愁，儿子偏又不听话，作业做得一塌糊涂，还将洁白的衬衣弄满了墨水和油污。 오후에 남편과 함께 주택 선수금에 대해 걱정하고 있을 때, 아들이 또 말을 듣지 않고, 숙제를 엉망진창으로 하고, 깨끗한 셔츠를 잉크와 기름얼룩으로 가득하게 만들었다.

853 一网打尽 yī wǎng dǎ jìn
일망타진(一網打盡)하다. 한꺼번에 모조리 잡다.

【近】斩草除根 全军覆没 【反】一介不取

【예】盟军方面上个周末表示，既然萨达姆已经落网，就希望能够借着这一势头将余下的萨达姆亲信也一网打尽。 연합군 측은 지난 주말에 이왕 사담 후세인이 이미 체포되었으니, 이 여세를 몰아 나머지 후세인의 측근도 일망타진하길 희망한다고 밝혔다.

854 一望无际 yī wàng wú jì 일망무제

【近】一马平川 无边无际 漫无边际

【反】咫尺之间 近在眉睫 一衣带水

【예】这其实是塔克拉玛干沙漠公路的一部分，窗外是黄沙，一望无际，而公路也仿佛没有尽头。 여기는 사실 타크라마칸사막 도로의 일부분이고, 창밖은 황사가 일망무제하고 도로도 끝이 없는 듯하다.

855 一无是处 yī wú shì chù 다 틀렸다.

【近】一团漆黑 一无可取 百无一是

【反】十全十美 白璧无瑕 勿庸置疑

【예】她的最新理论被专家们批驳得一无是处。 그녀의 최신 이론은 전문가들로부터 다 틀렸다는 비판과 반박을 당했다.

856 一无所有 yī wú suǒ yǒu 아무것도 없다.

【近】空空如也 身无长物 两手空空

【反】无所不有 无所不包 包罗万象

【예】他的厂子倒闭了，现在一无所有，还负债累累。 그의 공장은 파산했고, 현재 아무것도 없는데, 빚은 산더미같이 쌓여있다.

857 一厢情愿 yī xiāng qíng yuàn
자기 쪽 생각만 하다. 객관적 조건을 고려하지 않다.

【近】一相情愿 【反】两厢情愿

【예】单方面要求和平与安全就只能是一厢情愿。 한쪽에서만 평화와 안전을 요구하는 것은 단지 자기 쪽 생각일 뿐이다.

858 一泻千里 yī xiè qiān lǐ
일사천리(一瀉千里), 일이 거침없이 진행되다.

【近】一日千里 一落千丈 一蹶不振

【反】迂回曲折 斗折蛇行

【예】洪水一泻千里，它吞没了大片土地、人家、树木和牛羊。 거침없이 몰려오는 홍수는 넓은 토지, 사람, 수목, 소와 양을 삼켜버렸다.

859 一蟹不如一蟹 yī xiè bù rú yī xiè 점점 더 못하다.

【예】今年看了好几出日本戏，艺术质量一蟹不如一蟹。 오늘 나는 여러 편의 일본극을 보았는데 예술적인 질이 점점 더 떨어졌다.

860 一心一意 yī xīn yī yì 한마음 한뜻으로.

【近】全心全意 真心实意

【反】三心二意 心猿意马

【예】他一心一意想要精通汉语。 그는 오로지 중국어에 능통하길 원한다.

861 一言难尽 yī yán nán jìn
한 마디 말로 다 설명할 수는 없다.

【近】说来话长

【反】一言为定 一言九鼎 一言千金

【예】从腰缠万贯的"大款"到一贫如洗的打工仔，我在短暂时间里经历了水火两重天，什么酸甜苦辣都尝够了，说起来真是一言难尽。 아주 부유한 '대부호'에서 매우 가난한 노동청년으로 난 단시간 내 어려움을 경험하고, 맵고 쓴맛 모두 맛보았다, 한 마디로 다 설명할 수는 없다.

862 一言为定 yī yán wéi dìng 말 한마디로 정하다.

【近】一诺千金 说一不二 言而有信

【反】背信弃义 自食其言 言而无信

【예】好，一言为定，就这么干。 좋아, 이렇게 하기로 한 거야.

863 一言(以)蔽之 yī yán (yǐ) bì zhī 한마디로 말하다.

【近】总而言之

【예】一言以蔽之，你提出的各种要求，都不能接受。 한마디로 말해서 그가 제시한 각종 요구는 모두 받아들일 수 없다.

864 一叶知秋 yī yè zhī qiū
낙엽하나가 떨어지는 것을 보고 가을이 왔음을 알다.
사물의 작은 변화를 보고 큰 변화를 파악하다.

【近】见微知著 落叶知秋

【例】判断美女, 断不可一叶知秋, 需要由远而近, 宏观而微观, 整体而局部。 미인을 판단할 때 작은 변화를 보고 큰 변화를 파악해서는 안 된다. 먼 데로부터 가까이, 거시적에서부터 미시적, 전체에서 세부적으로 해야 한다.

865 一衣带水 yī yī dài shuǐ 매우 가까운 거리에 있다.

【近】一水之隔 近在咫尺

【反】天各一方 天涯海角 万水千山

【例】韩中日三国是一衣带水的近邻, 在文化上各有特色而又颇多相同或相似的地方。 한중일 삼국은 매우 가까운 거리에 있는 이웃으로, 문화에 있어 각자의 특색을 가지고 있고 공통점과 비슷한 점이 매우 많다.

866 一意孤行 yī yì gū xíng
남의 의견을 듣지 않고 자기 고집대로만 하다.

【近】自以为是 固执己见 死心塌地

【反】博采众长 虚怀若谷

【例】我们刚做事, 要多采纳别人的意见, 切不可一意孤行。 우리는 막 일을 시작했으니 다른 사람들의 의견을 충분히 받아들이고 절대로 자기 고집대로만 해서는 안 된다.

867 一朝一夕 yī zhāo yī xī
일조일석(一朝一夕) 매우 짧은 시간

【近】一时半刻 弹指之间 转眼之间

【反】千秋万代 万古长存 地久天长

【例】别把事情看得这么容易, 那不是一朝一夕能做好的。 일을 쉽게 보지 마라, 그것은 하루 아침에 해낼 수 있는 것이 아니다.

868 一针见血 yī zhēn jiàn xiě
급소를 찌르다. 핵심을 찌르다.

【近】一语道破 一语破的 言必有中

【反】言不及义 言之无物 空洞无物

【例】中国社科院专家王松奇研究员指出, 温总理的谈话一针见血地点出了中国金融体系的主要矛盾。 중국사회과학원 왕송치 전문 연구원은 원총리의 발언이 중국 금융시스템의 주된 모순의 정곡을 찔렀다고 지적했다.

869 一知半解 yī zhī bàn jiě
일지반해(一知半解), 수박 겉 핥기

【近】一孔之见 浮光掠影 囫囵吞枣

【反】真知灼见 真才实学 博古通今

【例】毕竟人们对非典病魔的来龙去脉还一知半解。 결국 사람들은 사스 병마의 경위에 대해 여전히 수박 겉 핥기식이다.

870 一掷千金 yī zhì qiān jīn
거액의 돈을 걸고 도박하다. 돈을 물 쓰듯 하다.

【近】挥金如土 挥霍无度 穷奢极侈

【反】节衣缩食 省吃俭用 量入为出

【例】他很有钱, 常常一掷千金, 毫不怜惜。 그는 돈이 많아 조금도 아까워하지 않고 물쓰듯 한다.

871 衣冠禽兽 yī guān qín shòu
의관을 차린 금수(禽獸). 사람의 탈을 쓴 짐승

【近】无耻之徒 社鼠城狐 牛鬼蛇神

【反】仁人君子 正人君子 谦谦君子

【例】不要看这人外表像正人君子, 其实暗地里做了许多见不得人的事, 是个地地道道的衣冠禽兽。 이 사람의 외모가 성인군자 같지만, 사실 체면이 서지 않는 많은 일을 몰래 저질렀으니, 진짜 사람의 탈을 쓴 짐승이다.

872 依依不舍 yī yī bù shě 헤어지기 싫어하다.

【近】依依惜别 恋恋不舍 留连不舍

【反】一刀两断

【例】最后在结束节目录制的时候, 两人依依不舍地离开了这只可爱的小家伙。 마지막으로 프로그램 녹화제작을 마칠 때, 두 사람은 아쉬워하며 그 귀여운 녀석과 헤어졌다.

873 夷为平地 yí wéi píng dì
폐허로 만들다. 평지로 만들다.

【例】战火将车臣首府格罗兹尼市中心几乎夷为平地。 전쟁은 체첸의 주도 그로즈니 중심을 거의 폐허로 만들었다.

874 移风易俗 yí fēng yì sú 낡은 풍속·습관을 고치다

【近】推陈出新 破旧立新 旋转乾坤 改天换地

【反】故步自封 因循守旧 一成不变 墨守成规

【例】转变"重男轻女、男尊女卑""不孝有三, 无后为大"等传统生育观念, 是一场移风易俗的深刻革命。 "중남경여, 남존여비", "불효유삼, 무후위대(불효는 세 가지가 있는데, 그중에도 후손이 없는 것이 가장 큰 것이다)" 등 전통적 출산 관념의 변화는 낡은 풍속을 고치는 본질적인 혁명이다.

875 **以大欺小** yǐ dà qī xiǎo
대국이라고 소국을 깔보고 멸시하다.
【예】很多人抨击美国以大欺小，干涉内政。 많은 사람들은 미국이 대국이라고 소국을 깔보고 멸시하고, 내정에 간섭한다고 비난한다.

876 **以德报怨** yǐ dé bào yuàn 원수에게 은덕을 베풀다.
【近】以直报怨 以礼相待
【反】忘恩负义 无情无义 翻脸无情
【예】我们对他们，可以说是以德报怨，他们对我们却是以怨报德。 우리는 그들에게 원수를 은혜로 갚는다고 할 수 있지만, 그들은 우리에게 오히려 은혜를 원수로 갚는다.

877 **以点带面** yǐ diǎn dài miàn
특정 지역에서 얻어진 성과나 경험을 전역에 확대시키다.
【예】韩国应通过以点带面，加快整个国家发展。 한국은 마땅히 특정 지역에서 얻어진 성과나 경험을 전역에 확대시켜 국가 전체의 발전을 가속화시켜야 한다.

878 **以毒攻毒** yǐ dú gōng dú 독으로써 독을 물리치다.
【近】针锋相对 以牙还牙 以眼还眼
【反】解衣推食 以沫相濡
【예】对待敌人要以毒攻毒，决不手软。 적을 대할 때에는 독으로써 독을 물리쳐야지 결코 인정사정 봐줄 수 없다.

879 **以理服人** yǐ lǐ fú rén 사리를 밝혀가며 설득하다.
【近】心服口服 心悦诚服 言之有理
【反】以势压人 仗势欺人 以力服人
【예】会议现场秩序井然，发言者用语文明，用事实说话，以法为据，以理服人。 회의 현장이 질서 정연하고, 발언자는 교양있는 언어를 사용하며, 사실적인 얘기를 하고, 법적인 근거로 사리를 밝혀가며 설득하고 있다.

880 **以身作则** yǐ shēn zuò zé
솔선수범하다. 몸소 모범을 보이다.
【近】言传身教 身先士卒 身体力行
【反】以身试法
【예】作为国会议员，就应该以身作则，不要犯法才是。 국회의원은 마땅히 솔선수범하고, 법을 위반하지 않아야 한다.

881 **以牙还牙** yǐ yá huán yá 이에는 이로 갚다.
참고: 以眼还眼. ~.
【近】针锋相对 【反】退避三舍

【예】对敌人要以牙还牙，展开全面的攻击。 눈에는 눈, 이에는 이로 적을 전면적으로 공격해야 한다.

882 **议论纷纷** yì lùn fēn fēn 의견이 분분하다
【近】争长论短 众说纷纭 说长道短
【反】哑口无言 万马齐喑 噤若寒蝉
【예】市场各方理解不同议论纷纷，甚至有些看不清方向。 시장 관계자들이 이해가 달라 의견이 분분하며, 심지어 방향마저 보이지 않는다.

883 **异乎寻常** yì hū xún cháng
보통 때와 다르다. 심상치 않다.
【近】与众不同 【反】平淡无奇
【예】老师今天迟到了，脸上表情异乎寻常，是不是出了什么事？ 선생님께서 오늘 늦으셨는데, 얼굴이 평소와 다르다. 무슨 일이지?

884 **异口同声** yì kǒu tóng shēng 이구동성(異口同聲)
【近】有口皆碑 不约而同 众口一词
【反】众说纷纭 大相径庭
【예】老师提出明天要春游，同学们异口同声表示赞成。 선생님께서 내일 봄 소풍을 가자고 하시니, 학우들이 이구동성으로 찬성했다.

885 **易如反掌** yì rú fǎn zhǎng
손바닥을 뒤집는 것처럼 쉽다. 식은 죽 먹기다.
【近】一挥而就 轻而易举 信手拈来
【反】来之不易 难于登天
【예】让他去完成这件事，简直是易如反掌。 그에게 이 일을 끝내도록 시키는 것은 식은 죽 먹기이다.

886 **溢于言表** yì yú yán biǎo 말과 표정에서 드러나다
【近】言外之意 意在言外
【反】直抒胸臆 一言已尽
【예】听到这一消息后，他的喜悦之情也溢于言表。 이 소식을 들은 후, 그의 말과 표정에서 기뻐하는 속내가 드러났다.

887 **因材施教** yīn cái shī jiào 눈높이 교육을 하다.
【近】对症下药
【反】一视同仁 一概而论
【예】学校就是教书育人的地方，孩子不懂事，你可以教啊，对于这种特殊学生，老师应该因材施教，多表扬多鼓励，把这样的孩子教好了，那才

체현您老师的水平！您说呢！ 학교는 지식을 가르치며, 인성을 배양하는 곳이다. 아이가 이해하지 못하면, 가르치거라, 이런 특수한 학생에게는 그에 맞는 교육을 시켜야 한다. 자주 칭찬하고, 격려해라, 이러한 아이를 가르치고 나면, 비로소 너의 교사로서의 수준이 드러날 것이다. 당신 생각은 어떤가！

888 因地制宜 yīn dì zhì yí
각지의 실정에 맞게 대책을 세우다.

【近】因势利导　【反】一成不变

예 在发展粮食生产的基础上，因地制宜地发展其他产业。 식량생산을 늘리면서, 각지 실정에 맞는 산업들을 발전시켜야 한다.

889 因势利导 yīn shì lì dǎo
정세에 따라 유리하게 이끌다.

【近】顺水推舟　借风使船

【反】倒行逆施　逆水行舟

예 禹承父志，潜心治水，但采取因势利导的办法，疏通江河，让滚滚洪流汇入四海，从此山川定位，百姓安家乐业。 위는 아버지의 방법으로 치수에 몰두했으나 상황에 따라 유리하게 이끄는 방법을 취해 강과 하천을 소통시켜 굽이치는 물결을 사해로 흘러드러가게 해서 산천이 제자리를 찾고 백성이 편안하게 기거하며 일을 할 수 있게 되었다.

890 因小失大 yīn xiǎo shī dà
작은 일로 말미암아 큰 일을 그르치다.

【近】舍本逐末　【反】一举两得

예 古语说"小不忍则乱大谋"。其意思是说，"不过是一些小事，犯不着因小失大"。 옛말에, 작은 일을 참지 못하면 큰 일을 망친다고 했다. 조그마한 일 때문에 큰일을 그르쳐서는 안 된다는 말이다.

891 因循守旧 yīn xún shǒu jiù
낡은 것을 답습하다.

【近】墨守成规

【反】标新立异　破旧立新

예 改革开放的中国，因循守旧的思想应抛弃掉。 개혁 개방된 중국은 낡은 사상을 버려야 한다.

892 因噎废食 yīn yē fèi shí
목이 멘다고 먹기를 그만두다. 구더기 무서워서 장 못 담그다.

예 大家都知道这将产生无法弥补的损失和危害，但也不能因噎废食。 모두 이것이 큰 손실과 위해를 가져올 것이라는 것을 알고 있으나, 구더기 무서워서 장 못 담글 수는 없다.

893 寅吃卯粮 yín chī mǎo liáng
인년(寅年)에 묘년(卯年)의 식량을 먹다. 돈을 미리 앞당겨 쓰다.

【近】寅支卯粮　入不敷出　千锤后空　缺衣少食

【反】家给人足　丰衣足食　万贯家财

예 当时我很惶恐，手上没积蓄，又改不了疯狂刷卡的毛病，成天寅吃卯粮东挪西借，连做梦都能梦到还不出钱。 당시 나는 매우 당황스러웠다. 수중에 저축해 놓은 것이 없고, 마구 카드를 긁는 버릇도 고치지 못해, 매일 여기저기서 끌어다 썼다. 심지어 돈을 갚지 못하는 꿈도 꾸었다.

894 引人入胜 yǐn rén rù shèng
사람을 황홀한 경지로 이끌다.

【近】令人神往　【反】味同嚼蜡

예 朗读织女的神话故事经千年的流传，日益完整而美丽动人，引人入胜。 직녀의 신화를 낭독하는 것은 천 년을 내려온 것이라, 날이 갈수록 완벽해져서 사람들을 감동시킨다.

895 引人注目 yǐn rén zhù mù
주목을 끌다.

【近】有目共睹　【反】隐姓埋名

예 越南禽流感人与人传染疑似病例引人注目。 베트남의 조류독감 중 사람과 사람 사이에서 감염된 유사환자가 주목을 끌다.

896 饮水思源 yǐn shuǐ sī yuán
물을 마실 때는 그 근원을 생각하다.

【近】追本穷源　追根究底

【反】翻身忘本　忘恩负义

예 传统的"知恩图报"是封闭式的，如"投我以桃，报之以李"、饮水思源等，强调的是我对你有恩，你应该对我进行回报。 '은혜를 알고, 갚으라'는 것은 폐쇄적인 것이다. 예를 들면, '서로 주고 받는다', '물 마실 때는 근원을 생각해라' 등이 강조하는 것은 내가 너에게 은혜를 베풀었으니, 반드시 갚아야 한다는 것이다.

897 应有尽有 yīng yǒu jìn yǒu
있어야 할 것은 모두 다 있다. 없는 것이 없다.

【近】一应俱全　面面俱到

【反】一无所有

예 那里拥有收养这么多孩子的一切必要的设施，从住房、游泳池到体育馆，一切都应有尽有。 그곳은 입양한 아이들에게 필요한 모든 시설이 갖춰져 있다. 주택, 수영장부터 체육관까지 없는 것이 없다.

898 应机立断 yìng jī lì duàn
목전의 상황에 따라 민첩하게 처리하다.
예 对这件事，现在你必须**应机立断**，不要迟疑了。 이 일은 상황에 따라 빠르게 처리해야 하며, 주저해서는 안 된다.

899 应运而生 yìng yùn ér shēng
시대의 요구에 부응해 생겨나다(나타나다).
【近】应时而生 【反】生不逢辰
예 据不完全统计，中国大陆现有上网人数逾六千万人，各类型网站近三十万个，伴随它的发展，网页设计行业**应运而生**。 잠정 집계에 따르면, 현재 중국의 인터넷 사용 인구는 6천만 명을 넘었으며, 각종 웹 사이트는 3십만 개로, 인터넷의 발전에 따라 웹 디자인사업이 생겨났다.

900 迎刃而解 yíng rèn ér jiě
문제가 자연스럽게 해결되다.
【近】易如反掌 迎刃冰解
【反】百思不解
예 只要公司治理结构优化了，一切问题**迎刃而解**。 회사 관리구조가 최적화된다면 모든 문제가 자연히 해결 될 것이다.

901 永垂不朽 yǒng chuí bù xiǔ 영원불멸
【近】名垂青史 永不磨灭
【反】遗臭万年
예 "人民英雄，**永垂不朽**"这是毛泽东同志为人民英雄纪念碑起草的碑文。 '인민영웅, 영원불멸'은 마오쩌둥이 인민영웅 기념비를 위해 쓴 비문이다.

902 用武之地 yòng wǔ zhī dì 재능을 쓸 수 있는 곳
예 传统行业中往往因为职位有限，许多"英雄"无"**用武之地**"。 전통적 업종 중에서 종종 직위의 제한 때문에 많은 인재들이 재능을 쓸 곳이 없었다.

903 忧心忡忡 yōu xīn chōng chōng 근심걱정하다.
【近】忧心如焚 提心吊胆 惶惶不安
【反】悠然自得 洋洋自得 泰然自若
예 我们的高速路破烂多年，影响着我们的生活，也让我们每个哈市人**忧心忡忡**。 고속도로가 훼손된 지 오래되어 생활에 영향을 주고 있으며, 또한 모든 하얼빈 시민들을 걱정하게 만들었다.

904 由来已久 yóu lái yǐ jiǔ 유래가 오래되었다.
예 中国音乐与外国音乐的交流**由来已久**。 중국과 외국의 음악 교류는 유래가 오래되었다.

905 犹豫不决 yóu yù bù jué
결단을 못 내리고 망설이다. 우유부단(優柔不斷)하다.
【近】畏首畏尾 优柔寡断 举棋不定
【反】当机立断 斩钉截铁
예 他做事总是**犹豫不决**，不知该如何办才好。 그는 일처리가 항상 우유부단해서 어찌 처리해야 할지 모른다.

906 油然而生 yóu rán ér shēng 자연스럽게 생겨나다.
【近】情不自禁 自然而然
【反】漠然置之 戛然而止
예 面对不确定性，担忧和恐惧便很可能**油然而生**。 불확실성에 직면하면 걱정과 두려움이 자연스럽게 생긴다.

907 游刃有余 yóu rèn yǒu yú 도살업자가 칼로 뼈와 살을 분리하는데 칼날이 무뎌지지 않는다. 대단한 고수이다.
【近】挥洒自如 滚瓜烂熟 炉火纯青
【反】捉襟见肘 一筹莫展
예 乐观豁达，你做事情才能**游刃有余**！ 너는 낙관적이고 활달해야 일을 여유롭게 처리할 수 있다.

908 有备无患 yǒu bèi wú huàn 유비무환
【近】未雨绸缪 防患未然 有恃无恐
【反】措手不及 临阵磨枪 临渴掘井
예 出门旅行带上雨伞吧，**有备无患**。 여행갈 때 우산을 챙겨라, 미리 준비해야 고생 안 한다.

909 有的放矢 yǒu dì fàng shǐ
과녁을 보고 활을 쏘다, 목표가 명확하다.
【近】对症下药 【反】无的放矢
예 知道了这些群众的意见，写文章时就可以**有的放矢**。 군중들의 의견을 알아야 문장을 명확하게 쓸 수 있다.

910 有过之而无不及 yǒu guò zhī ér wú bù jí
더했으면 더했지 못하지는 않다.
예 印度尼西亚因烟雾现象而受到的损失比马来西亚**有过之而无不及**。 인도네시아에서 스모그 현상으로 발생하는 손실은 말레이시아보다 더하면 더했지 못하지는 않다.

911 有机可乘 yǒu jī kě chéng
탈만한 좋은 기회가 생기다. 좋은 기회다.
【近】有隙可乘 无孔不入
【反】无懈可击 无隙可乘
【例】他看到有机可乘，就把别人的成果占为己有。 그는 좋은 기회로 생각되면 바로 다른 사람의 성과를 가로챈다.

912 有口难言 yǒu kǒu nán yán
입은 있으나 말하기 어렵다.
【近】有口难分 有苦难言 难言之隐
【反】义正词严 知无不言 言无不尽 津津乐道
【例】他自己做得不对，虽然吃了亏，也是有口难言。 그는 자신이 잘못했으니 손해를 보았어도 할말이 없다.

913 有利可图 yǒu lì kě tú 취할 이익이 있다.
【近】猎取渔利
【反】无利可图 竹篮打水 劳而无功
【例】这宗买卖有利可图，你也参加一些股本吧！ 이 사업은 수익성이 있으니, 너도 지분 참여를 해봐라.

914 有名无实 yǒu míng wú shí
유명무실(有名無實)하다.
【近】名不副实 名过其实
【反】名副其实 名不虚传
【例】理财服务已成潮流，但目前中国金融机构提供的理财服务还是低水平的，很多是有名无实。 재테크 서비스는 이미 새로운 추세가 되었다. 그러나 현재 중국 금융기구가 제공하는 재테크 서비스는 여전히 수준이 낮으며, 유명무실한 면이 많다.

915 有目共睹 yǒu mù gòng dǔ
모든 눈이 다 보고 있다. 모두가 다 알고 있다.
【近】众目睽睽 众所周知
【反】有目无睹
【例】各国在实施《里约宣言》和《21世纪议程》方面取得了有目共睹的进展。 각국은 《리우선언》과 《어젠다21》을 실시하면서, 눈에 띄는 진전을 이루었다.

916 有声有色 yǒu shēng yǒu sè 생동감이 넘친다.
【近】绘声绘色
【反】无声无息
【例】如今Flash这种互动动画形式已经成为设计宠儿，有了Flash的网络世界变得更加丰富多彩，有声有色。 최근 플래시 애니메이션은 디자인계의 총아가 되었다. 플래시가 있는 네트워크는 변화가 다양하며 생동감이 넘친다.

917 有始无终 yǒu shǐ wú zhōng
처음에는 왕성하나 끝이 부진하다.
【近】有头无尾 虎头蛇尾
【反】善始善终 有始有终
【例】做事不能有始无终，应该善始善终。 일을 흐지부지하게 해서는 안 되며, 처음부터 끝까지 잘 처리해야 한다.

918 有条不紊 yǒu tiáo bù wěn 조리 정연하다.
【近】有条有理
【反】手忙脚乱 七手八脚 横七竖八 乱七八糟 千头万绪
【例】灾区抗震救灾的各项工作有条不紊地进行，灾民的安全越冬问题得到了圆满解决，现在家家户户都在闹新春了。 재난지역의 내진과 이재민 구조 업무들이 일사분란하게 진행되어, 이재민의 안전과 월동준비가 원만하게 해결되었다. 현재 집집마다 새해를 맞이한 듯 분주하다.

919 有眼无珠 yǒu yǎn wú zhū 안목이 없다.
【近】视而不见
【反】心明眼亮
【例】算我有眼无珠了。 내가 안목이 없는 거야.

920 迂回曲折 yū huí qū zhé 우여곡절(迂餘曲折)
【例】两国关系经历了许多迂回曲折。 양국은 수많은 우여곡절을 겪었다.

921 鱼贯而入 yú guàn ér rù 줄지어 늘어져 들어오다.
【近】井然有序 有条不紊
【反】一拥而入 破门而入
【例】电影院的门一打开，人们便鱼贯而入。 영화관 문이 열리자마자, 사람들이 줄지어 들어오기 시작했다.

922 渔翁得利 yú wēng dé lì 어부지리(漁夫之利)
【近】渔翁之利 渔人得利 螳螂捕蝉，黄雀在后
【例】在开放和进行国际竞争的环境中，必然被人家利用，这就是"鹬蚌相争，渔翁得利"的道理。 개방과 글로벌경쟁이 진행되는 환경 속에서 다른 사람들에게 이용당할 수 밖에 없는 것은 도요새와 조개가 싸울 때 어부가 이익을 취하는 것과 같은 이치이다.

923 **愚公移山** yú gōng yí shān
꾸준히 노력하면 큰 산도 옮길 수 있다.
【近】锲而不舍 持之以恒 始终不渝
【反】虎头蛇尾 有头无尾
【例】如果我们以愚公移山的精神不懈地努力，就一定结出丰硕的成果。 만약 우리가 꾸준히 노력하면 큰 산도 옮길 수 있다는 정신으로 노력한다면, 반드시 큰 성과를 거둘 수 있다.

924 **与日俱增** yǔ rì jù zēng 날로 많아지다.
【近】日积月累 有增无已
【反】每况愈下
【例】虽然成长在和睦的家庭，但是对亲生父母的思念却与日俱增。 비록 화목한 가정에서 성장했지만, 친부모에 대한 그리움은 날로 커져갔다.

925 **雨后春笋** yǔ hòu chūn sǔn 우후죽순
【近】漫山遍野 星罗棋布 比比皆是
【反】凤毛麟角 九牛一毛 硕果仅存
【例】烟花销售点如雨后春笋, "问题爆竹"也开始露面。 폭죽판매점이 우후죽순처럼 생겨나면서 '불량폭죽'도 발견되기 시작했다.

926 **欲壑难填** yù hè nán tián
욕망이란 골짜기는 메우기가 어렵다.
【近】贪得无厌 贪心不足 唯利是图
【反】不饮盗泉 一身清白 一尘不染
【例】他虽然自身有千万资产，但欲壑难填，利用职务之便，受贿人民币一百六十万元，因此被正式审查起诉。 그는 많은 자산을 보유하고 있지만 끝없는 욕심 때문에 직권을 이용해 뇌물 160만 위안을 받아 정식 기소 당하였다.

927 **欲速不达** yù sù bù dá 급히 먹는 밥이 체한다.
【反】一蹴而就
【例】你既然知道欲速不达的道理, 为什么不学习循序渐进呢? 넌 급히 먹는 밥이 체한다는 것을 알고 있으면서, 왜 한걸음씩 차근차근 공부하지 않니?

928 **缘木求鱼** yuán mù qiú yú
나무에 올라 물고기를 구하다. 연목구어(緣木求魚)
【近】水中捞月 缘山求鱼 竹篮打水
【反】探囊取物 瓮中捉鳖
【例】你从这个角度去思考问题，如同缘木求鱼，根本得不出正确的结果。 네가 이러한 각도로 문제를 생각하는 것은 연목구어와 같아서, 근본적으로 올바른 결과를 얻을 수 없다.

929 **源源不绝** yuán yuán bù jué 끊임없이 계속된다.
【近】演绎不绝 源源而来 连绵不断 纷至沓来 接踵而来
【反】断断续续 一刀两断
【例】改革开放使外商资金源源不绝地投入中国。 개혁개방은 외국자본이 끊임없이 중국에 유입되도록 했다.

930 **怨气冲天** yuàn qì chōng tiān
분노가 머리 끝까지 치밀어 오르다.
【近】怒发冲冠
【反】心平气和 泰然自若
【例】所得分配不均使人民怨气冲天, 劳工们连工资都拿不到, 还谈什么安定？ 소득분배의 불균형은 국민의 분노가 머리끝까지 치밀어 오르게 했다. 노동자들이 임금조차 받지 못한 상황에서 무슨 안정을 논하겠는가.

931 **怨天尤人** yuàn tiān yóu rén
하늘을 원망하고 남을 탓하다;
【近】怨天忧人 民怨沸腾 怨声载道 天怒人怨
【反】任劳任怨 自怨自艾
【例】贫困学子在泪水中成长，却从不会怨天尤人、自暴自弃。 가난한 학생은 눈물 속에서 성장했지만, 결코 하늘을 원망하고 남을 탓하거나 자포자기하지 않았다.

932 **载歌载舞** zài gē zài wǔ 흥겹게 노래하며 춤추다.
【近】手舞足蹈 欢欣鼓舞 兴高采烈 敲锣打鼓
【例】当俄国作曲家哈恰图良的作品《马刀舞曲》响起时，骑兵们英勇善战的豪情仿佛注入了观众的血脉，许多观众忘情地载歌载舞跳了起来。 러시아 작곡가 아람 하차투리안의 작품 '칼의 춤'이 울려퍼질 때, 기병이 용맹하게 싸우는 호방한 기백에 동화된 듯 관중들이 감정에 북받쳐서 노래하고 춤추기 시작했다.

933 **再接再厉** zài jiē zài lì
더욱 더 힘쓰다. 한층 더 분발하다.
【近】再接再砺
【反】得过且过
【例】希望你们再接再厉取得优异的成绩。 너희들이 한층 더 분발해 우수한 성적을 거두기를 바란다.

934 在所难免 zài suǒ nán miǎn 불가피하다.

【近】在所难免 不可避免
【例】由于大的方向错了，你纵然努力工作，失败却是在所难免的。 큰 방향이 잘못되었기 때문에, 네가 아무리 열심히 일해도 실패는 불가피하다.

935 赞不绝口 zàn bù jué kǒu
칭찬이 입에서 그치지 않다.

【近】誉不绝口 赞口不绝
【反】骂不绝口
【例】"不简单！不简单！"他也赞不绝口地说，"这样的孩子，将来长大肯定是有出息的。" "대단해, 대단해!" 그는 칭찬이 입에서 그치지 않았다. "이 아이는, 앞으로 분명히 크게 될거야."

936 早知今日，悔不当初
zǎo zhī jīn rì, huǐ bù dāng chū
그럴 줄 알았다면 안 그러는 것인데.

【近】早知如此，何必当初
【例】成语早知今日，悔不当初的解释是：既然现在后悔，当初为什么要那样做？ 성어 '早知今日, 悔不当初'의 뜻은 '지금 후회할 줄 알았으면 당초에 안 그러는 것인데' 이다.

937 责无旁贷 zé wú páng dài
책임을 남에게 전가할 수 없다.

【近】义不容辞 当仁不让 在所不辞
【反】推三阻四
【例】总的原则是群众自救一部分，政府出一部分，国家责无旁贷。 전체적인 원칙은 민중이 일부를 자구하고, 정부가 일부분을 책임지며, 국가는 책임을 남에게 전가하지 않는 것이다.

938 债台高筑 zhài tái gāo zhù 빚이 산더미처럼 쌓이다.

【近】家徒四壁 民穷财尽
【反】绰有余裕 金玉满堂
【例】经年累积，债台高筑，每年支付巨额国债利息，又成了一项沉重负担。 해가 갈수록 빚이 산더미처럼 쌓였고, 매년 지불하는 거액의 국채 이자 또한 큰 부담이 되었다.

939 朝气蓬勃 zhāo qì péng bó
생기가 넘쳐 흐르다. 생기발랄하다.

【近】生气勃勃 生龙活虎
【反】老气横秋 死气沉沉
【例】他是一个充满理想、朝气蓬勃的年轻人。 그는 꿈이 가득하고 생기발랄한 젊은이이다.

940 朝三暮四 zhāo sān mù sì
변덕스러워 갈피를 잡을 수 없다. 간사한 꾀로 남을 속여 희롱하다.

【近】朝秦暮楚 反复无常
【反】墨守成规 一成不变
【例】我肯定会真心对你好，绝不会朝三暮四，喜新厌旧。 나는 진심으로 너에게 잘해줄 거야. 절대 변덕부리거나 너를 버리고 다른 사람을 좋아하지는 않을거야.

941 斩草除根 zhǎn cǎo chú gēn 완전히 뿌리뽑다.

【近】剪草除根 削株掘根
【反】放虎归山 养痈贻患
【例】七部委联手欲对黑手机斩草除根。 7개의 부서와 위원회가 연합하여 불법 휴대폰을 완전히 뿌리뽑고자 한다.

942 斩钉截铁 zhǎn dīng jié tiě
단도직입적으로. 결단성 있고 단호하게

【近】斩钢截铁
【反】拖泥带水 优柔寡断
【例】现在采取斩钉截铁取缔的做法，将影响两国经贸关系的总体发展，也将伤及方方面面的利益。 지금 강력하게 단속을 한다면, 양국의 경제무역 관계의 총체적인 발전에 영향을 끼칠 것이며 각 분야의 이익에도 지장이 있을 것이다.

943 崭露头角 zhǎn lù tóu jiǎo 두각을 나타내다.

【近】牛刀小试 初试锋芒
【反】不露圭角 默默无闻
【例】年轻的她凭着忘我的工作精神和扎实的理论基础，在设计工作的岗位上崭露头角。 젊은 그녀는 헌신적인 직업정신과 탄탄한 이론을 바탕으로, 디자인 업무에서 두각을 나타내었다.

944 战战兢兢 zhàn zhàn jīng jīng
두려워서 벌벌 떠는 모양, 조심스럽다.

【近】如履薄冰 【反】胆大妄为
【例】同学们大都战战兢兢地走进考场。 학생들은 모두 조심스럽게 시험장에 들어섰다.

945 针锋相对 zhēn fēng xiāng duì 첨예하게 대립하다.

【近】针锋相投 【反】逆来顺受

【예】 两国首脑甚至在正式场合中针锋相对，可见双方都不会为此让步。 양국의 정상은 공식적인 자리에서조차 첨예하게 대립하며, 양측이 이에 대해 양보하지 않을 것임을 시사했다.

946 真相大白 zhēn xiàng dà bái
진상이 백일하에 드러나다. 진상이 똑똑히 밝혀지다.

【近】 原形毕露 真相毕露
【反】 深不可测 真伪莫辨
【예】 经过几天的紧张调查，这案子终于真相大白了。 며칠 간의 긴박한 조사를 통해, 이 사건의 진상이 만천하에 밝혀졌다.

947 争先恐后 zhēng xiān kǒng hòu 뒤질세라

【近】 你追我赶 不甘落后 力争上游
【反】 不求上进 甘居中游 知难而退
【예】 网络公司争先恐后地出卖个人隐私。 인터넷 회사는 앞다투어 개인정보를 팔았다.

948 蒸蒸日上 zhēng zhēng rì shàng
나날이 향상 발전하다

【近】 欣欣向荣 如日方升 隆隆日上
【反】 江河日下 每况愈下
【예】 网络游戏产业的安全和健康发展能够带动一个地区的经济发展，这个日渐火热、蒸蒸日上的产业正在焕发出越来越耀眼的光芒。 온라인게임산업의 안전하고 건강한 발전은 한 지역의 경제발전을 이끌어낼 수 있고, 나날이 항상 발전하는 이 산업은 더욱더 눈부신 빛을 발하고 있다.

949 正大光明 zhèng dà guāng míng
광명정대(光明正大)하다.

【近】 光明磊落
【反】 鬼鬼祟祟 心怀叵测 偷偷摸摸
【예】 老李为人正大光明，没有必要怀疑他。 이 씨는 광명정대한 사람이니, 그를 의심할 필요가 없다.

950 知彼知己 zhī bǐ zhī jǐ 지피지기(知彼知己).

【近】 知己知彼 了如指掌 明察秋毫 如数家珍
【反】 心中无数 不甚了了 一知半解 雾里看花
【예】 战争中只有知彼知己，才能百战百胜。 전쟁 중 적을 알고 나를 알아야만, 백번 싸워도 이길 수 있다.

951 知难而进 zhī nán ér jìn
어려움을 알면서도 나아가다.

【近】 力争上游 再接再厉
【反】 知难而退 畏葸不前 望而却步
【예】 人是要有一点精神的，要有战胜自我、超越自我，知难而进、永不言败的铮铮铁骨。 사람은 활력이 있어야 하며 자신을 극복하고 뛰어넘고 어려움을 알면서도 나아가고 영원히 패배를 논하지 않는 뛰어난 기개가 있어야 한다.

952 知其一不知其二 zhī qí yī bù zhī qí èr
하나만 알고 둘은 모른다. 식견이 좁다.

【예】 对这件事，你只知其一不知其二，情况了解得还不多。 이 일에 대해 너는 식견이 좁고, 상황에 대한 이해가 아직 부족하다.

953 执迷不悟 zhí mí bù wù
잘못을 고집하여 깨닫지 못하다

【近】 顽固不化 一意孤行 屡教不改
【反】 恍然大悟 迷途知返 浪子回头 悬崖勒马
【예】 如果台湾当局仍然执迷不悟，只能是玩火自焚，自取其辱。 만약 타이완 당국이 계속 잘못을 고집하여 깨닫지 못한다면 자업자득의 모욕을 당할 것이다.

954 直截了当 zhí jié liǎo dàng
단도직입적이다. 시원시원하다. 단순 명쾌하다.

【近】 开门见山 单刀直入
【反】 拐弯抹角 转弯抹角 旁敲侧击 指桑骂槐
【예】 有意见直截了当地说出来。 불만이 있으면 단도직입적으로 말해라.

955 纸上谈兵 zhǐ shàng tán bīng
탁상공론(卓上空論)하다.

【近】 坐而论道 华而不实 画饼充饥
【反】 埋头苦干 脚踏实地
【예】 若我国邮电服务不能摆脱落后状态，如今我们所期盼的信用社会只不过是纸上谈兵。 만약 우리나라의 우편서비스가 낙후된 상태를 벗어나지 못한다면 오늘날 우리가 기대하는 신용사회는 탁상공론에 불과하다.

956 指鹿为马 zhǐ lù wéi mǎ
지록위마(指鹿爲馬), 흑백을 전도하다.

【近】 混淆是非 颠倒黑白 张冠李戴
【反】 实事求是 信而有征 有目共睹
【예】 例如，把反抗专制暴力镇压定性为恐怖主义与反恐对象，就是一种指鹿为马、混淆是非的恶劣行为。 예를 들어, 독단적인 폭력탄압에 대항하는 것을

테러리즘과 반테러 대상으로 규정한다면, 이는 흑백을 전도하고 옳고 그름을 혼란시키는 아주 나쁜 행위이다.

957 指日可待 zhǐ rì kě dài
(희망 따위가) 실현될 날이 머지않다.
【近】指日可下 计日程功
【反】遥遥无期
【예】南北韩统一得以实现的日子已指日可待。 남북한 통일이 실현될 날이 멀지 않았다.

958 指手画脚 zhǐ shǒu huà jiǎo
함부로 이래라저래라(이러쿵저러쿵) 하다.
【近】指手划脚 比手划脚 评头论足
【예】印尼政府的此举表明印尼拒绝接受别国对她指手画脚的一贯立场。 인도네시아 정부의 이 같은 거동은 다른 나라가 인도네시아에 대해 함부로 이래라저래라 하는 것을 거절한다는 일관된 입장을 보여준다.

959 志同道合 zhì tóng dào hé 의기투합하다.
【近】情投意合 心心相印 莫逆之交
【反】背道而驰 分道扬镳 貌合神离 同床异梦
【예】我突然发现，原来我们对很多事的看法都不一样，奇怪，当初怎么会觉得跟他志同道合呢。 난 갑자기 본래 많은 일들에 대한 우리의 견해가 모두 다르다는 것을 발견했다. 이상하다. 이전엔 어떻게 그와 의기투합한다고 생각했을까.

960 置若罔闻 zhì ruò wǎng wén
못 들은 체하고 상관하지 않다. 들은 체 만 채하다.
【近】置之不理 置之度外 熟视无睹
【反】如雷灌耳 刮目相看 聚精会神
【예】为了节省成本，少数企业对政府要求置若罔闻，严重影响了污水处理厂正常运转。 일부 기업이 비용 절감을 위해 정부의 요구를 무시하여 폐수처리장이 정상적으로 가동되지 못하였다.

961 置之不理 zhì zhī bù lǐ 내버려두고 상관하지 않다.
【近】置若罔闻 束之高阁 置之度外
【反】念念不忘 另眼相看 刮目相看
【예】他希望联合国能在解决伊拉克问题上发挥重要作用，但同时强调对伊拉克无视联合国决议的行为不能置之不理。 그는 유엔이 이라크 문제를 해결하는데 중요한 역할을 해주기를 희망하지만 동시에 이라크가 유엔의 결의를 무시한 행동은 도외시할 수 없다고 강조했다.

962 置之度外 zhì zhī dù wài 도외시하다.
【近】置之不理 置若罔闻 漠然置之
【反】耿耿于怀 念念不忘
【예】白衣天使为了人民的健康而舍弃自己的生命，将自己的安危置之度外，他们是真正的英雄。 백의의 천사가 국민의 건강을 위해 자기의 생명을 버리고 자신의 안위를 살피지 않았으니 그들이 진정한 영웅이다.

963 忠心耿耿 zhōng xīn gěng gěng
지극히 충성스럽다. 충성심에 불타다.
【近】赤胆忠心 忠贞不渝 披肝沥胆
【反】虚与委蛇 假仁假义 忘恩负义
【예】他对自己所从事的事业忠心耿耿，一丝不苟。 그는 자기가 종사하는 사업에 대해 지극히 정성스럽고 조금도 대충대충하지 않는다.

964 忠言逆耳 zhōng yán nì ěr 충언은 귀에 거슬린다.
【近】良药苦口 持平之论
【反】甜言蜜语 花言巧语
【参】良药苦口，忠言逆耳
【예】忠言逆耳利于行啊，要多听取朋友们的建议。 충언은 귀에 거슬리나 행동에 이로우니 친구들의 건의를 많이 경청해야 한다.

965 众擎易举 zhòng qíng yì jǔ
여러 사람이 함께 들어올리면 쉽게 들린다.
【近】众志成城 人多势众
【反】寡不敌众 独木难支 孤掌难鸣
【예】盖众擎易举，独木难支。 무릇 여러 사람이 함께 하면 쉽고 혼자하면 어렵다.

966 众说纷纭 zhòng shuō fēn yún 의견이 분분하다.
【近】议论纷纷 言人人殊 各抒己见
【反】众口一词 异口同声 千篇一律
【예】天池到底有没有"怪兽"？对此人们众说纷纭。 천지에 도대체 괴물이 있는가？ 사람들은 이에 대해 의견이 분분하다.

967 众所周知 zhòng suǒ zhōu zhī 여러분이 아시다시피
【近】尽人皆知 妇孺皆知 有目共睹
【反】一无所知
【예】众所周知，世界首富是比尔·盖茨。 모두가 알다시피 세계 최고의 갑부는 빌게이츠이다.

968 **众志成城** zhòng zhì chéng chéng
많은 사람이 합심하여 협력하면 성을 이루다.

【近】众擎易举 万众一心 戮力同心
【反】一盘散沙 四分五裂 同床异梦
예 近年来,全局上下齐心协力,众志成城,频传捷报。 최근 들어 전국 전 국(局)의 모든 직원들이 일치단결하고 합심하여 속속 승전보를 보내오고 있다.

969 **诸如此类** zhū rú cǐ lèi 이러한 것들
예 长这么大从来没有做过诸如此类的梦,哪位兄弟姐妹帮忙解一下。 내가 이 나이 먹도록 이러한 꿈을 꾼적이 없으니, 누가 해몽 좀 해주세요.

970 **助人为乐** zhù rén wéi lè
남을 돕는 것을 기쁘게 생각하다.

【近】乐善好施 行善积德 成人之美
【反】乘人之危 拒人千里 推三阻四 以邻为壑
예 生活越来越好,我们身边助人为乐的人越来越多。 살기가 좋아질수록 우리들 주변에 남을 돕는 것을 기쁘게 생각하는 사람이 많아진다.

971 **专心致志** zhuān xīn zhì zhì
전심전력으로 몰두하다.

【近】聚精会神 专心一志 一心一意
【反】漫不经心 心不在焉 心猿意马 魂不守舍
예 中国需要专心致志地发展经济,改善人民生活。 중국은 전심전력으로 몰두하여 경제를 발전시키고 국민의 생활을 개선해야 한다.

972 **转败为胜** zhuǎn bài wéi shèng
패배를 승리로 바꾸다.

【近】反败为胜 转危为安 化险为夷
【反】大势已去 大厦将倾 栋折榱崩
예 后继部队陆续赶来,终于转败为胜,打垮了敌人。 후속 부대가 계속 지원하여 결국 전세를 역전시키고 적을 물리쳤다.

973 **卓有成效** zhuó yǒu chéng xiào
탁월한 성과를 거두다. 성적, 효과 등이 탁월하다.

【近】立竿见影 行之有效
【反】无济于事 杯水车薪 劳而无功
예 小李以他卓有成效的工作,赢得了大家的赞赏。 리군은 그의 탁월한 업무로 모든 사람들의 칭찬을 받았다.

974 **孜孜不倦** zī zī bù juàn
게으르지 않고 열심히 일하다.

【近】废寝忘食 不辞劳苦 摩顶放踵
【反】游手好闲 饱食终日
예 他是一名"专家型"的教师,尽管身在基层学校,但孜孜不倦地追求教学艺术,赢得了同行的尊敬和好评。 그는 '전문가형' 교사다. 비록 몸은 일선 학교에 있지만 부지런히 교육방법을 찾아 동료교사들의 존경과 호평을 한몸에 받았다.

975 **字里行间** zì lǐ háng jiān
행간, 구절구절, 문장의 여기저기

【近】言外之意 弦外之音
예 声声祝福中,表达了他们的感恩之心,字里行间也透出他们对老师的眷恋。 그들은 여러 축복의 말로 감사하는 마음을 표시하였고 구절구절 선생님에 대한 사모의 정을 담았다.

976 **自暴自弃** zì bào zì qì 자포자기(自暴自棄)하다.

【近】妄自菲薄 自惭形秽
【反】妄自尊大 自高自大 自命不凡
예 他没有自暴自弃,为了寻找出路,在清华大学深造机械工程。 그는 자포자기하지 않았고 활로를 찾기 위해 청화대학에서 기계공학을 공부하였다.

977 **自负盈亏** zì fù yíng kuī
스스로 흑자와 적자를 감당하다.

예 企业实行自负盈亏,可以使责、权、利统一,有利于发挥企业生产经营的积极性,增强企业的活力,促进生产力的发展,从而也有利于进一步完善社会生产关系。 기업이 스스로 흑자와 적자를 감당하는 조치를 취하면 책임, 권한, 이익을 통일시킬 수 있어 기업의 생산경영의 적극성을 발휘하고 활력을 증강하며 생산력의 발전을 촉진하는 데 도움이 되므로 사회생산 관계를 한층 충적으로 개선하는데 도움이 된다.

978 **自高自大** zì gāo zì dà 오만하다.

【近】夜郎自大 妄自尊大 自命不凡
【反】虚怀若谷 不耻下问
예 知识叫人自高自大,唯有爱心造就人才。 지식은 사람을 오만하게 만든다. 오로지 사랑만이 인재를 길러낸다.

979 **自力更生** zì lì gēng shēng
스스로의 힘으로 어려움을 헤쳐나가다.

【近】自食其力 独立自主 自给自足

【反】仰人鼻息 寄人篱下
【예】国家拨出专款扶助贫困地区，自力更生地解决温饱问题。빈곤지역이 스스로의 힘으로 기본적인 의식주문제를 해결할 수 있도록 돕기 위해 국가가 특별기금을 출연했다.

980 **自强不息** zì qiáng bù xī
스스로 노력하여 게을리하지 않다.
【近】发愤图强 励精图治 卧薪尝胆
【反】自暴自弃 自轻自贱 心灰意懒
【예】老工人们自强不息的革命精神，成为广大青壮年工人的学习榜样。나이든 근로자의 스스로 노력하여 게을리하지 않는 혁명정신은 많은 청장년 근로자가 배워야 할 본보기다.

981 **自生自灭** zì shēng zì miè 자생자멸
【近】听其自然 听天由命 听之任之
【예】他只能让那份感情自生自灭。그는 그 감정을 운명에 맡기는 수밖에 없다.

982 **自食其果** zì shí qí guǒ
자기가 저지른 죄악의 결과를 자기가 받다.
【近】自作自受 玩火自焚 咎由自取
【예】像他这样的人做出这种事简直是自食其果。그와 같은 사람이 이러한 일을 한 것은 정말로 스스로 저지른 죄악의 결과를 자기가 받는 것이다.

983 **自始至终** zì shǐ zhì zhōng 처음부터 끝까지
【近】从头到尾 始终如一 始终不渝
【反】有始无终 有头无尾 虎头蛇尾
【예】曾庆红强调先进性教育活动要自始至终注重实效。쩡칭훙은 선진적인 교육활동을 처음부터 끝까지 실효성을 중시해야 한다고 강조했다.

984 **自私自利** zì sī zì lì
이기적이다. 사리사욕(私利私慾)
【近】假公济私 损公肥私 损人利己
【反】大公无私 公而忘私 克己奉公
【예】自私自利是一种剥削阶级的思想。이기적인 것은 일종의 착취계급의 사상이다.

985 **自投罗网** zì tóu luó wǎng
스스로 덫에 걸리다. 화를 자초하다.
【近】自取灭亡 自作自受 飞蛾扑火
【예】为了及时把账还上，他便心生一计，以向公安机关举报为名趁机捞一笔奖金。没想到自投罗网。제때에 빚을 갚기 위해 그는 묘안을 짜내어 공안기관에 제보한다는 명분으로 보상금을 타려고 했으나 뜻밖에 화를 자초하고 말았다.

986 **自相矛盾** zì xiāng máo dùn
자체모순이다. 자가당착(自家撞着)이다.
【近】格格不入 扞格不入
【反】自圆其说 无懈可击 天衣无缝
【예】他的言行自相矛盾，让人难以相信。그의 언행은 자가당착격으로 믿기 힘들다.

987 **自以为是** zì yǐ wéi shì
스스로 옳다고 여기다. 독선적이다.
【近】一意孤行 执迷不悟 夜郎自大
【反】妄自菲薄 自惭形秽 自暴自弃
【예】明明他错了，却还自以为是地往下说。분명히 그가 틀렸는데 스스로 옳다고 여기고 계속 이야기한다.

988 **自由自在** zì yóu zì zài 자유자재(自由自在)
【近】无拘无束 【反】身不由己
【예】鱼在水里自由自在地游来游去，好令人羡慕。고기가 물속에서 자유자재로 헤엄치니 매우 부럽다.

989 **自圆其说** zì yuán qí shuō
자기의 말을 그럴듯하게 꾸며대다.
【近】无懈可击 滴水不漏 天衣无缝
【反】自相矛盾 漏洞百出 破绽百出
【예】北韩当局将很难自圆其说。북한 당국은 앞으로 그럴듯하게 꾸며대기 힘들 것이다.

990 **自作自受** zì zuò zì shòu 자업자득(自業自得)
【近】自食其果 自讨苦吃 自投罗网 自讨没趣 咎由自取 作茧自缚
【예】自作自受是说自己做的事，后果自己承受。자업자득이란 자기가 한 일에 대한 결과를 스스로 감당해야 된다는 뜻이다.

991 **走马看花** zǒu mǎ kàn huā
대충 훑어보다. 주마간산(走馬看山)
【近】走马观花 浮光掠影 蜻蜓点水
【反】下马看花 入木三分 鞭辟入里
【예】我只是走马看花地看了一遍，细节不太清楚。나는 단지 대충 한 번 훑어보았을 뿐이라서 세부사항은 잘 모른다.

992 走马上任 zǒu mǎ shàng rèn 관리가 임지로 가다.

【近】下车伊始 加官晋爵
【反】削职为民
【例】佐利克走马上任世行行长。 졸릭이 세계은행 총재 취임했다.

993 走投无路 zǒu tóu wú lù
갈 곳이 없다. 궁지에 빠지다.

【近】山穷水尽 穷途末路 日暮途穷
【反】绝处逢生 左右逢源 如愿以偿 天从人愿
【例】也有不少人在激烈竞争中破产，被迫出卖劳动力谋生。也有个别走投无路的华人充当人贩"蛇头"，甚至走上了贩卖毒品的犯罪道路。 적지 않은 사람들이 치열한 경쟁 중에 파산하여 어쩔 수 없이 막노동으로 생계를 이어간다. 또한 일부 갈 곳이 없게 된 중국인들이 인신매매 알선업자가 되거나 심지어 마약밀매를 하는 범죄의 길로 들어서었다.

994 罪魁祸首 zuì kuí huò shǒu 원흉

【近】元凶巨恶
【例】房地产价格暴跌还重创了日本金融业，成为日本经济衰退的罪魁祸首。 부동산 가격 폭락은 일본 금융계에 큰 타격을 주었고 일본 경제 침체의 원흉이 되었다.

995 左右为难 zuǒ yòu wéi nán
딜레마에 빠지다. 난감하다. 진퇴양난(進退兩難)

【近】进退两难 进退维谷 骑虎难下
【反】一路顺风 一帆风顺 得心应手
【例】在处理这件事上，韩国国会议员们却是左右为难。 이일을 처리하는데 한국 국회의원들은 오히려 진퇴양난에 빠졌다.

996 坐井观天 zuò jǐng guan tiān
우물에 앉아 하늘을 보다. 우물 안 개구리

【近】井底之蛙 鼠目寸光 管窥蠡测
【反】见多识广 包罗万象 无懈可击
【例】我常常把解放前的自己比作一个坐井观天的人。 나는 해방 전의 나를 자주 우물안 개구리 같은 사람이라고 비유했다.

997 坐立不安 zuò lì bù ān
서도 앉아도 불안하다. 좌불안석(坐不安席)

【近】坐卧不宁 惶恐不安 忐忑不安
【反】心安理得 心旷神怡
【例】儿子第一次出远门，母亲坐立不安，唯恐路上出事。 아들이 처음으로 먼 길을 나서기 때문에 어머니는 길에서 사고라도 날까봐 좌불안석이다.

998 坐收渔利 zuò shōu yú lì
앉아서 어부지리(漁夫之利)를 얻다.

【近】坐享其成 不劳而获 无功受禄
【例】诉诸武力不仅无助于双方争端的解决，反而会加深双方的敌对情绪，使极端势力坐收渔利。 무력에 호소하는 것은 쌍방의 분쟁해결에 도움이 되지 않고 도리어 서로 적대감을 심화시켜 극단세력으로 하여금 어부지리를 얻게 한다.

999 座无虚席 zuò wú xū xí 빈 좌석이 없다.

【近】济济一堂
【反】寥寥无几 一无所有 空无所有
【例】北大办公楼礼堂座无虚席，学生打出"连哥您好！"条幅。 베이징대학 행정관 강당은 빈 좌석이 없고 학생들은 '롄잔 안녕하세요'라는 현수막을 걸었다.

1000 做贼心虚 zuò zéi xīn xū 도둑이 제 발이 저리다.

【近】作贼心虚 贼胆心虚
【反】问心无愧 心安理得 理直气壮
【例】每次通过机场安检，我都有些做贼心虚，万一检查员让我打开旅行箱我可就有口难辩了！ 매번 공항의 안전검사를 통과할 때 나는 도둑이 제 발이 저린 느낌이다. 만일 검사원이 여행용 가방을 열라고 하면 나는 할 말이 없어진다.

후기

지금까지 여러 권의 책을 쓰면서 나는 항상 이렇게 생각했다. 이번 책이 마지막이라고. 하지만 나 역시 망각의 동물이라 며칠 뒤 다시 컴퓨터 앞에서 뭔가를 만들고 있는 자신을 발견한다.

처음에는 기초자료가 어느 정도 모아졌기에 시간이 얼마 걸리지 않을 것으로 생각했다. 심지어 출판사에서 연락이 왔을 때 일 주일 정도면 된다고 답변했을 정도다. 그 일주일이 근 일년이 걸렸다. 가장 큰 걸림돌은 병음과 번역이었다. 필자는 성격이 굉장히 급해서 웬만한 일은 하루에 끝내려고 한다. 하지만 내용이 너무 많아 어느 한 부분의 번호만 매기는데도 두 시간이 훌쩍 넘어갔다. 몸은 많은 일을 한 것 같은 상태지만 실제는 번호 매긴 것에 불과하다. 그것도 3번 이상 반복한 것도 있다.

이전의 책에는 한어병음을 전혀 달지 않았다. 고급중국어를 표방하니 그럴 필요가 없다고 생각했었다. 그런데 문득 어떤 한 학생의 이야기가 떠올랐다. 그 학생이 말하기를 '병음이 있는 것은 좋은 책이고 그렇지 않은 것은 나쁜 책'이란다. 좋은 책(?)이 되고 싶은 생각도 있었지만 나도 불혹을 넘기고 나니 좀 유해진 것 같다. 병음이 도움이 된다면 반드시 달아야 된다는 생각이 들었다.

처음 원고에는 책의 분량을 감안하여 어휘부분과 사자성어 부분의 예문에 대한 번역을 하지 않았었다. 하지만 어느 날 출판사 측에서 인터넷으로 서비스를 하려고 하니 번역을 해달라고 했다. 사실 오랜 세월에 걸쳐 어휘를 수집한 것이기에 평소에는 크게 부담이 되지 않았지만 막상 예문 번역을 시작하니 또 급한 성격에 답답하기 그지 없었다. 9시에 수업 끝나 집에 돌아와 2시까지 번역을 하였다. 마침 아들녀석 공부감시도 할 겸. 그렇게 번역을 하다 보니 결국 끝이 났다. 그리고 욕심도 생겼다. 인터넷으로 서비스 할 것이 아니라 아예 책을 두 권으로 만들자는 제안을 했고 출판사 측에서도 흔쾌히 받아들였다.

병음을 달고 예문을 찾고 번역을 하는 데에도 여러 사람의 도움을 받았다. 하지만 경성하나, 잘못 고른 예문 하나, 잘못된 번역 하나 필자가 직접 확인하고 수정하고 교체했다. 이 역시 외로운 작업이었으나 그들의 도움을 큰 기로 소화시켜 나갔고 큰 힘이 되었다.

이 책은 장석민이란 이름으로 처음 낸 책이다. 서투른 책이었지만 많은 분들의 호응으로 개정판까지 내게 되었다. 앞으로 또 다른 개정판이 나올 수 있을지 모르겠지만 이번 작업을 하면서 이 책을 평생 다듬어 나가겠다는 마음이 더욱 간절해진다.

편저 **장석민**

(전) 시사중국어학원 '통대입시반' 전임강사
　　원광보건대학교 중국어 사관학교 강사
　　장석민중국어통역학원 원장
　　이얼싼중국어학원 강사
　　차이나로 중국어학원 대표강사
　　서울공자아카데미 강사

저 서
「중국어 한중번역 시사작문 45」, 「동시통역대학원 중국어 기출문제집」,
「HSK 실전테스트1, 2, 3」, 「고급 HSK 적중문제집」 외 다수

Master 통역대학원 중국어-한중번역편

초판발행	2008년 3월 25일
1판 9쇄	2023년 2월 20일
편저	장석민
편집	최미진, 가석빈, 엄수연, 高霞
펴낸이	엄태상
디자인	진지화
콘텐츠 제작	김선웅, 장형진
마케팅본부	이승욱, 왕성석, 노원준, 조성민, 이선민
경영기획	조성근, 최성훈, 정다운, 김다미, 최수진, 오희연
물류	정종진, 윤덕현, 신승진, 구윤주
펴낸곳	시사중국어사(시사북스)
주소	서울시 종로구 자하문로 300 시사빌딩
주문 및 문의	1588-1582
팩스	0502-989-9592
홈페이지	http://www.sisabooks.com
이메일	book_chinese@sisadream.com
등록일자	1988년 2월 12일
등록번호	제300-2014-89호

ISBN 978-89-7364-549-7 14720
　　　978-89-7364-548-0(set)

* 이 책의 내용을 사전 허가 없이 전재하거나 복제할 경우 법적인 제재를 받게 됨을 알려 드립니다.
* 잘못된 책은 구입하신 서점에서 교환해 드립니다.
* 정가는 표지에 표시되어 있습니다.